U0569249

T

刑事辩护教程 实训篇

CRIMINAL DEFENSE TRAINING

田文昌 主编　　刘仁琦 副主编

西北政法大学刑事辩护高级研究院

组织编写

西北政法大学刑事辩护高级研究院

中国社会科学院大学刑事辩护研究中心

北京市京都律师事务所

推荐教材

图书在版编目(CIP)数据

刑事辩护教程. 实训篇 / 田文昌主编. —北京：北京大学出版社，2023.9

ISBN 978-7-301-34322-7

Ⅰ. ①刑… Ⅱ. ①田… Ⅲ. ①刑事诉讼—辩护—中国—教材 Ⅳ. ①D925.21

中国国家版本馆 CIP 数据核字(2023)第 149838 号

书　　名	刑事辩护教程（实训篇） XINGSHI BIANHU JIAOCHENG(SHIXUNPIAN)
著作责任者	田文昌　主　编
责任编辑	陆建华　陆飞雁
标准书号	ISBN 978-7-301-34322-7
出版发行	北京大学出版社
地　　址	北京市海淀区成府路 205 号　100871
网　　址	http://www.pup.cn　http://www.yandayuanzhao.com
电子邮箱	编辑部 yandayuanzhao@pup.cn　总编室 zpup@pup.cn
新浪微博	@北京大学出版社　@北大出版社燕大元照法律图书
电　　话	邮购部 010-62752015　发行部 010-62750672　编辑部 010-62117788
印 刷 者	天津中印联印务有限公司
经 销 者	新华书店
	720 毫米×1020 毫米　16 开本　24.5 印张　417 千字
	2023 年 9 月第 1 版　2024 年 11 月第 2 次印刷
定　　价	78.00 元

江平教授在《刑事辩护教程》新书发布会的致辞

2023年10月22日

各位法律界、出版界的同仁，京都律师事务所的各位朋友们，大家早上好！很高兴参加京都律师事务所举办的这次盛会。这次由于个人的原因没有到场来祝贺，错过了见证“刑事辩护教程”三部曲的面世，我表示很遗憾！

律师是现代法治发展的产物，是法治文明的重要组成部分，律师文明是现代法治文明的重要标志。律师为委托方提供服务，维护委托人的权利，专业能力是最根本的要求。一名合格的律师应当严谨科学、避免浮夸。刑事辩护涉及人的生命和自由的权利，对辩护律师的这个职业形象和技术能力，应该提出更高的要求，这就要求我们律师应当重视自己的职业技能培训。

在刑事辩护律师专业技术培训方面，据我了解，田文昌和京都律师事务所做出了大量的努力和积极的贡献。“刑事辩护教程”系列图书就是一种探索尝试。由田文昌主编，京都律师事务所的刑辩律师和西北政法大学刑事辩护高级研究院的师生花费了大量的时间，总结多年的办案经验，在没有先例可循的情况下，编撰的这套律师的刑事辩护技能培训教程，是一套具有先进性、系统性的培训专用教材。有理论，有实务，还有培训方式，非常全面系统。

祝贺你们，能够将自己多年的宝贵实践经验总结成书，推动律师行业的发展。希望京都律师事务所和各位刑辩律师专家们，能够坚持刑事辩护的理论与实践相结合，坚持以刑事辩护专业化发展为出发点和落脚点，坚持以推进刑事案件的辩护律师全覆盖向纵深发展的目标，为律师刑辩业务发展发挥出标杆性的作用，创造出更好的成绩，探索出全新的专业化发展道路。

最后，我希望这套“刑事辩护教程”系列图书，能够为推进我国刑事辩护的良性发展发挥出重要的作用。

中国著名法学家、法学教育家

中国政法大学原校长、终身教授

高铭暄教授在《刑事辩护教程》新书发布会的贺信

2023 年 10 月 22 日

欣闻“刑事辩护教程”系列图书新书首发，特此致信，向田文昌主任团队、西北政法大学刑事辩护高级研究院和北京大学出版社的各位同仁，致以衷心的祝贺！

律师队伍是推进全面依法治国、推进中国式现代化建设的重要力量，为促进经济社会发展、确保法律正确实施、维护社会公平正义、推进法治中国建设作出了积极贡献，发挥着重要作用。

正如田文昌主任在本书前言中所说，自 1979 年律师制度恢复以来，中国律师已经走过了四十余年的历程。过去四十余年中，对律师业务培训一直停留在知识讲授的单一层面，实务培训长期处于空白状态。以至于在人们的认识中形成一种普遍性的误解，似乎只要学习了法律知识，通过了国家统一法律职业资格考试，就可以做执业律师了。四十余年后的今天，中国律师已经进入走向成熟的发展期。律师的执业技能应当从探索前行的初级阶段转向正规化操作的成熟阶段。而实现这种提升的主要途径，就是加强对律师专业技能的实务培训。

我对此表示赞同。法学是哲学社会科学的重要学科，是经世致用的学问。要坚持问题导向，以更高的站位满足时代需求。从法治建设和发展实践中寻找和发现问题，继而形成切实管用、能够解决实际问题的理论成果和对策建议。只有这样，我们的工作才是扎实有效的，经得起实践的检验。

京都律师事务所长期专注刑事案件辩护，积累了大量的重大疑难刑事辩护实践经验。“刑事辩护教程”系列图书是理论与实践的宝贵结晶，是在国内没有先例可循的情况下自创体系的首次尝试，是一套独具中国特色、与中国刑事司法制度相适应的刑事辩护技能培训的系统教材，内容丰富，系统科学，切中要害，切合实际，具有很强的原创性、指导性和针对性。希望广大业界同仁可以从本书中充分汲取优秀刑辩律师的宝贵经验和极富见地的实践建议，不断充实自己的专业知识，提升能力，形成合力，从而实现刑事辩护理论水平与实务技能的全面提升。

总之，长江后浪推前浪，众人拾柴火焰高。相信通过大家的共同努力，必将能为专业化的刑事辩护提供方案，再上新台阶，实现新发展，为推动中国式现代化尤其是中国式刑事法治现代化贡献力量！

最后，预祝本次活动圆满成功！再次祝贺本书的每一位作者，期待看到你们更多的优秀成果！

高铭暄

中国人民大学荣誉一级教授

北京师范大学刑事法律科学研究院名誉院长、特聘教授

樊崇义教授在《刑事辩护教程》新书发布会的致辞

2023 年 10 月 22 日

各位领导、同志们，大家好！由于各种原因，今天的会议我未能到现场，感到非常遗憾。我采用视频的方式对“刑事辩护教程”系列图书的出版表示热烈的祝贺。我认为这一套书的出版，对于刑事法学的发展，对于律师学的发展具有重大的意义。这部巨著分理论篇、实训篇、实务篇三本，深刻阐述了刑事辩护的理论与实践，实用价值极高。我认为这是对当前我国刑事辩护工作一个高度的概括和总结，也是刑事辩护学的理论发展的一个高峰。

我一直在想，我们刑事辩护能不能成为一个独立的、单独的学科。作为一个学科，我认为应当有一个独立的研究范围，独立的研究对象，这个问题值得大家思考。

今天出版的这一部巨著，对于刑事辩护研究的对象、研究的理论和实务工作，具有开创性的研究。这个研究对于刑事辩护学的发展，是一个开山之作，贡献巨大。刑事辩护学，能不能成为律师学的一个二级学科，成为法学的一个三级学科？我认为，这一套书对于我最近思考的这个问题，提供了一个重要的根据，因此我感到非常兴奋。

京都律师事务所在刑事辩护工作的理论研究和实践方面，都走在全国律所的前列；这套书，内容丰富，理论系统，应用价值非常之高，对于实际工作有很大的指导意义。从法学的发展这个角度来讲，我认为它奠定了刑事辩护学的一个基础，因此我把它叫做开山之作，开创之作。

我认为这一套书值得推广，值得认真学习。我一定会认真学习，认真研究这套书，并在此基础上来思考刑事辩护学的创设。这套书的出版意义重大，不仅开创了刑事辩护工作的新局面，还创造了刑事辩护学的一个重要的开局。国家要实现司法现代化，而刑事辩护工作现代化的一个主要的标志，就是理论先行。在这种背景下，“刑事辩护教程”系列图书也算是为奋力推进政法工作现代化做出的一个伟大的贡献。

我再次表示祝贺，祝愿我们京都律师所刑事辩护工作的质量越来越高，影响越来越大，祝愿西北政法大学刑事辩护高级研究院的成果越来越多。希望你们为具有中国式的刑事辩护，为具有中国式的司法现代化，做出更大的贡献！

樊崇义

中国政法大学一级教授

中国政法大学诉讼法学研究院名誉院长

Description

编写说明

一位合格的刑辩律师，在业务上必须具备三个“武装”：第一个是理念的武装。正确的辩护理念就像一只看不见的手，指挥着律师在刑辩战场上的每一个瞬间及时作出准确的反应。第二个是法理和规范的武装。辩护过程中每一个行为是否规范，是否服务于法定的辩护职责，取决于刑辩律师对法理和规范的掌握程度。第三个是实务经验的武装。刑事辩护业务的基本逻辑是律师常年在刑辩一线的反复实践中才能掌握的，刑事辩护要想做到精深，离不开长期大量的辩护实务经验的积累。一位优秀的刑辩律师需要抱有终身学习的理念，在实践的磨砺中不断地提升自身的理论素养和实践技能。

基于此，时任中华全国律师协会刑事专业委员会主任（现任顾问）的田文昌老师组织编写了“刑事辩护教程”丛书，覆盖了刑事辩护的理论、实务和实训三个领域。丛书共分三册：《刑事辩护教程（理论篇）》《刑事辩护教程（实务篇）》和《刑事辩护教程（实训篇）》，均由田文昌老师任主编。《刑事辩护教程（理论篇）》和《刑事辩护教程（实务篇）》由中国社会科学院大学法学院副教授门金玲任副主编，并由深谙辩护之道的北京市京都律师事务所律师与学者编著，《刑事辩护教程（实训篇）》由西北政法大学法学院教授刘仁琦任副主编，由来自全国各地并全程参与西北政法大学刑事辩护高级研究院研修班学习的资深刑辩律师、学者参与编著。

《刑事辩护教程（理论篇）》和《刑事辩护教程（实务篇）》全面覆盖了刑事辩护的理论与实务。《刑事辩护教程（理论篇）》是对刑事案件诉讼程序每一个环节所涉及的辩护理念、立法规范沿革、目的和任务的梳理；《刑事辩护教程（实务篇）》是关于刑事案件诉讼程序每一个环节所涉及的辩护的规范行为与技术、技能与技巧，以及常见实践问题及其应对策略。理论篇与实务篇从形式到内容，在逻辑上追求一脉相承，理论篇是实务篇的学术指导，实务篇是理论篇的实践演绎。

《刑事辩护教程（实训篇）》是西北政法大学刑事辩护高级研究院研发中国特色刑辩律师培训模式的成果总结。田文昌老师出任西北政法大学刑事辩护高级研究院首任院长期间，组织全国各地几十位资深刑辩律师，通过三年时间、数十次集中培训、累计四百多个课时的模拟课程，借鉴国外诊所式培训方式，结合中国刑事司法的特点，探索出一套目前已经包括十二个成熟的培训板块在内的理论与实践相结合的刑辩律师培训模式。这是一套既不同于英美法系当事人主义诉讼制度下的律师培训模式，又区别于大陆法系职权主义诉讼制度下的律师成长模式的具有中国特色、与中国刑事司法制度相结合的刑辩律师培训模式。

《刑事辩护教程（实训篇）》的课程旨在帮助学员掌握《刑事辩护教程（理论篇）》和《刑事辩护教程（实务篇）》中所述的辩护理念、辩护技术、辩护技能与辩护技巧。学员在使用《刑事辩护教程（实训篇）》时，《刑事辩护教程（理论篇）》和《刑事辩护教程（实务篇）》又发挥着教学参考书的功能。

《刑事辩护教程（理论篇）》与《刑事辩护教程（实务篇）》，由北京市京都律师事务所的资深律师撰稿。由于是多位律师共同写一本书，从框架结构到文字表述，需要统一思想，自写作任务启动以来，各位律师办案之余反复讨论、修改，几易其稿，付出了艰辛的努力。《刑事辩护教程（实训篇）》由西北政法大学刑事辩护高级研究院师资班的骨干学员撰稿，将实训研究过程中形成的有关辩护律师培训的理论与实践经验集结成书，旨在手把手教授律师如何开展刑事辩护业务培训。

《刑事辩护教程（理论篇）》全书分为二十三章，内容涵盖三大板块：基本问题板块、辩护流程板块和特殊类型案件板块。基本问题板块是从第一章到第四章，由辩护律师的历史、定位与使命，刑事辩护的一般问题，辩护律师的职业伦理与刑事辩护律师执业权益保障组成；辩护流程板块是从第五章到第十九章，由接待客户与洽谈案件，律师会见，律师阅卷，律师调查取证，批准逮捕程序的辩护，审查起诉程序与律师辩护，庭前会议的辩护，法庭发问与人证，质证概述与律师举证，物证、书证的质证，鉴定意见的质证，视听资料、电子数据的质证，法庭辩论，二审程序中的辩护以及非法证据排除组成；特殊类型案件板块是从第二十章到第二十三章，由认罪认罚程序的辩护，死刑复核案件的辩护，未成年人刑事诉讼程序和涉外刑事辩护业务组成。每一章在内容上都是围绕相关理念、立法沿革、目的与任务展开论述。

全书二十三章的具体分工为：

第一章：田文昌

第二章：印　波

第三章：门金玲、刘仁琦

第四章：杨大民、彭吉岳

第五章：牛支元

第六章：朱勇辉、聂素芳

第七章：徐　莹

第八章：夏　俊、张小峰

第九章：臧德胜

第十章：夏　俊

第十一章：彭吉岳

第十二章：张启明

第十三章：杨大民

第十四章：梁雅丽

第十五章：翁小平

第十六章：梁雅丽

第十七章：孙广智

第十八章：门金玲

第十九章：柳　波、刘立杰

第二十章：刘立杰

第二十一章：汤建彬

第二十二章：朱娅琳

第二十三章：王馨仝

《刑事辩护教程（实务篇）》全书共分为二十二章，内容涵盖了辩护实务概论、辩护实务流程和特殊类型案件辩护实务三大板块。第一章为辩护实务概论板块；第二章至第十八章为辩护实务流程板块，具体包括接待当事人与洽谈案件，律师会见，律师阅卷，律师调查取证，批准逮捕程序的辩护，审查起诉阶段的辩护，庭前辩护，法庭发问及其质证，言词笔录的质证与律师举证，物证、书证的质证，鉴定意见的质证，视听资料、电子数据的质证，法庭辩论，辩护词与其他法律意见书的写作，二审案件的辩护，排除非法证据，财产辩护；第十九章至第二十二章为特殊类型案件辩护实务板块，具体包括认罪认罚案件的辩护，死刑复核案件的辩护，未成年人案件的辩护，涉外刑事诉讼业务。

全书二十二章的具体分工为：

第一章：门金玲

第二章：牛支元

第三章：朱勇辉、聂素芳

第四章：徐　莹

第五章：夏　俊、张小峰

第六章：臧德胜

第七章：夏　俊

第八章：夏　俊（第一节）、彭吉岳（第二节、第三节）

第九章：张启明

第十章：杨照东

第十一章：梁雅丽

第十二章：翁小平

第十三章：梁雅丽

第十四章：孙广智

第十五章：徐　莹

第十六章：万学伟、杨大民

第十七章：梁雅丽、傅庆涛

第十八章：梁雅丽

第十九章：刘立杰

第二十章：汤建彬

第二十一章：朱娅琳

第二十二章：王馨仝

《刑事辩护教程（实训篇）》全书共分为八章和附录，内容涵盖刑事辩护实训的全流程。前言是关于我国律师培训模式的沿革、本书所阐述的律师培训模式的形成及参与研修的师资学员的内容。第一章为刑事辩护实训概论板块，包括刑事辩护实训的概念、特征及原则，刑事辩护实训的方法与流程。第二章至第三章为实训课前板块，由实训筹备与实训预备组成，实训筹备包括案例准备与实训分组，实训预备包括“破冰行动”与实训翻转。第四章至第七章为实训核心课程板块，由实训着手、实训演练、实训提升与实训归纳组成：实训着手包括问题提出的规则与方法，原理讲解的规则与方法，实训演练包括实务效仿与模拟互动的规则与方法；实训提升包括点评反馈的规则与方法，知识拓展；实训归纳包括总结复盘的规则、方法与步骤。第八章为实训课后板块，即实训检验，包括实训效果评估的原则、规则与方法。最后为附录部分，通过一个具体的实训板块的演练过程，展现本书逐章阐释的实训理念与技术。

第一章：韩　哲、门金玲

第二章：梁雅丽

第三章：徐　莹

第四章：毛立新、高文龙

第五章：杨大民、彭吉岳

第六章：柳　波、刘　均

第七章：汪少鹏、翁小平

第八章：蔡　华、刘仁琦

附　录：门金玲

刑事辩护是一门开放的学科，涉及的理论与实务问题很多，难免挂一漏万。刑事辩护又与刑事政策、法律规范以及社会的主流价值观息息相关，很多规范与技术都缺乏明确的操作边界，中国的刑事辩护事业也在不断发展中，刑事辩护的理论也有待逐步成熟。本系列图书编者水平有限，书中难免有不足之处，敬请广大律师同人不吝赐教，以便在修订之时加以完善。

门金玲

2022 年 9 月 15 日初稿

2023 年 4 月 16 日修订

Preface

前言

自 1979 年律师制度恢复以来，中国律师已经走过了四十余年的历程。四十余年来，经过几代律师的共同努力，中国律师群体展现了从无到有、从弱到强的迅猛发展态势。不仅在数量上从零起步形成人数多达六十余万的庞大律师队伍，还在行动上迎难而上营造了被社会公众接纳和重视的生存环境，宣示了律师对于法治社会不可或缺的重要作用。这四十余年，可谓中国律师的生成期。

然而，由于中国律师制度的历史过于短暂和律师执业环境的艰辛，中国律师队伍虽然发展迅速，却不够健壮。四十余年的征程中，中国律师披荆斩棘、蹒跚前行，完成了艰苦卓绝的拓荒之旅，虽竭尽全力但也留下了力所不及的诸多遗憾。律师专业技能的实务培训，就是这些遗憾中的重要一环。

四十余年后的今天，中国律师已经进入走向成熟的发展期。这种转型，意味着律师的执业技能应当从探索前行的初级阶段转向正规化操作的成熟阶段。而实现这种提升的主要途径，就是加强对律师专业技能的实务培训。

由于中国律师制度的历史过于短暂，中国律师的专业技能缺乏传承。过去四十余年中，对律师的业务培训一直停留在知识讲授的单一层面，实务培训长期处于空白状态。以至于在人们的认识中形成一种普遍性的误解，似乎只要学习了法律知识，通过了国家统一法律职业资格考试，就可以做执业律师了，甚至误以为就此便可以符合法官、检察官和律师共同的入职标准。正是这种误解，造成很多法律界人士对自己职责定位认识不清的尴尬局面，以至于在控、辩、审三方各自不同的岗位上，有很多人仍然停留在只懂法律知识而缺乏专业技能的初级水平。

当然，导致这种局面的责任不在于这些法律人士自身，而是我们缺乏和忽视了这种专业技能的实务培训，或者说，我们缺乏这种培训的经验和能力。

实践证明，法学院的知识教育和国家统一法律职业资格考试只是设定了法官、检察官和律师等法律实务工作者的入职门槛，而对于这些职业，专业技能的实务培训才是提升其执业能力的必经之路。

“刑事辩护教程”系列图书是对律师刑事辩护技能进行系统性培训的专用教材，共分为三册：《刑事辩护教程（理论篇）》《刑事辩护教程（实务篇）》和《刑事辩护教程（实训篇）》。

《刑事辩护教程（理论篇）》旨在全面、系统地阐述刑事辩护制度的历史演变过程，介绍和解析刑事辩护的原理和理念，明确在刑事诉讼不同阶段和环节中辩护活动的目的和任务，以及相关的理论和法律依据。

《刑事辩护教程（实务篇）》旨在用以案释法的方式，结合各位作者亲历的案件，明确、具体、细致、生动地深入分析和讲解在刑事诉讼不同阶段和环节中刑事辩护活动的技能和技巧，使读者可以深刻、直观地感受到刑事诉讼过程中的千姿百态，品味刑事辩护活动中的酸甜苦辣，在开阔眼界和总结经验的基础上提升自己的实操能力。

《刑事辩护教程（实训篇）》是对培训模式、程序和具体方法的详解和指引。书中设计的培训模式是针对《刑事辩护教程（实务篇）》中包含的各个专题的具体内容，以学员全员全程参与的方式展开。培训的基本原则是“身份不分主次，答案不设标准，人人高度烧脑，资源充分共享”。旨在以理论研讨与实战演习相结合的方式，使学员在头脑风暴式的高度参与中，快速提升实操能力。

“刑事辩护教程”系列图书的理论篇、实务篇和实训篇涵盖了刑事辩护从理论到实务再到实训的完整内容。三个部分相互衔接，既是统一的整体，又各自独立成篇，是一套对律师进行刑事辩护技能培训的专用教材。其宗旨是从实际案例和律师办案经验出发，以理论释义与实务解析相结合的方式，论证、阐述和剖析刑事辩护的基本原理、规律、规则，以及律师在刑事辩护过程中各个环节的操作技能，使学员通过学习实现刑事辩护理论水平与实务技能的全面提升。

田文昌

2022 年 12 月 23 日

User's Guide

凡例

1. 本书中法律、行政法规名称中的“中华人民共和国”省略，例如《中华人民共和国刑事诉讼法》简称《刑事诉讼法》。

2. 本书中下列规范性法律文件使用简称：

(1)《最高人民法院关于适用〈中华人民共和国刑事诉讼法〉的解释》（以下简称《刑诉法解释》）；

(2)《最高人民法院、司法部关于规范法官和律师相互关系维护司法公正的若干规定》（以下简称《法官和律师关系规定》）；

(3)《关于依法保障律师执业权利的规定》（以下简称《保障律师执业规定》）；

(4)《最高人民法院关于依法切实保障律师诉讼权利的规定》（以下简称《保障律师诉权规定》）；

(5)《人民检察院刑事诉讼规则》（以下简称《检察院刑诉规则》）；

(6)《人民法院办理刑事案件庭前会议规程（试行）》（以下简称《庭前会议规程》），《人民法院办理刑事案件排除非法证据规程（试行）》（以下简称《排除非法证据规程》），《人民法院办理刑事案件第一审普通程序法庭调查规程（试行）》（以下简称《刑事一审法庭调查规程》），以上统称为“三项规程”；

(7)《关于办理死刑案件审查判断证据若干问题的规定》（以下简称《死刑案件证据规定》）；

(8)《公安机关办理刑事案件程序规定》（以下简称《公安机关刑事程序规定》）；

(9)《最高人民法院、最高人民检察院、公安部关于办理刑事案件收集提取和审查判断电子数据若干问题的规定》（以下简称《电子数据收集提取判断的规定》）；

（10）《公安机关办理刑事案件电子数据取证规则》（以下简称《电子数据取证规则》）；

（11）《关于办理刑事案件排除非法证据若干问题的规定》（以下简称《排非规定》）；

（12）《最高人民法院、最高人民检察院、公安部、国家安全部、司法部关于办理刑事案件严格排除非法证据若干问题的规定》（以下简称《严格排除非法证据若干问题的规定》）；

（13）《最高人民法院关于统一行使死刑案件核准权有关问题的决定》（以下简称《统一行使死刑核准权的决定》）；

（14）《最高人民法院、司法部关于开展刑事案件律师辩护全覆盖试点工作的办法》（以下简称《刑事辩护全覆盖办法》）；

（15）《最高人民法院关于建立健全防范刑事冤假错案工作机制的意见》（以下简称《防范冤假错案意见》）；

（16）《最高人民法院刑事审判第二庭关于辩护律师能否复制侦查机关讯问录像问题的批复》（以下简称《复制讯问录像批复》）；

（17）《最高人民法院关于贯彻宽严相济刑事政策的若干意见》（以下简称《宽严相济刑事政策意见》）；

（18）《最高人民法院关于国家赔偿案件立案工作的规定》（以下简称《国家赔偿案件立案工作规定》）；

（19）《最高人民法院关于刑事裁判涉财产部分执行的若干规定》（以下简称《刑事裁判涉财执行规定》）；

（20）《最高人民检察院、公安部关于公安机关办理经济犯罪案件的若干规定》（以下简称《公安机关办理经济犯罪案件规定》）；

（21）《公安机关办理刑事案件适用查封、冻结措施有关规定》（以下简称《公安机关刑事查封、冻结规定》）；

（22）《最高人民法院关于人民法院确定财产处置参考价若干问题的规定》（以下简称《法院确定财产处置参考价规定》）；

（23）《最高人民法院关于人民法院民事执行中查封、扣押、冻结财产的规定》（以下简称《法院民事查封、扣押、冻结财产规定》）；

（24）《最高人民法院关于人民法院民事执行中拍卖、变卖财产的规定》（以下简称《法院民事执行中拍卖、变卖财产规定》）；

（25）《最高人民法院关于人民法院办理执行异议和复议案件若干问题的规定》（以下简称《法院办理执行异议和复议规定》）；

（26）《全国人民代表大会常务委员会关于司法鉴定管理问题的决定》（以下简称《司法鉴定管理问题决定》）；

（27）《人民检察院讯问职务犯罪嫌疑人实行全程同步录音录像的规定》（以下简称《检察院录音录像规定》）；

（28）《公安机关讯问犯罪嫌疑人录音录像工作规定》（以下简称《公安机关录音录像规定》）；

（29）《公安部关于规范和加强看守所管理确保在押人员身体健康的通知》（以下简称《确保在押人员健康的通知》）；

（30）《最高人民法院关于人民法院合议庭工作的若干规定》（以下简称《法院合议庭工作规定》）；

（31）《全国法院毒品犯罪审判工作座谈会纪要》（以下简称《武汉会议纪要》）；

（32）《全国部分法院审理毒品犯罪案件工作座谈会纪要》（以下简称《大连会议纪要》）。

Introduction

绪论

《刑事辩护教程》（实训篇）是关于刑事辩护培训模式和方法的著作，也是一部探索性的作品。由于我国律师制度的历史过于短暂，关于刑事辩护技能的培训模式没有经验，也没有传承。本书介绍的培训模式是在借鉴域外经验的基础上，在实际培训的过程中探索总结而成的。

中国律师制度重建四十多年来，对律师的业务培训一直停留在法律知识讲授的单一层面上，技能培训长期被忽视。而单纯的知识讲授已经远远不能适应律师业务培训的需要，刑辩律师更是如此。形成这种局面的重要原因，正是缺乏技能培训的经验而无从着手。针对这种情况，在我担任全国律师协会刑事专业委员会主任这些年，通过与国外律师机构的交流与合作，借鉴国外律师诊所式培训的模式，再结合中国刑事司法的具体实践，尝试设计出了一套适合中国刑辩律师的技能培训模式。

该培训模式从构思到成熟历时三年，在西北政法大学刑事辩护高级研究院首期师资研修班数十位律师研究员的参与下，精心雕琢，反复演练，历经 400 个学时打磨成型。参与者一致认为，在培训中收获甚丰，受益匪浅！该培训模式是这些教师、律师们倾力投入、潜心探索的共同成果，本书正是对这种成果总结提升的凝炼之作。

《刑事辩护教程》（实训篇）与《刑事辩护教程》（理论篇）、《刑事辩护教程》（实务篇）既是统一的整体，又可以独立成篇，是针对后者而设计的培训模式和具体方法，主要用于对培训者的指导，同时也是对受训者的启发。

由于该培训模式以全员全过程参与为前提，为保证培训效果，每期学员人数不宜超过 30 人。所以，这种培训模式的特点是：效果很好，效率很低。只有以滚雪球的方式滚动式开展培训，才能满足众多刑辩律师的需求。为此，“培训培训者”就成为加快培训速度，扩大培训效果的重要方式。

希望有更多律师在接受培训之后，能够在本书的指导下，作为培训者去培训其他的律师。只有这样，才能在尽可能短的时间内使更多的刑辩律师有机会接受这样的培训，这也正是本书的价值所在。

西北政法大学刑事辩护高级研究院首期师资研修班培训师资：田文昌、刘仁琦、门金玲。

西北政法大学刑事辩护高级研究院首期师资研修班律师研究员（按姓氏笔画排列）：王九川、王馨仝、牛支元、毛立新、石安琴、朱明勇、朱娅琳、朱勇辉、刘均、孙广智、李文超、杨大民、杨文斌、杨照东、辛明、汪少鹏、张成、张小峰、张启明、陈亮、郝大明、柳波、聂素芳、夏俊、徐莹、奚伟、翁小平、高文龙、曹春风、梁雅丽、彭吉岳、韩哲、焦鹏、蔡华。

田文昌

2023 年 4 月 4 日

Contents

目录

CHAPTER 1

第一章

刑事辩护实训概论

刑事辩护实训应当具有很强的针对性。传统刑事辩护培训，一般以讲授为主，即以“传播知识”为主。而刑事辩护实训，在主体上将培训师与学员融为一体，对相关知识进行共同研修、共同学习，培训师更像引导者、组织者，二者相得益彰；在内容上，更强调知识的应用性、技能性和技巧性；在方法上，更加强调互动、模拟与演练等诊所式教学方法的使用。当然，讲授培训与刑事辩护实训，二者因受众群体、所涉知识等，并无优劣之分，但后者属于新兴培训方式，本章将对其基础内容进行介绍。

第一节　刑事辩护实训的概念、特征及原则

一、刑事辩护实训的概念

刑事辩护实训，是以学员为主体，以实务技能为内容，通过实战训练的方式，运用特定流程和方法培养学员的刑事辩护理念、巩固学员的刑事辩护知识、丰富学员的刑事辩护经验和规避刑事辩护禁忌等内容的培训活动。

（一）以学员为主体

以学员为主体，是指在刑事辩护实训的需求调查、课程设计、培训实施、培训方式方法、培训效果评估等各个环节，始终坚持学员处于绝对的主体地位，不断激发学员的主体性。

学员主体性在刑事辩护实训中体现为学员的独立性、自主性和创造性。① 独立性，是指学员在实训中的独立主体意识。因为每个刑辩律师，都有自己从事刑事辩护的经历、经验、知识和技能，但也都存在这样或那样的不足；都有自己的独立分析和判断，也都存在进步和提升的空间。自主性，是指学员具有接受培训的内生动力和自觉性，以及作为培训对象进行自我控制、支配和调节的能力，能够按照培训师的要求自行组织展开培训活动。创造性，是指实训中学员的创新思维、创新观点和创新成果，远远超出培训师的预期，从而实现教学相长的良好局面。

刑事辩护实训以学员为主体，要求实训内容和实训方式方法“以学员为本”，刑事辩护实训的内容，须紧扣刑事辩护的实际工作内容，将刑事辩护工作中各个环节设计成课程内容，比如，辩护词的撰写、庭审的质证和举证、法庭辩论等。培训的方式方法“以学员为本”，需要以真实案件为教材，以现场制作文书、情景模拟、角色扮演、分组对抗等实战方式，使学员充分参与到课堂训练当中，进而呈现问题、观察问题、发现问题、提出问题、回答问题、讨论问题、思考问题、解决问题。通过复盘点评的培训方法，让学员之间相互点评，开展批评

① 参见李继华、郭小锋：《检察业务实训的理念模式》，中国检察出版社 2014 年版，第 47 页。

和自我批评，观察他人的优点，发现自己的缺点，然后加以改正，相互提高。

虽然刑事辩护实训强调“以学员为本”，但并不是说培训师是可有可无的，相反，培训师在刑事辩护实训中的地位也是十分重要的。培训师是刑事辩护实训的主导者，在课堂训练中扮演着组织者、主持人、引导者、助学人、催化者的角色。就培训师和学员的关系而言，培训师是“导演”，学员是“演员”，导演可以指点迷津，但不能直接参演。培训师的主要任务是设计课堂教学的各个环节，并对学员训练任务进行安排，根据课堂实际情况提出更有效的引导方案。刑事辩护实训中学员会从被动变主动，从单一地接受外部知识的被灌输对象，转变为实训中信息加工的主体，成为刑事辩护理念、知识、经验、禁忌等技能的主动建构者。

就不同类型学员的实训方式而言，“以学员为本”就是通过不同类型实训方式缩小辩护职能要求和学员能力之间的差距。换言之，实训就是为了解决问题，解决差距而做的，而不同的问题与差距，需要不同的实训方式，对于追求如何更好地履行辩护职能的学员，实训会帮助其进一步提升辩护职能；对于追求如何正确履行辩护职能的学员，实训会帮助其恢复辩护职能原貌；对于追求如何避免没有辩护效果或者更坏辩护结果的学员，实训会帮助其解决问题，避免向更坏的方向发展。

（二）以实务技能为内容

刑事辩护作为律师的一项专业诉讼活动，它由一系列的具体辩护活动所组成，每个诉讼阶段对律师辩护技能的要求是不同的。比如，侦查、审查起诉、审判阶段辩护的内容就不完全相同，侧重点也不同，因此对律师辩护技能的要求也是不同的。

根据刑事辩护的进程，可将律师辩护全过程大致划分为：接待当事人与洽谈案件、会见犯罪嫌疑人或被告人、阅卷、调查取证、庭前准备和庭前会议、法庭发问、法庭质证与辩方举证、法庭辩论、辩护词及其他法律意见书制作、与办案人员的庭外交流、特殊程序的辩护。

除此之外，刑事辩护实训内容必须以实务技能中的“问题”为中心①，也就是说，刑事辩护实训的需求调查、课程设计、案例选择、课堂实训都围绕着刑事辩护实务中的“问题”来展开，实训的整个过程要围绕着培训师预见问题和指引

① 参见李继华、郭小锋：《检察业务实训的理念模式》，中国检察出版社2014年版，第38—46页。

问题，学员呈现问题、发现问题、讨论问题以及解决问题来推进和实施。刑事辩护实训中所说的“问题”，主要是刑事辩护中实务技能方面的各种问题。

比如，证据审查的主要问题是如何对各类证据进行审查，审查过程中存在哪些问题，经常出现哪些错误，如何发现矛盾证据、瑕疵证据、非法证据，以及如何处理这些证据，这些证据在法庭上如何进行质证等。再比如，律师每天要面对形形色色的人，面临的主要问题是如何换位思考，如何进行有效沟通，如何有效降低律师执业风险，提高客户的满意度等。

（三）以实战训练为方式

刑事辩护实训的方式是实战和训练，核心是将真实的刑事辩护工作搬进培训课堂，重视培训的参与性和体验性，通过教学实训的流程来呈现、发现、思考、讨论问题，解决学员在辩护实践中存在的各种瑕疵、错误、不当、禁忌等问题。刑事辩护实训的要义是学员“做中学”和“学中做”，通过参与、展现、观察、体验、研讨、反思，以提升自身的刑事辩护实务技能。

刑事辩护实战训练的主要方式有：案例教学（真实或改编案例）、分组讨论、集体制作、汇报演示、角色扮演、情景模拟、对抗演练及复盘点评等。刑事辩护实训通过实战训练方式将学员充分带入刑事辩护的案件演练当中，真正实现沉浸式教学，让学员学得好、记得牢、用得上。

比如，经典“辛普森杀妻案”，将发生场域限制在当下中国，将学员进行分组，分别扮演辩护律师、检察官和合议庭成员，组织学员就该案中的关键证据，如“血迹”“凶器”“手套”“法医”“私宅”进行模拟对抗，并结合“辛普森杀妻案”的真实审判过程进行复盘点评，最大限度地实现沉浸式实训。

（四）以提高刑事辩护实务技能为目的

刑事辩护实务技能包括辩护理念、法学知识、辩护经验及辩护禁忌等内容。刑事辩护技能是在特定的法学知识和辩护经验下建立起来的，也是在特定的辩护理念指导下完成的。一方面，刑事辩护作为一项专业性很强的刑事诉讼活动，是在法定的诉讼规则和程序内完成的，这就要求辩护律师必须具备相应的法学知识、诉讼规则及辩护经验。同时，在特定诉讼规则和程序约束之下，还存在一些特定的辩护禁忌，违反这些禁忌会对诉讼进程、实体结果、辩护效果乃至辩护律师本人产生极为重要的影响，所以辩护禁忌也是刑事辩护技能中非常重要的一个方面。另一方面，刑事辩护理念也是辩护实务技能的重要体现。刑事辩护活动并非时时、事事都有规则约束，在没有诉讼规则约束或者规则不明的情况下，辩护律师究竟以何种刑事辩护理念为指导，选择采取何种辩护行为，何种辩护行为能产生最大限度地维护犯罪嫌疑人和被告人合法权益的效果，刑事辩护理念为律师辩护技能的发挥提供了广阔的拓展空间，刑事辩护理念也是辩护律师应予关注的重点内容。

比如，如何进行策略性无罪辩护。策略性无罪辩护通常适用于有一定“无罪理据”的刑事案件，同时又难以通过罪轻辩护的方式实现轻判结果（如诈骗数额特别巨大，不存在明显减轻、免予处罚的量刑情节，罪轻辩护在不同程度上属于“认罪”的辩护方式，量刑上难以被体现出来）。再比如，辩护律师如何在首次会见中与犯罪嫌疑人、被告人建立起信任关系，辩护律师在了解案情（知己知彼地去了解）、专业法律分析、权利义务告知、风险防范、心理辅导与亲情告知等方面的实操技巧。

二、刑事辩护实训的特征

（一）系统性

刑事辩护实训的系统性，是指刑事辩护实训内容的全面性、完整性和实训方法的体系性、规范性。

刑事辩护实训内容具有全面性、完整性，其涵盖了刑事辩护全过程，并对刑事辩护全过程的各个环节逐个拆解，力图发现每个环节在刑事辩护实务中存在的各类问题，进而形成一个个独立的实训专题，这些实训专题组合起来就形成了刑事辩护实训内容的一个完整体系。

比如，律师会见是最常见的刑事辩护业务，但是，律师会见又分为侦查阶段的首次会见和常规会见、审查起诉阶段的会见、开庭前的会见以及二审前的会见，这些会见的内容究竟有何不同，会见的方式方法有何差异，会见时会遇到何种难题，这些都应该进行课程实训，从而将每个律师不同的个性化经验、理念、知识整合为律师会见的实务技能。再比如，还可以将律师辩护全过程划分为接待当事人与洽谈案件、会见犯罪嫌疑人和被告人、阅卷、调查取证、庭前准备和庭前会议、法庭发问、法庭质证与辩方举证、法庭辩论、辩护词及其他法律意见书的制作、与办案人员的庭外交流、特殊程序的律师辩护等环节。每个环节都可以单独设置实训专题，这些专题组合起来就形成刑事辩护实训内容的完整体系。

刑事辩护实训方法具有规范性、体系性。基于刑事辩护实训内容的不同，与此相应的训练方法也不一样。法学理论知识、法律基本原则、法学原理等层面仍然需要讲授的方式，这样学员才能在此基础上开展实务技能的训练，否则这种技能训练就是盲目的，缺乏方向感和判断力。刑事辩护各个阶段辩护行为的目的探索和发现，需要学员通过互动的方式、头脑风暴的方法去发现、讨论。刑事辩护理念方面的内容，一方面需要学员互动、思考、讨论；另一方面需要培训师在学员充分思考、讨论的基础上进行归纳总结，并适当进行讲授，才能取得良好的培训效果。证据调查、证据分析、法庭辩论、辩护词写作等实务技能，则需要通过角色扮演、实战演练等方式进行训练。因此，讲授法、互动法、演练法、头脑风暴法、复盘点评法等都是实训的方法。可见，实训内容的全面性、完整性以及实训方法的规范性、体系性共同构成了刑事辩护实训的系统性，从而保障刑事辩护实训的良好效果。

（二）流程性

刑事辩护实训的内容贯穿刑事辩护的整个过程和环节，具有相对固定的实训流程，这些流程对于保障刑事辩护实训的效果具有十分重要的价值。每个实训专题大致包括以下流程：

1. 法律依据

在开展刑事辩护专题之前，必须明确该专题涉及的法律规范。刑事辩护作为一项专业性的诉讼活动，总是在一定的刑事诉讼程序当中进行的，因此，刑事辩护行为必须遵守一系列的法律规范。法律规范为刑事辩护行为设置一定的边界，也是刑事辩护行为的法律依据，熟悉和遵守法律规范是开展刑事辩护的前提和基础。刑事辩护行为的法律依据主要包括宪法，刑法，刑事诉讼法，最高人民法院、最高人民检察院、公安部颁布的相关司法解释，以及中共中央、国务院、中央政法委和其他中央部委等发布的相关规范性文件等。

2. 目的和理念

每个实训专题都有其独特的目的和理念。对于刑事辩护行为而言，法律规范文件不可能面面俱到。辩护权作为一个私权利，按照“法无明文规定即可为”的原则，辩护律师具有很大的自主选择权。律师究竟应当选择何种辩护行为，为什么这样选择，就涉及每个专题的辩护目的和理念。相对而言，每个专题的辩护目的比较容易确定，辩护目的为我们提供了选择辩护行为的方向和指南。但是，辩护理念的选择众说纷纭，对辩护律师法学理论的要求较高，这种情况下，培训师的引导和讲授显得非常重要。在明确每个专题的目的和理念之后，学员就明确了辩护行为选择的方向，在此基础上学员才能发挥其聪明才智，创造出许多意想不到的新成果和新经验。

3. 模拟演练

刑事辩护实训的核心是“以实务技能为内容，以实战训练为方式”，因此模拟演练是每个专题的必经流程和重要环节，也是让学员呈现问题、观察问题、分析问题、讨论问题的必要步骤。刑事辩护实训模拟演练的主要方式包括情景模拟、角色扮演、实战对抗等。刑事辩护实训要求每一名学员都要参与模拟演练，而且扮演不同角色，进行情景模拟和对抗演练，从而暴露出自己的问题和缺陷。

角色扮演要求学员根据案件材料充分发挥自己的想象力和创造力，完成情景模拟中所扮演角色承担的任务，这些任务的完成没有现成的答案，而是由学员发挥语言表达能力、应变能力、解决实际问题能力和人际互动能力综合生成答案，这些体验都是无法通过讲授获得的，甚至有些体验可以达到终生难忘的效果。

4. 学员点评

刑事辩护实训中的学员点评也是一个非常重要的流程。学员通过角色扮演、模拟演练等训练活动，呈现了辩护实务中的问题，学员要经过观察问题、分析问题、讨论问题等环节，对模拟演练的学员的行为和语言进行点评，被点评的学员可以对自己的行为、语言、表现、状态等进行自评，从而通过点评发现不足、分享经验、促进思考、提高技能。

对于学员点评可以采用“六帽子点评法”，该方法能够为学员提供一种经验分享、系统思考的决策方法。①

示例：

黄帽子：这个主意（观点、表现）的好处、价值、优势是什么？积极方面有哪些？

黑帽子：这个主意（观点、表现）的劣势和潜在问题（危害）是什么？会导致什么样的错误结果？消极的方面有哪些？

绿帽子：如何改进这个主意（观点、表现）和改正一些明显的错误？黑帽子提出的问题、困难如何克服？有没有其他可以替代的方式？还有哪些需

① 参见〔英〕爱德华·德·波诺：《六顶思考帽》，德·波诺思维训练中心编译，新华出版社2002年版，第10页。

要改进的建议？

白帽子：你现在掌握的信息哪些可以帮助思考这些问题？你想要什么样的信息？在做决定时你如何得到你认为必要的或者有用的信息？

蓝帽子：你是如何总结自己已经说出的想法？你得出结论了吗？你得出的结论是什么？接下来会发生什么？在练习的时候内心如何评价你自己的想法？

红帽子：谈谈你对这些建议的感觉和想法？你模拟演练的直觉是什么？你的收获又是什么？

5. 培训师复盘点评

复盘是对事件过程进行的回顾、反思与分析，是一种回溯性学习方法。简单来说，诉讼律师必须具备对已经发生的诉讼活动进行回顾、总结和反思的能力。对于诉讼律师来说，每一场诉讼都相当于一场战役，一场战役的胜负固然重要，但从长远来看，比胜负更为重要的是如何从失败中站起来，如何将胜利长久保持。因此，结案后的复盘尤为重要。

因而，培训师复盘点评是整个实训过程中的重中之重，也是最具挑战性的环节。实训过程中，学员在培训师的带领下通过模拟演练呈现问题、发现问题、思考问题、讨论问题、解决问题，并通过小组讨论和学员点评完成了培训师布置的任务，但此时培训尚未结束，需要培训师复盘点评，培训效果才能更上一层楼。培训师复盘点评的价值在于固定培训成果、提供行动指引、总结提升能力等方面。

培训师复盘点评要想取得预期效果，必须做到：第一，培训师必须全程观察和记录学员模拟演练并进行点评，点评时如果能引用学员的原话效果更佳；第二，培训师紧紧围绕教学目标进行过程分析，归纳出共性问题和解决方案，对于争议问题给出对策方案，即使不能给出正确答案，也要提出思考问题的基本原则和参考建议。

根据时间的衰减周期规律，10 小时之内复盘，能够还原 90%；30 小时之内复盘，能够还原 70%；70 小时之内复盘，能够还原 30%。基于此，可以得出一个判断，就是越早复盘越好。一般而言，实训中培训师复盘秉持“当场复盘”原则，并要求培训师在复盘点评过程中必须遵循以下三个步骤：对案件进行全盘分析，包括案件流程以及实训各个环节；对实训效果成功或者失败的原因进行分析；提炼升华优秀做法，改正不好的做法。

（三）针对性

刑事辩护实训的目的是提高学员刑事辩护的能力，实现途径主要是通过实训解决学员在刑事辩护实务中遇到的问题和难题，包括如何去做、为什么这样做、怎么样才能做得更好等具体问题。辩护实务中的这些问题大部分是经验层面的问题，也有法学理论知识和法学原理不扎实的问题，还有部分辩护理念方面的问题。刑事辩护实训内容的设置、实训方式的选择都是围绕着解决这些问题而展开的，这就决定了刑事辩护实训具有很强的针对性。

比如，实践中案件往往有可能向任何方向发展，辩护律师总是得到的信息很少，而且是包含许多误导、无价值的信息，例如当事人自己也曾说过自己构成犯罪之类的话，等等。但是优秀的辩护律师总是能把握真正有用的信息，从一开始就能准确地预测未来，有针对性地进行辩护。有时候，他们不会说太多的理由，但他们的“感觉”总是惊人的正确。辩护律师对此需要明确指出定罪的标准是法律明文规定的犯罪构成而不应是当事人的自我承认，当事人不是法律专业人士，不清楚自己是否真的犯罪了。

此外，刑事辩护实训要求学员进行团队合作，共同发现问题、讨论问题、研究问题、解决问题。通过实训团队式的学习与演练，将刑事辩护实务的个性化经验、观点、理念和禁忌等转化为刑事辩护的实务技能。通过对年轻律师进行培训和传承，从而提高整个刑事辩护行业的技能水准，才能更好地维护控辩审三方的平衡，才能提高维护和保障犯罪嫌疑人、被告人合法权益的业务水平和能力。

三、刑事辩护实训的基本原则

（一）平等参与原则

平等参与原则，是指刑事辩护实训过程中，参训的学员和培训师，身份不分主次，平等参与。一方面，培训师和学员之间是平等的，培训师在实训课堂中仅是组织者、主持人，引导并推进课堂实训的进行。培训师的任务是通过学员讨论、课堂提问、组织演练，让学员呈现问题、观察问题、发现问题、思考问题和解决问题，一切问题、经验、成果都是由学员探索、发现、思考、讨论并提出解决方案。培训师即使参加点评，也不是以权威者自居，而是以一名观察员的身份，对核心问题、争议问题、疑难问题提出思路和建议。另一方面，学员之间也没有主次之分，不管是案例准备环节，还是制作汇报材料、角色扮演、学员点评等环节，小组之间虽有分工，但每个人都是作为独立个体平等参与，他们的身份也是经常互换，产生不同的体验、感受和想法。

（二）答案共商原则

答案共商原则，是指刑事辩护实训课堂上针对争议问题，大家充分发挥自己的能力、想象及智慧，从各自角度去回答问题，充分讨论，不设标准答案。一方面，要求培训师作为课堂的组织者和主持人，针对呈现的问题，不预设标准答案，让学员从不同角度畅所欲言，也不去评判学员答案的对错、好坏，让学员充分讨论，最终形成一个合理答案，甚至允许学员最终不能形成一致答案。另一方面，每个学员作为独立个体平等地参与课堂，根据自身掌握的法学理论知识、个体经验，针对辩护实务中的问题，发表自己的观点、看法和解决方案，经过充分的分析讨论，最终寻找出一个更加合理、简洁、高效的优选方案。

（三）互动应合原则

互动应合原则，在刑事辩护实训课堂上，大家深度参与，互动交流，共同成长。一方面，参训学员，都要全身心投入到实训当中，从准备案例，到审查证据、分析案件、小组讨论、制作汇报材料，都需要全身心地投入。在课堂模拟演练、角色扮演、互换角色中，既要完成演练任务，又要根据法学知识和法学原理随机应变、调整策略。即使作为观察员的角色也不轻松，需要全程观察，细心发现问题、分析问题、小组讨论并准备点评，在相互点评和课堂讨论环节更是利用所学知识和日常经验寻求最佳方案。另一方面，培训师在整个过程中，除根据预先设计的实训方案完成训练任务之外，必须根据现场情况及时调整课堂训练方案，整个过程需要培训师的密切观察、认真记录、精心点评，而且每次培训都会出现始料未及的新观点、新方案，这是由实训课程学员的多样性、问题的广泛性、经验的个体性、思维的发散性造成的，培训师也需要在课堂上及时捕捉思维的火花并将其点燃，通过互动应合让学员不断探索新观点、新思路、新方案。

（四）资源共享原则

资源共享原则，是指刑事辩护实训过程中培训师与学员之间、学员与学员之间，在刑事辩护理论知识、法学原理、辩护经验和禁忌、辩护理念、实训方法、实训成果等方面，实现充分交流、共同分享。内容具体包括：第一，学员之间相互促进、共同成长。实训课堂中，对于每个专题学员之间都可以共享辩护行为的法律依据、目的理念、辩护经验和禁忌等实训成果，可通过模拟演练、学员点评、小组讨论等环节分享交流各自的辩护经验、观察问题角度、分析问题思路，以及各自所掌握的法学理论知识和法学原理，通过课堂讨论点评点燃思维的火花，产生许多奇妙的想法和观点，并且共享最终的实训结果。第二，培训师和学员之间相互分享，实现教学相长。培训师通过课堂可以分享自己的经验、教训和解决问题的方案，学员在每次实训当中都会出现新的观点、思想、论证，培训师则通过学员不断扩大认识问题的边界。第三，学员转为培训师，组织实施实训，实现资源的再次共享。由于刑事辩护实训采取小班教学，培训人数不能超过 30 人，按照这个培训速度，远远不能使整个刑事辩护行业实务技能得到提升。因此，已经参加实训结业的学员在深刻理解刑事辩护实训模式和方法的基础上，转化为新的实训师资，学员华丽转身成为培训师，再次组织实施刑事辩护实训，唯有这样才能有更多的刑事辩护律师通过实训的方式培养出来，才能使刑事辩护行业实务得到整体上的提升，才能更好地保护犯罪嫌疑人、被告人的合法权益。

举例而言，刑事辩护实训结果好比米其林大厨做出的一盘美味的菜，这么一盘美味的菜需要哪些食材、哪些配料，这是采购环节必须要考虑的问题。接着，是如何切菜、配菜。最后，才是大厨将上述这些食材下锅烹饪，做出成品。每一个环节出差错，都会影响最终的菜品质量。因此，在整个刑事辩护实训过程中，学员们必须秉持平等参与、答案共商、互动应合以及资源共享原则，在“做菜”的每个环节都力争完美，从而保证最后能做出色香味俱全的“菜品”。

第二节　刑事辩护实训的方法与流程

一、讲授法

（一）讲授法的内容

刑事辩护实训的授课方式，不同于以往注重理论阐述的授课内容，其更注重刑事辩护专业技能的培训，更关注理论与实践的结合，如果说通过国家统一法律职业资格考试意味着可以成为律师，刑事辩护实训则是成为律师后的又一次“法律职业资格考试”，这意味着刑事辩护律师通过实训后可以在职业道路上更好地发展；刑事辩护实训的授课内容，不同于以往涵盖民法、刑法、行政法等多部门法领域的授课内容，培养的是面向社会的应用复合型人才，其授课内容聚焦于刑事领域，聚焦刑事辩护的新动态与新热点，旨在培养刑事辩护领域的专精人才；刑事辩护实训的授课方式不同于以往教科书式的授课方式，刑事辩护实训每期会提前敲定一个主题，授课内容与参会学员的个人积累和提前准备息息相关，可以说刑事辩护实训授课内容和方式的上限很高。

那么何种内容适合讲授呢？以问题为导向，可以是改革前沿的新问题，也可以是老生常谈的老问题，但需注意的是，将“老问题”拿来讨论绝不是“新瓶装旧酒”，比如，就阅卷而言，阅卷是对控方证据的审查，进而摸清控方指控逻辑，找到其薄弱环节，最终形成辩方基本观点。在刑事案件辩护中，阅卷质量的高低，直接关系到案件的成败。认真、仔细、全面地研究案卷材料，有助于律师了解案情，发现问题，提炼辩护观点，为法庭上的交锋做好准备。阅卷是刑事辩护的前期准备工作，是最基础的工作，试问哪个刑辩律师不会阅卷呢？阅卷又能有什么新问题呢？往期参训学员提出的问题或许能够给出一些答案。

示例：

(1) 卷宗材料多、时间紧，如何快速有效地阅卷（录音录像时间长，难以提高效率）？

(2) 团队之间如何协同阅卷？

(3) 找不到“案眼”怎么办？

(4) 卷宗提供不全面（如无法找到侦查机关采取技术侦查的隐性证据材料）？

(5) 是否应该做特别详细的阅卷笔录？

(6) 如何进行电子化阅卷？

(7) 证据间的逻辑难以梳理怎么办？

(8) 如何甄别干扰证据（垃圾信息）？

(9) 另案处理的“影子证据”难以获得怎么办？

(10) 如何通过阅卷发现案卷之外的证据及线索？

(11) 遇到专业问题如何寻找解决方法?

(12) 言词证据数量多怎么阅 (一人多份，前后矛盾或高度一致)?

(13) 同步录音录像的调取及查阅困难怎么办 (同步录音录像不附卷，供述真实性难判断)?

(14) 犯罪嫌疑人、被告人供述形成的行为是否合法无法判断怎么办?

(15) 财务账册、银行流水怎么阅卷?

(16) 如何实现过于专业的鉴定意见的有效阅卷? 如何有效提取信息和质证 (鉴定的形成过程、依据、程序和标准无法判断)?

(17) 电子证据的真实性难以判断怎么办?

(18) 技术侦查证据审查困难怎么办?

这些阅卷问题，都来自参训学员们多年的经验积累，虽是老生常谈的话题，但亦可以爆发出旺盛的生命力，对这些问题的梳理和解答也是刑事辩护实训课堂的授课内容。

(二) 讲授法的基本规则

1. 基础性规则

刑事辩护律师从法学院毕业，具备法学的基本理论知识储备，而后不断办案、不断成长，这个过程其实就是一个不断个性化、社会化的过程，该过程中律师转化的动力就是通过各种方式学习获得的知识。从这个意义上说，刑事辩护律师成长的基础就是专业知识。一名合格的刑事辩护律师，在专业知识、专业能力、专业素质三个领域都应该有所建树，其中，专业知识是专业素质和专业能力的基础，专业能力是专业知识和专业素质的集中体现，它们互为条件，相辅相成。就专业知识和专业素质的关系而言，有人形象地把二者的关系比喻为饮食和体质的关系。饮食只有在人类消化系统的作用下，转化为人体吸收的营养，才能最终发挥增强体质的作用。专业知识也是这样，专业知识只有为刑事辩护律师掌握后，经过实践的作用，转化为刑事辩护律师的专业素质，才能表现为刑事辩护律师的专业能力。

刑事辩护实训虽然更注重实务技能的培训，但却是在充分尊重专业知识基础地位之上展开培训的，因此专业知识往往会在培训师的把握与引导下，在实训前期进行预热或者将专业知识的传授贯穿于实训始终，以期达到刑事辩护实训的最佳效果。

2. 引导性规则

教育学中长期存在着知识性讲授方式和引导性讲授方式的矛盾，知识性讲授方式是指教师在讲授过程中，注重学科知识的完整性和系统性，采用“满堂灌”的教育方式，一般用理论引申理论，用理论解释理论，在内容上过多过全，理论与现实脱钩。引导性讲授方式是指在传授知识的过程中结合实际，以问题为导向，注重解决实际问题。一般来说，我们应当明确引导性讲授方式是知识性讲授方式的核心和宗旨，而知识性讲授方式是引导性讲授方式旨趣实现的前提和保障。

刑事辩护实训侧重引导性讲授，较少对学员进行知识性讲授，因为参训学员一般都接受过正规的法学系统教育，并且具有多年的实务经验，而且经过残酷的社会竞争，至今仍然从事刑事辩护业务的律师可谓是专业知识扎实的佼佼者，大多具备举一反三的思辨能力，轻知识重引导的讲授方式，更能契合参训学员的实际情况，也能更高效地完成讲授的预期任务。

3. 全面性规则

全面性规则主要是比较分析法的应用，其中就包括古今中外的比较分析。刑事诉讼研究领域，比较分析法得到了广泛应用。大陆法系和英美法系具有代表性的刑事诉讼法，基本上都被翻译成中文。随着中外刑事诉讼领域的合作与交流的不断扩大和深入，对于研究人员和司法人员开拓视野、更新观念起到了非常积极的作用。从中国法制史的发展流变来看，自清末以沈家本为首的法学家借鉴德国、日本等国家法制大修本国法律，至新中国成立后，废除“六法全书”全面移植苏俄法律，再到现代以来西方法学理论在各个部门法中的兴起，比较分析方法在近现代中国法律发展中都扮演了极其重要的角色。

比较分析法要求刑事辩护实训的授课内容具有延展性，虽然每堂课都规定了中心主题，但却要求对中心主题的相关概念、理论和制度进行延展性的学习和讨论，不仅要知道现在什么样，怎么做，还要知道以前什么样，怎么做，域外什么样，怎么做，如此才能实现刑事辩护实训的全面性。

4. 结合性规则

结合性规则，是指刑事辩护实训的讲授应当注重理论、规则及实务的有效结合，简单来讲，实务需要理论的指导，而理论又需要实践案例的论证。法学学科区别于理工科和普通文科的地方在于，它既因为严密逻辑和确定判断而具备理工科的技术性特征，又因为思维发散性和理念外化性而具备普通文科的观念性特征。正因如此，刑事辩护实训有着非常高的要求。世界上许多典型法治国家的实践充分证明，最优秀的法律人，通常是在具备较高法律素养并在法律实务环节取得优异成绩的一线法律工作者。

刑事辩护实训就是为实务工作者搭建一个理论、规则及实务相结合的平台，可以将刑事辩护实训视为法学院讲授模式的延续，延续到刑事辩护实务领域，刑事辩护实训在选择性地深化了前者的知识基础上，修正优化了刑事辩护律师的实务技能，从而为其将来专业技能的提升锦上添花。

可以看出，刑事辩护实训中的讲授方法不是传统的教学方法，不等同于填鸭式教学。运用刑事辩护实训中的讲授方法进行刑事辩护的教学，重点在于帮助学员高效率地在原有认知结构中建立新的意义，并且这个新的意义不是孤立存在的，而是与自己原有经验密切关联的。刑事辩护实训中的讲授法应当基于上述规则要求：客观上必须存在可供依托的实训材料，主观上学员们拥有既有法律知识，并在此基础上通过实训能够生成新知识和新技能。

（三）讲授法的基本方法

1. 直接讲授法

直接讲授法，是指培训师通过口头语言向参训学员描绘情境、叙述事实、解释概念、论证原理和阐明规律的教学方法。直接讲授法的基本内容包括：（1）讲述，侧重于生动形象地描绘某种事物、现象，叙述事件发生、发展的过程，使参训学员形成鲜明的表象和概念，并在情绪上受到感染。（2）讲解，主要是对复杂的问题、概念、定理和原理等，进行较系统、严密的解释或论证。（3）讲读，通过培训师与学员双方诵读来讲解专题。（4）讲演，培训师就某一专题进行有理有据、首尾连贯的论说，中间不插入或很少插入其他活动。

直接讲授法的基本要求有：（1）讲授内容要有科学性、思想性，观点正确，概念准确。（2）讲授要有系统性，条理清楚，层次分明，重点突出。要注意参训学员理解问题的认知规律，使其透彻理解重点、难点、疑点等关键问题。（3）讲授语言要清晰、鲜明、洗练、准确、生动，尽量做到深入浅出，通俗易懂，快慢适度。（4）讲授要适时激发参训学员的求知欲，启发参训学员积极思考。

直接讲授法具有通俗化和直接性的优点。直接讲授法采取定论的形式而不是问题的形式或其他形式直接向参训学员传递知识，避免了参训学员认识过程中的不必要的曲折和困难。培训师的讲授能使深奥、抽象的理论知识变成具体形象、浅显通俗的东西，从而排除参训学员对知识的神秘感和畏难情绪，使学习真正成为轻松的事情。但是直接讲授法，把现成的知识教给参训学员，往往使人产生一种错觉，似乎参训学员只要认真听讲就可径直获得知识，参训学员在听讲时好像什么都明白，听讲后却又说不清，一遇新问题就会手足无措。这样以听讲代替思考，不仅会使参训学员掌握知识不牢固，而且不能够举一反三地加以迁移应用，促进能力的提升。因此，在刑事辩护实训过程中，直接讲授法的运用要适度，且最好与其他几种方法结合运用。

2. 引导启发法

引导启发法，是指培训师根据教学目的、内容、参训学员的知识水平、规律，运用各种教学手段，采用启发引导的方法传授知识、培养能力，使参训学员积极、主动、高效地学习。引导启发法具体包括：

（1）激发吸引法。培训师对学员进行有目的、有方向、有吸引力的思维引导。实训过程中，培训师引导参训学员质疑问难、有意创设问题情境，打开参训学员心灵之扉，促使其开动脑筋。这样就能拓展学员思路，启发参训学员多想、深思，培养探索问题的能力。

（2）提问启发法。该方法要求真正揭示事物的矛盾，形成问题的情境，促使参训学员积极开动脑筋、主动思考学习，达到举一反三的效果。具体实操步骤包括：点明知识规律性的提问；引起参训学员兴趣和求知欲的提问；分析或概括性的提问；启发引导参训学员提出问题的提问。

（3）比喻启发法。培训师要用具体形象的事物做比喻，激发参训学员联想，启发思维，进行对照，化繁为简，化难为易，使参训学员灵活学习。实训中培训师应该在讲解抽象概念时，用具体形象的事物加以比喻说明。培训师要对比喻的素材进行认真整理和加工提炼，注意比喻的通俗性、科学性和现实性。

（4）反诘启发法。该方法是指在实训中，当参训学员对自己提出的问题或对培训师提出的问题作出不完全、不正确的理解或回答时，培训师有时不宜直接解答或纠正，而是应当提出补充问题进行反问，使参训学员在反问的启发引导下，进一步开动脑筋，经过独立思考，自觉纠正错误或不足之处，进而找出正确的答案。

（5）点拨疏通法。该方法是吸引参训学员注意力、纠正马虎认识、培养良好习惯的关键手段。实训中，参训学员因认知过程受阻而引起中断时，培训师应给予必要的指点，做出思维引导。要以随时发现即时处理的方式贯穿实训始终，使参训学员体验到“山重水复疑无路，柳暗花明又一村”的愉悦之感。

（6）情境启发法。该方法是指在实训中，创设情境，形式多样，别具一格的教学气氛，使参训学员受到情境熏陶，进而激发其动脑思考。

（7）示范启发法。该方法以培训师的规范化示范来启示参训学员掌握某一技能，包括潜在型、解题型、操作型、口语型、榜样型等多种形式。无论哪种形式，都是通过培训师向参训学员展示自己规范化的分析解决问题的过程，进而引导参训学员学会分析问题和解决问题。

（8）类推启发法。该方法要求培训师要善于运用参训学员的生活经验和感性认识，通过概括化的活动，由此及彼、举一反三、触类旁通地进行学习。培训师在运用此法的过程中，要注意引导参训学员把知识经验的运用、基本技能的掌握与创造性的思维活动结合起来，去探讨新知识和未知领域。

（9）对比启发法。在培训中出现的相互关系容易混淆的事物或知识，可以通过该方法引导参训学员进行正反比较和新旧对比，启迪其在比较和分析中加深理解，积极思考。

（10）直观图示法。培训师根据实训特点和参训学员的情况，适当运用各种教具、学具、多媒体手段进行有目的、有方向、有思考的演示或操作。图示法基本上是以线段、字母或各种符号来勾画出若干知识点之间的相互关系，它包括体系型、推理型、展示型等多种形式。

（11）讲练引导法。实训中，培训师必须遵循教学规律的整体思维导向，并将其体现在培训的重要环节。培训师循循引导于前，步步启发，参训学员求索于后，自行分析，综合、消化得出结论。

（12）研讨启发法。实训中对于关键问题，培训师与参训学员共同研究探讨，引导参训学员质疑问题，各抒已见，共同做出结论。

（13）探究引路法。实训中，培训师在关键处进行引导，充分发挥学员的主体作用，使实训过程呈现百花齐放的盛况，使参训学员各得其所。

（14）假设启发法。实训中，以虚构的事例来说明某一观点是错误的，从而启发参训学员理解、接受正确的观点。如果遇到参训学员赞同某一错误观点的情况，此时培训师不应该硬性制止，而应用假设启发法，首先假设错误观点是正确的，再按错误观点的有关条件进行推理，引出矛盾的或是荒唐的结论，从而否定错误观点。

(15) 情感启发法。实训中，培训师应运用恰当的语言表情，使实训过程格外生动、形象，从而帮助参训学员更好地领会、掌握知识。一个赞许的点头、一个鼓励的目光、一个会意的微笑，都会给予参训学员巨大的精神力量。在实训中，培训师应恰当地运用表情，可制止某些参训学员的不适当行为，不破坏整个培训气氛，也不会伤害某些参训学员的自尊心。同时，通过恰当表情，使语调抑扬顿挫，面部体态适当变化，也符合注意力规律，有利于保持参训学员的注意力。

(16) 自学指导法。培训师应对参训学员进行自学的思维引导，包括怎样区分教材主次，如何处理易混淆知识，如何审题，如何确定解题步骤，如何论证、检查、演算，如何优化自学时间，如何提高记忆力及如何利用自己的知识等。培训师的正确指导是培养参训学员自学能力的铺路砖，使其既学到知识，又掌握学习方法。

(17) 故谬激思法。该方法是培训师在讲授知识的重要地方时，故意脱轨让参训学员纠正，意欲强化而采取的刺激性启发方式。该方法迂回穿插、曲径通幽，具有灵活的特点，在培训师有意或无意的讲授情境中，促进参训学员对知识的巩固及掌握新的知识。

3. 交流讨论法

交流讨论法，是指根据培训的需要，参训学员在培训师的指导下为解决某个问题而进行相互探讨，进而辨明是非真伪，获取知识的方法。该方法的优点是能更好地发挥参训学员的主动性、积极性，有利于培养参训学员独立思维的能力、口头表达的组织能力，促进学员灵活地运用各类知识。同时，参训学员能够及时地表达自己的思想，可以增加讨论机会，增强学员之间的感情，达到对实训过程记忆深刻之目的。需要注意的是，该方法对培训师提出了更高要求，需要培训师付出更多的精力，并提前做好充足的准备，否则，实训中，培训师难以掌控秩序，可能出现学员间容易发生争执、个别学员引导对抗气氛、讨论偏离主题等问题，导致实训结果不尽如人意。

二、互动法

（一）互动法的内容

互动法是以建构主义为理论基础的教学方法，可以概括为，以学员为中心，强调学员对知识的主动探索、发现和对所学知识的主动建构，而非如传统教学那样，只是把知识从培训师头脑中单方面传送到学员的笔记本上。师生互动的学习环境，是学员可以进行自由探索的场所，在此环境中，既强调师生互动，又强调生生互动。就培训师对学员建构知识来说，其只是支持者，学员本身才是教学活动中的积极参与者。

刑事辩护实训与传统课堂教学有所不同，参训学员在培训过程中不是消极地“听、记、背”，而是主动地追求自身的进步与发展，培训师会在实训中结合实践不断地提出疑问，学员则需要开动脑筋运用已有的知识和经验作出自己的回答。在此种问答形式中，学员成为课堂主体，通过学员回答和培训师点拨，能锻炼学员的主体能动性和批判创造性。

互动法在提升学员能力的同时也对培训师提出更大的挑战。培训师在备课时不得不多下功夫，不仅要认真钻研理论、实践知识，还要了解学员，进行周密的课堂教学设计，设计学员能够积极思考的互动模式，同时，还要分析和预测学员回答中可能出现的问题及如何应答等。另外，需要注意的是，我们需要避免几种看似“互动法”教学的“非互动法”教学：

1. 单向型互动

在这种互动活动中，培训师不仅是互动的启动者更是互动的主宰者，而学员则只是消极、被动的参与者。大部分课堂教学主体在互动形式上是以师生单向互动为主的互动，属于单向型互动。这种互动只是将知识单向地从培训师传递给学员，缺乏师生之间、生生之间的实际交流和信息反馈。

2. 偏向型互动

在这种互动活动中，培训师在分配学员互动机会、互动内容及互动时间时偏爱发言较为积极的学员，给他们更多的互动机会、内容和时间。这类互动“因人而异”，对待“优等生”要比其他学员好。这既不利于整体教学质量的提高，也不符合刑事辩护实训课程“平等参与”的理念。这样会使长期得不到培训师“照顾”和“偏爱”的学员缺乏锻炼的机会，从而陷入恶性循环。

3. 表象型互动

这种互动活动多出现在高校的法学课堂上，在小组讨论或小组合作活动时，会进行师生对话，出现“互动”的景象。但认真分析或反思，就会发现课堂上的互动交流和合作活动其实形同虚设，师生对话多数停留在“Yes”或“No”

的简单问答上，缺乏开放性、深入性的思索和探讨。显然这种互动只是贴着互动教学标签的形式互动，没有互动实质，仅是单向知识讲授的点缀。

4. 散漫型互动

此种互动活动表现为，互动是随心所欲的，高兴时就让学员互动一下，不高兴时，课堂的一切由培训师主宰，学员毫无发言的机会，更别谈互动了。此种互动形式既不考虑学员实际，也不考虑教学内容、方式、效果等因素，多为应付听课，属于典型的“面子工程”。

在排除了上述几种应该回避的互动类型之后，那么何种互动类型是适合刑事辩护实训的互动呢？例如，辩护词写作的专项训练中，培训师选用一个经典刑事案例的辩护词和学员进行探讨，虽然这份辩护词足够精彩，但是培训师还是要求学员挖掘其中是否有可以继续完善的地方，鼓励学员结合案件事实发表更多的、更精彩的想法，并允许他人对学员发表的想法进行批判和驳斥。这样整个实训就可以围绕辩护词展开一场学员间的精彩辩论，虽然在这个过程中有些学员不免会说出一些不切实际的幼稚想法，但不可否认这种互动训练使学员明白了批判是质疑的过程，质疑是学习的需要，这些都是思维的开端。辩论结束后，培训师可以通过提出问题来进一步引发学员的思考和互动。

（二）互动法的基本规则

1. 贴近实务规则

传统法学教育与刑事辩护实训之间最大的区别就是是否贴近实务。传统实践中教学的定位过窄，只是验证、检验理论知识的环节或者手段，处于人才培养的末端环节，很大程度上被错误地认为等同于专业实习。传统法学专业人才培养方案，以法学理论教学为主，法学实践教学为辅，存在“重理论、轻实践”的现象，结果就是将法学应用型优秀人才的培养变成法学通识教育的大众化人才的培养，导致学员实务能力水平低，难以满足社会对应用型、复合型、学术型法治人才的多元化需求。

既然刑事辩护实训课程以提高刑事辩护实务技能为目的，那么在教学课程设计过程中必须贯彻贴近实务原则，尤其在案例选择、实训演练过程中，挑选真实案例，在真实案例的基础上进行改编，尽可能保持真实，贴近实务。在经费允许的情况下，还应邀请司法实务部门专家、刑事辩护律师参与课堂教学环节，分享办案的经验和所思所想，让学员了解未来职业选择方向和具体工作内容。

2. 论辩说理规则

刑事辩护实训过程中应贯彻论辩说理规则，必须要求学员：第一，通过组织证据陈述事实，重点突出，简明扼要，明确归纳争议焦点。培训师需要适当引导学员围绕案件争议焦点，就事实、证据、法律、程序、定性等问题分层次论证，力求做到逻辑严密，层次分明，重点突出，观点鲜明。第二，表达上既要使用法言法语论述专业法律问题，也要根据案情在表达上适当口语化。生活常识、社会常理、人之常情、一般认知、自然规律、商业惯例等都可以融会贯通。第三，培养学员的法律一体化思维，刑事辩护律师必须具备系统的法律思维，如此方能“摆事实，讲道理”，在刑事案件中适当运用民事思维，可以起到出奇制胜的效果。第四，论辩说理时不得进行人身攻击，不得质疑他人动机，辩论应就事论事，以解决当前的问题为限。

3. 问题保留规则

刑事辩护实训中会产生各种各样的问题，学员会围绕这些问题展开激烈的讨论。需要注意的是，讨论是否有效率？讨论问题的方法是否合理？如何避免低效和不合理的讨论，培训师需要提醒学员们注意：第一，讨论的对象是“问题”而不是“人”，不要把讨论对象从“问题”转向“讨论问题的人”，这就像两支球队踢足球，双方队员争抢的是足球，而不是对方队员，一旦某一个球员用脚踢对方球员而不是踢球，就犯规了。所以，讨论时避免使用“你如何如何”，而应用“你的观点、你的问题如何如何”。当学员们的争论重点从“问题”转移到“人”时，培训师需要及时打断，保留该问题，待双方学员情绪稳定后再讨论。第二，因为每个学员的观点、思想、行为方式、表达方式等都存在差异，所以，需要提醒学员只能以自己的角度看问题，可能你从这个角度认为被告人有罪，他人从另一个角度认为被告人无罪，那么此时因为角度不同而产生的争论无须进一步扩展，各自阐述观点即可，该问题可以由培训师统一确定立场或角度后进行讲解。第三，争论的目的在于澄清问题，当然也存在越争论越糊涂的可能性，但大家对这个问题的认识都提高了。不以压服对方为目的，不以取胜为目的，讨论只是促进自己进步。对于讨论难以得出结论的问题，培训师要提醒学员们认识到，发现问题本身无解也是一种思考和学习的过程，无须继续在这个问题上浪费过多的时间。

4. 讲解点评规则

刑事辩护实训作为新颖的教学模式，在发挥学员学习积极性、主动性的前提下，根据深度学习和自主学习的教学理念，增加学员接触目标知识的时间和机会。培训师可采用“三阶递进、两元互动、整体考量”的机制设计。倡导学员采用课前自主学习——课中小组讨论——课后案例分析的教学过程，从而形成“三阶递进”的教学过程机制。课前自主学习阶段，培训师应当明确设定学员的学习目标，并通过发放教学视频、资料等途径保证学员能够获得必要的学习材料。学员应当以知识探索为主要手段，通过检索法律规范、查阅已有典型案例、分析给定材料等，初步了解下一教学阶段讨论案例的基本情况，并自主检索相关法律规范。课中小组讨论阶段，每组学员在培训师的指导下逐一解决给定问题，并以小组为单位作出确定结论并汇报。学员讨论并汇报每一小组的结论结束后，先由其他各组学员进行点评，培养发现问题与表达问题的能力，培训师随后及时点评并指出存在的问题。课后案例分析阶段，培训师提供给学员另一个类似但不完全相同的案例，要求学员分组进行分析，以检验学员对所学知识的掌握程度。

（三）互动法的基本方法

1. 案例教学法

案例教学法是 19 世纪 70 年代美国哈佛大学法学院院长兰德尔首创的一种教学方法，目前已经形成比较系统的案例教学体系。案例教学法，是指由培训师根据教学进度和需要，适时提出精选案例，组织学员对个案进行剖析，阐述个案分析的基本法理和要点，实现从具体到一般的抽象过程。这种教学方法最大的特点是能够将直接的抽象理论与具体的案例结合起来，使学员们能够体会到抽象理论的实际运用，掌握抽象理论的实际运用方法，使理论知识具有生动性和形象化特征，摆脱传统概念教学模式。

刑事诉讼法是程序法，程序法教学的基本目的就是培养学员的程序操作和实践技能，因此在刑事辩护实训教学中应用案例教学法，对于增强参训学员的实践能力颇有帮助。参训学员在掌握一定理论知识后，应用这些知识点，查阅相关资料，自主讨论分析案例并得出结论。此时，参训学员成为课堂的主体，不仅能够提高其学习主动性，更重要的是大大增强他们实践的能动性，从而改变理论和实践脱节的状况，真正实现刑事诉讼法教学的目的。但需要指出的是，案例教学法对培训师提出了更高的要求，培训师要善于关注司法实务，在众多案例中精选适合课程教学的案例。案例来源可以是一些经典案例，如米兰达案、辛普森案等，也可以是近阶段发生的典型案例。培训师进行案例教学时不能急于求成，要循序渐进地培养和提高学员的分析问题能力，切忌将案例教学停留在口头分析层面。培训师还必须立足于案件实践情况，不仅要讲清楚法律规则的适用，还要解释司法实务中的具体操作，切忌脱离实际的“纸上谈兵”。

2. 审判观摩法

审判观摩法是一种直观的教学方法，是让学员们直接观察和感受真实审判活动。案例教学法通常只关注司法活动的某些主体，不能兼顾到审判活动的所有主体，缺乏实景性，而观摩审判法把学员置于活生生的现实审判场景之中，既能观察法官的审判活动，又能观察到公诉人、当事人、律师、证人等的诉讼行为，更具有立体性。观摩审判法可通过具体观摩他人对法律的理解和适用，并与自己的理解和认识相对照，这样在实践活动中去理解法律和法学理论，可以使法律和法学理论变成活的法律和法学理论。比如，可以观摩一些庭审直播或者已经公开的庭审等，使得参训学员知晓庭审程序和注意事项，学习控辩双方的技巧。组织参训学员观摩庭审的同时，应该配套进行互动式的综合训练，如组织参训学员进行庭审笔录竞赛并归纳争点，请培训师评定等级并进行点评等。

3. 诊所式模拟法庭教学法

诊所式模拟法庭教学法，是指模拟法庭案例的选取来源于实践，模拟法庭的教学不限于法庭审理阶段，而是延伸于案件办理的始终，学员在这个过程中扮演法官、检察官、侦查人员、当事人、律师、证人等各种角色，就案件中的问题进行审判、控诉、侦查、辩论、调解等。在刑事辩护实训中应用这种教学方法的优点在于，培训师完全可以控制场景，可以最理想的教学目的来设计学员活动。模拟训练后，培训师和学员一起对扮演的角色进行分析、评价，每个学员都有机会评价自己的表现和其他学员的表现。

刑事辩护实训中应用诊所式模拟法庭教学法必须做到：第一，模拟法庭案例的选取必须来源于实践。可以将基层法院的真实案件引进模拟法庭进行审判，也可以选取培训师在从事律师过程中办理的真实案件作为案例。第二，从事诊所式模拟法庭教学工作的培训师必须是律师，且必须是具有诉讼实务经历的律师。诊所式模拟法庭教学中，培训师会根据案件实际情况向学员系统介绍会见、事实调查、法律研究、咨询、调解、谈判以及诉讼等全面实践环节，让参训学员在每个环节都进行不同的角色演练，并及时给予评价。比如，一个真实的刑事辩护法律援助案件中，培训师根据案件的具体情况，确定需要参加诊所式模拟法庭教学的参训学员，并让参训学员分别确定自己的角色，写出自己模拟前的准备计划。接着，培训师将与扮演辩护人的学员在模拟法庭的接待室里一起接待真实的委托人，对于无法让参训学员直接参与的内容，如会见被告人、调查取证、真实庭审等，将由培训师根据案件真实办理的情况，在模拟法庭的各个组成部分中模拟完成，这种模拟是全方位的，且因案件的不同而有所区别，可以从刑警去案发现场调查开始，直至受害人家属与其诉讼代理人会见、被告人与辩护人会见、诉讼代理人与辩护人对案情的调查、谈判以及案件庭审等各个环节。第三，诊所式模拟法庭教学结束后，培训师先让参训学员自我评价，再要求参训学员互相评价，最后培训师对参训学员进行客观评价。评价内容是从现实社会中法官、检察官、公务员、律师等各行业人才标准出发，考量参训学员是否具有担当某一角色的实践能力，最终给参训学员打分并提出相应的改进建议。

三、演练法

（一）演练法的内容

演练法，是指由学员分别扮演法官、检察官、当事人、律师等角色，以情景扮演、实战演练等方式进行模拟演练，从而发现自己的问题所在，并在模拟演练中提升自己分析解决问题的能力。演练法是学员们学习实务内容、提升实务技能的必要环节与重要流程。

演练法需要多方主体的参与，适用于需要各方主体交互、存在对抗性或合作性的情景。比如会见当事人环节、法庭审判环节及庭前会议等情景。

以法庭调查环节为例，公诉人、辩护人需要向被告人、证人发问以及相互举证质证，法官可以引导双方就事实部分相互发问，围绕争议焦点展开争论。运用演练法演绎此环节时，可以依据此前的学员分组，让学员分别扮演法官、公诉人、辩护人、证人、被告人的角色，实训课程的目的在于培养优秀刑事辩护律师，通过扮演不同角色可以拓展学员的思路，了解不同角色在办案过程中的思维与立场。

但应当注意的是，应用演练法对学员进行角色区分时，需要区分主要角色与辅助角色，多次演练中应该对学员扮演主要角色与辅助角色的次数进行妥当、平均分配。

（二）演练法的基本规则

1. 主题明确规则

运用演练法模拟演练时，必须明确模拟演练的主题，做到主次分明，以达到良好的教学效果，实现对学习目标的清晰、深入的掌握。反之，如果不能明确主题，想要达到所有环节面面俱到的效果，反而会模糊了学习的主题，使得学习质量大打折扣。比如，实训课程学习的主体是法庭辩论，那么所模拟的控辩双方就应该围绕被告人的行为是否构成犯罪、犯罪的性质、罪责轻重、证据是否确实充分，以及适用何种刑罚等问题，进行互相辩论，而庭审其他环节可以相应淡化。

2. 任务清晰规则

培训师使用演练法时，应该明确本次的演练任务并在演练前告知参与演练的学员，避免学员抓不清重点，在演练中一头雾水。以会见当事人环节为例，培训师应当在演练前告知学员模拟演练会见当事人的主要任务，主要应为如何通过与当事人的交谈了解案件情况，并学习如何做好会见笔录。那么，参训学员会带着任务进行模拟演练，达到精准的学习效果。

3. 过程复盘规则

过程复盘规则，是指培训师通过组织学员对某一课程主体进行模拟演练之后，通过录音录像、旁听者观察记录等方式对模拟演练的过程进行分析，发现学员的优势及劣势所在，评估学员的学习效果，并根据评估后的学习效果对未来的学习进行下一步的调整。

（三）演练法的基本方法

1. 单项演练法

单项演练法，是指只涉及刑事案件办理流程中特定环节或特定环节中为完成某项任务而进行的演练活动。单项演练法注重的是对特定教学目标的完成，演练环节也仅由一项或两项组成。单项演练法的模拟课程设计主要根据课程内容、课程目标而定。

比如，在学习交叉询问规则时，可以由学员分组扮演公诉人、辩护人、审判人员以及被告人，由其他学员担任评论员、培训师担任评议人。培训师应当告知学员本次模拟的重点环节，再以交叉询问程序为模拟对象进行演练，使学员在模拟演练中获得交叉询问的技巧。

2. 综合演练法

综合演练法，是指学员在完成具有紧密联系性的几次实训课程之后，将这几次实训课程学习内容结合起来，进行多课题、多环境的综合性演练。综合演练更适合后期阶段的学习，这对学员应变能力、综合知识要求更高。

比如，培训师可以选择一个真实的刑事案件，以律师对犯罪嫌疑人的会见技能为主题，让学员分别扮演律师、警察和犯罪嫌疑人三种不同角色。假定会见场景是看守所，培训师传授技能至少应当包括：律师会见前应当做好哪些准备工作？应当履行何种手续，如何履行这些手续？在看守所见到犯罪嫌疑人时，律师应当如何进行自我介绍？如何确认犯罪嫌疑人的身份，向其出示哪些法律文件？怎样征询犯罪嫌疑人的意见？是否需要得到犯罪嫌疑人的签字认可？在会见过程中，律师应当如何观察犯罪嫌疑人的在押状况？如何与犯罪嫌疑人进行沟通，如何向其提问？如何听取犯罪嫌疑人的讲述？如何向犯罪嫌疑人提供咨询意见？询问或观察的重点是什么？如何对犯罪嫌疑人进行必要的控制、启发与引导？假设警察不愿意配合，或故意为会见设置某些障碍，律师应当如何应对？在会见结束时，律师如何对犯罪嫌疑人表示必要的关心？如何办理移交手续？

显然，通过上述角色演练，学员对律师会见犯罪嫌疑人的技能会有更深刻的理解和更准确的把握，从而达到培养学员实务技能的目的。

CHAPTER 2

第二章

实训筹备：案例准备与实训分组

为了充分发挥实训教学在法学教学实践中的作用，实训教学之前进行充分的实训筹备至关重要。刑事辩护实训课程要求培训师不是教学员“怎样做”，而是教学员“为什么做”和“怎样思考”；他们不是要告诉学员应该“思考什么”，而是应当告诉学员“思考的方法”。在整个刑事辩护实训过程中，实训筹备是整个实训工作的开端，良好的筹备工作是一场优质高效的实训的基础，只有进行周全的筹备才能保证实训教学的顺利开展，在实训筹备过程中应该注意，在法律实训过程中应当将学员始终置于主体地位，培训师仅是引导者，帮助和指导学员学会独立思考，并且要“像律师那样思考”。通过实训大纲的撰写，保障学员在实训过程中要通过充分的论证、合理的计划以及对案件中所有可能性的预测，抛弃低水准意见，保证高质量的策略选择，创造性地开展实习活动。

实训筹备基本上是为整体刑事辩护实训制定教学大纲，以便指导后续实训活动的展开，为实训活动的有效开展奠定基础，为学员提供一个实践检验平台和接触社会实务的机会，全面锻炼和检验学员对所学专业理论知识的理解和应用，按照知识、能力、协调发展的要求，培养具有综合素质的优秀法学人才。

通过实训筹备工作，可以明确实训主题以及进行实训教学所要达到的主要训练目标，在此基础上选取有针对性的典型案件作为实训案例，做好实训的素材准备工作。同时，在筹备阶段还可以通过科学、合理地设置实训课程的形式，确定学员人数及分组，选择采用讲授、互动、演练等活动形式进行全方位教学。另外，通过实训筹备工作也可以让培训师提前感受或发现即将进行的实训课程是否完备，或者可能存在哪些问题，也会让培训师对实训课程加深了解，了解实训过程中各个环节的注意事项，对培训过程更加胸有成竹。

第一节 案例准备

案例教学作为一种教学“范式”，具有自身独特的作用，可以让抽象的知识更加“接地气”，让学员自行建构、生成观点结论，从而加深印象。刑事辩护实训中，为了进一步训练和提升学员的刑事辩护技能，培训师应为学员准备典型的实训案例，在实训教学中多进行体验式教学，让学员在法律实务活动中，通过自己的亲身体验学习法律知识、职业技能和职业伦理。刑事辩护实训中，通过典型案例将学员置身于一定的情境之中，让学员自己面对实际问题，实际运用法学知识和理论来分析、解决问题以获得对概念和原理的更深认识，从而训练和培养学员解决实际问题的能力。通过学员在实训过程中的角色扮演，模拟真实案件的办理，让学员切身体验案件的准备工作是刑事辩护实训过程中的重要方面，针对不同的阶段性训练项目，选取符合教学目标的案例素材在刑事辩护实训过程中至关重要。刑事辩护实训应当突出案例教学的重要性，有意识地培养与鼓励学员掌握实务知识，培养学员的发散性思维，激发学员的创造力。

合适的案例选择是刑事辩护实训的重要前提，实践型教学案例与以往教学中的案例分析有所不同，实践型案例分析不仅要求学员具备扎实的基础理论知识，更注重对学员搜集处理信息、分析问题思路、语言表达逻辑等能力的训练和考察。培训师在筹备实训教学案例素材时，应当遵循真实性、针对性、争议性、时效性、典型性、本土性等原则，保证刑事辩护实训过程中所选用的案例素材与刑事辩护实训的教学目的保持一致。另外，刑事辩护实训的关键是学员的主动性投入，要增强学员的学习意识，让其认识到案例演练是一种有效的学习方法，积极扮演案例演练所对应的角色，遵从实训要求，更好地达到实训的预期目标与理想效果。

一、案例准备的基本原则

（一）真实性原则

选取的案例最好直接来源于现实生活，生活化的真实案例具有可信性和借鉴性，可以激发学员的学习兴趣，使他们产生对知识的渴求，也可以引导学员将注意力放到对现实生活纠纷的预防和解决上。各级法院公开的裁判文书和最高人民法院公报上刊登的经典案例，都有助于学员了解我国的司法实践，可以成为刑事辩护实训教学的良好素材。

传统法学案例教学中往往使用“甲乙丙”等虚构主体并简单概括的案情，难以让学员从案例中体会“抽丝剥茧”般的法律思维。刑事辩护实训教学案例应由真实案件材料编制而成，其内容应该是真实客观的书面描述，不包含对案件的分析和评论内容。原则上选取的案件必须是真实案件，只有在为符合具体实训教程目标需要时，才可以进行适当改写，这样才能保障案件细节真实、材料充分、贴近实践，同时，案例的真实性也可以增强学员的责任感，能够促使学员投身于实训中，把自己的实训过程与案件素材中的相关人物的命运密切相连，也愿意花时间和精力研读案件材料和法律，进而有利于取得较好的实训效果。选择案例素材时，对于真实性原则的具体要求如下：

1. 以真实司法案例作为实训素材最佳

实训案例的来源，最佳渠道是辩护律师、公安机关、检察机关、法院等办案人员亲自承办的典型案件。这样的案件与案例分析训练以及一般模拟法庭的演练案例不同，案情是未经人为加工和剪裁的，案件材料是原始的、全面的、充分的，能够最大限度地保障实训贴近刑事辩护实践。

2. 实训案例要具有全套诉讼案卷材料

只有具备了第一手的案卷材料，才能够最大限度地还原真实的诉讼过程。因此，实训的案件最好为已经办结归档的案件，档案卷宗材料较为齐全。

3. 没有全面卷宗材料的社会热点案件不适合做实训案例

一些即时发生的社会热点案件，可能本身极具争议且有探讨价值，但往往只有新闻报道披露的相关信息，如果不掌握案件证据材料，就无法进行深入有效的探讨。当然，某些案件事实简单、争议性主要集中在法律定性或理论解读层面的案例，也可以作为法庭辩论、文书写作方面的实训样本，以培养参训学员的法律检索、理论分析、语言表达和文书写作能力。

比如，“内蒙古农民王某无证收购玉米案”，没有办理粮食收购许可证及工商营业执照情况下买卖玉米是否构成非法经营罪或其他罪名，属于纯理论探讨的问题，可以就此组织法庭辩论。

4. 以诉讼文书呈现案件信息为原则，避免过度人为加工

实训过程中，向参训学员介绍案例或者提供案件基本材料时，培训师不宜根据自身理解提炼或者介绍案情，应当直接向参训学员提供起诉书、起诉意见书等诉讼文书，以尽量客观的方式提供信息，避免因为对案情的再次加工而产生不必要的引导。

5. 在不影响实训效果的前提下可以适当隐去或删减相关隐私信息

基于保护当事人隐私的考虑，用于实训的案件应当隐去或更换当事人真实姓名以及办案机关等信息。同时，根据实训的主题，可以适当删减与主题无关的材料，以节省阅读时间，提高效率。比如选取某矿业公司负责人涉嫌非法采矿罪、行贿罪一案作为以“鉴定意见质证”为主题的实训案件，则应当以非法采矿罪指控内容及相关证据材料为主，如案卷中用于证明非法采矿范围、数量、品质及价格的鉴定意见，而行贿罪的指控与实训主题无关并且对非法采矿罪定罪没有影响，就可以删减。

6. 注意案卷信息保密

鉴于卷宗材料的特殊性质，参训学员及组织方应当承诺获得案件材料后只用于内部实训，不得将相关信息公开或用于其他用途，必要时签署保密承诺书。

（二）针对性原则

刑事辩护实训不能求全责备，要循序渐进，每次实训只针对一个或两个主题。同时，每一个刑事案件往往也有不同的特点，有的案件突破点在于阅卷，有的案件则考验辩护律师质证的能力。在选择实训案例时，要善于将案件特点与实训主题相结合。

1. 每次只选择一两个实训主题

刑事辩护实训的终极目的是全面培养辩护人的辩护能力。为了达成这一最终目的，要将其进行拆解，可以拆分为阅卷、会见、发问、质证、辩论等多个主题，每次选择其中一两个进行训练，主题的具体数量，视学员的情况而定。

2. 体现刑事辩护实务中存在的突出问题

越是突出的问题，越是刑辩律师执业技能的短板。例如，实践中，刑辩律师不重视法庭发问，或者不会发问，从而难以在发问环节“问出效果”，为质证和法庭辩论做好铺垫。那么，可以专门针对法庭发问选取案例，进行培训。以法庭询问为例，选取案件时，可以选取证人证言或者同案被告人存在矛盾的供述，对

自己所代理的被告人有利的证据，通过辩护人当庭向证人或者同案被告人发问，揭示其证言或供述之间的矛盾。比如在一起敲诈勒索案件中，辩护人通过阅卷发现，在案的证人证言、被害人陈述及被告人供述对起诉书指控实施敲诈勒索的过程顺序、地点方位、在场人员等细节均存在一定差异，故制作了详细的表格进行对比。在庭审过程中，就存在差异的内容对证人、被害人及被告人分别发问，法官甚至启动了被告人与被害人、证人之间的对质程序，而通过发问和对质，庭审中逐步呈现出与起诉书指控并不一致的案件事实，从而达到对被告人有利的庭审效果，为后续的证据之辩和事实之辩打下良好基础。

3. 实训主题要根据难度或者诉讼流程循序渐进

不同的实训主题难度有大有小，在诉讼程序中出现的顺序有先有后，在确定实训主题及实训案例时，应当遵循先易后难、先主后次的原则，更加符合参训学员的接受规律。

4. 为了更有针对性，可对案例进行适当删减或调整

对于案件中与实训主题无关的内容，可以适当进行删减，以增加针对性、提高效率。对案件内容的删减以不影响实训效果为前提。但也应该考虑刑事辩护实训教学案例素材的完整性，实践型教学案例的素材内容应当包括案件从开始到结束的完整过程，对于正在审理过程中和尚未终审的案件，考虑到评论对司法审判的公正性和独立性的影响，不适合作为教学案例。

（三）时效性原则

时效性原则，是指培训师要从当前国内外发生的热点事件中不断发掘适宜教学的新案例，及时更新教学内容，并根据新法律法规进行调整，适应时代的发展和需要。所选取的案例越是紧跟时代，越容易激发学员的兴趣，学员参与讨论的积极性越高，实训效果也就越好。实训过程中，有些课堂使用的教学案例过于陈旧，既容易脱离社会实践又难以吸引学员注意力。当今社会瞬息万变，立法修改也较为频繁，尤其是2016年修改后的《最高人民法院关于人民法院在互联网公布裁判文书的规定》明确和扩大了上网公开的裁判文书范围，互联网时代案例素材的获取较以往便利了很多，一般而言，近三年的案例比较具有时效性，更加具有研讨价值。刑事辩护实训的目的是对参训学员在现实中办案产生指导意义，因此在案例的选择方面，要注意选择与当下司法制度、法律法规较为接近的案件。

1. 尽量选择案发时间较近的案例

不要选择时间久远的案件，若相隔时间较长，一方面，司法制度及法律规定可能已经出现了较大变化；另一方面，案卷材料保存可能也不完整，不利于达到实训效果。选择时间较近的案例，可以集中于对现行规则的探讨，对指导今后办案更有现实意义。

比如选取某民营企业家涉组织、领导黑社会性质组织罪、敲诈勒索罪、寻衅滋事罪、骗取贷款罪、高利转贷罪一案作为实训案例，起诉指控的事实全部基于该被告人放贷、追债以及与当地其他房地产企业之间的债务纠纷。尽管该案案发时间集中在2015年至2017年，但在本案审理期间，《刑法修正案（十一）》正式施行，修改内容包括新增《刑法》第293条之一“催收非法债务罪”，将《刑法》第175条之一的骗取贷款罪修改为结果犯。而本案起诉书将被告人追讨债务的情节认定为寻衅滋事罪，索要利息的行为认定为敲诈勒索罪，同时将被告人已经如期偿还的多笔银行贷款认定为骗取贷款罪，辩护人则依据修法内容及时调整辩护意见，指出根据从旧兼从轻原则，本案的债务纠纷及追讨债务过程不宜再以寻衅滋事罪、敲诈勒索罪认定，同时已经偿还的银行贷款不宜再认定为骗取贷款罪。最终本案一审判决书采纳了辩护意见，将追讨债务的相关指控全部变更为催收非法债务罪，并对多笔骗取贷款的指控不予认定为犯罪。案件正是通过利用最新的修法内容，以从旧兼从轻原则为法理基础，达到了显著的辩护效果，同时这样的案件作为实训案例，也有利于学员对新法的理解和适用。

2. 实训中适用审判时法律法规

由于法律修订较为频繁，部分案例发生在法律修订之前，且当时律师办理案件的依据可能与现在规定有些冲突，但是为了实训的效果，每次开课需要以当时的规定为依据，以使学员学习完毕后能够运用学习的内容。比如在实训演练过程中，律师办理案件时，认罪认罚从宽制度尚未推行生效，而在以“辩护策略选择”为内容的实训中，认罪认罚从宽制度的适用就应当纳入学员演练教学案例的考虑范围。

（四）争议性原则

刑事辩护实训教学案例需要具备一定的争议性，有争议的案例才有辩论空间，才能让学员更好地进行思辨，更有利于训练学员发现问题、分析问题和解决问题的实践能力。因此，要针对处于不同阶段的学员，选择不同的案例，既不能过于复杂也不能过于简单，不要超过学员的理解能力，但也要注意激发学员的研讨兴趣。

1. 不要选择无争议的案件

对于事实清楚、证据确实充分、法律适用无争议的案件，没有实训价值，不宜作为实训案例。比如，在适用认罪认罚从宽制度的案件中，在被告人与辩护人都认可案件指控的事实、证据的情况下，在以法庭辩论、质证为主题的实训中则不宜采用此类案件。

2. 不要选择争议过多的案件

如果一个案件争议较多，不容易集中争点焦点，会导致实训效果受到影响。尽量选择争议较为集中且比较突出的案件，或者将争议较多的案件拆解，分为不同主题进行训练。比如，某民营矿企负责人涉嫌盗窃罪、行贿罪一案，起诉书指控被告人与某国有矿业公司高管进行勾兑，并从中盗取已开采的煤炭。该国有矿业公司为达到业绩指标，计划在矿区禁采期间开采煤炭，与被告人约定在公司开展“保煤”期间由被告人提供运输设备和运输人员，国有矿业公司高管以允许被告人在运煤过程中直接带走部分煤炭作为报酬。

该案首先对盗窃罪的认定存在多个争议，在事实方面，被告人主张的事实与起诉指控事实存在明显不符；在证据方面，案卷中关于盗取煤炭数量、品质、价格的多份鉴定意见存在问题，多份作为鉴定意见证据材料的书证、证言同样存在矛盾问题；在定性方面，被告人与国有矿业公司高管达成共识后违反禁采规定采煤能否认定为非法采矿罪共同犯罪，参与开采后所带走的部分煤炭属于财物还是煤炭资源，该案情形下非法采矿罪与盗窃罪之间是否存在竞合关系，均存在较大分歧。尽管这样的案件具有复杂性和争议性，但并不适宜在一次实训中全部展示，而可以简化或节选部分情节及证据材料，将争议点拆解到适宜深入探讨会见、质证、辩论等各个环节。

3. 建议参训学员积极提供争议性案件，并担任实训观察员

除了在实训过程中使用提前准备的案例，时间允许的情形下，参训学员在办案过程中遇到的争议性、典型性案件，也可以提交作为实训案例。案例提供者不参加实训演练，而担任实训观察员，这样可以从旁观者视角再次审视自己办过的案件，有利于对自身工作进行复盘并形成新的思考，同时不会对其他成员形成先入为主的诱导。演练完毕，由观察员结合自己办理案件时的思路和想法进行点评交流。

（五）典型性原则

选取的案例应当具有典型性，该案例应当具有一定的综合性，能够较为全面地反映拟学内容的理论体系，并有利于启发学员的思维。案例教学是为了从个案中归纳出某一类案件的本质属性，好的刑事辩护实训教学案例应当包含若干有价值的问题，或在理论层面启迪思考，或在实务方面树立标杆，或能推动立法发展。如存在罪与非罪、此罪与彼罪、是否属于自首或者立功等方面的争议空间，或者存在证据认定、事实认定、法律理解与适用上的模糊性问题。

案例在具有典型性基础上，应具有适当性。培训师所选案例要难易适度，如案情太过复杂，超出学员的知识储备和理解能力，会使学员产生畏难情绪，不知从何下手，容易冷场；如案情太过简单，答案一目了然，又无法调动学员的积极性，使其感到索然无味。刑事辩护实训教学中，培训师应根据不同教学阶段精心选取案例，以便逐步深化学习内容，有助于学员更好地吸收和理解所学知识。选择典型性案例过程中，以下几类案件值得选择与关注：

1. 最高人民法院公布的指导性案例

指导性案例作为司法裁判经验、规则、方法的载体，是法治的“试金石”，也是案例教学必选的素材之一。选择指导性案例不仅要掌握理论知识点，更要学习法官的裁判思维，即如何解释法律规范、证成裁判理由，实现裁判的可接受性。

2.《中华人民共和国最高人民法院公报》公布的典型案例

虽然这些典型案例在法律效力上不及指导性案例，但是由于它们在形式上提炼出了“裁判摘要”，对于研读裁判过程也具有特殊意义，因而在理论与实践中也经常被提及与运用。除此之外，与公报案例相似，地方各级法院也会选择一些论证翔实、具有典型意义的案例加以公布，它们也是由“裁判摘要”与“案件事实”组成，其中的裁判摘要同样蕴含着法官的裁判思路与运用的一些规则、技巧、方法与经验。

3. 社会上出现的轰动性案件

其判决理由往往引发社会的普遍关注，将其引入课堂之中不仅能激发学员的学习热情，亦可对判决理由加以是非判断，比如“许霆案”“泸州继承案”“无锡胚胎案”“于欢案”的判决理由都引发了激烈的讨论。

（六）本土性原则

每个真实案例都是在特定时代背景下发生的，同样的案情在不同社会背景中会产生不同的法律效果。尽管法律的发展受到全球化浪潮的影响，但法律的本土性仍不可回避，刑事辩护实训教学案例应当优先选择本土案例，结合中国国情或区域特征，对其进行分析。案例的本土性并不是对跨国或者他国案例的一味排斥，在分析案例时学员应该注重本土的政治、经济、文化背景，将有益经验与本土实践有机结合，致力于解决中国的实践问题。

二、案例准备的基本方法

（一）全卷法

全卷法，是指准备案件的全部案卷材料，一般包括起诉意见书、起诉书、询问笔录、讯问笔录、现场勘验笔录、鉴定意见、物证、书证等基本材料。

全卷法一般适用于事实情节较为简单，案卷材料数量相对较少，问题集中在证据审查认定等方面的案件。一方面，不会使用动辄数十本甚至上百本卷宗的案件，不会给参训学员造成太大材料阅读及携带方面的压力；另一方面，全部案卷材料相对较少，证据瑕疵或漏洞较为突出的案件，容易达成实训效果。

例如，在以阅卷或质证为主题的实训中，要发现证据中的问题，往往就需要将证据做一个分析比对，同案被告人的供述之间有无矛盾？被告人供述与证人证言有无矛盾？言辞证据与客观证据有无矛盾？要实现阅卷或质证的目的，就必须对全卷证据材料做一个系统的梳理和比较，在这种情况下，就适合有全部案卷材料的案例。

当然，全卷法并非提供全部案卷材料，对于无关紧要的程序性文件，如拘留证、批准逮捕决定书等文书，在不影响案情及实训效果的前提下，可以省略。

（二）改编法

改编法，是指当原始案卷材料因某些原因不适合作为实训案例时，可适度对案卷结构、内容进行改编。例如，当案例极具代表性但时间久远、与现行法律规定存在较大差异时，为了达到指导实践的效果，可以将案件发生的时间适当调整，依照实训当时的法律规定进行研讨。需要改编的情形由培训师根据不同实训主题的需要视情况决定。对于案件的改编，应当遵循实事求是的原则，不宜过多改编实质案情，否则人为因素对案情产生的外部干预过多，会影响最终的实训效果。比如被告人供述与起诉书在构成要件事实上存在较大差异且被告人提出多份新证据的案件，则不适宜作为质证或辩论环节为主题的实训案例。因为质证环节着重训练的是学员对证据的合法性、真实性、关联性以及对待证事实证明力的判断，在被告人还提出多份新证据且事实本身存在多处争议的情况下，对在案证据的质证就难以集中；辩论环节则重点训练的是学员对法律适用的说理及全案辩护意见的组织和呈现，而在事实和证据尚未稳定的情况下，辩论环节的训练同样难以有针对性地进行。但是，在以会见、发问为主题的实训中，可以一方面提供起诉书、起诉意见书等诉讼文书作为基础材料，另一方面归纳被告人主张的事实及证据内容，通过节选、改编的方式，引导学员通过会见或法庭发问的方式挖掘新事实、新证据。

（三）摘要法

摘要法主要适用于案卷材料较多，事实较为复杂的案例。有些案件，特别是重大犯罪集团案件，被告人可能有数十人，涉及的案件事实可能也有数十起。在这种情况下，根据实训的主题，可以选取其中某一个被告人或者某一起犯罪事实，将相关案件材料从整体当中摘取出来作为实训案例，如此可以避免过多无关信息的干扰，提高实训效率。比如某家族企业多人涉黑一案，起诉书指控了上百起事实，十余个罪名，但对被告人定罪量刑影响较大的除组织、领导黑社会性质组织罪以外，主要在于故意伤害罪（发生致人死亡结果）和非法收购珍贵、濒危野生动物制品罪两个罪名，且二者的指控事实相对独立，那么就可以分别摘取该两个罪名的相关案件材料作为实训案例，根据两个罪名的不同争议点，作为不同主题的实训案例。如非法收购珍贵、濒危野生动物制品罪的指控中依赖在案的大量鉴定意见以及证明非法收购过程的证人证言，则该部分案件材料可以作为质证环节的实训案例。如故意伤害罪的指控中被告人是否作为黑社会性质组织的领导者，及实施伤害致死行为是否由被告人指使存在事实争议，则该部分案件材料可以作为以法庭发问或法庭辩论为主题的实训案例。

三、引导学员分析案例的大致思路

刑事辩护实训中的案例分析是学员从当事人或裁判人的角度对案件纠纷处理提出自己的观点，该教学方式的主要目的在于培养学员的法律思维和实践能力，让学员从理论知识的学习过渡到法律实务的处理。因此，培训师在刑事辩护实训案例教学中应当注意学术人员思维和实务人员思维的不同，着重教学员解决案件的方法与技巧，具体可以从以下几个步骤引导学员进行案例分析和技能锻炼。

1. 了解案例背景

每个真实案例都是在特定时代背景下产生的，同样的案情在不同社会背景中会产生不同的法律效果。学员应当对案例发生的社会背景加以了解，将个案放入社会大背景中进行考量。

2. 进行案情分析

实践中的真实案例都是从整理案件素材开始，但传统案例教学省略了从事实细节到事实结论的筛选过程。学员在案情分析过程中还应关注法律知识的理解和运用，而律师和法官对案情进行分析的关键不只是找到对应的法条，更重要的是查明案情、辨明事理。总之，学员需要学会将纷繁复杂的案情进行抽丝剥茧，整理案件事实和案情发展。

3. 梳理焦点问题

案件争议焦点是指双方当事人发生争执、意见不统一且对于案件处理结果有重大影响的事实问题和法律适用问题。案件争议焦点一般需要满足以下条件：其一，焦点问题应具有争议性，双方当事人对此无法达成一致的意见；其二，焦点问题应具有重要性，是对案件处理有重大影响的问题；其三，焦点问题应当明确，一般应是事实问题或法律适用问题。

4. 整理裁判思路

作为辩护律师，应当充分了解法官的裁判思路。理论上将法官裁判思维模式分为法律形式主义和法律现实主义两种类型，前者是严格依照法律规则进行三段论推理，后者是对法律规则之外的现实因素进行权衡。无论哪种裁判思维，都应当在判决书中进行充分的释法说理，我国目前的判决书中说理部分较为简单，法官的判案思路较少或难以在判决书中体现，这给刑事辩护实训案例教学留下了发挥空间。

一般而言，整理裁判思路的常规思路需要厘清四个问题：哪些纠纷？什么性质？为何产生？如何化解？以民事类案例分析为例，可以遵循以下裁判思路进行分析：

（1）找出当事人的权利主张，查看诉讼请求是否明确、具体；

（2）找寻请求权基础法律条文，确定原告主张的法律关系；

（3）识别抗辩权基础，审查被告的主张和理由是否清晰；

（4）根据法律条文分析构成要件，尤其注意条文中隐含的要件；

（5）根据诉辩主张及其请求权基础规范归纳案件争议焦点；

（6）将确定的案件事实归入相应法律条文的各项构成要件。

5. 归纳案例启示

实践活动是面向个案的，理论分析是面向一般规律的，归纳案例启示是从实践上升到理论的一个过程，对案例判决进行总结和评论极为重要。培训师引导学员归纳案例启示，可以遵循“个案问题—社会问题—政策问题—法律问题”的思路。首先，经过对个案进行上述分析后，学员要有总结问题的能力，找出个案中的疑难问题并分类整理。其次，案例分析不能局限于个人和小范围的问题，还需要扩大分析视野，分析这些问题是仅存于个案之中，还是普遍存在的社会问题，或者可能发展成为社会问题。再次，针对特定社会问题，政府是否采取行动或者能否通过政策手段加以解决。最后，论证该政策问题是否符合法律法规，或者是否需要上升到法律层面进行规范。当然，不同类型的案例，有着不同的启示。刑事辩护实训案例可以分为三种类型：经验型案例、问题型案例和争议型案例。经验型案例重在分析其成功经验，问题型案例重在分析其不当之处，争议型案例重在分析其疑难问题对现行法律制度进行反思。

第二节　实训分组

刑事辩护实训采取“小班教学”的培训模式，原则上每次实训的全体学员不超过 30 人。与传统的“大班教学”模式相比，“小班教学”不仅是形式上教学规模的减小，更是以社会对人才的需求为导向，以真正提高每位学员的刑事辩护技能为宗旨，以培养他们自主创新的能力为目标，最终使每位学员成为一个适应社会的技能型人才。刑事辩护实训“小班教学”的培训模式保证学员有充分时间和足够机会进行“学习”和“练习”，使学员在实训后不仅能收获知识，还能提升刑事辩护技能，这也正是刑事辩护实训与一般讲课培训、单向传输知识全然不同之处。刑事辩护实训中，会对全体参训学员划分小组，采取以小组为基本单元的实训方式。

一、分组原则

（一）额定性原则

实训小组的人员、人数相对固定，每组以 5 至 6 人为宜，全体学员划分为 5 至 6 个小组。这样分组的合理性在于：

1. 小组成员固定，有利于相互了解，培养默契

实训的时间一般会持续 1 至 3 天左右，在这段时间内，分组确定后小组成员不再变动，省去了组员之间不断重新认识和熟悉的时间成本，有利于提高效率，增加默契度和信任感。

2. 小组人数与诉讼参与人人数相当，便于展开模拟法庭演练

刑事司法实践中，一般辩护人有 1 至 2 人，公诉人有 1 至 2 人，审判人员有 1 至 3 人。每组 5 至 6 人，有利于分组角色进行模拟演练。

3. 从小组讨论的角度讲，5 至 6 人的分组能够较好平衡全面性和深入性

如果人数过少，则讨论问题的视角可能受限，不利于从各个角度全面讨论问题；如果人数过多，每个人发言的时间和机会就会受到限制，不利于充分展开。

4. 每个小组 5 至 6 人的分组也有利于组员之间相互分工

实训过程中，组织者会向参训学员布置任务，小组成员可以分工协作完成任务，每组 5 至 6 人，任务分工会比较均匀，每个人不会负担过重，也不会无所事事。

（二）差异性原则

划分小组时，要注意组员之间的差异性，尽量将不同地域、性别、执业年限的律师相互结合，这样分组有如下优势：

1. 不同身份、性别、经历的人看问题的视角不同，有利于综合分析案件

每个刑事案件并没有统一标准的处理方式，每个律师都有各自的风格，不同风格、资历的律师相互配合，有利于从不同角度对案件进行思考。

2. 有利于每个小组成员之间取长补短

因为小组成员之间的差异性，每个组员都可以取长补短，有利于相互之间的学习提升。

二、组织内容

（一）固定人员

筹备刑事辩护实训的第一步是固定人员，全部参训学员以 30 人左右为宜，每个小组 5 至 6 人。实训开始之前，先由组织方根据额定性原则、差异性原则将学员分组，确定每组的成员，并向学员公布分组名单，每个小组指定组长负责本组事务。除参训学员的选拔和组织外，作为实训的组织方，也要安排好主持人、记录人员、后勤人员等，准备好案件材料、手写板、白纸等实训用具。

（二）确定主题

实训主题主要由组织者根据刑辩律师的执业技能、司法实践中凸显的实践问题来确定。刑事辩护实训的基本主题可以有：阅卷技能训练、质证技能训练、法庭发问技能训练、法庭辩论训练等，在这些较为宏大的主题下，还可以针对不同情况挖掘更有针对性的主题，如质证主题下，可以拆分为书证的质证、物证的质证、电子数据的质证、鉴定意见的质证等实训主题。

（三）设计课程

培训师对案例的充分准备是刑事辩护实训顺利开展的前提和基础。首先，培训师在正式开展教学之前要明确教学目标和内容，并选择恰当的案例。其次，培训师应先吃透案例，将案例做深刻剖析，对其中的难点和重点做到心中有数。再次，培训师应精心设计案例问题，问题的设计应具有启发性、逻辑性，由浅入深，环环相扣。最后，培训师应该做好应对预案，要事先设计好案例教学的实施方案，对讨论中可能出现的各种情况做出预判，并准备好应对预案，构思好培训时准备运用的各种教学技巧，必要时可进行事先演练。案例布置应在课前完成，一般应在课前一周左右布置完毕，布置案例时应明确提出预习的要求，使学员熟悉案情，带着问题接受实训。布置时可以通过网络（如个人主页或其他特定主页）公布，也可通过印发纸质资料等方式分发。

1. 案例分析方式

刑事辩护实训案例的分析过程，是集中时间剖析案例，使学员学到相关法理知识、培养刑事辩护技能和领会刑事辩护精神的集中过程。案例分析的方式，根据案例来源及授课目的的不同有许多选择，有效的案例分析方式主要有课堂分析、模拟法庭分析、诊所式法律教育分析、真实审判观摩分析等。

（1）课堂分析。刑事辩护实训过程中应该安排学员在教室集中进行案例分析，这是使用最多的案例分析方式。课堂分析应当尽量采用讨论式分析方法，即由学员“唱主角”，畅所欲言，培训师仅作引导性讲解或归纳总结。如果培训师在讨论进行之前要作基础知识（如概念或内容体系）讲解，时间不宜过长。如果培训师在讨论进行之前未作基础知识讲解，则可要求学员在讨论时将基础知识融合在讨论发言中。学员讨论时，培训师应特别注意讨论中显现的问题及思想闪光点，以便及时调整课堂教学重点，使教学更有针对性。归纳总结时，培训师除点评学员的讨论过程（如观点、论证方法、存在的问题等）外，还应注意根据讲授内容的逻辑主线提出完整的分析过程和结论，特别是对案例中涉及的法律价值也应作引申讲解，以免将案例教学过程简化为普法教育过程。

（2）模拟法庭分析。模拟法庭分析适合程序法与实体法的案例教学，并且是比课堂分析更为直观的案例教学方式。模拟法庭通过逼真的案件审判过程分析案例，只是这种方法对案例的选择要求较高，要求选择的案例有较强的可辩性，能让各个角色充分参与。否则，可能因学员不能充分参与案例分析而达不到教学目的。例如一起模拟审判案件，被告人的庭审答辩仅为“是”和“不上诉”，这样的案例过于简单。

（3）诊所式法律教育分析。诊所式法律教育是在培训师的指导下，由学员参与真实案件的办理过程，从而使学员熟悉法律实务程序的法学实践教育方法。诊所式法律教育的目的是使学员熟悉法律实务程序，其教学内容基本不涉及实体法，因此运用诊所式法律教育分析案例也特别适合程序法的案例教学。但其实任何程序不可能是纯粹的，即便是实体法案例教学，仍可采用诊所式法律教育分析方式。具体方法是在诊所式法律教育教学过程中，强化实体法内容，由学员依据各自角色，结合理论知识和法律法规，提出所参与案件的实体解决对策。

（4）真实审判观摩分析。组织学员到法院旁听真实案件的审判过程，在审判休庭期间或结束后组织学员对案例进行分析讨论。培训师应根据教学内容选择讨论内容，可以是程序的，也可以是实体的。真实审判观摩过程中，培训师应提醒学员注意将书本知识与真实案件的解决过程进行对比，注意法官在判决案件时法律适用和价值取向的综合性和全面性。真实审判观摩分析教学具有案例完全真实、直观性强、有吸引力等优点，但学员不能进行角色参与，参与度不够。

2. 实训课程的表现形式

实训课程的基本表现形式有四种：讲授、互动、演练和复盘。根据不同的培训主题，四种方法要以不同比例掺杂其中，但原则上应以实践性、交流性方法为主。讲授目的是厘清概念、指明方向，因此必须提纲挈领、拨云见日。互动与演练的目的是思想碰撞、暴露和解决问题，因此必须有交锋、有点评、有总结，复盘就是大总结，可让实训者自己进行总结复盘，也可安排旁观者进行总结复盘，以不同的视角进行总结。

（1）讲授。对于一些基础的、具有理论指导意义的问题，有必要首先进行简明扼要的知识讲授，从而为后续的互动和演练指明方向、厘定框架。讲授的内容主要包括某个法律制度的目的、法律依据、理论依据几部分内容。

以质证为例，对于一份被告人自书的材料，应当如何质证？实践中大部分辩护律师可能直接针对证据的“三性”发表质证意见，但如果进行深一步思考，我们首先需要解决的问题是，被告人自书材料属于哪一类型的证据？这就需要对证据的分类进行一番研究。根据《刑事诉讼法》以及《死刑案件证据规定》等法律法规，对于不同类型的证据适用不同的审查认定方法。一份证据属于书证还是被告人供述，完全可能导致对其合法性、真实性等方面的判断适用不同的标准，进而影响辩护律师的质证方案。因此，对于质证的实务训练，可以先对证据的分类、不同类型证据的审查认定方法等问题与内容，做一个基本的梳理和讲述，具备了这样的知识基础，有助于辩护律师更加得心应手地进行法庭质证工作。

（2）互动。培训师在对培训主题的目的、法律依据、理论依据等内容进行基础性讲授之后，可以进行更深一步的探讨，比如某项制度在实践中应当如何落实，如何培养相应的辩护技能，可以以互动方式进行。互动应当遵循以下原则：

第一，贴近实务。互动应当贴近实务，这样，互动内容才能够言之有物。培训师在引导互动时，完全可以视情况建议学员带入某种身份思考问题，比如提示学员“假如你是该案件的辩护律师，面对此种特定情况，你认为合理的解决办法应当是什么？”，这样可以使参训学员更身临其境，更具问题意识。

第二，论辩说理。互动过程中，要适时鼓励学员进行辩论，辩论有助于引发学员对某一观点或者问题的思考。对于争议性问题，学员在互动过程中往往会形成不同的观点和看法，培训师要善于发现不同观点背后的思维模式或者论证方式上的关键区别点，在互动过程中点明双方争议焦点，突出双方矛盾点，激发学员从多方面去考虑问题，引导学员发散思维，进而形成辩论氛围。通过辩论说理能够使学员在不同的观念中发生碰撞，产生新的火花，全面深入分析问题。另外，辩论可以让学员学会表达自己的观点，明确告知他人自己的所思所想，而逻辑思维能力与语言表达能力可以在输出己方观点时得到提升，同时在与他人辩论的过程中，应变能力也会增强。例如，法庭辩论应当始终围绕事实、证据和法律适用三方面因素而铺陈展开。因此，无论辩方的反驳意见如何尖刻、刁钻，甚至无理、荒谬，控方都应当从容应对。既不能通过压制对方辩论权利的方式求得主动，又不能以同样尖刻、刁钻，甚至无理、荒谬的观点或意见反驳对方，以求得指控效果。控方辩论的基石应当且只能是清晰无误的事实、确实充分的证据及娴熟精确的法律适用。只有立足于此，综合丰富有益的经验、娴熟多样的技能、冷静平和的心态、机智敏捷的思维及能言善辩的风采，才能赢得辩论的优势与保障胜诉的效果。

第三，问题保留。互动中出现的问题是多样的，且具有不确定性，所以不是所有问题都能够通过辩论和讨论找到答案。然而，互动过程本身就是一个不断明晰问题、不断聚焦争点的过程。互动中提炼出的问题核心，如果最终无法取得共识，或者无法得出一个为所有人所信服的结论时，可以以两种方式进行深一步研究。一是采用讲授方法，培训师根据事先的准备对核心问题进行讲授，避免只发现问题而不解决问题的现象发生，通过讲授即刻解决问题，可以使学员困惑的部分在授课的过程中及时得到解决，而且会在很大程度上提升学员对问题的思考程度，形成培训师与学员之间的双向互动。二是对于偏实务性的问题，如果存在不同意见，可以根据不同意见分别进行演练，从而推演不同方案可能导致的相关后果，分析不同意见的优劣之处。演练的情况应当具体结合可能发生的现实情况来进行，不能够随意转换。由学员自己亲自参与的演练实训活动，培训师可以有目的、有次序地展开教学组织和指导活动，从而让每个学员尽可能多地获得实训演练的锻炼机会。通过这种实践性的演练，有助于学员在真实的情境中，感受到不同情形下事态的发展变化是怎样的，并且可以将演练中遇到的各种问题加以记录，在演练后进行分析汇总。

（3）演练。演练主要适用于与实务技能有关的内容，比如以模拟的方式进行接待当事人、会见、阅卷、庭审发问、质证、法庭辩论等活动。演练应当遵循如下基本规则：

第一，主题明确规则。演练必须主题明确，这样才能够突出重点，更好地达到演练效果。培训师应当提前确定演练的主题，给予学员一定的时间进行准备，根据主题搜集可能运用到的资料素材，做到事前准备具有针对性，避免学员做无用功而浪费时间。同时主题的明确有助于培训师在制订培训计划与内容时更具有内在的逻辑性与关联性，不至于出现毫无章法的情形。比如，如果演练主题是对书证的质证，则在演练开始之前培训人应当提醒学员，重点围绕书证的性质和特征发表质证意见，尽可能详细地挖掘证据中存在的问题，再比如，如果演练主题是对电子数据的运用，那么在演练开始之前就应当明确告知学员，本次演练的重点在于对电子数据的认定和规则运用意见的发表，尽可能阐明对电子数据的理解等。

第二，任务清晰规则。演练之前，必须向参训学员明确在演练中所需要完成的任务。遇到有任务不清晰、不理解的情形，应当及时询问请教培训师，切勿以自我的主观臆想来完成任务，从而耽误了学习进度。如果培训师要求组成队伍共同进行演练，那么需要队伍成员明确各自的任务，各司其职、分工负责、相互配合。例如，法庭询问演练中，可以明确演练者的任务是通过发问揭示证人证言中存在的矛盾。学员能够在演练前做好准备，设想可以提出的问题，以及应对的策略。

演练方式主要就是角色扮演，角色扮演教学法，是指培训师选取真实的案件片段，经过适当改编，预定角色扮演的训练目标，让学员扮演案件中的特定角色，学员通过置身于角色的模拟演练，切身体验不同法律职业角色在发现问题、分析问题、解决问题中需要哪些法律知识、如何运用法律知识，并训练执业技能、培养职业伦理的教学方法。尽管角色扮演教学法并不是让学员办理真实案件，但这却是让学员通过切身体验获得法律执业技能最简便易行的方法。角色扮演教学法作为刑事法律实训课程的主要教学方法，培训师对整个教学过程可以做以下安排：

第一，培训师选取、编写实训材料。为了保证教学的有效性，培训师应当精心选取用于教学的材料，所选材料片段原则上应选自真实案件，考虑到训练项目的目的，可以作适当的改编，以保证教学的现实性。

第二，培训师讲解。培训师在每一具体训练项目开始前，对具体训练项目的目标和要求进行必要讲解与说明，培训师应当通过适当的讲授，让学员明白在训练中需要做什么，为什么要这样做，做的过程中一般应当注意什么等。

第三，模拟角色分配。培训师应根据学员人数情况和选取的案件材料，将不同角色分配给学员扮演，也可以让学员自己选择。如果学员人数较少，课时允许，应当让学员轮换扮演不同角色，从中体验不同角色的执业技能；如果学员人数较多或课时不允许，则可以让部分学员扮演角色进行演练，其他学员担任观察员在旁观摩，学员观摩时应当进行记录，并在角色扮演演练结束后总结评论。

第四，培训师布置实训任务。培训师进行必要的课堂讲解后，培训师根据学员分配的角色，把所选的案件材料片段布置给学员，让学员研读分析。

第五，学员研读分析实训材料。实际演练前，培训师可以布置学员课内研读，也可以让学员在课外研读。研读应由学员自己独立完成，可以是单人完成也可以是小组合作完成，除了学员在研读中提出具体问题，培训师一般不主动给予指导。同时，培训师一般还应要求学员写出详细的分析报告，分析报告要求包括法律分析、证据分析、事实认定分析、解决方案及策略等，为实际演练做好准备。

第六，讲解点评。讲解，是指参训学员对某一问题进行简要解读，发表自身观点。一方面，培训师需要以语言为工具，向学员传授关于解答某一问题的知识和相应的思维方法，启发学员的思考。另一方面，其他参训学员或许对其中的某一问题有自己独到的见解与看法，通过对问题的解读，有助于新观点的产生，引发大家对于新事物的思考。点评，实质是观摩学员对于演练内容进行评论，指出其优点、不足和错误，并提出改进方法。点评一定要全面、深刻、准确。对于他人的问题，要注意区分错误与不足，不足是虽然没有原则性问题但有待于进一步提升的问题，错误是指存在原则性错误的问题。对于不足要提出改进措施，对于错误要旗帜鲜明地指出，并让全体学员引以为戒不可再犯。点评方法根据培训师作用的不同，可分为培训师主导型和培训师辅助型两种基本方法。培训师主导型点评法是指，学员观摩点评后，培训师发现学员的点评没有达到教学目标，其应当进行具体全面的点评，让学员看到训练中的优点与不足，以引导学员在以后的演练中不断提高自己。培训师辅助型点评法是指，以担任观察员的学员进行点评为主，培训师的点评为辅，主要让学员观察员逐个作出点评，或者汇总后由一位学员观察员代表进行点评，培训师仅进行适当的小结和评价。

(4) 复盘。刑事辩护实训的复盘，就是以录音录像、旁听者观察记录等方式，对演练过程再次呈现，从而发现其中问题。复盘能够聚焦典型案例，围绕办案框架、统筹谋划、能力提升等方面进行全流程梳理盘点、讨论辨析，总结查办案件的工作经验、方式方法，分析难点问题，查找短板不足。复盘可以避免学员重复犯错，复盘过程中，学员能够更直观地看见自己的不足之处，让下一步的学习方向更加清晰明确。

复盘可以分为“小复盘”和“大复盘”。“小复盘”主要是，回顾目标、评估结果、分析原因、寻找对策。小复盘更侧重于针对具体的问题，从微观层面具体问题具体分析，总结得失并寻找改进方法。“大复盘”主要是，提炼禁止性措施和鼓励性措施，在小复盘所梳理出的问题的基础上，进一步总结出共性的问题，总结出哪一类行为是应当禁止的，哪一类行为是应当提倡的，通过对行为明确的鼓励与禁止，让学员从大方向上充分认识到什么是“应为”，什么是“不应为”。复盘能够让学员看问题时做到主客观相结合，有全局思维，不过分局限于细节的同时开拓思维，让学员了解很多问题的答案都不只是一种，从正反两方面进行拆分思考。

需要指出的是，复盘不等于总结。复盘能够让学员从先前经历中学习，以学习为导向，但总结只是简单的概括和归纳，并不等于复盘。那么怎样复盘才是好的复盘？复盘作为一种结构化的从经验中学习的方法，复盘的基本程序主要包括：

第一，回顾目标。清晰、明确、共同的目标为学员树立了评估结果、分析差异的基准。目标是评估的基准，也是复盘的起点。这一步的常见误区包括：一是没有目标或目标不清。如果是这样，将很难精准地评价实际结果，也会影响到后续的差异分析以及经验教训，不利于充分从复盘中学习。对策是，尽可能细致地分解、描述目标，使目标明确、可衡量，那么相关联、有时效、有挑战性将同时可实现。即使难以准确地界定目标，也要整理出关键成果或具有里程碑意义的收获。二是目标缺乏共识。有时候可能制定了目标，但学员对目标理解不一致，没有达成共识。这样会影响到大家在执行中的相互配合，也会导致对同一件事、同一个行动的理解、评价不一致，从而发生分歧。三是缺乏对目标的分解以及对实现目标策略、步骤的规划。行动前是否有清晰的规划，决定了是否能够理清复盘主线，找到失败和成功的根本原因。否则，大家会提出很多不可验证甚至有其他副作用的“事后诸葛亮”式的发言，也没办法以计划为准绳来衡量实际执行过程中的不足。

第二，评估结果，回想实际的过程，对照目标，看看哪些地方做得好，哪些地方有待改进直至找到值得深入挖掘的优秀经验。复盘的第二步评估结果，看似简单，实则不易。这一步常见的误区有三个：其一，报喜不报忧。很多学员参与复盘时，因为种种原因，害怕暴露自己的不足，只说优点，不谈缺点。这样实际上失去了学习、改进、提升的意义。其二，盲人摸象。现实中一些项目或事件非常复杂，需要很多人配合，但每个人站在自己的层次、视角，只看到一些局部或碎片，很难看到全貌，从而产生类似“盲人摸象”的状况。其三，因为每个人的价值观、诉求、经验等差异，大家对同一件事有不同的理解，无法达成共识，甚至无法沟通。比如，评估结果的时候学员要有开阔的视野，既要展望全局，又能抓住细节，从而选择最为有利的辩护方案。选择最为有利的辩护方案，就需要全面考虑可能出现的所有有利、不利结果，运用四象限辅助分析法进行判断分析。

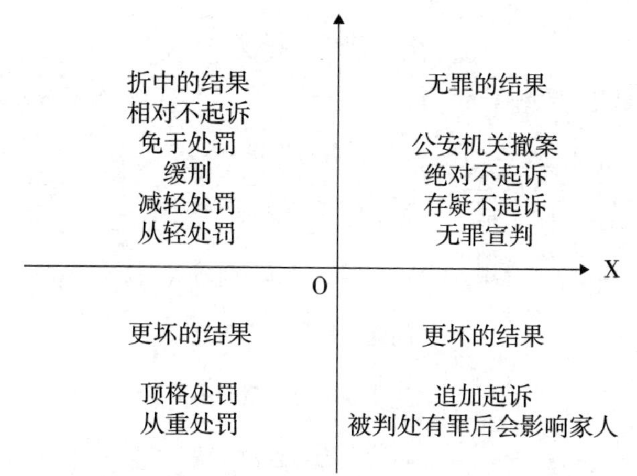

图 2-1 四象限辅助分析图示

第三，分析原因，对于差异，深入分析，找到根本原因，发现真正起作用的关键点。分析原因是复盘最主要的环节之一，也会直接影响到学员能从复盘中学到什么、学到多少。这一步的误区有：一是分析不深入。很多问题的成因很复杂，受多方面因素影响，而且彼此之间相互干扰。因此，很多学员复盘时，只是蜻蜓点水，浅尝辄止，没有深入挖掘。二是归罪于外，推脱责任。复盘中，许多学员将原因归咎于外部因素，对自己的责任避而不谈或想办法推脱。这样就失去了客观性、公正性，这种封闭、防卫心态与复盘的学习精神背道而驰。三是没有重点，无所不包。复盘时，暴露出的问题很多，学员或培训师就揪住每一个问题，什么都要进行分析，导致团队复盘会议非常冗长，让大家感觉沉重甚至痛苦，不利于复盘结果的实施和推广。

第四，总结经验，基于差异分析，可以找出利弊得失，从中学到经验教训以及改善未来行动建议。这一步常见的误区包括：一是快速得出结论。复盘中，要从纷繁复杂的原因中找出根本原因，审慎地进行分析，但许多学员很容易武断下结论。例如，只是总结出一次偶然性的因果关系，却误以为发现了规律。二是好高骛远。在总结经验教训环节，一些学员会把“矛头”指向上级，指向外部，提出一些不切实际的期望，例如“下次，要是能如何就好了”。实际上，这也是一种受害者心态在作祟。三是无后续行动。复盘不能只是停留于当下获得一些经验或教训，必须落脚到未来行动的改进上。但是，很多复盘却只是到了总结出经验教训的阶段就结束了，没有后续的行动，这样会让复盘的功效大打折扣。

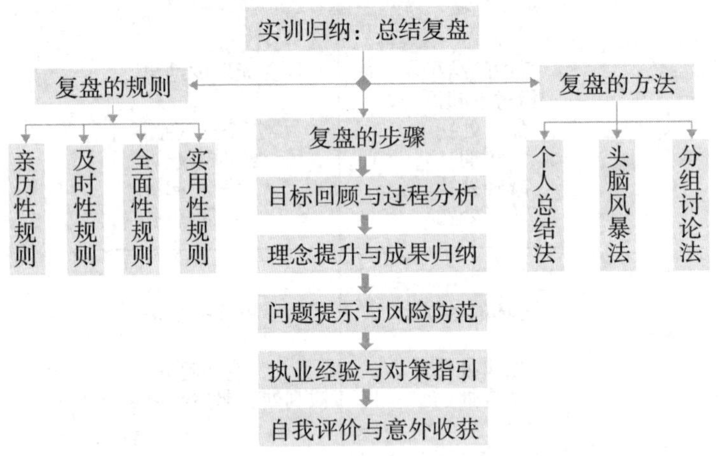

图 2-2　复盘的规则、基本步骤与方法

（四）明晰目标

刑事辩护实训的目的在于通过模拟演练、复盘讲解、理论提升等授课方式，全面提升学员的实战能力与理论水平，通过理论与实际的结合，进一步提升学员的业务水平、实践能力、综合素质，从而培养优秀的刑事辩护律师。具体而言，根据不同的实训主题，每次具体的实训应该有具体的目标。

比如，如果实训主题是法庭发问，那么目标应当定位于使学员了解基本的法庭发问方式、掌握对控方证人和己方证人不同的发问方式，熟练运用通过发问揭示证据之间矛盾的技巧等。再比如，如果实训主体是律师取证问题，那么目标应该定位于如何培养辩护律师积极取证及防范取证风险，如何提升辩护律师直接取证与申请检察院、法院取证的技巧。

如果说实训主题的选择，在于针对刑辩律师在执业中存在哪些问题和短板，那么实训目标的设定，则是解决这些典型问题。只有将这些问题逐一解决、逐个击破才能让学员的个人素养在实训中得到提升，使其今后遇到诸如此类的问题时，才知道应当如何解决与分析，为其解决问题提供思路。

（五）教学方法的准备

教学方法，是指在刑事辩护实训教学过程中，培训师和学员所采取的教学手段，包括培训师教的方法和学员学的方法。教法服务于学法，同时对学法又有指导作用。因此培训师准备教学方法时既要准备教法又要准备学法，这样才能取得良好的教学效果。案例教学中培训师的教学方法要有灵活性和创造性，可采取辩论式、讨论式等多种形式。培训师在课前对教学方法的每个环节的设计、准备，应该包括以下内容：

（1）认真准备新课导入。培训师要依据教学大纲、教学内容设置教学模块，包括理论知识及配套案例。每个模块下包括讲授理论知识，提供相关案例及资料，进行案例教学等内容。刑事辩护实训的第一堂课，培训师要将该课程的开设目的、模块构成、课时安排、学员小组及各组负责人以及采取的教学方式等告知学员，特别是对学员的学习方法提出必要的建议和要求，然后将教学模块涉及的案例及相关材料提供给学员让其阅读、讨论。

（2）了解学员课下阅读分析案例的情况。培训师指导学员课下阅读分析案例，包括三个步骤：第一步，学员认真阅读案例、搜集整理资料、形成并论证自己的观点、写出辩论提纲；第二步，各组负责人组织本组学员讨论不同观点、进行组内辩论，观点不能达成一致的，各组内部进行协商讨论；第三步，提出本组的代表性问题及其分析、解决方案。

（3）预测课堂辩论的状况。课堂辩论不再是一个机械的非思辨过程而是培训师如何“导”、学员如何“演”的互动过程，即学员以案例中管理者、决策者的身份成为课堂上的“主演”，培训师则由传统教学法下的“主演”转变为“导演”。作为“导演”，培训师一是要控制时间从而保证学员有充分的发言时间并留有余地；二是要控制进程，不仅要紧扣主题而且要善于拓展、深化主题。在各组的激烈辩论中培训师应紧紧追随学员们的思路，不断去掉那些与辩论主题无关的话题，善于捕捉学员的思想火花并巧妙地将辩论引导到主题上来。但培训师一般不要发表个人的见解，不要急于给学员一个答案，以免影响学员分析问题、解决问题的主动性和积极性。

（4）总结评析的准备。培训师在预测课堂辩论情况的基础上，应该提前做好点评准备。换言之，培训师应该做好以下准备：第一，辩论结束时，培训师应组织学员做好个人小结分析，总结通过案例教学解决了什么问题、学到了哪些知识、有哪些问题需要进一步理解。第二，培训师要全面客观地对案例及学员的讨论情况进行评析。一方面，培训师要总结案例讨论的基本观点，提炼和概括有价值的观点并给予肯定和赞赏；另一方面，对学员讨论不够深入的问题进行针对性的讲解，提出进一步探讨的方向和思路，鼓励继续探讨，进一步提高学员的能力。第三，培训师要准确、恰当地评析学员的参与精神、思维方式和知识技能等，避免一般性的表态式发言和厚此薄彼的倾向。如果现场评分，应该临场说明评分标准、成绩差异的事实依据，把大家的注意力集中在教学内容和教学目的上来。比如，结案后能否完整地复盘，往往依赖于案卷的完整程度及案件办理的记录详略。作为培训师，在进行复盘点评之前，除基本的卷宗材料及相应的文书以外，还应准备办案日志、各阶段留痕、相关材料接收以及法律检索等工作。

CHAPTER 3

第三章

实训预备："破冰行动"与实训翻转

实训预备，是正式开始实训课程前的准备活动。实训是目标，以目标为导向，实训预备服务于实训，保障实训的高效、顺利进行。学员是实训课程的中心，为使学员在较短的时间内融入实训课程，以"破冰行动"打破藩篱，帮助学员快速适应实训氛围。成果是检验实训效果的标准，为使学员在有限的时间内获得最大的收获，以实训翻转为基本模式，通过案例演练保证学员的充分参与，使学员在实战演练中总结提升。总之，良好的"破冰行动"与实训翻转设计，有助于实训获得更优效果。

第一节 “破冰行动”的基本规则、方法与技巧

“破冰”，是指打破人际交往之间的怀疑、猜忌、疏远的桎梏，使人的关系迅速贴近，就像打破严冬厚厚的冰层。实训课程的“破冰行动”，就是通过多种多样的活动设计，让学员尽快消除人与人、人与环境之间的陌生感，相互熟识，建立信任，形成团结、热情、坦诚的实训氛围，可以说，“破冰”成功与否是整个培训能否达到预期效果的关键。“破冰”需要借助一系列“破冰游戏”，打破学员间的隔阂，调节团队气氛，让学员变得乐于交往，能使培训师更好地培养受训团体，进而更好地达到培训目的。

“破冰行动”代表性的例子如：著名的教育学家威廉菲尔普，他在八岁的时候去他的姨妈家过周末，到了中午，家里来了一位中年男子，中年男子和她的姨妈聊了一会儿，就把注意力放到了菲尔普的身上，小时候的菲尔普非常喜欢帆船，这位中年人就和菲尔普畅聊起来，走的时候两个人还恋恋不舍，菲尔普就问他姨妈：“姨妈，我好喜欢这个人，你能不能让他下次还来呀？没想到他也这么喜欢帆船。”姨妈平静地对他说：“你知道吗？他是一个律师，才不可能对你喜欢的帆船感兴趣呢！”菲尔普特别奇怪地说道：“啊，那他怎么能和我聊得这么起劲呢？”姨妈的话让菲尔普这辈子都无法忘掉：“他不是对帆船有兴趣，他是对你有兴趣，因为你喜欢船，他就聊你高兴的事，这样你们之间就能建立起很融洽的关系啊！”通过这个例子可以看出，“投其所好”并不一定是贬义词，中年男子并没有奸诈的动机，也没有展露出不纯的目的，但是他能快速地和菲尔普聊到一起，简单来说，只要动机单纯，那么聊对方感兴趣的话题，无疑是构建良好关系比较适宜的方法。

为什么将“破冰行动”作为实训的重要准备活动，原因在于实训课程是一种完全沉浸式、体验式、实战型的课程，该课程要求参训学员身份不分主次，平等参与，积极行动，互动应和，但该课程学员可能来自五湖四海，不同单位，彼此之间互不相识，履历背景也各不相同，这种陌生感会影响学员参与培训的兴趣和

信心，也会影响实训的效果。而"破冰行动"可以帮助学员快速打破藩篱，使原本在不同轨道上生活的人们迅速同频，以一种放松、开放的心态投入实训课程之中，保证实训课程的高效进行，这也是实训预备的目标。因此，"破冰行动"在整个课程设计中不可或缺，"破冰行动"的成功与否决定了实训课程的成功与否。效果良好的"破冰行动"，需要遵循基本的目标性规则和参与性原则。

刑事辩护实训课程中的"破冰行动"包括三层含义：第一，参训学员与培训师之间的关系由不认识、不信任、不放心甚至心理上的不接受，通过"破冰"变成对培训师产生正确的看法，认可培训师，接受培训师。第二，参训学员之间的关系"解冻"，使团队的氛围、团队成员之间的关系达到一种融洽的状态。第三，参训学员对训练本身的认识由不了解、有偏见、不重视通过成功的"破冰"达到一种正确对待的心理状态。因此，通过一段时间的磨合和接触，使培训师和学员之间逐渐产生兴趣和依赖感。同时，"破冰"时间的长短和效果的好坏与学员参训时的心态、心理预期以及学员的整体层次和素质都有很大的关系。

一、 培训课堂的常见问题

（一）学员自我意识过强，缺乏社交积极性

随着年龄增长，学员们愈加认识到自己内心世界的独特性，表现出强烈的自我意识，尤其是律师群体，自我意识的表现更为明显，学员们在处理人际关系时容易产生困惑。一方面，许多学员对人际交往充满恐惧与排斥，导致学员之间缺乏真诚的交流；另一方面，互联网工具的普及让许多学员沉溺于虚拟世界，而忽略了现实世界的交流体验，缺乏社交积极性。以上因素都会加剧学员之间的陌生感，影响课堂气氛，削弱教学效果。

（二）学员之间熟悉程度低

刑事辩护实训课程成员都是由陌生学员随机组合（不同背景的学员根据自己兴趣选择），这虽然有利于满足学员们不同的兴趣爱好，但也造成了学员间的陌生感。另外，培训课堂通常是每周一节，学员们课下相互接触的机会很少，进一步加大了学员之间的陌生感，学员间熟悉程度较低。

（三）培训课堂缺乏吸引力

随着互联网产业的发展，知识传播的速度远超出我们的想象，学员的知识结

构和视野被无限放大，传统的授课方式很难满足学员的需求，这就要求我们设计的培训课程与时俱进，富有新意，能够切实吸引学员的注意力，使得“破冰行动”达到预期效果。

二、“破冰行动”的基本规则

（一）目标性规则

一般而言，无目标性的行为便无成果可言，“破冰行动”切忌散乱随意，无目标的“破冰行动”华而不实，看似花了时间、精力，热热闹闹，但真正取得的效果却不佳。刑事辩护实训课程进行“破冰行动”的终极目标只有一个，就是让每一位参与者通过实训课程掌握刑辩技能，提高刑辩水平。所有实训课程设计，包括实训预备，均以此目标为导向，服务于该目标。

为了保障刑事辩护实训课程高效、顺利地进行，“破冰行动”至少要实现以下效果：第一，学员间相互认识，彼此相互了解，如姓名、年龄、来自哪里、执业的领域、执业年限、职业履历、日常爱好等。第二，建立学员间的基本信任。实训课程的完成，需要学员间的相互配合、相互协助，也会有大量的课堂讨论，学员间的信任关系不可或缺。第三，活跃团队氛围，加强小组间的关系。在学员间建立一种协助性的、积极合作、开放和直接的气氛，鼓励学员乐于参与，勇于表达。第四，建立学员与培训师之间的良好沟通渠道。实训课程以实训为主，采取实训翻转课堂形式，学员是实训的主角，培训师只是课堂的指挥者、引导者。实训翻转需要学员之间更多直接、充分的交流、沟通。

（二）参与性规则

参与性规则要求每一位学员与培训师都参与实训的全过程，参与性规则至少要实现以下效果：第一，每一位学员与培训师都充分、平等地参与其中。第二，确保学员参与的充分度、积极性及师生互动、生生互动。第三，提倡分组活动的形式，为学员之间提供更多的合作机会，共享学习体会。第四，对于学员的评价要注重发挥培训师的激励功能，实训答案没有对错，不轻易否定，引导学员不断思考、探究。第五，通过培训师引导学员进行不断的反思，获得新的体悟，才能有所收获。

著名犯罪心理学家沃·里斯特教授在柏林一所学校讲授“远期遗忘”的一章时，突然一名高年级学生提出反对意见，而另一位同学试图阻止这一行为，双方发生争吵，这名高年级学生拿出一把手枪。沃·里斯特教授上前与高年级学生抢夺手枪时，枪支走火，但幸好没有人员受伤。几分钟后，教授告诉惊吓不已的学生，让他们描述整个过程的细节。一位回忆最好的学生在回忆过程中有26%的细节是与事实有偏差的，而其他大部分学生的回忆中则有80%的内容是错误的。

或许你会对上述的情况产生怀疑，人的记忆真的会在几分钟后发生巨大的偏差吗？德国著名心理学家艾宾浩斯的遗忘曲线印证了这一事实：20分钟后，42%的内容就会被遗忘掉，58%的内容被记住；一个小时后，56%的内容被遗忘，44%的内容被记住；而一个月后，79%的内容都将被遗忘，只有21%的内容被记住。

科学的记忆规律告诉我们，人的记忆是会发生偏差的，这就是典型的证人记忆效应，学员们可以在实训课堂上扮演目击证人，然后陈述证言，由其他学员评价证言的真实性，通过参与性规则去切身感受证人言词证据的可靠性。

三、"破冰游戏"的基本特征

（一）种类丰富，开放创新

"破冰游戏"是开放且创新的，没有固定的活动方式，大致有以下几种类型：从互动对象的角度分类，可分为"师生互动"型和"生生互动"型两类；从参与方式来看，可分为全体、小组、单人等；从游戏性质分类，可分为竞争类、合作类、模仿类等。培训师可根据具体的教学任务来设计相应的游戏内容。

（二）互动性强，参与度高

"破冰游戏"能加强师生之间的沟通，也是学员之间的润滑剂，比如"诺亚方舟"游戏要求所有人在规定时间内"登陆成功"（所有人挤进用粉笔圈定的"陆地"上，并且陆地面积会逐渐缩小），在活动过程中，全体师生要密切交流、齐心协力，才能完成挑战。

（三）趣味性强，有吸引力

相比正式课堂常见的热身活动，"破冰游戏"内容更加丰富多彩、活动方式更加新奇独特、游戏过程也更加生动有趣。可以有效增强学员的主体意识，吸引学员的注意力，进一步激发学员的积极性。

（四）简单灵活，便于掌控

“破冰游戏”简单易行、灵活多变，没有固定模式。而且，“破冰游戏”的操作不像专业技术那样细腻，它对时间、强度和运动量也都没有过分的要求，所以其操作掌控更加简单，不需要借助任何道具，就能起到良好的效果。

（五）启发性强，寓教于乐

“破冰游戏”是一种典型的体验式教学，能够提升学员的品格修养和集体意识。例如，“封闭问答之猜动作”游戏，学员们需要团结一心、互相配合、随机应变，如果大家互相抱怨，则很难挑战成功。此外，有针对性的“破冰游戏”还能起到“专项热身活动”的作用，从而让学员自然流畅地过渡到专项技术的学习。

四、“破冰游戏”在培训课堂的功能价值

（一）调节学员的生理状态，激活学员思维

“破冰游戏”能够活跃学员思维，涵盖了活跃气氛、交流互动、激发学员思维意识的活动方式。通过有针对性的游戏，能克服学员身体和思维的惰性，还能提高学员中枢神经系统的兴奋性，改善学员思维的协调工作能力。从而全面改善学员思维能力，为更好地完成实训任务打下基础。

（二）调节师生的心理状态，活跃课堂气氛

“破冰游戏”以它特有的趣味性和启发性吸引着学员积极主动参与。学员可以在游戏中展示自己、体验与他人互动的乐趣、感受胜利的喜悦等，这些都可以让人产生精神上的愉悦，消除因生理疲劳而产生的倦怠情绪。另外，培训师和学员在轻松愉悦的师生关系中能优化教学环境和课堂气氛，从而调动学员的积极性，更好地完成教学任务。

（三）发展学员的情商，增强班级凝聚力

“破冰游戏”参与者要频繁地运用肢体、语言、眼神等手段进行信息传递和情感交流，这些互动能让学员们更乐于表达、更愿意倾听、更懂得换位思考，极大地培养了学员的情商。另外，一些富有挑战性的集体项目，需要大家齐心协力才能完成，在此过程中，学员们表现出来的彼此信任、互相鼓励、相互扶持等都能有效地调节人际关系，增强班级的凝聚力。

（四）过渡情境，引入课堂主题

"破冰游戏"不但能起到活跃气氛的效果，还能引入实训主题。培训师可根据教学任务来设计游戏内容，将教学内容穿插到游戏中，最后自然流畅地过渡到专项技能的学习。在此过程中，培训师还能根据学员反馈了解学员的思维方式、适应能力，有利于培训师更好地把握实训的主题。

五、"破冰游戏"的方法与技巧

"破冰行动"一般以"破冰游戏"的方式进行，刑事辩护实训课程中，培训师可以根据教学需要设计多种多样的"破冰游戏"。效果良好的"破冰游戏"，一般应当具备以下几个要素：第一，目的明确。"破冰游戏"不是为了游戏而游戏，而是为了达到一定目的进行的游戏，"破冰游戏"应当以实训课程的顺利、高效进行为目的。第二，集体参与。设计"破冰游戏"时要考虑集体性游戏，让每一位受训学员都能够平等参与，充分互动。第三，衔接实训课程。培训师有意识地设计一些让学员直接进入培训预备状态的练习或活动，游戏模式与实训课程相类似，破冰后可以顺畅地转入实训课程。刑事辩护实训课程中，常用的"破冰游戏"有：

（一）自我介绍之团队介绍游戏

规则：学员分组，每组5人为宜，以组为单位行动。活动分为两个小节：第一小节，25分钟，组内成员相互介绍，每人5分钟，向本组成员介绍个人情况。要突出个人特点，务求让自我介绍引人注意，容易辨识和记忆；第二小节，每组推选一位代表，向全体学员介绍本组成员情况。对该名代表提出较高要求，让其记住本组每一位成员的基本信息，并且要负责任地将每位成员介绍给全体学员。

优点：分组方式与后面的实训课程可以很好地衔接。组内成员介绍后推选代表向全体人员介绍本组成员，小组每一位成员都要尽力地记住所有成员的基本情况，并且相信别人也能够记住自己的基本情况，有助于小组内成员的快速相互了解，也更有利于建立相互信任的小组团队氛围。

缺点：容易建立小组成员间竞争的氛围，但在全体成员的互识上却相对薄弱。

（二）自我介绍之名字串串看游戏

规则：学员排成一排或一圈，任意提名一人开始自我介绍，之后第二名队员介绍，但是要加上第一人的名字，依次类推，第三人要说出前两人的名字，第四人要说出前三人的名字。如：第一人：我是张三，喜欢唱歌；第二人：我是张三后面的李四，我喜欢打篮球；第三人：我是张三后面的李四后面的王五，我来自北京；第四人：我是张三后面的李四后面的王五后面的赵六，我是个律师……以此类推。

优点：迅速让全体成员相互熟悉、相互了解。

缺点：人数较多的情况下，后面的成员要记住前面所有成员的名字，难度会比较大。当然，培训师可以预先设置每一组的人数在一定限定范围之内。

（三）自我介绍之个人优缺点介绍

每位学员分别用三个词汇介绍自己的优点和缺点，比如，我叫张三，我的优点是帅气、机智、有亲和力，缺点是拖延、懒、急躁。如果时间允许，可以适当地举出生活中的小例子。曾经在课堂上，一位学员介绍自己的优点，用了三个词：帅、很帅、非常帅，幽默诙谐，让所有的学员都对其印象深刻。

（四）连续体游戏

规则：培训师提出一个观点，询问参与者观点，持肯定观点的参与者站左边，持否定观点的参与者站右边，持中立观点的参与者站中间，根据参与者观点挑选部分成员参与游戏。连续体游戏一般由肯定（否定）观点者开始，中立观点者在中间过渡，最后以否定（肯定）观点者结尾。游戏参与者依次根据所持观点进行发言，后一个人要在前面的人发言的内容上有所延展，最终得到最后一个发言人所持的观点。

如，第一人：“大学生酒后强奸女学生适用缓刑太轻，不应当适用缓刑（简要阐述理由）。”第二人：“该案适用缓刑，法院应该是考虑到了被告人有认罪认罚的情节，依法可以从轻处罚。”第三人：“该案中不仅被告人认罪认罚，而且也对被害人进行了赔偿，达成了谅解，谅解也是从轻处罚的情节。”第四人：“除了认罪认罚和谅解情节，依法可以从轻处罚外，刑法对于强奸罪的法律规定，如果判处三年有期徒刑可以适用缓刑，适用缓刑并没有违反法律规定。”第五人：“除二、三、四人所述，刑法的功能不仅仅是惩罚，也应当关注对被告人的教育、改造，预防犯罪的发生。本案中的被告人是大学生，根据案件情况，对其适用缓刑更有利于对其的改造、教育。"第六人："大学生酒后强奸女学生法院判决适用缓刑，符合法律规定（简要阐述理由）。"该游戏能够紧密结合职业特点，锻炼参与者的逻辑思维。

（五）封闭问答之猜动作游戏

规则：从参与者中挑选1至2人离开教学场地，如不具备条件，转身面向墙壁也可，只要确保其看不到、听不到其他参与者的动作与声音。随机选择一名剩余的参与者上前，随心所欲地完成一个动作。做完动作后，离开的两人即可回到现场。看到动作的其他参与者依次向做出动作的人提出问题，注意，一次只能问一个问题，且只能是封闭式问题。做出动作的人只能回答"是"或者"不是"。通过一系列封闭式的问答，没有看见动作的两人最终成功猜测出刚才的动作。

如，做动作的人抬起右手喝了一口水。其他参与者依次发问。问："你面前有张书桌是吗？"答："是的。"问："书桌上有一杯水是吗？"答："是的。"问："你抬起了你的右手是吗？"答："是的。"问："你用右手拿起了杯子是吗？"答："是的。"问："你将杯子送到嘴边，是吗？"答："是的。"问："你喝了一口杯子里的水是吗？"答："是的。"猜："刚才这个人用右手端起了放在其面前书桌上的一杯水喝了一口。"该游戏能够有效地训练律师发问技巧。与此相类似，我们还可以将该游戏变换为封闭问答之猜物品，能够起到一样的效果。

（六）征集签名游戏

培训师可以给每个学员发这样一张表格，每张表格有12个问题，比如："你的生日是在5月吗？""你喜欢蓝色吗？""你有宠物吗？""你喜欢运动吗？""你读过什么有趣的书吗？"

让学员们离开座位，向其他学员提问。如果对方回答"是"，就在表格的相应位置让被提问的学员签名，同一学员不能在一张表格上签两次名。在规定时间内，看谁能最先征集足够的签名，完成表格。

该游戏能够通过签名的过程，让学员迅速记住其他学员的名字和兴趣爱好等重要信息，并且获得一张全班学员的签名。

你的生日是在5月吗？ 名字：	你喜欢蓝色吗？ 名字：	你有宠物吗？ 名字：	你喜欢运动吗？ 名字：
你属牛吗？ 名字：	你去过草原吗？ 名字：	你有妹妹或弟弟吗？ 名字：	你读过什么有趣的书吗？ 名字：
暑假出去玩了吗？ 名字：	你见过彩虹吗？ 名字：	你家里有老人吗？ 名字：	你喜欢唱歌吗？ 名字：

图 3-1　问题表格示例

（七）名片交换游戏

让学员们围坐成一圈，学员把自己的名字写在一张纸片上，再让他们把自己的“名片”交给自己右边的学员。之后随机问问题，如“小明，你喜欢什么颜色？”此时真正的小明不需要回答，而坐在小明右边拿“小明”名签的学员要站起来替他回答，如“我喜欢蓝色”，然后培训师可以询问真正的小明这个回答是否正确。接着，可以换别的名字和问题，继续这个游戏。有时候，了解学员的基本情况就是这么轻而易举。

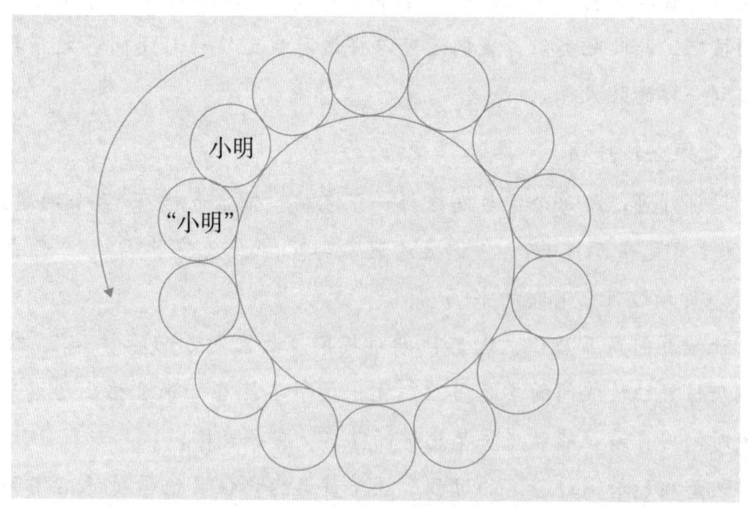

图 3-2　学员游戏座次示例

（八）神秘数字游戏

在第一堂课上课开始，培训师可以在黑板上写出一组数字并给出一定的句型提示，让学员猜一猜这些数字和培训师有什么关联。比如，培训师给出数字"3"和句型"我有……"（答案可能是"我有三个爱好"），有的学员可能会猜培训师有3个兄弟姐妹，有的学员可能会猜培训师有3只宠物……让学员通过猜测"反向"认识培训师，可以加速学员之间的情感互动。

图 3-3　神秘数字游戏示例

（九）故事接龙游戏

这个游戏可以分组进行，每组6至7人。培训师给一个故事开头，比如："今天天气不错。"让学员们一个接一个地继续讲下去，最终形成一个故事。在游戏的同时，培训师能对学员的口语和写作能力进行锻炼。

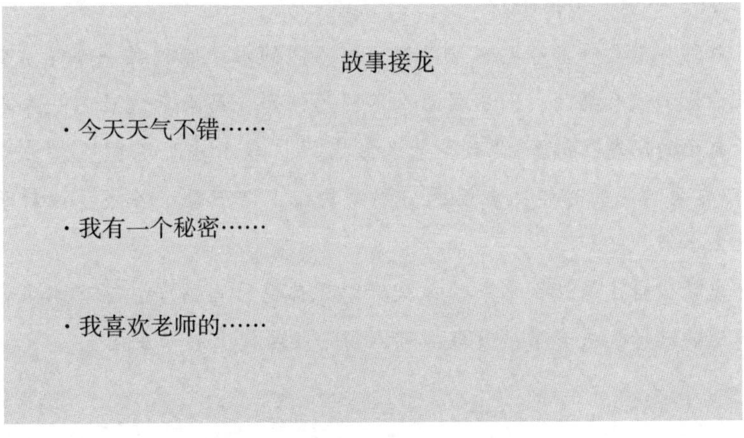

故事接龙

· 今天天气不错……

· 我有一个秘密……

· 我喜欢老师的……

图 3-4　故事接龙游戏示例

（十）记忆链条游戏

让学员说他今天早上吃了什么东西，或做的一件好玩的或有意义的事情。后面的学员依次说出一件自己记忆深刻的事情，但是要重复前面学员的陈述，以此类推，比如：第一个学员A说："我今年辩护了一个盗窃案，获得了无罪判决。"第二个学员B说："A今年为一起盗窃案件作了成功的无罪辩护，上个月我写了一篇关于认罪认罚的文章发表在某某刊物上。"第三个学员C说："A今年为一起盗窃案作了成功的无罪辩护，B写了一篇关于认罪认罚的文章，我辩护的一起职务犯罪案件上周刚刚开庭。"……如此，形成学员间记忆的链条。这个游戏可以分组进行，每组5至6人。注意，如果有人说错需要从头来过，这样大家就知道要学会认真倾听别人的每一句话，并且通过如此介绍快速了解其他学员的业务情况，有助于下一步大家之间的业务交流。

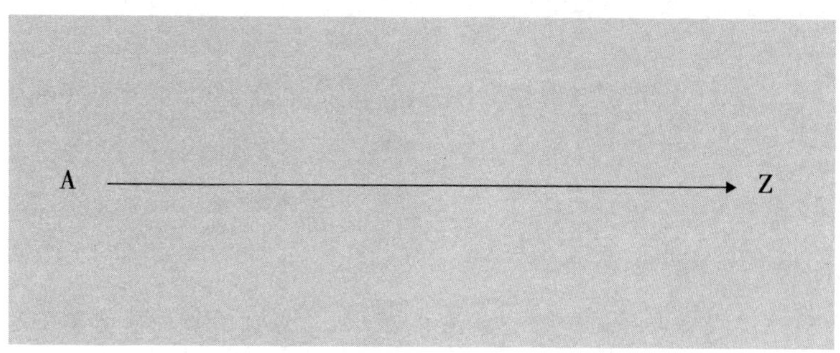

图3-5 记忆链条游戏示例

（十一）"水果"猜猜游戏

培训师需要准备一些水果贴纸，把不同的水果贴到每一个学员背后。接下来让他们彼此提问，问不同的人不同的问题，结束后就让另一个人问其他关于自己的问题。例如："我是什么形状?""我价格贵不贵?""我是不是红色?"学员再问的时候，自己也需要做笔记，记下每个答案，最后总结自己是什么水果。

先猜出自己是什么水果的人就可以先休息。当然了，除了水果，动物也是不错的选择。或者难度升级，可以猜一些法律上的专业词汇。

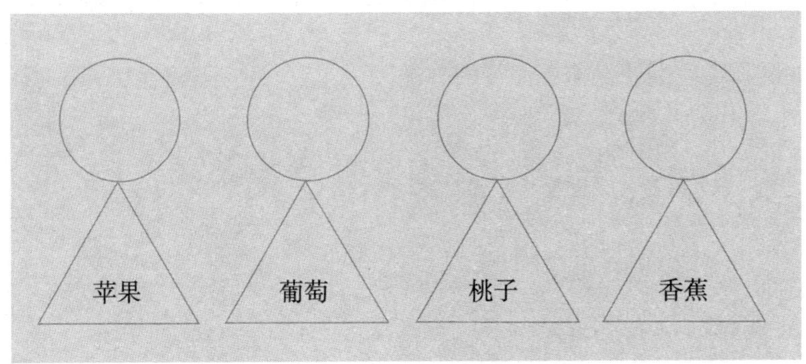

图 3-6 水果猜猜游戏示例

(十二) 成功配对游戏

培训师可以用卡通人物的名字，将名字分解给每位学员。学员要去问彼此："你姓什么?""你叫什么?"……直到人物合体为止，所有学员坐下来。这也是很好的分组活动，接下来给他们 2 分钟，每个人各用 1 分钟做自我介绍。最后让学员分别站起来给大家介绍他们刚认识的新伙伴。"凑 CP"就应该这么玩。

哪	吒	葫	芦	娃
图	图	喜	洋	洋
佩	奇	灰	太	郎

图 3-7 成功配对游戏示例

(十三) 认识自己游戏

培训师可以让学员用一个形容词描述自己今天的心情或形容自己，例如："我觉得心花怒放。"或者让每个人想一个最喜欢的水果、运动、明星、国家等等。并说明为什么。让学员主动介绍自己的特点，是不是就能快速记住啦！

- 你今天心情怎么样?
- 你最喜欢什么动物、水果、运动?
- 你觉得你是一个怎样的人?
- 用一个词语形容你自己。
- ……

图 3-8　认识自己游戏示例

（十四）有缘相识游戏

培训师将教室分为 12 个区域，每个区域按月份进行命名。比如：出生在 5 月份的学员坐在“5 月”的区域内。同区域内的学员互相介绍自己的姓名和毕业的学校等信息，并说出具体出生日期；也可以分享自己最喜欢的一部电影和最喜欢的一本书。在欢乐的讨论中，大家的感情似乎又“更上一层楼”了。

一月	二月	三月	四月
五月	六月	七月	八月
九月	十月	十一月	十二月

图 3-9　有缘相识游戏示例

（十五）读懂颜色游戏

让学员齐读几遍，反复齐读。一开始大家多半会读成字，而不是字的颜色。这个小游戏可以让学员快速投入课堂状态，提升专注力。

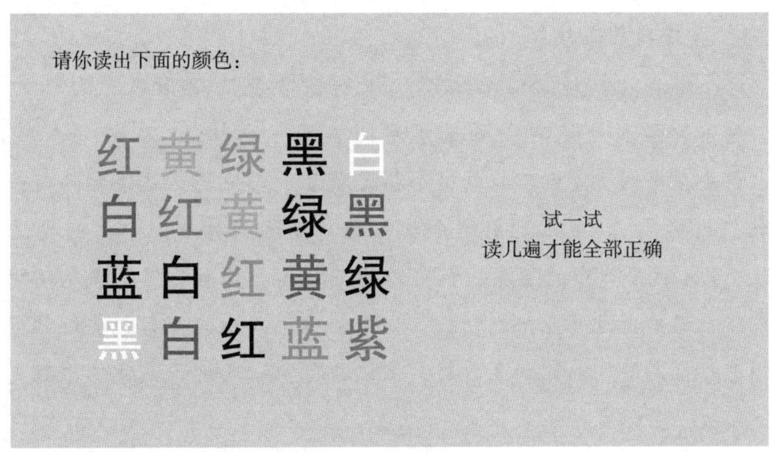

图 3-10 读懂颜色游戏示例

（十六）幸运转盘游戏

全班围成一圈，每个人拿一张纸，上面有一系列问题。摆一支马克笔在中间，选一个学员代表去转马克笔。马克笔停下时指向谁，谁就要回答学员代表的一个问题。回答完的学员变成小组代表，游戏继续。幸运转盘会抽到哪位"幸运学员"呢？答案课堂上揭晓！

（十七）手指算术游戏

两个学员一组，同时举出随机数量的手指，最先说出显示手指数的和（也可做差、乘积或商）的学员获胜。该游戏可以理解为这是"石头剪刀布"的升级版本，锻炼学员的瞬时反应与口算能力。

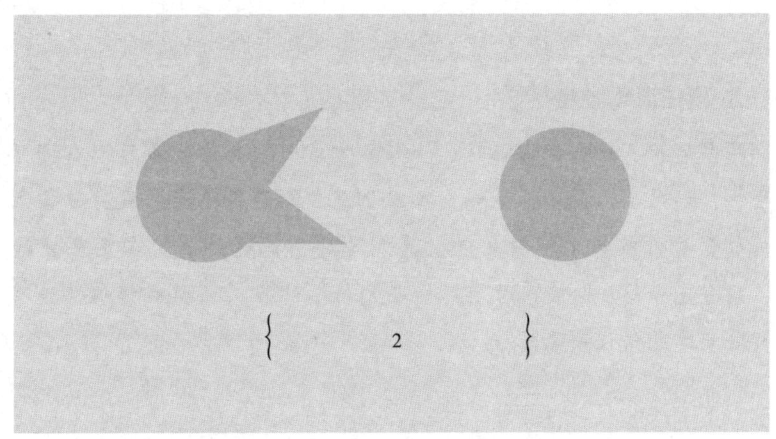

图 3-11 手指算术游戏示例

（十八）冷还是热游戏

这个游戏特别适合在线课堂。请一位学员 A 暂时离开自己的实体房间，剩下的学员快速讨论并选定房间里的一个物品。A 在不知情的情况下，需要在房间里走动，找到这个指定物品。当他走近这个物品时，学员们要说“热热热”。当他远离这个物品越来越远的时候，学员们要说“冷冷冷”。当 A 有了心中的答案，就可以问其他人，比如：“答案是我的床吗？”如果答案正确，就可以得到分数；如果答案不正确，那么就要继续寻找。培训师可以设定时间，比如 3 分钟，看谁找得快；或者设定找的次数，比如可以问三次，看谁找得准。

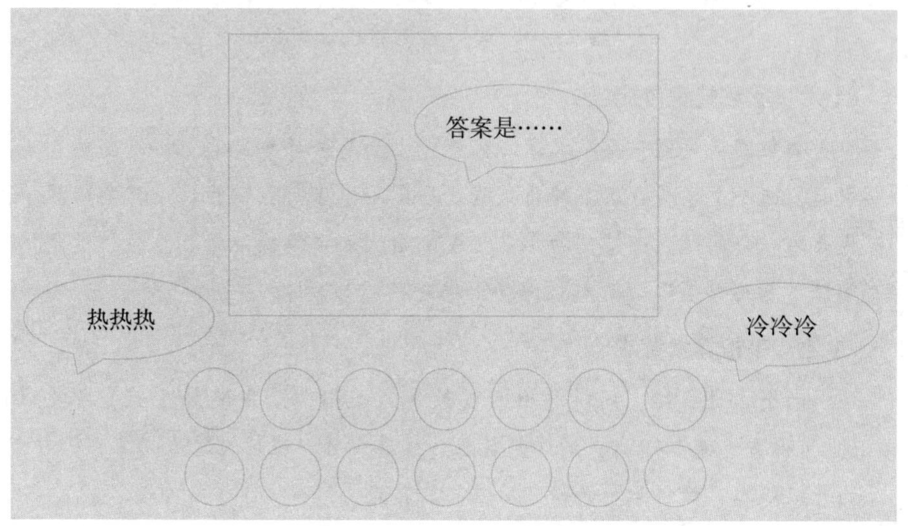

图 3-12　冷还是热游戏示例

（十九）信任训练游戏

两人一组，一人蒙上眼睛，一人负责牵引。其他学员可以在课堂上设置障碍物，如桌子、椅子，等等。可以 2 至 3 组进行竞赛，没有被蒙上眼睛的学员负责牵引被蒙上眼睛的学员穿越障碍，抵达终点。在完全黑暗的环境中，只有充分信任队友，才有可能顺利抵达终点。该游戏能够快速有效地使学员之间建立信任关系。

六、"破冰行动"的禁忌

"破冰行动"的禁忌内容主要包括：第一，切忌将"破冰"搞成热场，热场有助于"破冰"，但不等于"破冰"。热场的目的在于活跃氛围，调动起参与学员的热情。而"破冰"行动的目的，更关注人际关系的和谐，建立人与人之间的联系。"破冰"需要培训师适当地调动参与者的情绪，活跃氛围，适度热场，通过建立一个开放而热情的氛围来促进参与者打破由于陌生而产生的人际关系的冷漠感、距离感，但光有热场显然无法达到"破冰行动"的目标，万不可被热场的气氛带动而忘却"破冰"的目的。第二，切忌学员参与的随意性。基于"破冰行动"的目的，在"破冰"的方式选择上会采取相对开放和直接的方式，有时也会引入一些较为轻松但目的性明确的小游戏。习惯了传统教学式培训模式的学员一时可能难以认识到其重要性，进而在参与时缺乏目标，将其视为一个普通的游戏，过于随意。因此，培训师有必要在"破冰行动"开始前，将行动目标传达给参与者，让每一个人都目标明确，学员才能自下而上地去实施行为，实现目标。

第二节 实训翻转

实训翻转是刑事辩护实训课程的基本模式，这个概念来自课堂翻转的概念。课堂翻转，是指通过对知识传授和知识内化的颠倒安排，改变传统教学中的师生角色，并对课堂时间的使用进行重新规划，实现对传统教学模式的革新。传统教学的知识传授是通过培训师在课堂中的讲授来完成，而知识内化则需要学员在课后通过作业、操作或者实践来完成。在翻转课堂上，知识传授通过信息网络技术在课后由学员在监督下自行完成，课堂上更注重在培训师的帮助和学员的协助下完成知识内化。

课堂翻转使传统的课上、课下教学流程发生了质的改变，它不只是对承载不同教学功能静态空间顺序的简单颠倒，而是借助于信息技术，将课上、课下两个相对独立的空间系统连接起来，形成一体化的流动空间。这个过程中，翻转意味着通过场景塑造，实现主体地位的置换，凸显学习者的主体性，从“讲—学—知”的教学模式走向主动学习、个性化学习、内在驱动的学习，真正实现“以学为中心”，为学员的终身学习打下基础。“场景变革”背景下的翻转课堂是信息技术与教学深度融合的产物，信息技术从仅是添置到教学空间中可有可无的“装饰”或者仅作为多媒体呈现工具的“点缀”变成教学建构的根基。“场景变革”的本质是教育理念的变革，是以人的认知需求为中心，让所有空间都具有“主动育人”的功能。以“学”为中心，更新学习的“操作系统”，运用各种手段满足学习者的认知需求，学习者由被动学习转向主动学习。

课堂翻转一般具有以下特征：第一，教学理念的翻转。课堂翻转侧重于“学”，把课堂交给学员，通过场景空间设计提升学员的心理能量和情感温度，以工具、设备、软件、数据等场景技术供给，促成学习的高频、学习的便捷和“教”与“学”之间的高效对话。第二，课堂主体的翻转。学员回归课堂的主角，分析、讨论等“对话式”活动是课堂上的主要行为，培训师则扮演导演即组织者的角色，主要责任是理解学员的问题和引导学员运用知识。第三，课堂行为的翻转。它将基本知识的讲述置于课堂之前，课堂上则以问题解决为目标，以发言讨论、作业检测为主要内容，培养学员独立提出、分析和解决问题的能力。第四，教学环节的翻转。课堂翻转中重点突出学员的学习思考过程，知识讲授和日常考核则以课下学员通过网络自学和自我检测完成。

比如，案例实质上是由不同场景构成的，学习情境对于学习目标的达成尤为重要。课堂翻转借助信息技术对案例的展现，可以实现案例场景的再现或再造。通过构建教学资源云平台、课外学术资源平台以及引入司法资源平台，学员可以随时随地自主学习。在学习知识的同时，还可以通过互联网模拟法院、检察院、仲裁庭，在家就可以全流程仿真模拟法律实务工作。

刑事辩护实训课程借鉴课堂翻转的模式，在课堂上以案例演练实训为主，以知识讲授为辅，课前提前将案例材料发到各个学员手中，课下通过分组讨论、根据角色分配各自准备。以“会见”为例，实训课程的模式为：第一步，提前一周的时间将课堂演练案例发给各位学员；第二步，课堂上先由培训师对“会见”问题进行原理讲解，如会见权的来源、会见的中外法律规定、会见的法律梳理等；第三步，根据演练案例，学员分组演练；第四步，根据学员演练情况，引导学员相互讨论，提出问题；第五步，培训师复盘。

一、实训翻转的现实意义

（一）有利于强化学员的自主学习意识

社会化集体实训活动中，参训学员有机会在行业实践中印证自身的某些假设性思想观点与个人见解，立足于真实存在的司法判例进行深入求证与自主分析，将自身对学科基本原理的体会与对司法机关工作模式的认识总结为原创性的理论。学员能够在实训活动中不断接触到最新的背景资料与专业知识，并逐渐学会从职业化法律行业从业者的角度思考各类复杂多变的法学问题，认识到不同方面的社会公共事务的真实价值与本质特征。参训学员能够在多样化的实训演练环境中主动应对有难度的法学问题，探索自身专业能力发展的可能性与潜在空间，充分发挥主观能动性与积极性应对实训环境中的多种挑战，深入研究、分析所学所见的法律案例中的争议之处，并通过查询与其有关的判例与现行法律法规重新调整自身对案例的认识与判断，养成自主学习与自我规划的良好习惯。

（二）有助于构建和谐、融洽的课堂学习环境

任课培训师可在实践性的训练活动中与学员进行紧密的交流，不断交换双方对同一案例的不同观点，使参训学员拥有更大的课上发言权，学员在这一宽松的学习环境中能够发表自身对个别特殊案例的主观认识，并对任课培训师所总结的分析方法与基本结论提出不同意见与合乎逻辑的质疑。任课培训师则应当采用各类激励手段鼓励学员群体主动发言，并尽可能地举出开放性的问题与多样化的案例以供学员群体进行自主探究与比对分析，不应该强制性地统一学员群体对某一争议性案例的认识与理解。任课培训师必须在实训教学活动中以平等、融洽的多维互动对话取代传统的说教式教学模式，通过组织学员参加团队合作与集体互动训练学员群体的法学概念理解力与语言表达能力，提高参训学员作为法律行业从业者的专业素质与工作能力水平。

（三）有效解决机械式培训的缺陷

我国高校现有的法学专业实训体系无法批量培育具备较强实干意识与知识应用能力的专业人才，现有体系过度重视面向学员传授法学思想与专业理论知识，未能集中力量重点培养学员的职业规划能力，参训学员无法获得系统性的职业工作能力训练与专业素质培育，多数学员的社会环境适应力与案例解读能力严

重不足，难以完成基础性的法律行业工作任务。任课培训师未能意识到只有具备丰富的社会实践经验与行业工作经历才能透彻、全面地解读各类法律规范与背景知识，没有专业性的持续指导，学员将无法掌握分析现实案例基本特性的实用性工作技巧，无法处理好与不同政府部门的关系。由于任课培训师在法学专业教学活动中习惯于讲解单一的标准法律案例与规范性的理论知识，参训学员未能养成自主学习的习惯与从不同角度分析问题的思考方式，难以掌握法律法规的社会实践应用路径，无法仿照任课培训师的演示与讲解找到处理具体的法律问题的办法。而通过实训翻转的方式，学员不再机械地听培训师去讲，而是以主人翁的身份参与，可以充分激发学员的积极性，学员可以得到系统性的执业能力与专业素质培养。

二、实训翻转的基本要求

（一）培训师要对自己的角色定位作出改变

刑事辩护实训翻转课程中，培训师从传统的知识传授者变成受训学员学习思考的协助者、促进者、引导者、激励者，这也对实训课程的培训师提出了更高的要求，不仅要具有丰富的理论知识、实践经验，而且要面对课堂挑战，引导学员作出思考，对学员提出的问题，进行引导性的答复，同时要结合课堂活动及时作出调整，应对各种情况。

（二）学员角色的转变

刑事辩护实训翻转课程中，每一位学员都要高度重视，课下做好充分的准备，准备不充分，不仅在演练中自己很尴尬，也会影响整个培训的效果。在课堂之上，学员不再是坐在位置上听课的被动聆听者，而是课堂的主角，实训课程比注重知识获取更重要的是注重能力培养，通过思考将知识内容向深度和广度延伸，转换为实战的能力。

（三）课堂时间重新分配

刑事辩护实训翻转课堂上，培训师讲授的时间大大减少，只做必要的讲授，特别是实训课程，学员都是受过专业的法学教育且具有一定从业经验的人，知识传授更应具有针对性，避免长篇累述，而将时间重点放在实训演练上。在演练期间，亦可以针对实训演练中反映出来的学员的知识短板进行知识传授。

如此进行课堂时间分配，更有利于教学相长。

三、实训翻转的基本方法

（一）案例调动法

案例调动法，是指以案例为基础进行课堂演练教学。案例教学有助于培养和激励学员主动参与课堂演练和讨论，特别是对于刑事辩护技能的培养具有极佳的效果。教学案例的选择极其重要，案例是为了教学目标而服务的，因此必须具有典型性，尽可能多地涵盖刑事实务知识点。同时我们倡导以真实案例为基础，为配合教学进行适当的改编，这样才能有助于学员身临其境，全情投入。有关案例准备的基本原则和方法在本书的第二章已经详细阐述，此处不赘述。

以余金平交通肇事案为例：

B 市 A 区人民检察院指控，2019 年 6 月 5 日 21 时许，被告人余金平酒后驾车，车辆前部右侧撞到被害人宋某致其死亡，撞人后余金平驾车逃逸。经 B 公安局某分局交通支队认定，被告人余金平发生事故时系酒后驾车，且驾车逃逸，负事故全部责任。次日 5 时许，余金平到公安机关主动投案，供述自己的罪行。6 月 17 日，余金平家属赔偿被害人宋某的近亲属各项经济损失共计人民币 160 万元，获得被害人近亲属的谅解。余金平自愿认罪认罚，在辩护人的见证下签署具结书，并同意 B 市 A 区人民检察院提出的判处其有期徒刑三年、缓刑四年的量刑建议。

2019 年 9 月 11 日，B 市 A 区人民法院以简易程序审结此案，认定了自首、初犯、赔偿损失、被害人家属谅解等法定、酌定量刑情节，但认为余金平身为纪检工作人员，酒后驾车，发生交通事故后逃逸，主观恶性较大，未采纳控方判三缓四的量刑建议，判处余金平有期徒刑两年。一审判决作出后，余金平提出上诉，B 市 A 区人民检察院也提起抗诉。2019 年 12 月 30 日，二审法院作出判决，认为余金平在明知发生交通事故且知道自己撞了人的情况下始终对这一关键事实不能如实陈述，因而不构成自首，一审法院认定具有自首情节并据此减轻处罚是错误的，最后改判余金平有期徒刑三年六个月。

在该案中，B 市 A 区人民检察院提出“判三缓四”的量刑建议，A 区人民法院没有采纳，而是判处两年有期徒刑；B 市 A 区人民检察院提起抗诉，二审法院反而加重判处有期徒刑三年六个月。有学者把余金平案中的检察院、法院两家的角力形容为“神仙打架”，这确实是以往刑事司法实践中罕见的场面。余金平案的出现并非偶然，它是认罪认罚从宽制度全面施行之后诸多矛盾与冲突的一次集中爆发。

余金平交通肇事案可以吸引学员兴趣，引发学员的进一步思考，与培训课程相衔接。比如，二审法院是否违反了上诉不加刑原则？一审法院可否改变检察机关提出的量刑建议？余金平不承认撞人是否影响自首的成立？如果不构成自首，该案是否还属于认罪认罚案件？检察机关对一审判决的抗诉是抗轻还是抗重？该案判决有无违背认罪认罚从宽制度的基本规定？是否会存在认罪认罚中“罚当其罚”与“程序利益”之间的冲突？

以张扣扣案一审开庭的辩护词为例：

第一部分　不适宜的审判管辖

1. 围绕 1996 年旧案申诉及国家赔偿，律师殷某已经完成的代理工作。

（1）张扣扣父亲和殷某向 H 中院提交司法赔偿申请书，未被受理。

（2）张扣扣父亲仍不服，向 S 高院提起申诉，被驳回。

（3）张扣扣父亲仍不服，在本案庭审前已经向最高人民法院提起申诉。

2. 1996 年旧案国家赔偿申诉案所发现的 H 中院不适宜管辖事宜。

（1）关于国家赔偿申请，H 中院历时四个月之久，明显超出了《国家赔偿案件立案工作规定》“经审查不符合立案条件的，人民法院应当在七日内作出不予受理决定”之规定。

（2）H 中院赔偿办人员对于张扣扣父亲提交的国家赔偿申请书及材料，拒不接收，也不出具收到材料凭证，严重违反《国家赔偿案件立案工作规定》。

（3）H 中院后又不允许进行案卷复印，此举剥夺了律师阅卷权利的正常行使。

（4）严重剥夺张扣扣父亲刑事附带民事部分的上诉权，严重违反了《刑事诉讼法》。

（5）被告人王某已经明确构成故意杀人罪，N 区法院认定其构成故意伤害罪，属于适用法律错误。对此 H 中院明显未正确审查。

（6）证实汪某某向王某脸上吐唾沫的关键证人李某萍等人，其出庭通知书是由王某（时任乡镇干部）代收的，被告人王某的家属与关键证人李某萍等人存在代收出庭通知书、共同到庭参加诉讼等利害关系，其出庭作证证言的可靠性、客观性明显应当排除。

3. 辩护人为证实另外两案的程序经过及所体现的相关事由，提供13份证据进行充分证实，具体见质证意见。

4. 被告人张扣扣及辩护人提出管辖异议有充分法律依据支持。

5. 合议庭两次庭前会议未请示S高院即驳回管辖异议，不慎重且有难言之隐。

第二部分 "异常"入所心电图

1. 被告人张扣扣收押健康检查记录、入所心电图均显示为异常。入所心电图右上方载明"前间壁心外膜下心肌损伤的可能性（可能是急性心肌梗塞），异常心电图"。

2. 对于证实被告人张扣扣精神状况，在本案中缺少N区看守所周所长的相关调查材料，相对于心电图、收押健康检查记录之客观证据而言，相应医生吉某的证人证言不足以采信。

3. 客观证据显示被告人张扣扣心脏异常，辩护人在庭前会议时已经提出对被告人张扣扣作案时精神障碍程度进行鉴定。张扣扣亲眼看见了母亲被人打死的一幕，并亲自抱着母亲在怀中死去。之后在其母亲被解剖时，公安人员在村内路上公开进行，未采取任何遮挡措施。张扣扣再一次心理上受到巨大打击，一是自己看到了解剖母亲头部的血腥场面，二是数百人围观解剖现场。被害人一家在此之后没有采取任何方式对张扣扣一家进行足额的补偿与真诚的歉意，另外加之张扣扣工作不顺、案发前未娶妻生子，情感面临真空。此时的张扣扣心理上已经达到崩溃的极点。所以案发前半个月的被告人张扣扣应当是中度或重度的精神障碍，方才符合客观常识。综上，被告人张扣扣存在何种程度的精神障碍，将直接影响对被告人的量刑问题，对此辩护律师已向法院提出委托司法鉴定科学技术研究所司法鉴定中心出具相应鉴定意见。

4. 本案对被告人作案时的精神障碍程度的鉴定时间，不计入办案期限，不会拖延庭审时间。

5. 庭前会议以被告人张扣扣家人无家族精神病史、工友等反映其没有精神病症状等为由予以驳回，不符合精神病发作的客观规律。现阶段所知道的精神疾病的病因有三方面的因素，即除了生物学因素（遗传）之外，还有社会因素、心理因素。

第三部分　定罪证据尚有不足

1. 办案工作部署中提到的三件关键物证：张扣扣母亲坟地有一个疑似张扣扣父亲张某案发前背过的背篓，东侧一处废弃养猪场房屋内有疑似张扣扣所穿衣服一件、所持有的黑色塑料仿64式手枪一支（仿真儿童玩具），均没有依法提取、辨认、备案留存。

2. 110案件信息表中所载明的四段报警录音，未进行调取。

3. 通过对比被告人的提讯提解证与讯问笔录，26次提讯提解中存在12次没有相应讯问笔录、辨认笔录相互印证，侦查机关仅出具情况说明，无法证实在本案中对被告人讯问的完整性，不排除非法讯问取证的嫌疑。

4. 对于作案工具单刃刀的讯问笔录、辨认笔录等证据，应当以非法证据予以排除。

郭某询问笔录载明：N区公安局警察，与张扣扣是同村人，其家和张扣扣家是对门，从小其就认识张扣扣。其参与张扣扣侦查破案工作，“因为我和张扣扣从小认识，又是邻居，领导安排我通过友情这种方式感化张扣扣，希望通过我给张扣扣做工作能够让其交代抛掷单刃刀的真实位置”。

5. 案发现场提取的18类痕迹、物证，证据存在重大程序性瑕疵。

张扣扣案件辩护律师的辩护词引起法律界的热烈讨论，有赞赏有加的，多加褒奖的，有负面评价，认为哗众取宠的。辩护词中的“情理”辩护，是否应当存在？如何把握情理辩护的度？情理辩护的底线是什么？进而进一步探讨，辩护词的要素是什么？什么样的辩护词才是一篇优秀的辩护词？

同样在辩护词的“情理”辩护部分，B市小商贩崔英杰刺死城管一案可做比较。

B市小商贩崔英杰刺死城管案辩护词（节选）：

尊敬的法官、尊敬的检察官：贩夫走卒、引车卖浆，是古已有之的正当职业。我的当事人来到城市，为生活所迫，从事这样一份卑微贫贱的工作，生活窘困，收入微薄。但他始终善良淳朴，无论这个社会怎样伤害他，他没有偷盗没有抢劫，没有以伤害他人的方式生存。我在法庭上庄严地向各位发问，当一个人赖以谋生的饭碗被打碎，被逼上走投无路的绝境，将心比心，你们会不会比我的当事人更加冷静和忍耐？

崔英杰案的辩护言辞恳切，采用反问的方式，将心比心，引人思考，情理辩护恰到好处。

通过案例调动，能够引出需要探讨的问题，引发学员的自主思考，实现实训课程"人人高度烧脑"的目标。

（二）趣味调动法

趣味调动法，是指在刑事辩护实训课程中，学员不是消极被动的受教育者，而是自觉积极的参加者，实训教学过程必须具有趣味性，以此调动学员积极主动地学习。趣味调动法与案例调动法都以学员为学习活动的主体，因此，趣味调动法与案例调动法并非不可兼容，非此即彼，两者是相辅相成、互为补充的关系。案例教学中的案例也可以适当增加一些趣味性，让学员在紧张的课堂学习中放缓情绪。部分主题运用趣味调动法更有利于教学目标。

比如，对于法庭发问，针对"封闭式问题"和"开放性问题"，运用案例演练难以展开，但是通过趣味调动法，进行一些诸如封闭问答之猜动作的游戏，更能够让学员学习和演练发问的方式，达到教学目的。再比如，培训师可以出一些关于法律专有名词的字谜让学员猜，例如：马上相逢无纸笔，打一法律词语（口头陈述）；报与桃花一处开，打一法律词语（提前释放）；老秀才（前科）；发兵东吴（侵权）；只能智取（不可抗力）；状元郎断案（一审），等等，让学员自觉主动地去了解一些法律专业术语。

总而言之，实训翻转需要培训师改变传统授课式课堂的固有模式，在培训课堂上有意识地引导学员成为课堂主导，通过各种有效的方法，调动学员的积极性，实现课堂上的充分交流。

CHAPTER 4

第四章

实训着手：问题提出与原理讲解

在实训教学中培养学员的“问题意识”，对于培训师而言，应自始至终引导学员不断进行自我提问，由问题生成更多的新问题，让学员在提出问题之前学会剔除不成问题的问题，学会如何升华实质性问题。这样可以使提出的假设由原来的模糊、笼统逐渐变得清晰与明朗，学习思维的指向性更加确定。与此同时，学员可以在获得肯定或否定的结论之后，再去发现新问题，修正原有的假设……循环往复，不断发展自己。学员个体通过“自问”“自答”或“互问”“互答”，使获取知识的方式由“被动接受”转变为“互动构建”，由“接受答案”转变为“发现问题”和“研究问题”。因此，实训课程在进入实务效仿和模拟互动之前，需要完成两项基础性工作：一是全面提出、准确归纳当前实践面临的突出问题，明确靶向，增强实训的针对性；二是深入挖掘、精要讲解这些问题背后的理论、原理，为分析问题、解决问题指引方向和路径，增强实训的科学性。

第一节 问题提出的规则与方法

一、问题提出的规则

发现和提出问题，是分析和解决问题的前提，也是有效开展实训课程的基础。一般来说，学员都是带着问题来参训学习的，每个人的脑子里都不缺问题，这是一个好的基础。但需要注意的是，也有一些学员并不善于提出问题，只是描述了一个现象，而现象背后的问题，仍然需要培训师去提炼、表达。因此，培训师的首要任务，是帮助学员区分现象与问题，引导、指导学员正确地发现、提出和表述问题。学员在办理案件实践中，遇到的问题可谓形形色色、各式各样。这些问题中，有的是共性问题，比如侦查机关制造障碍限制律师会见；有的是个性问题，比如看守所会见室不充足导致不能会见；有的问题是经常发生的，比如法官在开庭时打断律师发言；有的问题是偶然发生的，比如法官禁止穿便装的律师进入法庭。偶然发生的、个性问题，不需要纳入实训课程来解决，也没有普遍的指导意义和价值。经常发生的、共性问题，需要纳入实训课程加以讨论并解决，为辩护实践提供指引。

然而什么是有价值的问题呢？

法律人要学会提炼案件“争点”。所谓争点，也就是一个案件中当事人所争执的焦点问题。这一焦点问题又可以解析为相互独立又相互关联的争点。整个诉讼过程的中心任务，无非是努力去发现、提炼和解决这些争点。案件争点的提炼和总结之所以重要，是因为它至少关系两方面的问题：一是庭审效率问题，二是判决书说理问题。对庭审的效率影响而言，核心争点往往决定了整个庭审的重点和展开思路，决定了双方当事人挖掘事实和提出法律意见的努力方向。对判决书说理的影响而言，核心争点往往决定着裁判文书的展开方式。判决书说理必须围绕核心问题展开，相关的事实、证据和法律规范都要与核心争点相关，这样的表述才是符合逻辑和有效的，才能真正有效地解决问题。

现实中的案件，虽然也存在争点清晰、一目了然的情况，但同时也存在大量争点模糊，或者争点错综复杂的状况。例如，经典的许霆 ATM 机取款案，表面看来争点似乎只有一个，即许霆的行为是否构成犯罪，但这一核心争点又可以拆分为诸多争点。如 ATM 自动存取款机的性质是什么？刑法盗窃概念中的“秘密性”该如何理解，等等。从方法论的视角来看，只有先将这些争点问题逐一提炼、总结出来，才能在诉讼过程中做到有的放矢。除刑事案件以外，实践中还存在大量民事、行政法律关系交织的案件，以及不同类型法律关系并存的案件，其当事人争讼的焦点也都未必如表面看起来的那样简单，这就需要在对整个案情进行全盘把握的基础上，进行梳理、总结和提炼。在这一过程中，培养学员们对问题的敏感性以及判断力至关重要。① 需要特别强调的是，提出问题的能力是需要训练的，它不仅取决于学员对整体法学知识体系的积累和掌握程度，还取决于学员个人的反思能力、批判性逻辑思辨能力。

在问题提出环节，培训师要引导学员勇于发现问题和提出问题，甚至要“不留情面”地指出问题及其原因。只要真诚地指出、提出案件辩护律师、辩护策略存在的问题，才能提炼真问题、讨论真问题、研修真问题，进而才能避免类似错误或问题再次发生。

（一）明确性规则

明确性规则，是指所提出的问题应当内容具体、表述准确，避免模糊不清、模棱两可。明确性强的问题应当能够让人一目了然，无论是书面提出，还是口头阐释，都不会产生歧义、误解。只有问题明确了，对问题的分析和解答，才可能做到有的放矢，避免答非所问。有些问题的词句本身就存在歧义性或模糊化，会产生不同的理解，回答的答案自然容易偏离问题本身的意思。甚至被问的人还需要探讨问题本身的意思后，才能做出解答——这样的问题大而空，没有解答的价值。比如，“怎样才能成为一个成功的刑辩律师”“成功”的定义很多种，你想问的是哪一种的成功？提问时尽量使用明确具体、他人能够理解的词句。比如，“怎样才能在被告人认罪认罚的同时进行无罪辩护”。

（二）延伸性规则

延伸性规则，是指从实践层面的问题出发，延伸出立法和理论层面存在的问题出发。很多问题的成因，不是单一的，而是可能涉及实践、立法和理论等不同

---

① 参见罗强：《论“问题意识”的培养对法学教育的意义》，载《公关世界》2021 年第 16 期。

的层面。延伸的目的，是为了全面展现该问题的不同层面，深入分析问题产生的根源，进而寻找有效解决问题的办法。

就某一具体问题而言，还需要区分主次，指出主要矛盾及主要矛盾的主要方面，避免“胡子眉毛一把抓”。有的问题主要是实践层面的问题，可以靠诉讼经验和技能去解决；有的问题主要是立法问题，要靠修订、完善立法去解决；还有的问题主要是理论问题，要依靠学术创新和提升去解决。当然，这三者中，实训课程所要重点关注和解决的，是实践层面的问题，但对立法、理论问题有所了解，仍然是必要的。

例如，讯问录音录像可否复制的问题，既是一个实践问题，也是一个立法问题、理论问题。在实践层面，大多数法院不允许律师复制，只允许律师查阅；在立法层面，《刑诉法解释》只规定了“应当允许查阅”，并未规定“复制”；在理论层面，对于讯问录音录像的性质，即是否属于“证据材料”“案卷材料”，仍然存在不同认识。全面地展现问题的不同层面，有助于学员立体地认识和分析问题，有效地解决问题。

（三）衍生性规则

衍生性规则，是指由一个问题推演出或者联想到其他关联性问题。符合这一规则的问题具有追问性质或者类同性质。比如：律师会见时遇到看守所刁难，通常要先弄清原因，如果是管教者故意刁难，可以找看守所领导解决；如果是看守所故意刁难，可以找驻所检察官解决，等等。那么随之而来的问题是，如果这些办法都不管用怎么办？这类问题就属于衍生问题。这类问题比较特殊，也比较罕见，但却非常具有实践意义，如果有妥善可行的解决办法，将会对律师有很大帮助。

此外，部门法之间衍生的关联问题也值得在实训中讨论。比如，行政诉讼与刑事诉讼的关联问题，民事诉讼与刑事诉讼的关联问题等。

二、问题提出的方法

一般来讲，有效提出问题大概有以下几种方法：

（一）小组讨论法

小组讨论法是与讲授式教学法相对应的方法，它能够有效培养学员的创造性人格，发展学员的创造性思维能力，也是实现民主教学的有效途径。小组讨论法是在培训师的指导下，让学员积极主动地参与教学过程，增加学员之间协助交流的一种教学方法。学员们围绕某一中心内容进行讨论时，可以激发学习热情、集思广益、加深对知识的理解。这种方法可以培养并提高学员的思考能力，使学员相互学习、相互促进。在学习过程中讨论问题，在讨论问题中激发学员创新思维，加深学员对知识的理解掌握，从而帮助学员成长的教学方法。

小组讨论时，首先应当规定发言顺序，让每个人将自己在司法实践中遇到的问题逐一列明，对这些问题，先在小组内进行讨论。对于过于简单的问题，以及已经被立法解决，或者被其他人略加指点，就能轻松解决的问题，就没必要拿出来做专项研讨。培训师也可以在小组讨论中设置更为精细的具体讨论模式。

1. 问题讨论法

精心设计几个问题引导学员讨论的方法谓之问题讨论法。问题对思维的启发、促进、深化起着重要作用。问题讨论法，可以用于新课的导入，也可用于一整堂课的教学，还可以用于一堂课的结尾。

2. 导入讨论法

即上课开始就用问题引导学员运用学过的知识进行分析讨论，随后加以引导导入新课。由于学员的认知水平存在差异，通过讨论和争论，能使学习水平趋向一致。学员解释问题更易被学员接受，胜过培训师的苦口说教，还能改变培训师“一支粉笔一张嘴，上课下课讲到尾”的旧课堂教学模式。

3. 随机讨论法

根据学员的情绪反应和认知反馈，随时调整教学进程，由学员加以讨论的方法。在教学中，尤其是运用讲授法授课时，学员会做出各种的情绪反应和认知反馈，培训师应及时发现。如当他们表情迷惑时，表明他们对所讲内容有疑难；当他们窃窃私语时，意味着理解上存在疑问；当他们无精打采时，显示学员的身心困倦、缺乏兴趣。这时培训师不应靠提高嗓门或强求学员集中精力来维持授课，而是应当停下来，给学员一定时间，让他们无拘无束地展开讨论，以暴露并解决他们的问题或培训师授课的问题。这种讨论看似耽误了时间，实是促进了教学。它将更利于学员的学和培训师的教，更利于知识的落实和理解掌握。

4. 案例讨论法

通过案例教学，培训师诱导性提问或让学员发现问题继而引发讨论的方法。

这种讨论模式由学员作为主体，结合案例充分加以讨论，并通过对具体事例的分析暴露学员的思维模式、知识缺陷，进而提升其综合能力素养。

案例：被告人周某认罪认罚并签订认罪认罚具结书，检察机关据此提出从轻确定量刑建议。人民法院采纳该量刑建议对周某作出判决。判决后周某不服，为避免检察机关抗诉，周某在上诉期限最后一天下午，以一审判决事实不清、证据不足为由提起上诉。检察机关第二天得知周某上诉欲抗诉，但已过抗诉期限。

问：如何在现有法律框架内制约周某的反悔行为？

5. 模拟法庭讨论法

采用分组的方式将学员分为审判组、公诉组、辩护组、综合组四个小组，各自独立讨论，讨论的内容一般不对其他组学员公开。此种模式可以使模拟法庭更接近真实开庭状态，也可以检验各组学员的实训水平。模拟法庭课堂讨论的内容和重点应根据各组的工作职责而各有侧重。审判组讨论的内容主要是案件的定罪量刑、证据材料、审判程序、法庭语言、在法庭上提问的问题、判决内容及判决书的写作等内容；公诉组讨论的内容主要是案件的事实和性质、犯罪情节、起诉的罪名、起诉书的写作、法庭调查中如何讯问被告人、如何发问等内容；被害人、证人、案件的证据材料是否确实充分，庭审准备出示哪些证据，如何出示证据，如何应对被告人、辩护人对证据的质证，辩护人可能出示哪些证据及如何进行质证等内容；如何发表公诉意见、被告人及辩护人可能会提出什么辩护意见、怎样答辩等内容。辩护组讨论的内容主要是被告人的行为是否构成犯罪、构成什么罪、公诉机关起诉的罪名是否成立等内容；被告人有哪些量刑情节、案件的证据材料有哪些、公诉人可能出示哪些证据、怎样进行质证、需要出示哪些证据及如何出示证据等内容；在法庭上怎样对被告人、被害人、证人提问、本案的辩护要点及辩护技巧等内容。综合组讨论的内容主要是案件的定罪量刑问题，被告人、被害人、证人、法警在法庭审理中的工作程序和工作方法等内容。此外，各组还要围绕案件中控辩双方可能出现的辩论焦点进行讨论。

案例：高某明知他人实施电信网络诈骗，仍提供其与朋友的个人银行账户用于资金结算以获取相应报酬。同时，高某与其朋友又共谋待有钱款转入上述个人银行账户后，立即通过手机银行多次错输密码将账户冻结，后持开户人身份证件在银行柜面销户或换卡，取走卡内钱款。同年6月20日以办理网络贷款需提交保证金为由，被害人刘某、王某、张某分别被高某骗取人民币15000元、10000元和36800元。上述钱款共计人民币61800元均被转入高某提供的上述2个个人银行账户中。高某趁卡内钱款尚未被电信诈骗人员转移之机，使用手机银行多次错输密码将账户中人民币25000元冻结，后以销户或换卡方式取走。

问：(1) 高某是否构成帮信罪？

(2) 高某取走卡内钱款的行为如何定性？

（二）头脑风暴法

所谓头脑风暴法，就是身份不分主次，答案不设标准，资源充分共享，人人高度烧脑的讨论方法。讨论问题时，既没有前辈后辈之分，也没有学历高下之别，大家人人平等，享有同样的表达意见的机会。对于所讨论的问题，不预设标准答案，或者不以某个权威人士的意见为标准答案，相互之间可以质疑、争论和反驳，不怕争吵，不怕红脸，不怕丢人，不怕出汗。同时，每个人毫无保留地将自己掌握的资源拿出来共享，甚至为他人质疑、反驳自己提供炮弹。

头脑风暴法的主持工作，最好由对决策问题的背景比较了解，并熟悉头脑风暴法的处理程序和处理方法的人担任。头脑风暴主持者的发言应能激起参加者的思维灵感，促使参加者积极回答会议提出的问题。通常在头脑风暴开始时，主持者需要采取询问的做法，一旦参加者被鼓励起来以后，新的设想就会源源不断地涌现出来。这时，主持者只需根据头脑风暴的原则进行适当引导即可。应当指出，发言量越大，意见越多种多样，所论问题越广越深，出现有价值设想的概率就越大。

同时主持者需要注意建立以下规则来控制头脑风暴的激烈程度。

(1) 禁止批评和评论，也不要自谦。对其他学员提出的任何想法都不能批判、不得阻拦，即使自己认为是幼稚的、错误的，甚至是荒诞离奇的设想，亦不得予以驳斥。同时，也不允许自我批判，在心理上调动每一个与会者的积极性，彻底防止出现一些“扼杀性语句”和“自我扼杀语句”。

(2) 目标集中，追求设想数量，越多越好。在头脑风暴中，不强制大家设想，以谋取设想的数量越多越好为目标。

（3）鼓励巧妙地利用和改善他人的设想。这是激励的关键所在。每个与会者都要从他人的设想中激励自己，从中得到启示，或补充他人的设想，或将他人的若干设想综合起来提出新的设想等。

（4）与会人员一律平等，各种设想全程记录。与会人员，不论是该方面的专家、员工，还是其他领域的学者，以及该领域的外行，一律平等。各种设想，不论大小，甚至是最荒诞的设想，记录人员也要求认真地将其完整地记录下来。

（5）主张独立思考，不允许私下交谈，以免干扰别人的思维。

（6）提倡自由发言，畅所欲言，任意思考。会议提倡自由奔放、随便思考、任意想象、尽量发挥，主意越新、越怪越好，因为它能启发人推导出好的设想。

（7）不强调个人的成绩，应以小组的整体利益为重。注意理解和尊重别人的贡献，创造民主环境，不以多数人的意见阻碍个人新的观点产生，激发个人追求更多更好的主意。

（8）消除权威。会议的主持人、主讲培训师应持有平等友善、循循善诱的精神，在教学中积极采取头脑风暴法或以讨论问题的模式进行教学。

案例：在某涉恶势力案件中，检察机关在起诉书中指控的被告人为张三、李四、王五、赵六、钱七、马八共六人。其中，张三被指控犯诈骗罪、敲诈勒索罪和非法拘禁罪，马八未被指控犯非法拘禁罪。在开庭审理张三犯非法拘禁罪时，公诉人将马八在侦查期间所做供述作为证明张三实施非法拘禁行为的证人，证言向法庭出示，辩护人表示反对，认为既然侦查机关将马八作为犯罪嫌疑人进行讯问，其笔录就不是证人证言，应该是被告人供述，适用被告人供述的审查判断规则。

问：在上述非法拘禁案中，马八的笔录究竟是证人证言还是被告人供述？为什么？如果马八的笔录是证人证言，在举证质证环节，应该如何处理该份笔录？

（三）启发引导法

在实训中培养学员的问题意识，要求培训师应在教学内容和教学方法上加以改进。

1. 教学内容上形成开放式的课程体系

“法学并不是社会科学中一个自足的独立领域，能够封闭起来或者可以与人类努力的其他分支学科相分离。"① 因此实训除注重课堂上的教学讲授外，培训师还应为学员准备课外阅读材料，向教材和相关参考资料并重的方向发展。培训师应利用多媒体所承载的信息量大的特点，建立学习资料库和案例库。在课堂教学和课后大量阅读的基础上，培训师优化学员从情境中发现问题的能力，通过引导他们对所收集的信息材料进行探索、分析、研究，从而增强学员对法学理论的理解和运用能力，消除学员的依赖心理。在教学中，培训师应积极培养学员提问的技能，引导学员学会从相关事物中寻找差异性，从不相关事物中寻找相关性。

2. 教学方法上采用启发式教学方法

启发式教学方法可以概括为启发引导式的教和消化吸收式的学。采用启发式教学方法重点在于重视学员的提问，为学员提供详尽的参考资料和信息是启发式教学的前提条件，培训师指导学员在关键处设问，在知识的运用处设问，同时指导学员集中筛选问题，并逐步明确问题的指向，从而形成有学习价值的主要问题。

培训师在启发式教学过程中，不能把"问题"强加给学员，而应通过精心设置问题情境，培养学员的"问题意识"，让学员主动提出问题，并在培训师的引导下去解决问题。培训师应以问题为中心，巧妙地设疑、布疑和质疑，科学地释疑、解疑，以促进学员"问题意识"的发展。培训师还可以将日常生活引进课堂，在真实案例中发现法律问题，这样不仅可以提高学员对学习刑事辩护的兴趣，而且还可以提高学员解决问题的能力。在启发式教学实施过程中，培训师应始终进行密切的教学监督，与学员就研究的问题、遇到的困难、解决方法、现有发现等进行讨论。此外，培训师应指导学员使用各种多媒体信息工具，为今后的学习和研究做好准备。

例如，对刑事模拟法庭各角色的工作职责、工作程序、工作技巧的指导，通常按以下方法进行：

（1）培训师在课堂上结合教材、法律法规、音像资料、实例和自己的司法实践，把模拟法庭各角色的工作职责、工作程序和工作技巧讲解清楚。讲解时按照审判组、公诉组、辩护组、综合组进行分组，分别对各组的工作职责、工作程序和工作技巧分开讲解，并且在讲解的内容和方法上都有所区分。

（2）对审判组的指导。对审判组成员，重点辅导他们怎样把握好模拟法庭审

---

① 〔美〕E. 博登海默：《法理学：法律哲学与法律方法》，邓正来译，中国政法大学出版社 2004 年版，第 531 页。

判的程序，法庭审理中的规范用语，怎样做好审判中法庭调查的讯问、询问和对证据的查证工作，怎样进行法庭合议，怎样做好法庭记录，其中最为关键的是指导审判长如何驾驭法庭的审判活动。

（3）对公诉（检察）组成员的指导。对公诉（检察）组成员，重点辅导他们在法庭审判中如何讯问被告人，如何询问被害人、证人，如何进行举证和质证，如何对被告人、辩护人的辩护意见进行答辩。

（4）对辩护组成员的指导。对辩护组成员，重点辅导他们如何在法庭审判中对被告人、被害人、证人、鉴定人进行询问，如何对公诉人所举证据进行质证，怎样举证，怎样发表辩护词及与公诉人进行辩论。

（5）对综合组成员的指导。对担任被告人、证人、被害人、法警等角色的学员，主要是辅导他们如何根据案件的事实如实地陈述案情，如何按照法庭审理的程序及审判长的指挥完成所扮角色的任务。

（6）进行角色训练。根据学员所扮演的角色不同，要求学员熟悉掌握所扮角色的工作程序、工作技巧，并进行练习。如对担任审判长的学员，我们要检查他的审判程序提纲，要他反复练习法庭审判的工作及用语。对公诉人和辩护人，要求他们练习在法庭上的发言，并在此基础上进行各组配合训练。

（7）适时进行辅导。根据学员对角色的学习、演练情况和出现的问题，培训师适时地给予辅导。如对法庭调查、举证、质证中出现的问题，培训师应当及时予以纠正，并告知他们正确的方法。

案例：2022 年 4 月 5 日，A 市公安局将郝三等人涉嫌诈骗罪、敲诈勒索罪、非法拘禁罪的案件移送 A 市人民检察院审查起诉。2022 年 5 月 5 日，A 市人民检察院向 A 市中级人民法院提起公诉，指控被告人郝三、任四、郝五等十人为恶势力集团，以“套路贷”方式实施诈骗、敲诈勒索、非法拘禁等犯罪行为。在律师会见时，被告人郝三、任四反映，他们在侦查期间被指定居所监视居住，没有见过律师，遭受过刑讯逼供；郝五反映，他在侦查期间被单独关押 80 多天，没有见过律师，且被侦查人员以其家人的安全相威胁，要求他配合做笔录。A 市人民法院于同年 5 月 25 日通知所有辩护人，将于同年 6 月 5 日召开庭前会议，同年 6 月 10 日开庭，庭审预计三天。另有案件卷宗共计 1500 本，侦查讯问同步录音录像光盘一张。

请根据上述案件情况进行角色分组，在培训师的引导下，审判员组、公诉人组、辩护人组、被告人组、法警组、证人组、被害人组分别讨论在庭前会议和庭审时应做的准备工作和应急预案。

第二节 原理讲解的规则与方法

刑事辩护实训虽然强调、重视对学员实务技能的培训，对课程的设计更加偏向司法实务，但是也绝对不能忽视对法学理论与原理的解释。刑法学、刑事诉讼法学、证据法学甚至其他一些法学以外学科的原理与理论均对刑事辩护起着指引作用。如果说刑事辩护策略的选择是路径，那么原理及理论就是指路牌。做好法学理论与原理讲解，应当遵循一定的规则和方法。

一、原理讲解的规则

（一）启发性规则

启发性规则要求在实训中，培训师们要承认学员是实训学习的主体，注意调动实训学员学习基础理论、基础原理的主动性，引导他们独立思考各个基础理论、基础原理形成的原因以及适用的条件，积极探索其在司法实务中的适用，提高分析问题和解决问题的能力。实训中的启发性规则与普通教学中的启发性规则也有所不同。实训中的启发性规则的讲授模式应当以培养学员的实务能力为基础，坚持以学员为主体，激发学员探索知识的热情，引导学员们探求知识，自主地发现隐藏在案例或实务教学后的基础理论与基本原理。

贯彻启发性规则的主要要求是：启发学员的学习动机，启发学员积极思维，使学员掌握思考问题的方法，注意学员语言的发展和鼓励创造性的思维。启发性规则的方式并非固定的，培训师在讲授过程中可以参考以下几种方式：

1. 目标激发式。培训师要明确培养目标，明确本次实训的性质、任务、基本内容和要求，还需明确教学过程中的各个教学环节，以及每次实训课的要求，指出重点、难点、疑点、关键点和要求掌握的程度等。

2. 激疑吸引式。培训师应在教学中开展有目的、有方向、蕴含吸引力的思维引导。在实训过程中，培训师引导学员质疑问题、有意创设问题的情境，启发学员于无疑处生疑，开拓思路，启发学员多想、深思，培养探索问题的能力。培训师可以通过对现实中的案例稍加设计，将案例的疑问点串联起来，再引导学员们去主动探寻，并与知识的重点、难点相联系，从而激发学员的思维发展。

案例 1：张某因涉嫌销售伪劣产品罪被一审法院判处有期徒刑一年，并处罚金人民币 5000 元。张某不服提起上诉，检察院未抗诉。因张某已被羁押一年零二十天，二审法院为解决可能超期羁押的问题，改判有期徒刑一年零二个月，缓刑一年零六个月，并处罚金人民币 5000 元。

案例 2：一审法院以王某犯故意杀人罪（未遂）判处有期徒刑六年，犯抢劫罪判处有期徒刑八年，数罪并罚判处有期徒刑十二年，并处罚金人民币 10000 元。王某不服提起上诉，检察院未抗诉。二审法院改判王某犯抢劫罪，判处有期徒刑十二年，并处罚金人民币 10000 元。

问：两种情形下，二审法院是否违反上诉不加刑原则？

3. 提问启发式。这一方法要求学员最终真正揭示事物的矛盾，培训师营造问题的情境，引导学员积极发散思路，主动思考学习，达到举一反三的成效。培训师授课时，应当更多使用“是不是这样？”“为什么这样？”“接下来会怎么样？”等引导性语言，少使用结论式、定理式的语言，比如“你们要记住，这个问题的本质是……。”

4. 反诘式启发。培训师首先通过直接讲授的方式或者通过案例的方式对法律基本原理、基础理论进行讲解，将重点理论形成问题并进行精心设计。学员们对这些问题提出自己的思考、答案或者问题之后，培训师不对学员给出的答案直接进行纠正或者答疑，而是根据学员的回答再次抛出问题，引导学员们再次思考，自行发现自己的不足，逐渐充实自己的观点。通过这种不断的回答、提问、再回答的过程帮助学员提高自主学习的能力、拓展思维，从而让学员自觉进行思考、纠正并寻找正确答案。

（二）精练性规则

经验告诉我们，最引人入胜的语言往往是最精练的语言，是最能准确表达思想内核的简练语言。在实训中，精练性规则要求培训师通过精心设计的、简练的教学语言及教学环节，向学员们传递法学基础理论以及基础原理，避免逐字逐句地照本宣读、讲课拖沓。

第一，贯彻精练性规则要求培训师在授课过程中，改变以其为教学主体的观念，凸显学员的主体地位。导致教学语言重复的重要原因之一在于，部分培训师对学员学习能力与基础专业能力的不信任。实训中，培训师应该把课堂上的主动权交给学员，让学员做到“我的课堂我做主”，学员亲自“经历”，学员才能真正做到学习的内容将内化于心，并且为日后实务操作提供坚实的理论基础。特别是在讨论和探究中，培训师应该十分注意自己发言的时机与方式，做到要言不烦且恰到好处，让学员们作为主体去产生、碰撞思想的火花。在此过程中培训师则需要适时地点拨、激励学员，引导学员学习的方向，通过简洁的语言作巧妙的引领，把问题的讨论一步步引向本节实训学习的主旨，让学员掌握实务办案中理论基础的实质。

第二，培训师应该做到厘清理论知识的脉络，整合教学语言。精练性规则不需要华丽的辞藻，而是要求培训师通过朴素、简洁和直接有力的语言将教学内容压缩到最低限度。“论如析薪，贵能破理”，培训师要精心准备讲解的理论知识，深刻挖掘问题，直击理论的核心，在深入上下功夫，在浅出上做文章，选取理论知识中最具价值的地方，与实务进行结合，合理裁剪，着力突出重点、破解难点，厘清知识主线，使复杂问题简单化，让复杂的理论变得条理化、体系化，让学员有更多的时间思考、交流和碰撞。

当然，精练性规则并不只是单纯要求语言简练化，而应该是数量和质量的双重达标，做到“少而好”“少而精”。所以在提倡精练时不应把精练绝对化，也不应与丰富性、形象性、具体性对立起来，更不应作教条主义的理解。实训教学中该讲的一定要讲，不能一味回避，刻意地压缩讲话、讲课的内容。培训师要在教学重点、难点处梳理澄清，要在学员学习出现障碍时主动进行引导，要在学员意见出现分歧时点拨提示，做到“不愤不启，不悱不发”。

> 案例：2022 年 3 月 7 日晚 10 时许，被告人张三潜入某拳击馆行窃，被返回拳击馆拿手机充电线的知名拳击运动员李四撞见。李四提出，要么报警，要么张三跟他打一场拳，无论胜负如何，张三都可以自由离开。为避免警察介入后被立案追究责任，张三选择和李四打拳。过程中，张三被李四击倒，经鉴定，张三构成轻伤。
>
> 请用最精练的语言，分别从三阶层和四要件犯罪构成的角度，分析李四的行为是否构成故意伤害罪。

（三）全面性规则

全面性规则要求实训的内容要全面，既要注重增强学员的实务工作能力，又要注重培养深厚的理论基础，并要求在讲授基本原理、基本理论时要有足够的深度和广度。原理讲解切忌浅尝辄止、以偏概全。分析和研究问题，一个富有说服力的方法是，纵览古今中外的各种学说、观点，详尽比较各种观点的异同和优劣，再结合中国的司法实际和辩护实践，提出自己的见解。培训师对于理论讲解的全面性，有助于学员全面认识、深刻理解某一法理、原理，避免偏激、偏狭，也有助于培训师有逻辑地推导出自己的观点，增加论证的力度，增强说服力。在实训中讲授法学基础理论与基本原理时，除讲解理论的概念、特点外，还应注重讲解这种理论、原理形成的历史，相关法律规范司法解释的规定，以及在实务工作中适用的方式、方法。在实训教学中，如果想要自己所讲的内容达到全面的水平，至少应该遵循全面性教学的五个基本原则：（1）在讲解中巩固基本概念；（2）在分析中加深对知识的理解；（3）在培训师评论中体验好的法学思想方法和以前在学习中的优点和不足（包括学习习惯、学习方法等）；（4）在讨论中丰富自己的知识体系，优化自己的思维方法，提升学习能力；（5）在案例中尝试适用自己所学基础理论与基本知识，达到提高自己实务能力的目的。

除实训内容的全面性之外，还要注意通过实训全面增强学员们在各方面的能力。对此，应掌握三个重点。

首先，加强法学能力培养。主要包括法律解释技术、法律推理技术、法律程序技术、证据运用技术、法庭辩论技术、法律文书制作技术等。可以在培训师讲解基本原理、基础理论之后，让学员们主动谈论自己对基础理论的理解以及疑问，总结所讲的重点内容，还可以让学员们通过撰写论文或者鉴定式案例分析的方式锻炼写作能力。

其次，加强创作能力培养。培训师们可以通过列举复杂或者具有争议性的案例，经由学员们通过头脑风暴的方式进行充分讨论，在基本的法学知识上进行自由的扩展、设想，充分考虑到各种可能性，对案例进行细致、精确的分析，打开思路。

最后，塑造学员的个人品质。法学教学中的逻辑思维因素有助于培养学员人格中的认知结构，法学教学中的伦理道德因素有助于培养学员人格中的伦理结构。法学实际上是一门正义之学，刑事辩护律师在许多情况下是被告人唯一的依靠，这也要求刑事辩护律师应该有着极高的人格素养与优秀的个人品质。培训师在讲授法学基本理论与基础原理时，应该注意通过这些基础知识向学员们传播优秀的价值观念。

示例：发问是刑事案件庭审中的一项诉讼活动，是查明案件真相的重要手段，也是控辩对抗的重要环节。我国刑事诉讼法及相关司法解释，已经构建形成了基本的庭审发问规则。但和西方法治国家，尤其是对抗制诉讼模式下的交叉询问规则相比，还有着很大的区别。在我国，对于庭审发问的性质和功能、程序和规则、方法和技巧，也有很多不同的看法。

请查阅文献资料，并结合我国诉讼实践，站在历史的、发展的角度，运用比较研究方法，总结归纳我国刑事庭审发问的基本规则并提出完善建议。

二、法学原理讲解的方法

法学原理具有普适性，法学原理的性质决定了对法学原理的讲解一定是严谨、细致的，但这并不意味着对法学原理的讲解一定是枯燥无味的。培训师在讲解时，应当注意方式方法，通过深入浅出的讲解方法吸引学员的兴趣。一般情况下，原理讲解的方法大致有以下几种：

（一）一人讲授法

一人讲授法，是指培训师一人独自完成法学原理的讲授工作。培训师在教学过程中通过口授、演示等方法对学员们讲授知识，完成知识与技能的传授，形成一种“传递—接受”的教学模式。一人讲授法在实训中优势明显。首先，由于实训过程中，原理的讲授是用时较短但涵盖大量理论知识的一个环节，因此对于效率的追求较高。使用一人讲授法能使学员在较短时间里较为迅速且有效地获得更多的知识信息，是实训讲解基础理论、基本原理最经济的模式。其次，实训采取小班教学制度，采用一人讲授法能有效地发挥培训师的主导作用，达到预期的教学目标。这一模式主要适用于比较简单的法学原理讲解，或者复杂原理讲解中的部分简单内容，以及加强基础知识和基本技能的训练。

但是，一人讲授法也有明显的缺点。在采取一人讲授法时，学员处于被动接受地位，不利于学员学习主动性的充分发挥。而且，一人讲授法以培训师为中心，培训师讲得多，学员活动少，容易出现注入式教学、填鸭式教学。在实训的过程中，采取这种讲课方式，除要适应于上文已经提到的较为简单的教学内容与教学目标外，还要注意采取一定的方式。

首先，明确实训的定位是培育优秀的刑事辩护律师，在此基础上对传统的讲授法进行升级。在传统讲授法的基础上积极引入案例教学和讨论式教学方法，培训师在教学过程中仍需注意激发、调动学员的主观能动性，在实现教学互动的同时发挥一人讲授法经济价值的追求。

其次，注意讲授的内容。坚持实训的目标，加强教学内容中的实践部分，以增强实务能力为导向。特别是在引入案例教学方式时，可以选择一些时下热点的案例，这样不仅能够增强学员们学习的兴趣，同时还能够培养学员们的实务能力。

最后，在进行一人讲授时，应当注意对多媒体设备的使用。用现代教学技术手段改变传统教学模式过于单调乏味等不足，通过图像、声音、视频等信息手段，把抽象、枯燥、乏味的法学概念、法学理论转化成为具体、生动的案例、场景，以解决学员对抽象概念、理论难以理解的问题，提高学员的学习质量与效果。

示例：质证是庭审中的一项重要诉讼活动。质证就是控辩双方对所出示证据的证据能力、证明力或者合法性、关联性、真实性的质疑、反驳和说明。质疑、反驳，意在否定对方证据的证据能力、否定或者削弱其证明力。说明，是将对方证据为我所用，阐释对方证据中对己方有利的内容。举证、质证，都是为了证明指控主张或者辩护观点。

请结合刑事诉讼基本原理，以及相关法律和司法解释的规定，制作课件，讲解如何对犯罪嫌疑人、被告人供述和辩解进行全面、充分质证。

（二）组合问答法

组合问答法，是指两名以上的培训师在同一教学情景内协作配合，通过一问一答的方式，进行多元化的教学活动，共同完成法学原理讲解。适用于较为重要、复杂原理的讲解。该方式对培训师要求较高，不仅要求培训师精通相关原理，还要精心设计问题、密切协同配合，根据原理的内容、层次和逻辑，通过问答方式，完整、清晰地将原理展现给学员。这种方法，类似于庭审中辩护律师向被告人发问，需要进行内容拆分、问题设计。首先，要根据相关原理的内容、层次和逻辑，拆分需要讲解的内容，合理安排讲解的顺序和步骤，由浅入深、层层递进。其次，通过培训师之间的一问一答，抽丝剥茧、环环相扣，有效展现原理的内容、层次和逻辑。通常情况下，上一个问题的答案，应当是下一个问题的起点，问题设计合理、双方配合得当，就能把复杂的原理演绎得顺理成章、水到渠成、不言自明，学员能够心领神会。

组合问答法对于提高实训的教学效果、教学质量有着显而易见的作用。首先，组合问答法使课堂教学结构发生重大变化，由以往师生信息单向传播的线性结构改为师生、师师、生生之间信息沟通交流互动的多元结构。这种讲授方式促使学员由被动学习转向主动获取知识，主动参与实训教学，与培训师平等对话，极大地提高了学员进行原理学习的积极性。其次，采取组合问答法对于提高学员的综合能力具有积极作用。拥有不同知识背景与思维模式的培训师通过组合问答的方式向学员们讲授原理，能够打破原本的知识壁垒，让学员们实现复合型的学习效果；两名培训师对知识的讲授也能使学员认识并逐步掌握多角度、系统化思考问题的能力。同时，法律实务部门培训师与理论培训师的双师教学模式，能够帮助学员在了解与掌握基础理论与基本原理的基础上，加深对法律实务知识的理解和把握。

组合问答法绝非只是两名培训师之间的简单交谈，或者只是以这种“讲相声”的方式吸引学员，而是经过细致的课程设计、精心的内容准备之后而采取的一种先进的教学方式。在采取组合问答法时，两名培训师应当主动强化两者之间的适应性。由于双师在知识背景、思维方式、授课风格等方面存在差异，在课前应进行有效的沟通，围绕课堂讲授知识、案例选取、具体分工、讲授内容脚本等方面进行充分探讨，形成共识。此外，在课堂讲授过程中，两名培训师应做到分工合理，内容各有侧重，知识衔接转换顺畅，授课风格协调。

此外，为确保组合问答法的教学效果，还应注意强化学员的课前知识准备。一是应提前一周将课堂讨论案例以及课程目标发给学员，告知讨论的重点和难点，让学员们能够及时预习，避免讲授过程中一头雾水。二是采用任务驱动法，将任务以实训小组为单位提前分配，由小组推选发言代表，代表发言后，由小组其他学员补充发言。三是建立奖励措施，即将课堂发言作为平时考核成绩或最终评比的重要评判标准。

案例：刘某某因对薪酬不满经常旷工，因此受到公司处罚。2019 年 3 月 19 日 18 时许，刘某某为此事与公司负责人发生争吵，便联系其亲戚欧某某来帮忙。欧某某于当晚 20 时许赶到该公司后，因公司相关负责人已下班，刘某某便邀欧某某及另外两名同事一起吃夜宵喝酒唱歌至次日零时。酒后，刘某某认为同事文某丰“讨厌、不会做人，此事系文某丰举报所致”，遂临时起意要欧某某一起去恐吓文某丰。刘某某醉酒驾车，和欧某某一起来到该公司门口，用微信语音聊天约正在上晚班的文某丰到公司门口见面。刘某某拿出一把事先放在车上的匕首交给欧某某，并吩咐欧某某等文某丰出来了就用匕首恐吓他。

文某丰来到公司门口后，刘某某提出自己从公司离职，要求文某丰给钱赔偿。文某丰当场拒绝并转身欲返回公司。刘某某追上阻拦并抓住文某丰的左手，同时用拳头殴打文某丰的头部，欧某某亦上前持匕首朝文某丰的左胸部刺去。文某丰见状用右手抓住匕首的刀刃抢夺欧某某手中的匕首。抢夺中，文某丰所穿针织衫左胸部位被匕首划烂，右手手指、手掌均被划伤。文某丰抢到匕首后，拿着匕首对仍在殴打自己的刘某某、欧某某挥刺。刘某某被刺后松开文某丰，欧某某亦摔倒在地。文某丰即转身跑往公司保安亭，立即拨打110报警。民警赶到现场后，文某丰将匕首交给民警，如实供述了事发经过。医护人员到现场后，发现刘某某已经死亡。经鉴定，刘某某系因剑突下单刃刺器创伤致右心室全层破裂、右心房穿透创伤造成急性循环功能衰竭死亡。文某丰损伤程度为轻伤一级。

培训师A：正当防卫制度，是对“法不能向不法让步”法治精神的弘扬。正确认识防卫行为和侵害行为是准确判断正当防卫是否成立的基本前提。对于严重危及他人人身安全的行为，应当认定为《刑法》第20条第3款规定的“行凶”，正当防卫必须是针对“正在进行”的不法侵害。在本案中，对于不法侵害主观故意的具体内容虽不确定，但从侵害人的客观行为判断，两人实施了足以严重危及他人人身安全的暴力犯罪行为，应当认定为符合特殊防卫的起因条件，防卫人可以实行特殊防卫。

培训师B：需要注意的是，根据最高人民法院、最高人民检察院、公安部《关于依法适用正当防卫制度的指导意见》的规定：“正当防卫必须针对不法侵害人进行。对于多人共同实施不法侵害的，既可以针对直接实施不法侵害的人进行防卫，也可以针对在现场共同实施不法侵害的人进行防卫。”因此，文某丰面对刘某某和欧某某的共同侵害，无论造成谁死伤，都属于正当防卫。不能苛求防卫人在面对多人暴力侵害的同时，还判断对方个人的暴力程度轻重，并采取适当的防卫手段。

（三）交叉互动法

交叉互动法，是指培训师和学员之间随机互动，通过相互问答的方式来阐释原理。该方法对培训师的控场要求更高一些，要求培训师根据讲授的内容和需要，随时与学员发起互动，与前两种方法相比，具有明显的随机性、灵活性、不可控性。培训师对于学员会如何反应，会给出什么样的答案，需要多少步骤才能引导出正确答案，事前均无法知情，只能根据现场情况随机应变。

在实训课程中，采用交叉互动法能够有效调动学员们学习基础理论的积极性，加深学员们对深奥的法学概念的理解，提高学员们的创造力与语言表达能力。交叉互动法通过在课堂上开展多样化的互动性活动，使学员潜移默化地吸收新的知识，这种学习方式属于理解性记忆，不容易被遗忘。采用这种方法首先要求培训师要对相关原理理解透彻、谙熟于心，在讲解时可以自由灵活、顺势而为，形散而神不散。其次，培训师也要做好事前评估，针对可能出现的情况，做好各种预案。例如：学员对培训师的提问反应消极怎么办，学员的回答言不及义、出现偏差怎么办，等等。

培训师在采取交叉互动法进行教学时，多样化的教学方式是激发学员学习兴趣的关键。在实训课堂中，培训师应该把握学员的法学水平，根据学员们的法学水平制定合适的课程内容以及课程环节，根据学员的实际情况设置不同层次的教学目标。对于法学教育背景较为薄弱的学员，可以要求他们对一些基础性的内容、概念谈论自己的观点；对于已经对课堂内容有一定了解或者已经有实践经验的学员，可以要求他们以基础理论为基础，对于司法实务之中的问题谈论自己的想法。此外，培训师还可在课堂上通过播放庭审视频，设计相关的问题，提高学员的洞察力和语言组织能力。最后，培训师还应注意在课堂中构建和谐的师生关系。在采取交叉互动法的课堂中，师生间不是上下级关系，而是更类似朋友间的相处模式，在这样的氛围下，学员才能够畅所欲言。在实施交叉互动法的初期阶段，学员们可能在短时间内无法适应教学方式，在课堂上的参与度不高，这就需要培训师采取激励的方式，对乐于和培训师进行互动的学员予以物质和精神上的奖励。培训师作为课堂气氛的调节者，也要充分发挥自己的引领作用，将自己的情绪保持在较高的水平上，以热情亲切的态度，与学员沟通交流，帮助学员解决问题。特别是在与学员们的交流之中，培训师如果发现学员们存在错误，应当引导学员去发现出错的原因，鼓励学员积极寻找解决方案，培养学员们独立解决问题的能力。

> 示例：认罪认罚从宽制度是我国刑事司法领域的重要制度原则，培训师可引导学员对认罪认罚从宽制度的基本原则、适用条件、从宽幅度、量刑协商、审判程序、律师参与、当事人权益保障等基本内容进行阐述。对于有实务经验的学员，可以让其谈谈其在实践中代理适用认罪认罚从宽制度案件所遇到的问题。

CHAPTER 5

第五章

实训演练：实务效仿与模拟互动

刑事辩护实训演练通过真实案例、角色模拟教学、互动教学的方法，把学员引入到客观的实践活动，以及复杂的伦理与人性的状态之中，引导学员思考如何与当事人打交道，如何搜集、分析、判断和确认事实，如何分析法律的实际运行和操作。在实训过程中，学员学到的不仅仅是法律，而是整个司法工作的过程和技巧。学员通过接待、询问当事人、制订详细周密的诉讼计划等方式参与案件的全过程，以准律师的身份参与直接影响案件的全过程审理，通过实践锻炼、培养学员的语言组织能力、证据分析能力、文书写作能力以及庭审反应能力等多方面实务能力，让学员获得完整的刑事辩护体验。在整个实训演练中，培训师是配角，培训师应针对学员在参与接待当事人、提供咨询、起草法律文书等实践活动中所遇到的问题，以实践中所需的法律思维、应用技巧为讲解重点，通过头脑风暴形式的讨论，帮助学员独立思考以解决实践中的问题，从而提高执业技能。

第一节　实务效仿与模拟互动的规则

一、命题确定规则

命题确定规则要求培训师依据刑事辩护实训的标准，着重进行刑事辩护基本知识、基本理论、基本技能的训练。实训命题应有广泛的知识覆盖面，突出刑事辩护需要重点培养的知识技能，紧扣训练技能的中心要义，起到巩固之前所学，检查发现问题的作用。命题本身必须简明、清晰、准确，要克服题意不明、模棱两可、答案不确切的情况，在难易程度上应有适当的难度梯度，起到既能夯实学员的基础知识，又能实现重点突破，实现专业技能拔高的作用。此外，还要确保命题来源的可信度，尽量使用具体的现实案例。命题人员应精通刑法、刑诉以及实务专业知识，要严格按照要求命题，注重命题的科学性和准确性，做到内容正确，无知识性错误。在刑事辩护实训中，命题既可以是培训的主题，每一个具体实训活动所要解决的问题，也可以是主持人提出的问题，或者学员需要讨论或者讲授的课题，等等。具体而言，命题确定规则包括以下几项要求：

（1）命题含义明确无歧义。无论是培训的规则还是讨论的课题，命题的含义都必须是清晰明确的，避免因为歧义引起学员误解，模糊实训的焦点。对案件的某一个细节界定不同会影响案件的审理结果，如果命题的含义不明确甚至有歧义，会导致实训的过程和侧重点发生偏离，实训的重点无法把握。

（2）命题恒定不随意变动。命题要围绕实训的主题而设定，所有命题都必须为了达成实训目的而展开。因此，命题的设置不是随意的，而应具有稳定性。命题确定后不因他人中途的异议而改变，以保证培训顺畅而不中断。

（3）命题要具体，不能过于宏大和抽象。命题应当是具体的、具有可操作性，不宜在一项命题里包含过多内容，避免分散焦点。命题越具体，实训的针对性越强，对于学员的某一项技能提高也就越快。如确定培训的主题是法庭发问，就可以再次具体到向被告人发问、向同案被告人发问、向证人发问、向鉴定人发问等。在实训过程中，还可以根据学员的特点、能力进行分析，根据个体差异安排具有针对性的具体命题。

（4）命题规则包含“行为模式+违反后果”。为达到良好的实训效果，对于维护实训秩序的规则性命题，要具有一定强制力，明确违反命题的后果。通过维护实训过程的秩序，也可以训练学员要对自己行为负责的态度，不论在实训过程中还是在日后实务中都要以百分之百的精力去负责自己的案件。

案例：刑满释放人员甲（22岁，男）常纠集乙（24岁，男）、丙（17岁，男）、丁（16岁，男）等人，在某校园周边肆意无事生非、逞强斗狠、随意殴打他人。

经查明，2021年1月2日23点左右，甲在某商业区与张某、王某发生口角后，命丙教训张某，丙上前用手击打张某头顶，并掏出随身携带的匕首进行威胁。张某反抗后，甲立即招呼乙、丙、丁等人殴打张某，双方遂发生斗殴。其间，张某持塑胶板凳打向甲的脸部，甲抽出随身携带的匕首挡开板凳，并顺势捅刺张某右大腿致其受伤，经鉴定为重伤；丁抓住王某的双肩向后猛推，致使其跌入身后排水沟受伤，经鉴定为轻伤。丙持刀、乙徒手参与斗殴。

问：根据上述案情，甲、乙、丙、丁的行为应该如何定性？各自有哪些法定情节？请逐一作答、列出适用法条并简单阐述认定理由。

二、角色设定规则

开展刑事模拟法庭实训活动的一个重要环节是对学员们进行合理分组以及安排适当角色。在设定角色过程中，需要开展以下几项工作：

（一）刑事模拟法庭可以分为四组，即审判组、公诉检察组、辩护组和综合组

审判组由审判长、审判员（人民陪审员）、书记员、院长以及其他不出庭的人员组成。公诉组由公诉人、书记员和检察长以及其他不出庭人员组成。辩护组主要由辩护律师、代理人组成。综合组由被告人、被害人、证人、鉴定人、法警等其他诉讼参与人以及其他不出庭人员组成。在演练过程中的常用角色主要有辩护人、公诉人、法官、证人、被告人等。不同角色具有不同特点，也具有不同的训练功效。例如，辩护人角色对于参训学员而言就是典型的自我视角，较为熟悉，公诉人、法官或者证人角色则是截然不同的视角。给予

实践中作为辩护律师的学员担任其他诉讼角色的机会，会使学员从不同的思维角度考虑问题，有助于其从超脱的第三方视角检视自己的辩护工作，拓展其思维的全面性。

模拟实训时针对不同角色培训师指导的侧重点是不同的。首先，对审判组的指导。对审判组成员重点辅导他们怎样把握好模拟法庭审判的程序、法庭审理中的规范用语，怎样做好审判中法庭调查的讯问、询问和对证据的查证工作，怎样进行法庭合议，怎样做好法庭记录。其中，最为关键的是指导审判长如何驾驭法庭的审判活动。其次，对公诉（检察）组成员的指导。对公诉（检察）组成员，重点辅导他们在法庭审判中如何讯问被告人，如何询问被害人、证人，如何进行举证和质证，如何对被告人、辩护人的辩护意见进行答辩。再次，对辩护组成员的指导。对辩护组成员，重点辅导他们如何在法庭审判中对被告人、被害人、证人、鉴定人进行询问，如何对公诉人所举证据进行质证，怎样举证，怎样发表辩护词及与公诉人进行辩论。最后，对其他人员的指导。对担任被告人、证人、被害人、法警等其他角色的学员，主要是辅导他们如何如实地陈述案情，如何按照法庭审理的程序及审判长的指挥完成所扮角色的任务。在进行角色训练时，根据学员所扮演的角色不同，要求学员熟悉、掌握所扮角色的工作程序、工作技巧，并进行练习。如对担任审判长的学员，培训师要检查他的审判程序提纲，要求他反复练习法庭审判的工作及用语；对公诉人和辩护人则要求他们练习在法庭上的发言，并在此基础上进行各组配合训练。

在模拟实训过程中，一般采用分组讨论的方式。首先，由审判组、公诉组、辩护组、综合组四个小组各自独立讨论，讨论的内容一般不对其他组学员公开。各组学员在组长的组织下，拟出讨论的问题，并对相关问题进行讨论，培训师在场听取讨论。其次，由培训师根据讨论情况和案件情况，找出讨论遗漏的问题，再由学员对遗漏问题进行讨论。在讨论中或讨论结束后，培训师应对讨论中学员的错误观点进行纠正，对不全面的观点进行补充。最后，由组长或者出庭的学员对讨论的问题进行归纳总结，形成结论作为庭审材料。

模拟实训过程中讨论的内容和重点应根据各组的工作职责而各有侧重。审判组讨论的内容主要是案件的定罪量刑、证据材料、审判程序、法庭语言、在法庭上提问的问题、判决内容及判决书的写作等问题。公诉组讨论的内容主要是案件的事实和性质、犯罪情节、起诉的罪名、起诉书的写作；法庭调查中如何讯问被告人，如何询问被害人、证人；案件的证据材料是否确实充分，庭审中准备出示哪些证据、如何出示证据，如何应对被告人、辩护人对证据的质证，辩护人可能出示哪些证据及如何进行质证；如何发表公诉意见，被告人及辩护人可能会提出什么辩护意见，怎样答辩等问题。辩护组讨论的内容主要是被告人的行为是否构成犯罪、构成什么罪、公诉机关起诉的罪名是否成立、被告人有哪些量刑情节；案件的证据材料有哪些、公诉人可能出示哪些证据、怎样进行质证、需要出示哪些证据及如何出示证据；在法庭上怎样对被告人、被害人、证人提问、本案的辩护要点及辩护技巧等问题。综合组讨论的内容主要是案件的定罪量刑问题、被告人、被害人、证人、法警在法庭审理中的工作程序和工作方法。此外，各组还要围绕案件中控辩双方可能出现的辩论焦点进行讨论。

（二）为了侧重某一方面的实训效果，角色可以分为“训练角色”和“配合角色”

例如，在有关法庭发问的实训演练中，主要目的是锻炼辩护律师的发问技巧，那么辩护人角色就属于“训练角色”，而证人就是与辩护人组合搭配的“配合角色”。在角色扮演中容易出现的错误主要有以下几种：第一，角色扮演不到位。一些学员扮演的审判员、公诉人、辩护人、代理人在模拟法庭中只是坐在法庭上，而没有履行相应职责。第二，表现过于突出。有些能力较强的学员在扮演被告人时，在回答提问、举证、辩论、最后陈述等各环节中，在法律知识、语言、神态各方面的表现超过了审判员、公诉人、辩护人，与法庭中被告人的身份、地位不符。第三，证人、鉴定人在出庭作证时，不按案件事实陈述，甚至胡编乱造，导致出现混乱。第四，对角色的基本情况不熟悉。例如，被告人、被害人、证人对角色在案件中的相关情况不熟悉，在庭审中面对各方提问不能如实回答，甚至答非所问。第五，事先准备不足，庭审中配合不够。从而导致模拟庭审出现草草宣判了事的情况，使得担任其他角色的学员很不过瘾，听众也很不满意。配合角色与训练角色同样重要，只有配合角色充分模拟和呈现出实践当中可能出现的种种状况和难题，才有利于训练角色达到充分的训练效果。因此，配合角色并不意味着要对训练角色完全配合，反而可以故意“刁难”，这样才能最大程度呈现实践中真实的情形。

（三）每个人在不同场景中的角色应当是变化的，以使每位学员有机会担任不同角色

担任不同的角色需要不同的思维方式，其感受不同，训练效果也不同。在实训教学中，我们应尽可能让每个学员均能扮演四个主要的角色，即审判长、审判员、公诉人和辩护律师。一般来说二十人左右可构建一个刑事模拟法庭并开展实训活动，每一个实训大组再大致均等地划分为四个实训小组，小组的成员在实训课结束之前是相对固定的。这四个实训小组与刑事模拟法庭中的审判组、公诉（检察）组、辩护组和综合组的一一对应关系可按轮盘法或对调法安排。

所谓轮盘法是指在第一次模拟法庭实训活动里，四个实训小组分别安排在审判组、公诉（检察）组、辩护组和综合组。第二次模拟法庭活动及以后各次模拟法庭活动中，各实训小组与模拟法庭四个组别的一一对应关系按轮盘转动确定，同时变动各实训小组组别的实训分组方法。对调法，是指在第一次模拟法庭实训活动里，四个实训小组分别安排在审判组、公诉（检察）组、辩护组和综合组。第二次模拟法庭活动及以后各次模拟法庭活动中，各实训小组按对调方法，同时变动各实训小组在刑事模拟法庭中组别的实训分组方法。在分组过程中，培训师应重视每个组别的主要角色的安排，否则，模拟法庭的实训效果将可能受到较大影响。例如，在刑事模拟法庭里审判长是最重要的角色，他（她）负责整个法庭指挥工作，对于模拟法庭实训活动的成败，他（她）起着至关重要的作用。因此，培训师应重视审判长角色的遴选工作。可以考虑在一个刑事模拟法庭里，审判组、辩护组、公诉（检察）组和综合组分别由一名刑事法成绩相对较好的学员担任审判长、公诉人（或检察员）、辩护律师和被告人角色（共4个人），保证刑事模拟法庭实训活动能顺利开展。同时，各组还应配备刑事法成绩相对较弱的学员，以保证每人均有实训锻炼的机会。

（四）为了更好地进入角色，应当尽量根据角色穿着专业服装，在专业的场地开展实训

例如，法官应当着法袍，检察官着检察服，律师着律师袍等。这样能够使学员身临其境，完全调动起学员情绪，达到更好的训练效果。此外，由于大多数实训道具，如法官袍、检察服、律师袍、国徽等，在社会上不能自由买卖，只能通过法院、检察院和司法行政机关等部门向有关定点生产厂家联系购买。因此，司法机关的支持是法律实训教学取得成功的不可缺少的重要因素。

（五）角色的安排可以采取提前确定与临时调整相结合的原则

提前确定角色，可以使每个人的准备更加充分，对问题的演练更加彻底。但有的时候也可以临时调整角色，这样做的好处是可以充分调动每个人的注意力，临时变更角色，可以暴露出更多的问题。刑事辩护实训始终强调“不留情面、不留余地”扒开看每个学员的问题，让其“痛并快乐着”。

案例：自2017年7月开始，被告人张某、彭某、祝某、姜某经事先共谋，为赚取赌博网站广告费用，在马来西亚吉隆坡市租住的某公寓B幢某室内，相互配合，对存在防护漏洞的目标服务器进行检索、筛查后，向目标服务器植入木马程序（后门程序）进行控制，再使用“菜刀”等软件链接该木马程序，获取目标服务器后台浏览、增加、删除、修改等操作权限，将添加了赌博关键字并设置自动跳转功能的静态网页，上传至目标服务器，提高赌博网站广告被搜索引擎命中概率。截至同年9月底，被告人张某、彭某、祝某、姜某链接被植入木马程序的目标服务器共计113台，其中部分网站服务器还被植入了含有赌博关键词的广告网页。后公安机关将被告人张某、彭某、祝某、姜某抓获到案。公诉机关以破坏计算机信息系统罪对四人提起公诉。被告人张某、彭某、祝某、姜某及其辩护人在庭审中均对指控的主要事实予以承认；被告人张某、彭某、祝某及其辩护人提出，各被告人的行为仅是对目标服务器的侵入或非法控制，非破坏，应定性为非法侵入计算机信息系统罪或非法控制计算机信息系统罪，不构成破坏计算机信息系统罪。

请将学员分为四组并安排适当角色，针对本案具体案情开展模拟实训。

三、时间限定规则

模拟实训不仅要求流程提前规划，流程中的每个项目时间也要具体明确，每项实训活动必须要有时间限定，参训学员必须在规定的时间内完成相应任务，确保实训效果的可控性。在刑事辩护实务中我们需要培养学员的时间意识，养成学员的时间观念。

（一）根据不同的活动需要划定不同时间

刑事辩护实训包括讲授、互动、演练等基本的活动形式，每种形式需要的时间有长有短，组织者要根据活动内容的多少，提前划定每项培训活动的时间，并严格按照时间计划进行，时间不宜过长，宁可紧张尽量不要宽松，这样既可提高效率，又可激发学员的潜能，让其全身心投入到演练中。

（二）时间限定规则要提前告知参训学员，并要严格执行“时间卡点”

如某项内容需要学员进行讲授，则须提前告知其在多长时间内讲授完毕，一方面有助于提前准备内容，另一方面也有利于锻炼学员对于语言的组织能力和掌控能力。在演练过程中，组织者需要严格进行时间管理，时间到了就得停止，这样可以让整个实训“令行禁止”，高效、有序地完成。

（三）尽量保障每位学员都要有一定的表达时间

例如在点评环节，要尽可能落实限制发言时间、人人都要发言的原则，以保障每位成员的参与度。不同的学员有不同的风格，有的学员总有讲不完的感受，有的学员又可能过于谦虚、谨慎，这就需要组织者观察不同学员的特点，根据不同学员的特点采取限制发言或鼓励发言的措施。

案例：被告人郭某某，男，1990年出生，原系某公司工程技术部副经理。

2015年，郭某某为寻求刺激，产生给其女友张某甲下“迷药”的想法。此后，郭某某通过网络了解药物属性后多次购买三唑仑、γ-羟丁酸。2015年至2020年间，郭某某趁张某甲不知情，多次将购买的“迷药”放入张某甲的酒水饮料中，致其出现头晕、恶心、呕吐、昏睡等症状。其中，2017年1月，郭某某将三唑仑片偷偷放入张某甲酒中让其饮下，致其昏迷两天。

2020年10月5日，郭某某邀请某养生馆工作人员张某乙及其同事王某某（均为女性）到火锅店吃饭。郭某某趁两人离开座位之际，将含有γ-羟丁酸成分的药水倒入两人啤酒杯中。后张某乙将啤酒喝下，王某某察觉味道不对将啤酒吐出。不久，张某乙出现头晕、呕吐、昏迷等症状，被送医救治。张某乙的同事怀疑郭某某下药，遂向公安机关报案。郭某某得知他人报案后主动投案，但供述其对所下“迷药”的成分不知悉，药物不是毒品。

现检察机关指控郭某某犯欺骗他人吸毒罪，且应认定为“情节严重”，并提供了郭某某的网络交易记录、浏览历史记录和聊天记录等电子数据及书证；被害人张某甲、张某乙、王某某的陈述、就医记录和鉴定意见等证据。

问：假如你是本案的辩护人，应如何发表辩护意见？（每人发表意见时间不超过15分钟）

四、场景指定规则

场景指定规则，是指在学员实训演练中，指定学员模拟特定场景下的工作实况。辩护过程中所涉及的场景较多，所需应对的情况也多种多样，场景指定规则能够还原真实办案流程，加强学员对每个环节的实训技能，增加实训的实务氛围，对部分实训活动需要指定相应的场景，可以使学员身临其境，充分学习办案的全过程。对于场景的指定，需要注意以下问题：

（一）场景指定需要多机关主体协助完成

常见场景情形有看守所会见、法庭发问、法庭辩论和前往公检法等机关进行沟通等。通过指定场景，可以很大程度还原刑辩律师的日常工作环境，模拟演练面对不同问题时的不同应对方法，为日后的律师执业活动积累经验。上述实训演练需要法院、检察院等部门的支持，可以通过与司法机关加强合作，相互学习借鉴。例如，可以在真实的法庭举办听审、模拟等活动；在看守所会见时，模拟会见场景。采用真实场景进行实训要求主办方与公安司法机关进行多方面沟通，可以邀请高校学生、公诉人、法官共同参与模式实训，提高实训过程的真实度。

（二）场景指定需要问题导向

每个场景实际上就是一个问题，指定场景即是在特定场景下解决特定问题。对于场景的指定和设置，可以向参训学员征集线索，例如，自己在执业过程中曾在什么特定场景下遇到过什么问题，自己对解决此类问题有何困惑。对于有典型性和普遍性的场景，可以在实训中还原模拟，共同研究讨论。例如，辩护律师在庭审中遇到旁听人员扰乱法庭的情形时，该如何应对？辩护律师在看守所会见场所出现了技术故障时，该如何处理？这些客观场景因素对刑事辩护效果具有一定影响，是决定辩护质量的介入因素，应审慎对待。

（三）场景需要培训师做好充足准备

实训对培训师的要求比单向授课的要求更高，由于实训过程中许多问题都是突发的、不确定的，就需要实训者具有丰富的经验，以及良好的组织协调能力。实训中的问题并非完全不可捉摸，有些问题仍具有普遍性，培训师有必要在确定实训主题后提前做好充足准备，以便既能对学员在演练过程中暴露出来的问题及时加以答复，也能随时抛出问题，引导学员结合实训活动深入思考。

案例：1999 年 12 月 23 日，被告人翁某甲伙同李某甲、翁某乙、李某乙，从 A 市 B 县窜至 C 县预谋抢劫，翁某甲指派翁某乙和李某甲到 E 市附近踩点后返回 C 县，并购买了一把菜刀。同年 12 月 26 日晚，翁某甲、翁某乙、李某甲、李某乙四人窜至 D 县 X 镇 X 线 X 公里处马某某的加油站附近，李某乙准备了三根木棍。次日凌晨 1 时许，翁某甲手持菜刀，翁某乙、李某甲、李某乙三人各手持木棍从加油站围墙小洞口钻进院内，打开大门。翁某甲、李某甲踹开房门见屋内的被害人马某、贾某夫妇正在睡觉，即令其不要动，翁某乙用绳子将马某夫妇捆绑并用被子蒙住头，翁某甲撬开抽屉抢走现金人民币 8000 余元及传呼机一部（价值人民币 980 元）和活期存折 4 张（存额人民币 35511 元，已挂失）等物品。之后，四人又窜至该加油站隔壁被害人兰某、史某夫妇经营的印刷厂，李某乙踹开房门，翁某乙将屋内兰某夫妇捆绑，用被子蒙头，翁某甲撬开抽屉抢走现金 1000 余元及其他物品。后翁某甲、李某甲、李某乙三人又到隔壁被害人李某丙开办的小卖部，李某、李某甲将房门踹开，翁某甲指使李某甲将李某丙捆绑后，抢得现金 20 余元及其他物品逃离。1999 年 12 月 28 日，被告人翁某甲、翁某乙、李某甲、李某乙再次预谋抢劫，并从 E 市乘车至 F 县沿途踩点，其间翁某乙、李某甲购买菜刀一把、手电筒一支，后于同月 29 日返回 E 市。四人经踩点后于 30 日凌晨 1 时许窜至 E 市某加油站。翁某甲手持菜刀，翁某乙、李某甲、李某乙各手持木棍，翁某甲让李某乙将房门踹开后，四人一起冲进该加油站值班室，威胁室内的人员不许呼喊，并用木棍击打，将该加油站内的 11 名值班人员控制并用床单撕成布条予以捆绑，用被子蒙头进行殴打，致二人轻微伤，后分别从加油站营业室、保险柜及被害人陈某身上共抢得现金 27600 元，金戒指一枚（价值人民币 2232 元）、白金项链一条（价值人民币 632 元）、手机一部（价值人民币 1926 元）等物品，后四人分别逃离。

根据本案开展实训演练，我们可以首先根据具体案情确定针对多次抢劫的命题。按照具体想要培训学员的能力，确定命题方向，对学员分组、分配不同的角色，针对不同的角色训练学员在遇到案情时所需考虑的，以及对方会考虑的问题。针对本案分别让学员在看守所、检察院以及法院开庭等场合分别进行训练，并明确训练的时间。

1. 命题确定

针对本案这类多次抢劫的案件，辩护律师应进行发问训练。翁某甲的辩护律师向嫌疑人翁某甲发问的训练；翁某甲的辩护律师向同案犯李某甲、翁某乙、李某乙发问的训练；同案犯李某甲、翁某乙、李某乙各自的辩护律师分别向翁某甲、李某甲、翁某乙、李某乙发问的训练；翁某甲、李某甲、翁某乙、李某乙的辩护律师分别向被害人发问的训练；翁某甲、李某甲、翁某乙、李某乙的辩护律师分别向证人、鉴定人发问的训练；翁某甲、李某甲、翁某乙、李某乙的辩护律师分别对检察机关提交证据的举证质证训练；检察人员向翁某甲、李某甲、翁某乙、李某乙及其辩护律师的发问的训练；法官向翁某甲、李某甲、翁某乙、李某乙及其辩护律师的发问的训练。

2. 角色分配

针对学员的分组，分别让每组学员担任检察官、法官、受害人、犯罪嫌疑人、证人、鉴定人，每一位学员都要身临其境为自己担任的角色争取最大的利益，促进实训的有效进行。

3. 场景指定

涉及辩护律师看守所会见当事人，辩护律师和当事人及其家属沟通，辩护律师向公安机关、检察机关、法院的案件交接、案情沟通、证据交换，辩护律师向法庭提交证据和辩护意见等多个场景。

4. 时间限定

完成一次刑事辩护实训所要求的时间，可以根据案情的难度和每一项活动的难易程度，分别确定实训的学员完成各项任务所要求的时间。具体到该案中，因案情较为复杂、涉及人员较多，特别是法庭发问是案件处理的关键，也是双方争辩的关键，可以对该阶段时间限定较为宽松，但每项任务总体需控制在 40 分钟左右。

案例：2021 年 4 月，被告人齐某在其朋友圈发消息称能办理孩子入学事宜。杜某看见该信息后转发至自己所在的微信群，被害人孙某某见状遂联系杜某为朋友颜某、王某、庄某的孩子办理 A 市 B 区 C 小学、D 中学、E 中学入学事宜。杜某询问齐某后，齐某谎称其有亲戚在教育局工作，能够办理此事，杜某遂收取孙某办事费用人民币 278000 元，并以微信转账、银行转账的方式向齐某转款共计人民币 215000 元。后孙某询问事情进展，杜某多次催促齐某，齐某以各种理由拖延，杜某要求退款未果。2021 年 10 月，杜某给孙某退还人民币 60000 元。2022 年 1 月 28 日，孙某报案至 F 派出所。2022 年 2 月 23 日，齐某被民警抓获，所得赃款其用于偿还债务及日常消费，并未用于请托事项。目前，被害人孙某已全额退还颜某、王某、庄某三人的办事费用。

1. 命题确定

针对本案这类诈骗的案件，齐某的辩护律师向嫌疑人齐某发问的训练；齐某的辩护律师向受害人孙某、颜某、王某、庄某发问的训练；齐某的辩护律师向证人发问的训练；齐某的辩护律师对检察机关提交证据的举证质证训练；检察人员向齐某及其辩护律师的发问的训练；法官向齐某及其辩护律师的发问的训练。

2. 角色分配

针对学员的分组，分别让每组学员担任检察官、法官、受害人、犯罪嫌疑人、证人，每一位学员都要身临其境为自己担任的角色争取最大的利益，促进实训的有效进行。

3. 场景指定

涉及辩护人看守所会见当事人，辩护人和当事人及其家属沟通，辩护人向公安机关、检察机关、法院的案件交接、案情沟通、证据交换，辩护人向法庭提交证据和辩护意见等多个场景。

4. 时间限定

完成一次刑事辩护实训所要求的时间，根据案情的难度和每项任务的难度，分别确定辩护人完成各项任务所要求的时间。因为该案较为简单，每项限制在 25 分钟左右。

案例：2021 年 7 月 13 日，被告人张某到 A 市 A 区，通过楼道窗户攀爬至厨房窗户进入被害人陈某家中窃取人民大会堂典藏版香烟（硬红细支）18 盒、男士手表 1 块、女士手表 1 块、某名牌浓香型白酒 2 瓶、黑色苹果牌手机 1 部及现金人民币 100 元。随后，被告人张某将窃取的黑色苹果牌手机出售给 A 市 B 区 C 街道某手机专营店，获利人民币 1000 元，已被其挥霍。经鉴定，人民大会堂典藏版香烟（硬红细支）18 盒价值人民币 288 元、某品牌浓香型白酒 2 瓶价值人民币 396 元、黑色苹果牌手机 1 部价值人民币 1300 元，男士手表 1 块及女士手表 1 块不具备价格认定条件，无法进行价格认定。

2021 年 8 月 25 日，被告人张某到 A 市 B 区，通过楼道窗户攀爬至厨房窗户进入被害人房某家中，窃取黄金足金项链1条（14.132克）、黄金足金吊坠1枚（6.079克）、黄金足金戒指2枚（6.64克、6.595克）、黄金足金和田玉戒指1枚（6.54克）、黄金足金手镯1只（31.378克）及现金人民币3400元。随后，被告人张某将上述窃得首饰出售给A市C口区某购物中心11楼某门店，获利人民币19100元，已被挥霍。经鉴定，黄金足金项链1条（14.132克）价值人民币5998元、黄金足金吊坠1枚（6.079克）价值人民币2580元、黄金足金戒指1枚（6.64克）价值人民币2818元、黄金足金戒指1枚（6.595克）价值人民币2865元、黄金足金和田玉戒指1枚（6.54克）价值人民币2662元、黄金足金手镯1只（31.378克）价值人民币13430元。

2021年9月初，被告人张某到A市B区，通过楼道窗户攀爬至厨房窗户，进入被害人曹某家中，未窃得财物后离开。2021年9月3日，被告人张某到A市B区，通过楼道窗户攀爬至厨房窗户进入被害人刘某家中，窃取玉溪（软）香烟1条。经鉴定，玉溪（软）香烟1条价值人民币230元。2021年9月3日，被告人张某到A市，通过楼道窗户攀爬至厨房窗户，进入被害人尹某家中，窃取现金人民币13000元，已被挥霍。

1. 命题确定

针对本案这类多次盗窃的案件，张某的辩护律师向嫌疑人张某发问的训练；张某的辩护人向受害人陈某、房某、曹某、尹某、刘某发问的训练；张某的辩护人向鉴定人发问的训练；张某的辩护人对检察机关提交证据的举证质证训练；检察人员向张某及其辩护人的发问的训练；法官向张某及其辩护人的发问的训练。

2. 角色分配

针对学员的分组，分别让每组学员担任检察官、法官、受害人、犯罪嫌疑人、证人，每一位学员都要身临其境为自己担任的角色争取最大的利益，促进实训的有效进行。

3. 场景指定

涉及辩护人看守所会见当事人，辩护人和当事人及其家属沟通，辩护人向公安机关、检察机关、法院的案件交接、案情沟通、证据交换，辩护人向法庭提交证据和辩护意见等多个场景。本案涉及多个物证，可以通过模拟法庭调查的方式，进行物证的举证、质证和认证训练。

4. 时间限定

完成一次刑事辩护实训所要求的时间，根据案情的难度和每项任务的难度，分别确定辩护人完成各项任务所要求的时间。因为该案情难度适中，每项限制在 30 分钟左右。

第二节　实务效仿与模拟互动的方法

一、独秀法

（一）概念

独秀法，即个人演练，以个人为单位进行展示。这种方法主要适用于讲授和演练，适用于对某个问题进行展示。讲授原则上一般只能由一个人进行，讲授的内容往往针对某一特定的问题或者对背景知识做基本介绍，也可以由一位学员单独就某一案件发表法庭辩论意见。

（二）特点

独秀法是一对多的展示，是独秀者在众目睽睽之下接受他人审视的一场展现。独秀法能够有效锻炼学员的临场应变技巧，分析问题时目标集中、针对性强，学员的感悟比较直接，但相应的个人压力较大。这种方法能够激发学员学习的积极性与主动性，推进学员培养创造性法律思维，使学员不但掌握从法律角度观察问题的方法和特有的法律推理技巧，还能养成及时吸收新知识的灵活反应能力、获取新知识的大胆探索的能力和创造性、多思路地解决问题的能力，以应对将来在立法、司法实践中可能面临的各种复杂问题。

（三）要求

（1）对于独秀者而言，独秀法主要考验其语言表达、形象展示、时间把控、心理抗压、专业技能等能力。一场优秀的个人展示，需要组织逻辑清晰、层次分明地表达内容，需要有流畅自然、得体大方的形象表现，同时还要收放自如，灵活准确地把握时间。

（2）对于观众而言，在独秀法实训当中应当承担评论员的角色，在观看独秀者展示的同时，应当注意总结有哪些优点和不足，同时对自身进行反思，以便取长补短。展示完毕之后，组织者应当引导大家进行限定时间的点评。

（3）对于培训师而言，应当全面评析独秀者的演练表现。主要评析以下几点：第一，对所学的法学概念和基本原理是否掌握；第二，判断、分析事实是否准确、深刻；第三，是否会查找法律条文，适用法律是否得当；第四，口头表达能力和雄辩能力是否得到提高。

对于独秀者的展示，在条件允许的情况下应当进行现场录音录像，以便在展示完毕后进行回放，请独秀者查看自身表现并做自我点评。可以在独秀者演练完毕并且经过大家评论后，再次让独秀者演练展示，再将此次演练的效果与之前的效果进行对比，往往会让独秀者对参与实训课程获得心服口服的效果。

（四）独秀法的具体步骤

（1）确定主题，学员作演练、讲授。学员进行个人演讲或者演练时，时间可长可短，短的可以是针对某一问题示范回答 4 至 5 个问题，也可以针对某一观点进行展示，时长最好控制在 10 分钟以内。示范中的问题和答案可以随时发生变动，因此应当将演练的重点放在示范的主体和技巧上，而非答案本身。

（2）学员演练，培训师观察并详细记录。实训的目标是帮助学员提高技能，既要记录其优点，也要诊断需要提高的具体问题，培训师可以将评议意见集中在展示和说服的技巧上面，简明扼要地评议个人的举止风度（10 分钟以内）。

（3）培训师给予及时的具体反馈。培训师和其他专业律师需要对学员的表现及时进行评议，并让其得到反馈信息，使学员能够知晓自己训练达成的标准，以修正错误，再次训练以提高水平。

（4）重播录像。学员一边观看自己的表现，一边听评议意见。培训师在学员观看录像后重新拟定问题，应当同现场评议相区别。

（五）独秀者可选择的实训案例

案例 1：商某（16 岁）因抢劫罪被公安机关抓获，在侦查期间，商某提出委托律师的请求，并且要求与律师会见。侦查人员答复说，公诉案件的犯罪嫌疑人只有在案件移送审查起诉之日起才能委托辩护人，侦查阶段不能委托律师。此案经公安机关侦查终结后，移送人民检察院审查起诉。人民检察院在收到移送审查起诉案件材料后的第 6 天，告知商某有权委托辩护人。商某说自己是未成年人，根据法律规定，应当由国家为他提供律师，因此要求人民检察院为他指定一名律师，人民检察院拒绝了商某的这一要求。后市人民检察院向市中级人民法院提起公诉。市人民法院在开庭前10天将起诉书副本送达商某，发现他还没有委托辩护人，于是指定该市一名承担法律援助义务的律师董某为商某辩护。在法庭开庭审理过程中，商某以董某对案情不熟，纯属应付为由，拒绝董某继续为其辩护。市中级人民法院劝说无效，同意商某在没有律师辩护的情况下接受审判，并作出了一审判决。

学员可以示范回答如下问题：

①商某在侦查阶段是否有权委托律师并与律师会见？侦查人员的说法是否正确？

②人民检察院在审查起诉阶段是否有义务为商某指定辩护人？

③市中级人民法院在审判阶段为商某指定辩护律师，是否正确？

④商某在拒绝人民法院指定的律师为其辩护后，法院在商某没有律师的情况下进行审判是否合法？

案例2：犯罪嫌疑人马某，男，1986年3月6日出生。吕某，男，1983年7月1日出生。二人均待业在家。2002年1月9日，二人因费用问题与网吧老板田某发生激烈争执，二人怀恨在心，伺机报复。当晚23时许，二人带上汽油乘人不备，将汽油洒在网吧的木质大门、窗户上，用打火机点燃。大火导致网吧内6人死亡、17人受伤。

市公安局对此案立案侦查，经检察院批准对二人执行了逮捕。其间，吕某的父亲吕某甲请求会见吕某，并为其聘请律师，被侦查人员以侦查阶段无权委托辩护人为由予以拒绝。案件侦查终结后移送至市人民检察院审查起诉，吕某委托其叔叔吕某乙（某公司职员，中专学历）担任其辩护人，马某表示不委托辩护人。吕某乙经检察院许可，会见了吕某，查阅了本案的所有诉讼材料，并对有关单位和个人进行了必要的调查取证工作。检察院经审查起诉后向市中级人民法院提起公诉。在审理过程中，吕某乙经法院许可又查阅了本案所指控的犯罪事实的材料，会见了被告人吕某。马某仍然不愿委托辩护人，审判人员为其指定承担法律援助义务的律师刘某担任辩护人，但马某拒绝辩护，法院遂准许其自行辩护。经审判，法院依法判决被告人吕某死刑，剥夺政治权利终身，被告人马某死刑，缓期二年执行。

学员可以示范回答如下问题：

①公安局拒绝吕某甲为吕某聘请律师的要求是否合法，为什么？

②检察院同意吕某甲调查取证的做法是否正确，为什么？

③如果马某接受了刘律师为其辩护，刘律师在此阶段可以开展哪些工作？

案例 3：2010 年 8 月 21 日，某学校财务科保险柜内人民币 50000 元现金被盗。学校临时工王某嫌疑最大，王某被逮捕。经公安机关侦查终结，移送人民检察院审查起诉。王某委托了辩护律师张某。张律师到看守所会见了王某，王某称自己没有盗窃，是无法忍受办案人员的毒打，违心地承认了盗窃，希望律师为自己申冤。张某到检察院阅卷发现：①被盗窃钞票中有 300 张钞票是连号钞票。被盗前，这 300 张钞票中还有 50 张从不同的钞票扎（每扎 100 张）中被零星抽取支付。②保险柜没有任何损伤和撬痕，只是在其右侧中部发现一枚完整指纹。经鉴定，该指纹与犯罪嫌疑人王某左手食指指纹相同。③王某曾犯盗窃被判刑 3 年，半年前刚刚释放。④王某在该单位任临时工，发案前两天曾去财务科领工资，并在保险柜前抽过香烟。⑤从王某去百货公司买布支付的钱中，发现 3 张票面百元的连号，在失盗的 300 张钞票的连号区间内。⑥刘某、何某等人一致证明，王某在案发那天到单位里看过露天电影。⑦王某的讯问笔录：第一次讯问笔录拒不承认。第二次讯问笔录中承认盗窃。

学员可以示范回答如下问题：

①律师接受委托担任辩护人后，从证据角度应该做好哪些工作？

②被告人称遭到刑讯逼供，律师辩护时应怎样用好非法证据排除程序？

③根据上述证据，能否认定王某是盗窃 50000 元现金的犯罪分子？

二、对垒法

（一）概念

对垒法是指两人或两组对练，两人或两组往往是不一样的角色，如一组是辩护人，另一组是公诉人。对垒法可以适用于互动和演练等形式。在实训过程中可以适用对垒法有效培养学员的口头表达能力、辩论能力以及分析、判断能力。

（二）特点

相对于独秀法而言，对垒的实训形式较为复杂。参与对垒的学员需要处理多方关系，在表达自己观点的同时，还要应对来自对方的挑战，同时也要与己方队员进行良好的分工与配合。对垒法的突出特征是双方的交锋，主要考验实训学员的应变能力和对争议问题的组织归纳能力。

（三）要求

（1）为了增强模拟实训的真实对抗性，培训师应当在模拟任务开始时再将各组材料按角色分配给不同的学员，不同角色学员也不能将自己的材料告知对方，避免不同小组之间相互了解材料信息，使实训过程流于形式。另外，培训师应当预测每组的讨论时间，有的小组讨论进行得非常快，有的小组则可能停滞不前。因此，对于分配时间应当经常进行监督和调整，培训师可以准备一些问题来促进讨论的进行，经常穿梭在各小组之间，观察学员是否讨论顺利，监督他们的进程，从而确定分配时间的合理性。

（2）观众在倾听对垒双方观点的同时，一方面要做好准备对双方表现进行点评，同时也要从实质内容的角度，评判哪方对自己形成了更大说服力，如果自身是法官或者裁判者，会选择支持哪一方的观点，以及支持的理由是什么。这有助于辩护律师更好地体验裁判者思维。

（3）有条件可以请职业法官来点评对垒过程中双方的表现。一方面可以根据学员在对垒过程中发言的次数及有效性进行赋分评价，另一方面可以对其提出观点的准确性、创新性以及团队整体表现等进行综合评分。

（4）对垒法中选取案例应注意适当性。选取的案例应当能够使控辩双方保持平衡，不宜选用可以明显判断出当事人有罪或无罪的案例，应当保证案情材料既存在有利于当事人的事实，也存在不利于当事人的事实。建议直接根据某一真实案例及其材料进行改造或者匿名处理。

假设案件材料应当包括但不限于以下内容，并可以根据培训情况进行适当扩充和调整：

①案件说明。即案件分析的基本素材，应当将案件情况以尽可能详细的形式书面提供给学员，并且将其中一些较为关键的细节内容予以特别强调，以便学员熟悉、掌握基本案情，在对垒过程中为其辩护思路、公诉意见提供基础性的见解。

②角色指导材料。该材料用于指导学员在培训过程中所担当的角色及其所处地位、对案件的了解和参与情况、有关辩解及其细节等内容。这些角色材料应当按照培训过程中设计的内容进行有针对性的设定，例如在两组对垒时，将每一个不同的角色指导内容分别发给不同小组，以便不同小组学员所扮演的“公诉人”“辩护人”或其他诉讼参与人角色之间有不同的“故事”，并且不同小组相互之间并不知道其他小组的角色指导内容。

③辅助性物化材料。主要包括在培训过程中为了加强案件的真实性或者用来说明案件的细节、相应角色所陈述内容细节等，所涉及的一些物证、书证等形式的证据，或者其他有关材料。例如证人证言、被告人陈述以及其他材料，但这些材料不应当在事前就发给学员，而是应该在涉及相应的阶段后发放。

（四）对垒法可选择的实训案例

案例 1：被告人李某、李某甲、刘某等人经社保部门通过社会公开招聘的方式进入街道办事处的社区劳动保障站（原系“两保站”）工作，具体负责入户调查申领、发放低保金工作。

2005 年 4 月至 2008 年 11 月期间，被告人李某、李某甲、刘某等人采取以他人名义虚报低保申请材料、虚构低保人信息，骗取低保证后冒领低保金的方式将低保金占为己有；李某、李某甲、刘某等人还利用部分低保人员因转移户口、进入“社保”、超过“低保”标准等原因不符合继续领取低保金的机会采取不向民政部门报停，而是继续造册虚报这部分人员的低保金并冒领的方式将低保金占为己有。在上述期间，李某与他人共谋参与占有低保金共计人民币 126283 元，李某个人实际分得人民币 43494 元；李某甲与他人共谋参与占有低保金共计人民币 278759 元，李某甲个人实际分得人民币 183697 元；刘某与他人共谋参与占有低保金共计人民币 193666 元，刘某个人实际分得人民币 121638 元。

案发后，被告人李某、李某甲、刘某等人已全部退赔赃款。此外，在本案中，被告人李某具有立功情节（检举揭发他人犯罪事实并查证属实），被告人李某甲具有自首情节（在尚未受到讯问、尚未被采取强制措施前主动投案）。检察院以李某、李某甲、刘某等人构成贪污罪向法院提起公诉。

根据上述案情，培训师可组织学员分组讨论回答以下问题：

①假如你是本案被告人李某的辩护人，在刑事辩护中如何分析案情，开

展调查取证？分组讨论后每组指定一名代表回答，并与其他组代表进行分析比较，梳理证据、分析案情。

②针对检方所指控的李某、李某甲、刘某的行为构成贪污罪，每组分别从不同的角度进行辩护，并草拟一份书面辩护意见。

案例2：2012年8月某晚10时许，徐某预谋抢包，尾随被害人白某（女）到一小胡同。白某发现有人尾随，觉得不妙，便将随身携带的挎包扔到路边。徐某将包捡起，取出包内的现金人民币15000余元和价值人民币3000元的手机。白某跑到路口碰到熟人李某（男），李某和白某随即返回，李某欲上前询问，徐某趁李某不备对李某脸部打了一拳，丢下空包逃离现场。

培训师可以将学员分为控辩两方，一方3至4人进行辩论：

①控方：徐某构成抢劫罪

②辩方：徐某构成抢劫罪预备和侵占罪

案例3：郭靖自农村考入武林大学后，与本地的黄蓉情投意合，很快建立了恋爱关系，但均未告知双方家长。大学毕业后，两人都在武林市工作，郭靖觉得时机成熟，就正式上门求婚。黄蓉的父亲黄药师得知郭靖家境贫寒、无车无房后，勒令黄蓉停止与郭靖交往。黄蓉表面上答应了父亲，但私下依然与郭靖交往。某日傍晚，两人相约在蝴蝶河的河堤见面，正在畅谈人生未来之际，恰巧黄药师散步路过此处，见到两人还在约会，勃然大怒，拉起黄蓉的手就让她回家。郭靖上前阻拦解释，两人在互相拉扯中不慎自河堤的高处落水。河水湍急，两人均不识水性，大喊救命，并同时伸手求救。黄蓉见周围空无一人，就迅速跑到路边找到一根竹竿。回到岸边后，黄蓉发现男友和父亲在两个位置同时伸手喊救命，自己只能救助一人，就把竹竿递给了郭靖。在费力将郭靖拉到岸边后，两人准备再救黄药师时，发现其已经被水冲走遇难。

①控方：黄蓉构成故意杀人罪

②辩方：黄蓉不构成犯罪

三、全景法

（一）概念

全景法，顾名思义，是指全面呈现特定场景，所需角色全部到位，各司其职，最典型的形式就是模拟法庭。但是整个培训不一定仅是模拟法庭，也可以组织其他的场景，例如角色扮演、诊所式律师实训教学、仿真实验室等。

全景法对真实情况的还原度最高，需要的角色最多，信息量最大，对学员综合素质的要求也最高。因此，全景法一般适用于实训的后期，此时通过前期的讲授、互动、局部演练等方式，参训学员已经对案件事实以及相关执业技能有了较为全面和深入的了解，经过一段时间的消化吸收后，就可以组织进行大规模的全景演练。可以说，全景演练就好比是经过一段时间训练后的“大阅兵”，是集中展现和检测学员学习成果的一次机会。通过这样的检验，参训学员可进一步反思，通过实训获得的执业技能在执业活动中是否具有实践意义，相比之下自己有何提升，还有哪些问题自己没有理解到位，等等。

当然，组织方也可以在实训的先后不同时期组织多次全景演练，这样有助于学员对比参与实训前后不同的表现，亲身感受实训效果。

（二）特点

1. 实践性

全景演练不同于传统的课堂传授方法，而是通过设置一定情景仿真出复杂情况，引导学员运用知识解决问题，真正实现“从实践到理论，再由理论回归实践”的培训要求，使学员在模拟中获得体验和感受。

2. 综合性

全景演练通过设置一定的情景，并使该情景所涵盖的外延具有很大的开放性和包容性，促使学员在分析解决问题时把以前所学知识和技能尽可能多地综合运用于一个具体的问题情景中，从而提高学员分析解决问题的能力。

3. 参与性

在全景演练中，学员自始至终是活动的主体，培训师只起组织和指导的作用，全过程的参与促使学员充分调动他们各种能力进行观察、分析、探讨和交流。

4. 实效性

运用全景演练教学手段，形象直观，环境与过程逼真，有利于实践能力开发。同时利用模拟背景，可有效解决某些理论原理难以形象化讲授、某些课题知识点难以通过实践加以验证的问题，是解决理论知识与实际工作脱节的有效方法，具有很强的时效性。

（三）全景演练中培训师的角色定位

1. 导演

在整个情景模拟过程中培训师都起着穿针引线的作用。培训师仿佛是一出戏的导演，主导拍戏过程和结果，演员、摄影、灯光等都得配合导演意图。在情景模拟培训中，培训师的导演角色体现在：

（1）模拟之前的角色分配与内容设置。包括给学员说“戏”，帮助学员明确培训目的要求，了解情景模拟演练的程序、规范和操作方法。做好学员的角色辅导工作，根据学员工作性质、年龄结构、个性特征等，精心选择模拟角色的扮演者，指导研究案情，分析角色，设计表演。

（2）模拟之中的节奏掌控与进程推动。培训师在模拟中应掌控节奏、推进过程。当学员出现冷场时应给予及时启发和调动，使每个人都能真正进入角色状态；当学员所扮演的角色离题太远时，要及时调整，控制节奏以获得最佳效果。

（3）模拟之后的点拨与升华。在模拟之后，培训师要对情景模拟的全过程进行总结，对学员在情景模拟中形成的结果作方向性指导，并提出一些更深层次的问题，引导学员课后继续深入思考，从而使情景模拟教学有头有尾，为学员学习划上一个完满的句号。

2. 顾问

当活动陷于困境或学员相互间观点相持不下时，培训师需要向学员适当地补充一些必要的信息，或加以必要的理论指导与启发，发挥“顾问和参考资料库”的作用。培训师需要在平时做有心人，注意收集各方面资料，在开展情景模拟教学的备课时，就相关课题做好充分的材料和信息准备。

3. 催化剂

在情景模拟培训过程中，培训师犹如催化剂，诱导和促进学员的参与和投入。首先，培训师通过设问，帮助和启发学员思考，促进他们从表面问题向纵深思考发展。其次，培训师在学员相互交流沟通的过程中，起到穿针引线的作用，使各种思想相互撞击和融合，既碰撞出思想的火花，又丰富了培训内容。当然，培训师要发挥好催化剂作用很不容易，需要长期积累，悉心揣摩，不断摸索，用心体会，方可水到渠成。

（四）全景法之角色扮演

角色扮演即是要求学员分别扮演当事人、律师、公诉人、法官等刑事诉讼中的不同角色，完成指定任务，感受不同角色主体在刑事诉讼中的心理。为了实现不同的目标，角色扮演根据假设案件情境，设计有会见当事人，在法庭上询问证人，对法官、当事人和检察官进行说服等情景。有时学员在小组内进行角色扮演，有时在大组面前进行。角色扮演可以非常简单和简短，也可以非常精细缜密，将不同的指示传达给扮演不同角色的人。

1. 说服技能练习

说服他人是刑事辩护的核心内容，律师进行刑事辩护的本质就是说服技能的运用，即运用证据事实和法律理由说服法官接受辩护意见的说服技能。整个刑事诉讼过程，其实都是围绕着庭审辩护时的说服环节而展开，都是在为说服而作准备。

要在法庭上说服他人，首先要有理有据，不可空口无凭，这就要求说服者在面谈时抓住重要证据；其次针对不同的说服对象采用不同的说服技巧，投其所好、予其所需，这就要求针对不同倾向的法官采取相应的策略；最后，作为一种说话的技巧，说服者要晓之以理、动之以情，注意语调和表情，这就要求说服者注重辩护的仪态和风格。

为锻炼学员的说服技能，可以开展扮演律师说服委托人的小练习，即将学员分为两人一组，一位扮演当事人，另一位扮演律师，两人进行面谈。这一培训的主要目的有：（1）练习律师同委托人之间的面谈技能，以及说服他人的技能；（2）学员之间相互介绍和熟悉，建立合作关系；（3）初步认识角色扮演的练习方式；（4）通过角色互换，感受委托人的真实需求；（5）概括刑事辩护律师应当具有的特点，为培训找到目标。

案例：委托人之兄涉嫌贩卖毒品罪，经某中级人民法院一审判处死刑，现即将进入二审程序。委托人认为一审判决量刑过重，其兄在该犯罪活动中仅为“马仔”，毒资来源另有其人，其上线也未查清。

试按照本案基本案情为委托人提供法律咨询，并说服委托人接受学员担任辩护律师。

（1）培训师进行说服技能示范。由其中一名培训师向全体学员介绍和推荐另一名培训师，说服大家接受其为他们的辩护律师。时间约为1至2分钟。

（2）将学员分为两组，按照座位顺序分别以1号、2号重复给各位学员编号（即1号、2号、1号、2号。以此类推）；接着相邻的每一个编号为“1”的学员和每一个编号为“2”的学员组成一个角色扮演小组，相互之间进行访谈。

（3）由1号学员扮演律师，2号学员与其面谈。在会见过程中，2号学员通过提问等方式，了解1号所扮演的律师的职业背景、执业能力、经办的案件等信息，2号学员应当特别注意搜集能够说服别人聘请该律师的依据，找到自己所认为的这名律师适合成为刑事辩护律师的具体信息、特点。这一会见过程设定时间为5分钟。1号学员需要通过短时间的会见，向扮演潜在委托人的2号推荐自己，介绍自己所拥有的适合成为该案辩护律师的特点，并说服2号潜在委托人聘用自己。

（4）由2号向所有学员介绍自己所会见的律师（即1号扮演者），说服大家聘用1号学员作为他们的辩护律师。这一过程设定为3分钟。要求2号能够以最简明扼要的方式介绍1号学员的特点和优点，并将所有学员假想为未来的委托人，试图说服所有的学员接受并聘请扮演律师的1号。

（5）角色互换，再进行一轮练习。现在由2号扮演律师，由1号扮演委托人，与2号面谈。但是这次要求2号同相邻的另外一个1号面谈，而不是刚刚与其面谈的那个1号。这样做的目的是使学员之间能够更为广泛地接触。同时使每一个学员都扮演一次委托人，使每一个学员都能够体验、了解委托人的心理。同样，此轮环节的1号在与2号面谈后，需要说服大家聘用2号作为辩护律师。

（6）组织讨论：刑事辩护律师应当具备怎么样的特点？

2. 为获取案情信息再次会见当事人练习

再次会见当事人与初次会见不同。再次会见当事人的主要作用是：（1）了解更多支持案情构造的信息；（2）要求当事人对不利案情构造的事实进行解释和说明；（3）了解更多的案情细节信息，并对收集到的信息和证据予以核实；（4）要求当事人提供更多有利辩护的案情线索；（5）通过再次会见当事人，根据现有证据对原来构造的案情进行巩固，或者修正，或者重新构造一个更为合理的案情。

这一培训的主要目的是训练学员面谈取证的技能技巧。

练习方法：

（1）各小组分组进行练习，由一名学员扮演当事人，小组内其他学员对其进行询问。

（2）根据“初步构造案情练习”中该小组选定的案情构造，要求当事人解释其中的不利证据，提供新的支持案情构造的信息和线索。

（3）根据当事人提供的新信息，小组讨论是保留初次构造的案情，还是进行修正，或者重构。

（4）向大组汇报再次会见当事人后决定的案情构造，并报告从当事人处得到的有利于辩护的新信息，以及今后的辩护策略。

由培训师进行演示需要注意的有关技巧：①在会见开始时，使用一般性的、宽泛的问题，以便从当事人处获取最多的信息。然后针对某一个特定的细节专门提问，并且核实学员是否充分理解当事人的陈述；②鼓励那些不大情愿的当事人说话；③通过不同的方式询问一些重要的问题，以便对这一重要事实作更为全面的了解；④按时间顺序进行询问，但是不要期待当事人能够按照时间顺序提供信息；⑤在会见结束之际，使用总结性问题以确保不会遗漏那些可能改变辩护策略的细节，核实当事人对以往陈述有所改变的情节。例如“是否还有其他人”“是否是你说的那样”“是否还有补充”，等等。

（五）全景法之仿真模拟法庭

模拟法庭教学是一种创立较早的法学教学方法，最早产生于14世纪英国著名的四大律师学院：林肯学院、格雷学院、内殿学院和中殿学院。当时通过组织模拟法庭的方式来决定哪些学徒可以成为英国律师协会的正式成员，由此获得出席正规法庭辩护的资格。模拟法庭是以法律基础理论课教学为依托，以学法、用法、普法为宗旨，以提高法律素质为目的，由法律专业学员按照程序法的规定自编、自演的仿真法庭。模拟法庭是一种新型的教学模式，它为学员提供一种真实、系统和全面的法律训练，使填鸭式、无生气的法学教育模式变成能动式、生动活泼的模式。在模拟法庭教学活动中，学员分别扮演庭审中各种不同角色，如法官、检察官、被告、原告和证人等。通过对案件的模拟审理，能够增强学员对司法角色的认知，熟悉法庭审理的程序，提高实践操作的能力，培养忠于事实与法律的品质，使学员感受到真正法庭的气氛。

模拟法庭对学员能力的培养主要体现在以下几个方面：模拟法庭可以为学员在课堂上创造一个实景环境，帮助学员体会法庭庄严的氛围以及法庭中控辩双方针锋相对的对抗，可以进一步增强学员的庭审应变能力，提升学员对于案件事实的认知能力，养成学员对于法律规范的理解能力，强化学员对于法律规范的检索能力，优化学员对于法律观点的表达能力，以及练就学员对于团队合作的协调能力。有学者认为，模拟法庭教学的目标，一是培养学员运用实体法分析案件的能力；二是培养学员的程序意识和程序操作能力；三是培养证据意识和证据运用能力；四是培养学员庭审语言表达能力；五是培养学员法律文书写作能力；六是培育学员法律职业伦理。

由于每一门综合实训模块就是一门专门的实训课，因此，为了搞好仿真模拟法庭，应做好以下工作：

（1）购买必备实训设备。为了使模拟法庭的实训活动具有较高的质量，还应购买一些必备的实训设备，其中，最基本的是法官袍及其服饰、检察官服及其服饰、律师袍及其服饰。为了更好地提高模拟法庭的实训质量，学校还应购进一定的摄像设备。将每一次仿真模拟法庭的实训过程拍摄下来，当模拟法庭实训结束后，让培训师重放这些录像并指出实训过程中的错误，防止学员重犯。

（2）选取合适实训案例。有些观点认为模拟法庭主要是为了帮助学员掌握程序法，因此，案例选择应明确、简单。也有观点认为，实践中就应培养学员在尊重事实的基础上敢于质疑，敢于创新运用法律的思维方式，选择的案例应有一定的争议性、可辩性。选择适当的案例往往对教学起着事半功倍的效果，可以通过与人民检察院、人民法院等培训基地建立常态化联系，通过在实务部门的联络员定期搜集最新的典型案例，再由专业的法律专业培训师梳理案例中的相关法律问题进行案例库的编撰。

（3）做好角色安排工作。培训师应做好角色安排工作，以一个30人左右的班级为例，可将其分三个小组，每个小组组建一个模拟法庭，每个模拟法庭的具体角色由培训师指定，以便于下一次模拟法庭角色的轮换。培训师将基本案情资料发给学员，要求检索有关程序法和实体法方面的法律依据，引导学员进行分组讨论，根据具体实训案例分组的角色开展预演练，让学员在设定情境的分角色扮演中掌握处理相关法律问题的技巧。

（4）组成模拟法庭评委。评委一般由法官、律师和行业主管部门人员等专家构成，还可以邀请来自不同领域的评委。评委们将结合自身专业知识、经验和习惯，有针对性地向学员发问，帮助学员从不同角度了解案件，使学员在有限条件下，无限地接近案件的真实世界。

（5）设立科学的实训成绩评价体系。模拟法庭的实训成绩评定应根据模拟角色来评定，不同角色的评定标准是不同的。学员的表现是一种主观性很强的活动，这很难用量化的方式确定其成绩的好坏或差异。对于模拟法官、检察官和律师的学员而言，其实训成绩主要从其法律职业能力角度加以评测：如对与案件相关的实体法知识掌握的情况；对诉讼程序、证据运用等诉讼知识是否掌握；其他相关知识是否具备；口头表达能力、辩论能力等职业能力是否有提升。对于模拟法官的学员，还要考虑其驾驭法庭的能力。至于模拟其他诉讼参与人和其他参加人（例如，被告人、被害人、证人、鉴定人和法警等角色）的学员而言，应根据其模拟角色的职责及实际表现来评定成绩。

从实训阶段、材料要求角度看，在评定学员仿真模拟法庭实训成绩时，应考虑四方面的内容：其一，在仿真模拟法庭开庭前，培训师布置的开庭前准备工作，学员是否已认真完成；其二，在仿真模拟法庭开庭中，各个模拟角色的具体表现；其三，仿真模拟法庭开庭结束后，各角色提交的法律文书或工作提纲（计划）。如合议庭三人应提交审判提纲、终审报告、判决书（每人负责提交其中一个），公诉人（一般两人）应提交公诉词和出庭公诉计划（提纲），律师应提交辩护词等；其四，综合实训课结束后，每个学员所提交的实训总结报告。培训师在综合前述内容后，即可给学员评定出最后的实训成绩。

（六）全景法之诊所式律师实训教学

1. 简介

诊所式法律教育，是由有法律实务经验的培训师指导学员办理真实的案件，在法律实践中传授法律知识和律师执业技巧，使学员充满激情地学习法律，掌握一般性的律师实务，特别是接待、咨询、代书、会见、调查、谈判、调解、辩论、庭审和非诉讼法律服务的技巧，培养学员经验式学习的能力以及凭借经验进行反思的能力。诊所式律师实训教学的独特之处体现在以下几个方面：首先，它把学员分成小组，以小组学习的方法培养团队合作精神；其次，法律诊所指导培训师针对学员学习中存在的个别性问题，通过向该学员提供个别指导来传授职业经验；再次，它强调对学习效果的评价和反馈，让学员从评价反馈自身代理案件经历中学习；最后，它关注法律的实际运作效果，强调法科生要在变化的环境和条件下思考法律的实际作用。

2. 价值

诊所式律师实训教学方法的价值主要体现在以下几个方面：第一，能够激发学员的学习激情。在诊所式律师实训中，培训师将学员与客户、律师业、提供公共服务联系起来，使学员渴望步入法律的积极动机得以成真，从而极大地激发学员对学习法律的激情。第二，能够激发学员的主体意识。在诊所式律师实训中培训师处于幕后，只为学员解疑答惑和适时评判。学员在前台是主体、是中心、是案件的实际承办人，他们要对当事人负责，成功了他们就会有成就感，失败了就会从中吸取教训。第三，能够激发学员的创新意识。由于诊所的案件多为正在发生的真实案件，尚无结果，且还有具有许多不可预见的因素。学员的目标不再是寻求所谓的标准答案，不必去揣摩培训师的心思，而是如何最大限度地为当事人谋取合法权益。为了实现工作目标，学员必须千方百计地去开拓思路、寻找法律依据和探索工作技巧。这种在实践中不断产生的创新意识和创新能力将是学员打开所有疑难问题的钥匙。第四，能够培养学员的职业责任意识。法律诊所中学员承接的是真实的案件，培训师无法像传统教学那样根据自己的教学目的去选择和过滤案件，去掩盖社会的矛盾和冲突，只能帮助学员在实践中亲身体验正义和感受法律的力量，进而思考法律职业作为一个整体在社会发展整体中的作用，思考法律职业的价值。第五，强化了学员的自学能力。诊所式律师实训教学提供了一种自由教育的机会，提供了一种能使培训师与学员共同发展并进行有意识的自我反思的机会，结果是学员们转变成了自学者，学会了如何从每一次经历中来建立、形成、改变和修正自己的工作方法和技巧。培训师成为了积极反馈和自我评价的推动转变的教育者。

3. 诊所式律师实训教学的教学模式

一是实验室模式。设置模拟法院、模拟检察院、模拟公安局、模拟律所和模拟监狱等作为诊所实验室，让参训学员分别在不同的时段、不同的实验室模拟不同的角色，承担不同的职责，完成规定的实训科目。该模式能够让学员严格按照教学计划、教学目标，循序渐进地完成每一个阶段的实训科目。学员们在实验室的系统实践中学会如何准备、如何应对具体案件，不仅让学员掌握律师工作技巧，而且让学员成为成熟的学习者。

二是基地实训模式。可以选择部分法院、检察院、公安局和律所等作为法学实训基地，按教学计划，分期分批将学员带入实习基地，从事或协助从事法官、检察官、警察及律师业务。在基地特聘实践导师与诊所式培训师的共同指导下观摩、学习，尝试进行一些法律许可范围内的法律从业活动。该模式将学员置于完全真实的社会化执业背景，让学员面对原生态的、未经任何选择与修饰的司法场景。同时，从事一些司法辅助活动与法律服务活动，也有利于培养学员的实战技巧和直面社会、适应社会的技能。

三是课堂情景模拟模式。培训师选择真实的司法案例，采用课堂教学形式，分阶段分角色让学员模拟接待、咨询、调查、会见、谈判、调解、拍卖、招标投标、仲裁和庭审等。学员通过角色去熟悉理解法律教程、法律规定（实体的和程序的），体验不同角色的心态寻求解决实际问题的方法，并在情景模拟活动中熟悉法律程序、掌握律师工作技巧。该模式简便易行，培训师可以完全按照教学计划、教学进程，选择理想的案例，按照既定的步骤完成教学任务。

案例：犯罪嫌疑人孙某，于2018年12月23日20时45分许因夏某（已另案处理）危险变道发生矛盾。孙某为斗气泄愤，在该地交通主干道先后实施危险变道、别车逼停、在路段中间与他车追逐以及殴打正在操控车辆的驾驶员等行为，后又超速左转驶离。因孙某行为致使夏某车辆失控撞击到姜某车辆，后又冲破马路护栏冲上人行道，撞毁李某停放该处的电动自行车以及不明车主的自行车等。夏某报警，孙某在现场等待民警到场处理。

2019年3月6日，被告人孙某接民警电话通知到公安机关投案，对上述犯罪事实予以供认，表示认罪认罚。在审查起诉阶段与检察机关达成量刑协商，人民检察院以危险驾驶罪对孙某提起公诉。在审理期间，孙某向法院交纳人民币10000元用作赔偿。

但是在审判阶段人民法院认为，被告人孙某在认为遭到他人别车的情况下，为斗气泄愤，在车流、人流密集的交通主干道路上，置不特定多数人的生命、健康及财产安全于不顾，驾驶机动车先后实施不仅对双方车辆造成危险，亦危及其他正常行驶的车辆等不特定多数人的安全的行为，符合以危险方法危害公共安全罪的构成要件，应以该罪名作出裁判。

请结合该案例分别模拟接待咨询环节、量刑协商环节以及庭审环节，掌握律师在上述各个阶段的工作技巧。

（七）全景法之仿真实验室

法学虚拟仿真实验室是指，学员在培训师的指导下在校内所进行的验证法律科学理论或对学员进行法律职业技能应用训练的教学活动。法学虚拟仿真模拟实验室通过发掘具有典型性的法律案例、设计符合真实场景的诉讼环境、构建还原司法实践的科学技术手段等方式，将各类实验室数据导入计算机系统，形成可视化程度高、学员参与性强的模拟案例和流程。

仿真模拟实验室的优势主要体现在以下几个方面：其一，仿真实验室借助信息技术等虚拟仿真三维建模与交互技术手段，对律师事务所、法庭等场景进行了高度再现，并配以动画模拟，加强了学员的沉浸式体验，增强了角色代入感。其二，法学仿真实验室可以提供刑事案件审前程序中，从立案到侦查等环节的相关事务训练场所。基于司法实践中的真实案例，通过真实的场景，学员可选择辩护律师、检察官和法官三种身份，从不同角度参与演练。其三，仿真实验室借助计算机和互联网，信息传递能够即时化、紧密化，实现诉讼流程的全面可视化。仿真实验室可以全程整合提炼法律流程，从辩护律师接受当事人委托，办理委托代理手续开始，到判决书的制作和送达，将整个诉讼流程分成若干节点，通过交互式控制实现庭审信息的即时传输。在此过程中，各个角色都可以及时收到对方的信息反馈，每个角色都可以清晰看到自己和其他角色在每个节点所完成的诉讼行为，并及时制定恰当的辩护方式和策略。另外，法学仿真实验室全面突破了时空限制，学员不再受制于时间和空间，即使分散于各地也可以借助该系统进行模拟法庭操练。

CHAPTER 6

第六章

实训提升：点评反馈与知识拓展

对刑事辩护实训进行点评反馈和知识拓展最重要的目的不是证明，也不是评价孰优孰劣，而是进一步提升和改进。实训是手段，不是目的。点评反馈和知识拓展是上承实训，下启复盘，承上启下，通过发现问题、呈现问题、讨论问题、分析问题、解决问题的方式，对学员进行引导、点拨、知识扩展、强制自主反思和总结，这才是实训的点睛之笔。

第一节 点评反馈的规则与方法

从规范意义上审视，点评反馈是进行法学研究的手段之一，是在分析客观现象、揭示事物内在规律的过程中使用的工具和手段。点评反馈旨在进行刑事辩护实训后，学员能够在培训师的引导下纠正已然之错，预防未然之错，该环节在实训中具有重要功能。

一、点评反馈的规则

在我们的刑事辩护实训中，既要结合实训过程中产生的问题“向下挖掘”，结合基本知识与底层逻辑进行具体分析；又要“向上探究”，提高与实务的衔接程度，做到有效且有用。根据我们的培训实践可以发现，点评反馈具有互动性，其内容包括培训师对学员的点评、学员的自我点评、学员之间的点评、学员对培训师的点评，以上内容均应遵循以下四大规则：

（一）典型性规则

点评教学应当贯彻典型性规则，即突出重点，典型问题典型分析，也就是我们通常所说“抓牛要抓牛鼻子，要突出问题的主要矛盾和矛盾的主要方面”。这样才能根据全体学员的整体状况，对症下药，高效解决问题，以提高学员的弱项能力，实现实训乃至培训的目的。如果纠结于非典型性的问题，就会无端空耗大量的时间精力，但是收获却寥寥无几，甚至会模糊主题，使得刑事辩护实训的最终目的不能达成。

示例：和客户洽谈委托事宜（两组演示）

第一组：郝某（客户）与接待律师曹律师、王律师

基本情况：郝某的女儿为他人办事，收了钱但事情没有办成，被他人举报诈骗。郝某的女儿已经被刑事拘留。郝某到律师事务所找律师咨询并有委托意向。曹律师、王律师接待了郝某。（以下为双方对话的简要摘录）

郝某：简要介绍案情（略），请律师们帮我分析看看怎么办。

曹律师：①对方主动找你女儿，而不是你女儿找的对方；②对方主动打钱给你女儿，可能不成立诈骗罪；③可能他人因为您女儿是某管理局的工作人员，认识领导，所以主动找的您女儿；④可能会构成不当得利。

郝某：不当得利，我不太明白这是什么意思，可以麻烦您给我解释一下吗？

曹律师：了解不当得利这个概念对于你这个案子没有意义，这是民法上的概念，对你女儿的案子没有帮助。这个案件你女儿还可以考虑自首。

郝某：那能麻烦你解释下什么叫自首吗？自首了会有什么法律后果啊？

曹律师：自首就是犯罪嫌疑人自动到案，如实交代犯罪事实，争取宽大处理。

郝某：那不就是承认有罪了吗？我女儿没罪啊咋能承认？

曹律师：自首是法定量刑情节，可以冲减刑期。

郝某：所以我女儿到底有罪没罪？没罪的话为啥要承认自己犯罪啊？承认了那不是没罪都成有罪了吗？要是有罪的话自首到底能减轻多少刑罚啊？

曹律师：你先去办理委托手续，办完委托后，我看完案卷，再说这个问题。

郝某：只要能把我女儿救出来，我砸锅卖铁都行。

曹律师：我现在还没看卷，不了解具体的案件事实，所以我还不能给您承诺。得拿到相关案卷材料才能做具体判断。

郝某：那我把起诉书给你拿来？

曹律师：不用，我看到案卷再说。

王律师全程未说话。

第二组：王1和王2（均为女）姐妹俩因为王2的儿子涉嫌犯罪进入到审查起诉阶段，她们来律师事务所准备聘请律师。朱律师和石律师接待了她们。（下为实训的简要记录）

朱律师：昨天秘书跟我说，你们有意向委托我们，非常感谢您信任我们。我们的石律师有水平、有经验，也有相当多的成功案例，还是女律师，法庭会更采纳她的意见，非常适合处理你们这个案子，效果一定会非常不错。

王1：我们这个案子不大，我侄子的事很小，好处理。能保证你们的意见一定被采纳吗？是否一定判轻？

朱律师：我们会尽力而为。

石律师：我们所提供的法律服务非常好，肯定是物有所值的。

王1：律师有社会责任，打赢了这个案子，对你们律所、律师生涯肯定有好处。请帮帮我们。

朱律师：我们是有社会责任，但办案也有成本。案件有可能成功，也可能不成功。你们现在是委托辩护，我们会根据证据、事实和法律进行有效辩护。如果你们有迟疑，还可以去司法局请法律援助律师，这个是不收费的，法律援助是指由政府设立的法律援助机构组织的提供法律援助服务的律师，为经济困难的或特殊案件的人给予无偿法律服务的一项法律保障制度。法律援助律师是一个律师职位，最大的特点就是它的无偿性。可惜你们这个案子不符合强制指派辩护的要求，不然国家肯定会给你们强制指派一个辩护律师来维护你们的合法权益。

王1：你们这俩律师怎么一直把我们往外推啊？是不是委托了律师，就可以保住命了。

石律师：请你们相信我们的专业和投入，但我们确实无法对结果做出确定的承诺。我们团队的工作投入、时间精力投入很多，具有处理类似案件的经验和成功案例。

根据刑事辩护实务培训的总要求，尽管两组演练当事人因为是律师扮演的，会刻意复杂化案情并稍稍刁难下学员，目的在于让学员在困难模式下历练，这自然增加了接待律师的洽谈难度，但两组接待律师的做法均有可圈可点之处，然而综合两组的实际演练情况来看，依然具有以下的典型性问题：

（1）接待律师间的配合不默契。第一组的王律师全程未发言，可以说两位接待律师没有配合。两个人接待律师同样是一个团队，只有配合起来，也就是所谓的“一唱一和”，才能更好地接待当事人，让当事人具体了解律所的服务，从而达成委托行为。再比如接待律师明显对当事人的耐心不足，且体现的专业度不够，仅向当事人表示了法律服务的专业性，并没有体现法律服务的温度，这对于与当事人达成委托关系是极其不利的。在接待当事人进行洽谈的过程中，需要展现律所与律师的实力，并且一定要站在当事人的角度去设身处地地考虑，想当事人之所想，急当事人之所急，从当事人的角度思考问题，才能提供最适合当事人的方案，不仅要强调法律服务的专业性，更要体现我们提供的法律服务的温度。

第二组两名接待律师之间有一定的配合，但配合的时机以及“帮腔”的程度还需要再提高。比如朱律师将石律师介绍给两位当事人时，石律师可以把话接过来，简要介绍下自己，讲讲自己过往的履历，以及是否有承接类似案件的经验，充分展示自己的能力，并初步谈谈这个案子，结合当事人的角度以及想法来介绍自己，这可以大大提高达成委托协议的概率。但是在当事人提出的承诺结果问题上，两名律师明显默契度不够，对于团队的实际成本以及最低收费标准并没有达成共识，这会导致内部分歧。同时，给当事人提供法律服务的方案以及具体情况之间具有一定的缝隙，显得这两位律师并没有什么配合，且对于团队的了解不足，会使当事人的信心有所下降。

（2）在收集客户的关注点、客户与律师的分歧点等方面倾听不够。第一组中，客户关注的是律师“能不能”？他的情绪是紧张、急迫的，想要知道自己的问题能否被专业地解决，而不是律师如何通过细致的法律知识来解决，换言之，他并不关注“专业的法律知识”、律师究竟该采取何种方式方法来解决他的问题，他仅关注事情的结果，也就是这件事还有没有“救”。此时应当先给当事人吃下一颗定心丸，给他一个专业的、积极的态度以稳定他的情绪，从而更好地进行洽谈，提供法律服务。但是曹律师急于展示其专业程度，给当事人说了不当得利、自首等专业名词，却不能深入浅出地让客户了解自己的案件与该专业名词有何关联，也不能让当事人明白这些专业名词究竟是什么含义，无端增加了当事人的情绪焦虑，让客户反而产生了更多的新问题。其实在此种情况下更应该倾听客户的问题，站在客户的角度去谈谈事实情况，缓解其情绪并拿出专业的法律方案，最大程度地维护客户的合法权益。

第二组中，客户的关注点一上来就极为清楚，就是客户既要便宜的法律服务费用，又要优质且结果可靠的法律服务。而且双方心理差距过大，不存在协商一致的“可能”。矛盾点既明确又极好预判。此时，律师应该根据自身对客户的定位，为客户提供合适的、符合其心理预期的法律服务方案，如果发现确实没有办法谈拢，就应当及早结束洽谈，因为“谈无可谈”。通过仔细“倾听”，就可以听出客户的实际诉求以及内心的预期究竟是什么，与律所以及律师的实际情况相对比进行考虑，避免无用功。

（3）没有体现出律师的价值。其实每次洽谈就是谈律师价值以及可以提供的法律服务的价值所在，比如律所、自己、其他律师做过的案件情况等，看能否契合客户的关注点。要充分展示自己的能力，既包括律所的荣誉与成就，也包括律师个人的学历、具体能力、擅长方向等方面，并且给当事人以明确的信号，告诉当事人我们律所以及我们的律师是绝对可以胜任这个案件的，并且要适度体现自己的法律专业性，体现自己所提供的法律服务是重要且不可替代的。

（二）启发性规则

点评反馈的启发性规则源自“启发”本意，以“启迪思维、开导表达、举一反三”为要义，与“注入式、灌输式、填鸭式”点评相区别，强调实训中的启发因素，以学员为主体而非以培训师为主体，充分调动学员的积极性和主动性，由培训师作为把握刑事辩护实训过程大主线的“定海神针”，引导学员积极思维、正确分析和解决问题 ，学会以简驭繁、举一反三，实现知识学习与能力发展相结合，提高理论联系实际的能力。

我们曾就发问组织了三组实训演示，其间控辩双方“反对”频发，对抗激烈，法官制止正在进行的发问，提示换一种问法的情况也时有发生。有的反对有道理、有法律依据，但是有的却很勉强，甚至是为了反对而反对。点评培训师发现之所以出现上述情况，是因为学员没有把握正确的发问规则，没有掌握发问方法，没有区分开放式发问和诱导性发问，没有熟悉相关法律规定以及法律对发问的禁止规定。更进一步来说，是没有明确发问的目的，没有深刻理解发问和辩护观点之间的逻辑关系，于是造成了发问过程的混乱无序，很大程度上成为为了发问而发问，而非是为了某一个诉讼中的目的而进行一系列完备的发问。于是，点评教学就从“反对”这个启发因素入手，通过反诘、递进发问等方式，引导学员去思考为什么会被反对，反对是否成立，如何不被反对，被反对的发问是否必须，有无更好的替代方式，被反对之后应该如何应对，进而鼓励学员一起思考如何正确发问与发问的禁忌，最终由学员们自行总结出了关于发问的系列规律，以及发问的目的、发问和法庭辩论的逻辑关系。这就是启发性点评规则的具体运用方法。启发规则具体可以分为：因疑启发、因学启发、因时启发、因势启发、激疑启发、激励启发、诱导启发、解惑启发、循序启发、互动启发等。

示例：向被告人、证人发问

在部分案件中，被告人之所以会被怀疑、被指控犯罪，确实是因为一些行为在常人、外人看来是非常可疑的。例如，随随便便借给别人 100 万元而没有任何借条借据、没有约定利息，如果收钱的人将这笔钱用于犯罪了，那么借钱的人就会被怀疑。此时，辩护人应当通过庭审发问，帮助被告人对他的行为进行合理解释。

案件基本事实：在刘某涉嫌制造毒品案中，刘某被控出资100万元订购毒品，是毒资提供者，构成制造毒品罪的共犯。刘某始终辩解称是借款，而不是毒资。但是，非常不利的地方在于，双方没有那么熟，100万元巨资往来，没有借条、没有约定利息，也没有证据证明双方就这笔借款事宜商量过。收钱的一方供认这就是订购毒品的毒资。对于刘某提出系借款的辩解，检察院会对这笔款项的利息、借条等情况进行讯问，最终证明刘某的辩解不符常理，应当是毒资而不是借款。此时，辩护人需要在庭审发问中，帮他解释这个疑点，论证这笔资金完全可能是借款。

律师：这100万元，是借款还是毒资？

刘某：是借款。

律师：借款？有借条吗？有约定利息吗？

刘某：是借款。没有借条，没有利息。

律师：借这么多钱，连借条都没有，也没约定利息，为什么？

刘某：我以前也借过钱给刘某，借了有150多万元，也没有借条，也没有约定利息，因为他只是借来资金周转，过几天就还了，我还是比较信任他的。

律师：你以前也借过钱给他？曾借给他几次？多少钱？

刘某：好几次，加起来估计150多万元。

律师：以前的借款有没有写借条？

刘某：没有。

律师：以前的借款有没有约定利息？

刘某：没有。

律师：你跟刘某关系如何？

刘某：认识好几年，并不常接触，关系还可以。

如此巨额的借款却没有借条、没有约定利息，这是对当事人非常不利的疑点，辩护人需要通过发问，启发当事人让他把这个问题合理解释清楚，从而在查清案件事实的基础上做到最大程度维护当事人的合法权益。

（三）对比性规则

对比性规则是指将具有可比性的、有联系的事与人放在一起比较，具体分析其特征，找出其差别与差距，发现、挖掘其长处或缺陷，让学员在比较中分清优劣、辨别是非、充分地显示矛盾，从而突出被评价事物的本质特征，让被表达的事物更鲜明，让学员的感受更强烈，是加强培训效果的一种刑事辩护实训规则。

示例：向控方证人发问

案件基本事实：一人进入超市抢劫，当时超市里只有一名店员。抢劫者成功逃离了现场，后来警察在离超市一公里之内的地方抓获了犯罪嫌疑人，让店员对犯罪嫌疑人进行了指认，并制作了笔录。在就辩护人向控方证人即店员发问的实训中，由三组学员进行了演示。

(1) 模拟发问

辩护人：那天指认的地点是在一公里以内的地方么？

证人：是的。

辩护人：指认时间是10点多么？

证人：应该是。

辩护人：当时是在一个灰暗的角落么？

证人：我记得不是在灰暗的角落，有路灯。

辩护人：你保证你在笔录中每个问题都认真回答了吗？

证人：是的。

辩护人：那你签字了，你笔录里说很昏暗。

证人：那就是昏暗。

辩护人：你保证你在笔录中每个问题都认真回答了吗？

证人：是的。

辩护人：那你在笔录上签字的时候你有看过内容吗？

证人：看过。

辩护人：在笔录当中你说当时的角落很昏暗，是吗？

证人：经回忆，好像应该是。

辩护人：当时你看到的被指认的人穿一条黑色的裤子，是吗？

证人：是的。

辩护人：还戴着手铐，是吗？

证人：是的。

辩护人：当时还有一个警察站在后面，是吗？

证人：是的。

辩护人：警察问你这个人是不是抢劫的人，是吗？

证人：他问了。

辩护人：在指认过程中，警察是不是指了那个人？

证人：他只是告诉我那里有个人。

（2）其他律师点评

A：你问了灯光昏暗么？这是一个开放性问题，在证人回答之后，就会难以控制接下来的询问。

B：灯光是否昏暗？这并不是一个开放的问题，这是一个封闭性问题和描述性问题，在询问过程当中具有一定的危险性，很容易被公诉方反驳。笔录是否要被询问，这是中美刑事诉讼的区别。应当放到相关审判环节，最好放在辩护意见环节，不要在审判环节的最前面说，很容易问出在法庭上十分危险的问题，将自己陷入不利的局面。最好不要问自己不知道答案的问题，很容易把相应的发问思路打断。此外，如果是诱导性发问的话，可能不会被法官允许。

A与B律师是通过开放、封闭问题的对比进行点评。

C：第一，灯光是否昏暗，是一个事实问题还是一个判断性问题，需要具体判断。但是要不要当场质问证人证言与笔录内容一致，这是值得思考的。我们需要用更确实的证据来证明证人笔录的真实性。第二，在指认环节同样存在一系列问题，证人说当时由于灯光昏暗没有看清楚犯罪嫌疑人面孔，在案例中对于这一事实应该加以确定，属于不能发散发问的问题。

C律师是以事实、判断的对比性进行点评。

D：对于发问能否引用之前的笔录，我认为应该注意“三项规程”中的规定。我看《刑事一审法庭调查规程》中第25条有明确规定，即“证人出庭作证的，其庭前证言一般不再出示、宣读”，不同的地方要作合理解释。

D律师是通过将实训过程和法律规定的对比进行点评。

E：对于描述性词语在实务中尽可能不要用，因为发问描述性词语可能会得到不同的答案。对于笔录中有的描述性词语我们能否询问，这需要我们思考，因为我国法律规定笔录也是有证据效力的，描述性词汇也在一定程度上反映了客观真实，因此我认为是可以用的。因为每个人的主观感受不尽相同，所以发问时提出描述性问题一般是不被允许的。另外解释了自己在发问中提出描述性问题的原因，中国不同于其他国家，笔录是具有证据能力的，其发问的结论在笔录中有迹可循。另外，指认和辨认是如何区分的？

F：问题的焦点在于证人到底有没有看清犯罪嫌疑人。第一点，有无辨认能力——证人身体过敏问题。第二点，环境很昏暗，有些看不清。虽然本组也涉及证人主观判断问题，但是律师的问题在笔录中已经出现过。而本组完全开放，笔录中未曾出现。

G：比较两组发问，切分问题上很细致，律师在发问上功课不足。

F与G两位律师是以两组对比进行点评。

这一示例说明对比的角度很多，可以进行中外对比、分组对比、个别对比、自我对比等，不局限于某一种，从不同角度深入对比，可以更好地拓展思路。

（四）批判性规则

批判性点评需要如下特性和过程：第一，自我反思。基于比较、权衡各种已有观点，找出其漏洞或矛盾，完善自身的思维过程，最终构造出自己的独特看法或答案。第二，质疑。包括观点质疑、前提假设质疑、逻辑质疑和结果质疑，要有怀疑一切的精神，但不能毫无根据地怀疑一切。第三，多维思维与辩证思维。要坚持两点论和重点论的统一、知与行的统一，在对立中寻求统一。批判性点评鼓励质疑，更强调学会质疑，敢于提问、善于提问——能说出相关的、好的、有力的理由。批判性点评，即保持一种批判性思维的取向，以开放、谨慎、质疑、求真的态度进行积极思考，形成自己的理解和判断，但其中有五点应该注意：(1) 在具体语境下讨论问题，避免漫无边际、节外生枝。(2) 真实把握被点评方的意思，不要虚空打靶。(3) 尽可能就事论事，不宜上纲上线。(4) 以商榷代替反驳，更有利于阐明问题，促进互动，让问题越辩越明。(5) 以善意的语言表达批判的内容，禁止恶语中伤。

二、点评反馈的方法

（一）回溯点评法

回溯点评法是引导学员回溯真实的自己（技能和水平），面对真实情况进行点评，即以“复盘”的方式，还原演练事实，关注演练中的各个环节，进行全面评析，从而实现提升学员能力的培训目标。因此该方法又可称为全景记录点评法。

首先，培训师一定要对实训全程进行全程、全景、全面的记录，不仅包括学员说的内容，还要记录是怎么说的、是用什么语调说的、有没有动作语言等，记录最好具有画面感。培训师可以采用“关键词记关键点”的方法，在听看的同时迅速捕捉“评点”，用关键词加以记录。

其次，培训师要全面、全方位、全覆盖地点评，包括学员举止、发言内容、涉及的具体法律规定及其理解、优点和不足等。点评需要有“点”有“评”，“点”包括知识点、法律点、优点、缺点、分歧点、争议点、关注点、重点等；“评”要求全面，点评要求面面俱到，但切忌流水账式的点评，也要求主次分明，重点突出。全面点评是要“全”，但也不能为了“全”而全，要在突出重点问题的情况下尽量求全，实现两点论与重点论的结合。

再次，“记”和“评”应该同步进行。培训师的即时反应才是对学员表现最真实的“想法”，培训师在记录的同时，应当将“评”的观点也记录下来，同步进行。如果培训师只是“记”，记录后再找“点”，那滞后的“点”不一定具有针对性，也缺少灵感。

最后，同步录音录像在回溯点评法中的应用。对演练过程进行同步录音录像，通过播放同步录音录像的方式进行回溯、点评，与记录相比可以最大程度上还原实训的具体过程，具有同步性、直观性、客观性、再现性等不可比拟的优势。但同时，其缺点也很明显。其一，耗时长。等于又重新做了一遍演练，对于培训师与学员的时间消耗都极大。其二，点评不及时。演练一结束，趁热打铁，立即点评，更具有针对性，效果更好。如果在演练结束很久之后才进行点评反馈，由于学员对演练过程以及由此发现的问题和激发的灵感都已逐渐模糊，点评反馈的效果将会大打折扣。基于此，应当结合具体情况适当运用同步录音录像进行回溯点评。

（二）择要点评法

择要点评就是择要而评，“择要”就成为点评的关键，培训师需要选择重点并针对重点进行点评，以实现“定点爆破”、事半功倍的效果。在适用择要点评法时，应注意以下几点：

1. 从客体角度分析，明确何为“要”

何为“要”？一般应结合培训主题、参训主体、实训者的表达特点、该实训专题的目的等进行分析。通常情况下，培训主题不同、目标不同，所谓的“要”也不同。例如，如果培训主题是“会见”，对话沟通的主体是辩护律师和犯罪嫌疑人，同属于一个“战壕”，要强调内部意见的统一，如何站在犯罪嫌疑人的角度最大程度维护他的合法权益，如何有利于促进沟通、建立互信、达成共识就是这种语境下的“要”。如果培训主题是“阅卷”，则主要涉及辩护律师及其团队，那阅卷方法、技巧、工具等就是这种语境下的“要”。如果培训主题是“质证”，它在控辩审三方间进行，那么辩护人如何针对控方的“控”“证”发表精准、充分、有力的表达意见，如何针对不同的证据类型进行质证，如何调动所有证据来为证明目的服务，如何规范地表述质证意见等就是“要”。但需要注意的是，因为点评的对象是学员的实训表现，因此尽管培训主体不同，不同培训专题的侧重点也不同，但学员暴露出的问题和错误，一直属于实训点评中的“要”。

2. 从主体角度分析，培训师如何“择”

不论何种主题的培训，择要时首先要围绕主题来“择”。培训主题是组织培训的目标。凡是与主题紧密相关的就择，与主题关系不紧密的可以不择。如何“择”还涉及演练者，包括演练者的角色、职责、思路，尤其暴露出来的问题性质：是表达的问题，还是理念的问题；是理解不到位的问题，还是法律规定的桎梏；是错误还是瑕疵；是个例还是共性的问题等。一般而言，应当由培训师根据各个具体的实训内容来确定“择要”的内容。

3. 如何择要点评

择要是点评的基础和前提，择好了“要”后，培训师应根据实训情况，结合培训主题，将“要点”按照性质严重紧迫程度对“要点”进行分级，将“要点”根据内容与重要程度进行归类、整合，合并同类项，以“抓住主干，大胆取舍，删繁就简，突出重点”为原则，在内容上择要点拨，在方法上授之以渔，使学员针对类似问题有章可循、触类旁通，以起到“点拨深化”的作用。同时，点评要有针对性，点拨要言简意赅，语言准确，应有多样性、准确性的表达，不宜以“这很关键，这很重要”来强调。点评要富有启发性，培训师可以通过追问以及与学员的深度交流来促进其达成深度思考，通过联系或比较来推进启发学员，从而使实训获得更好的成效。

案例：庄某某集资诈骗案

2014 年 12 月，王某（已另案处理）以投资新能源产品为名成立了新奇公司，王某系法定代理人及实际控制人，被告人庄某某系监事。新奇公司在没有取得政府部门融资行政许可的情况下，以销售原始股权为名，与集资参与人签订“股权认购书”，公开向社会公众非法募集资金。

为扩大新奇公司融资规模，庄某某与王某合谋于 2015 年成立胜田融中心，庄某某系胜田融中心的法定代理人及实际控制人。随后二人又约定，由胜田融中心募集资金作为新奇公司的出资，此时胜田融中心占新奇公司 30%股份，王某本人及其控制的公司持有新奇公司 70%股份。2015 年 3 月，新奇公司授权胜田融中心负责新奇公司股权认购相关事务，庄某某、王某以胜田融中心名义向社会公众公开销售新奇公司原始股份的方式非法募集资金，并承诺 2016 年上市后可以获得丰厚收益。后两人发生矛盾，至 2016 年胜田融中心人去楼空，庄某某逃逸。经审计，庄某某共募集资金 4800 余万元，其中转至王某控制的新奇公司等 4 家公司的账户 3400 余万元，用于支付融资业务员提成、运营开支、投资者本息，以及用于新能源项目，其余资金庄某某拒不交代去向。

检察机关以庄某某涉集资诈骗罪提起指控，庄某某辩护人则认为庄某某没有非法占有的故意，其行为应构成非法吸收公众存款罪。

关于集资诈骗罪，辩论的核心往往集中在对“非法占有目的”的认定问题上，此案例即为典型表现。因此，可以本案为例，以“如何针对‘非法占有目的’指控开展辩护”为主题开展培训，并对学员提出的辩护意见、辩护思路加以择要点评。

（三）换位点评法

换位点评法，是指“如果是我”会怎么做。它有点接近角色承担。其相当于直接告诉学员一种“解法”和“范式”，提供一种解决问题的路径，从成熟的角度为学员提供一种较为完善的解决方式。在适用换位点评法时，培训师可以遵循以下几个步骤：

首先，培训师需要先换位，明晰演练者的思路和目的。培训师要结合学员的思路和目的，设身处地地理解学员是如何处理问题的，为什么这样处理，进而回溯学员行为的本原，探寻学员行为背后所依据的思路、理念、法律依据等，促使培训师再思考、再重构、再完善，实现对症下药。

其次，培训师需要再思考，厘清正确的应对方式或更佳的解决方案，即培训师要确保授的“渔”是正确的方法，或是刑事辩护的更佳方案，否则会“误人子弟”。

最后，再点评，由“以问题为中心”转向“以经验为中心”，培训师将换位点评输出的知识与经验切身传授给学员，使学员将其转化为自身的经验。

换位点评法必须把实训的出发点和归宿纳入视野。如果说回溯点评法、择要点评法是“以问题为中心”，换位点评法则是“以经验为中心”。以质证为主题的培训为例，在换位点评时，培训师可以提供一个质证意见的范式，该范式要求必须包括法律依据、证据存在的问题与结论三个部分，至于何者先、何者后，则可以因案因证而异，关于具体意见可以归入“真实性、合法性、关联性”项下表达。这种范式既能表述清晰，又可以避免被法庭打断，可以作为学员学习演练的样本。

（四）点评反馈需要避免两个误区

1. 只关注形式，不关注培训效果

形式是为内容服务的，若只注重形式却不注重对真实状态的关注与矫正批评，学员就无法获得认知的落差，培训效果肯定不尽如人意。事实上，不解决学员实际存在的问题，再流畅的环节都没有任何意义。一定要从学员学到什么的角度来评价培训的效果，不能搞花架子或假大空。

2. 只关注自己演绎，不关注学员认知状态

培训师应从“原点”中提炼出“问题”“现象”“观点”，提出解决方案和范式，有针对性地对学员进行点评反馈。有效的点评都应当基于实训过程中真实发生的问题，如此才能在更高层次指出学员的问题，并提供“整改”方向，消除学员的盲点与误区。培训师绝不能抛开原点，只关注自己的演绎，不关注学员的认知状态，对学员进行“套路式”点评。不矫正学员错误，不廓清学员执业迷雾的

培训师，不是“和蔼”“呵护”，而是责任的推卸或是自身底蕴的缺失。

在此说明一点，虽然上述规则和方法是针对培训师而言，但学员进行点评时同样适用。

第二节　知识拓展

结合我们从 2017 年到 2021 年的“培训培训者”项目实训，以及我们多次对外培训的经验，我们把知识拓展分为递进的三个层次：一是针对性知识拓展（针对盲点知识的解析），二是需求性知识拓展（针对需求性知识的讲解），三是延伸性知识拓展（针对体系性知识的释明）。

一、针对性知识拓展

针对性知识拓展是根据学员直接暴露出来的知识盲点进行的针对性讲解。在整个实训过程中，“盲点问题”就是对学员来说看不懂、想不通、认识不到位或被忽略的地方，也是学员最严重的、最致命的问题，应该首先解决学员暴露出来的这些问题，再逐步深入去解决其余问题。

（一）开展针对性知识拓展的方法

1. 研判学员，挖掘盲点

研判学员，因材施教是教与学永恒的主题，透过学员的行为表象寻求问题的内在本质，才能找到隐藏在深处的盲点。这些盲点既有指向知识的，也有指向能力以及学员的思想方法、思维逻辑的。因此，强化研判、精准点评反馈，找准知识盲点，对症下药，这是突破盲点、进行盲点知识解析非常重要的一环。

2. 优化课堂设计，有效突破盲点

培训师要积极优化课堂设计，将知识盲点作为课堂学习新的增长点，进而实现盲点的有效突破。培训师可以从以下三个方面着手设计并展开教学尝试。

第一，创设问题背景，暴露学员认知盲点。培训师需要利用自己的知识与经验，积极创设问题背景，从问题入手让学员展开思考，使学员更大程度地、更充分地暴露其认知盲点，为学员真正地提升创造有价值的素材，实现实训效果的最大化。

第二，加强直观操作，突破各个盲点。由于学员的学习能力和认知能力有差异，培训师要基于不同学员的反应，给每个学员提供直观操作的机会，留出足够的时间发现学员的认知盲点，并逐个击破，实现针对性拓展。

第三，新旧知识关联，拓宽认知空间。培训师应当积极将研讨主题的新知与学员已掌握的旧知进行链接，帮助学员构建完整的知识体系，让学员找到知识盲点的原型，实现精准“定位”，进而进行认知的整体构建，使其原有的知识体系“焕然一新”，真正拓宽其认知空间，打开其思维局限。

3. 演示、示范，提供解决问题思路

培训师可以通过演示、示范与解析等方式，为学员真正提供解决问题所需的“知识”和正确的“姿势”。培训师为学员做示范的方式并不局限，可以通过自问自答、学员提问自己作答、实训演示等方式进行，根本目的是让学员融会贯通，真正理解知识，真正解决自己在刑事辩护过程中的问题。

（二）示例

培训师通过设置场景，发现实训中学员暴露出来的问题，通过发问、反问、点评，固定学员的知识盲点。如在此次培训中，培训师提出的排除非法证据线索和证据材料的审查，合议庭能否在庭前会议中进行；合议庭能否在庭前会议中作出启动与否的决定；非法证据排除调查程序可否在庭前会议进行；在庭前会议中排除非法证据与在正式庭审中排除非法证据的具体优劣；辩方拟申请排除非法证据的案件，被告人是否参加庭前会议等。学员们对于上述问题认识不清。

示例：

培训师：你认为辩方拟申请排除非法证据的案件，被告人是否应该参加庭前会议？

学员A：可以参加，也可以不参加。

培训师：庭前会议中，辩方是否需要提供非法取证的线索和证据材料？

学员A：需要。

培训师：如果是申请排除非法口供，是否需要陈述被告人被非法取得口供的相关事实？

学员A：需要。

培训师：辩护人是否了解该事实？

学员 A：不了解。

培训师：那谁了解？

学员 A：被告人。

培训师：那被告人是否应该到场？

学员 A：应该。

培训师：那你原来为什么会对“被告人应否参加”存在困惑？

学员 A：《庭前会议规程》第 3 条第 2 款规定，“根据案件情况，被告人可以参加庭前会议”，这里的规定用词是“可以”而不是“应当”，所以我认为被告人在庭前会议中并不是必须参加。

培训师：那有没有注意到同条款也规定了“被告人申请参加庭前会议或者申请排除非法证据等情形的，人民法院应当通知被告人到场”？

学员 A：注意到了。

培训师：申请排除非法证据，法院应当通知被告人到场。庭前会议中才提出排除非法证据，实践中法院不预先征求律师的意见，有时候会出现被告人不到庭的情况。其他学员，针对这种情况，你们会怎么做呢？

通过类似的方式，培训师们发现、细化了学员的盲点，从实践与理论层面剖析了学员知识盲点产生的根源，并从原理层面将其打通，真正解决学员在刑事辩护实务中的误区，做到直击痛点、事半功倍。

这次实训中，培训师们首先带领学员梳理相关的知识点与制度，并重点解释了庭前会议规程、刑事诉讼法解释关于庭前会议的规定、非法证据排除程序的相关规定。在此基础上，培训师们进一步引导，告知学员庭前会议主要是解决程序问题，而不宜解决实体问题。根据庭审实质化的要求，培训师们给出在实践中辩护律师应该坚持“非法证据排除的相关问题在合议庭全部参与的正式庭审中解决”的建设性答案。在具体实践中，还应考虑不同案件的具体情况不同，结合个案，从实现当事人利益最大化的角度具体酌定相应考量。

二、需求性知识拓展

需求性知识不同于盲点知识，它高于盲点知识，它是因学员盲点知识的暴露，进行的与此相关的知识拓展。比如，有的辩护律师不敢将案卷材料向当事人出示、核对；有的辩护律师认为可以将客观证据向当事人出示，言词证据不可以等。其实，这除了暴露出某些辩护律师在具体条文理解上的盲点知识，表明其还欠缺需求性的知识，比如，最高人民法院、最高人民检察院、公安部、国家安全部、司法部《关于适用认罪认罚从宽制度的指导意见》第29条规定，“证据开示。人民检察院可以针对案件具体情况，探索证据开示制度，保障犯罪嫌疑人的知情权和认罪认罚的真实性及自愿性”。既然检察院作为控方都需要在审查起诉阶段探索证据开示制度，保障当事人的知情权，辩护律师作为当事人的同一立场方，要与检察院形成控辩对抗，将证据向被告人开示、核对，更无不可。这些知识即属于需求性知识，与其对应的拓展即为需求性拓展。

（一）需求性知识拓展的方法

首先，应注重法学理论性知识与实践性知识的融合，选择合适的实践性知识将其内化为法学理论性知识。需求性拓展课程应充分联系司法实践，以司法实践为背景，激发学员的兴趣，并且在实践中体现法学知识；在自主探究中，培养学员的知识和技能，拒绝“纸上谈兵”，要学习真正有用的知识。

其次，应注重显性知识与隐性知识的融合。需求性、拓展性课程因学员发展需要而进行，其成败也取决于学员的理解程度、接受程度、消化程度。在此过程中需要将隐性知识通过教学过程问题化、通过教学活动思维化等方式“显化”，将隐性知识与显性知识相互融合，让学员看到知识背后蕴含的思想，运用这些思想进行再认识、再实践。

最后，应注重结果性知识与过程性知识融合。需求性拓展是建立在对知识的延伸、拓展上，应注重将过程性知识纳入其中，把学习的过程还给学员，让学员不仅可以在实训结束后获得一定的结论性知识，更要充分体悟过程性知识，要从“过程”来把握“需求性拓展”，将结果性知识与过程性知识相融合。

（二）示例

我们在“质证”专题，为了进行需求性知识拓展，培训师选择播放了美剧《权力的游戏》第四季中侏儒首相提利昂被指控杀死国王外甥乔弗里的审判环节。

剧情：提利昂·兰尼斯特是瑟曦·兰尼斯特的弟弟，乔弗里·拜拉席恩是其姐姐瑟曦的大儿子，在乔弗里的父亲国王劳勃·拜拉席恩意外死亡后，继承了铁王座，成为了国王。提利昂作为“国王之手”与瑟曦及其子乔佛里矛盾极大。

提利昂在军营中爱上了妓女雪伊，雪伊答应做他的专属情人。提利昂秘密地将雪伊带回到皇宫中，让雪伊做他的贴身侍女，梦想着和雪伊一起结婚生子。提利昂对于国王外甥乔弗里·拜拉席恩虐待猫、虐待珊莎·史塔克等行为极其不满，且曾经在公开场合和国王外甥发生过冲突，并公开表达了对后者的不满和厌恶。在二者起冲突后，乔弗里在自己与玛格丽·提利尔的"紫色婚礼"上被谋杀。

提利昂被指控弑君，其父亲泰温·兰尼斯特亲自主持了对他的审判，并制造了各种证人和证据，一意要将他置于死地。审判庭上，情报总管瓦里斯、御林铁卫马林、大学士派席尔甚至提利昂的亲姐姐瑟曦出庭作证，认为提利昂有充分动机杀害自己的亲外甥国王乔佛里。更让提利昂崩溃的是，父亲竟然收买了自己的爱人雪伊，来充当最后一名证人。雪伊在众人面前，以提利昂情妇的身份作证，说提利昂为了篡夺王位，讨珊莎的欢心，毒害了国王乔弗里。她还哽咽着叙述了提利昂如何强迫自己做他的情妇，强迫她与之发生关系的过程。

爱人的背叛是对提利昂的最后一击，这彻底击垮了提利昂，当父亲问他是否承认自己谋害了国王时，他回答说："是的，父亲，我有罪。这就是你想要听到的吧？我的罪远远超过谋害国王。我犯的是更可怕的罪——我被生了出来，我活在了世上。我的罪在于生而为侏儒。我的一生都在因此而受到审判。"

播放到此，一名培训师引导学员思考：（1）辩护人看到的案卷材料都可靠吗？（2）证据印证意味着控方证明责任完成了吗？能否排除合理怀疑？（3）面对上述指控，你作为辩护人，根据我国现行的法律规定，将如何质证？然后让学员们分组思考并讨论后形成各组的成果，分组宣讲。在这之后，由另两名培训师分别对于学员的需求性知识进行讲解。

三、延伸性知识拓展

延伸性知识拓展是比前两个层次更深入、更高的知识拓展，它是对体系性知识的释明，强调知识间的内在有机联系、整体衔接，目的在于让学员将知识融会贯通，知其然并知其所以然。不仅要掌握基础性的知识，并要在此基础上掌握需求性知识，并结合相关专题拓展延伸性知识，以构建成体系性的知识框架，让学员内化输出，形成属于自己的大知识网络。

（一）延伸性知识拓展的方法

1. 点面结合，点面兼顾

专题培训具有提升总结、概括精炼、系统化、具体化的功能，对培训过程进行定向和控制的作用，属于面的层面，专题项下的单节培训属于点的层面，而延伸性知识拓展应该点面结合、点面兼顾。不仅要求学员在实训过程中注重单节培训，掌握各个单节的知识点与经验，更要在此基础上总结并升华，实现知识层面的点面结合。

2. 纵横结合，纵横兼顾

延伸性知识拓展既有纵向拓展，又有横向拓展，还有深度拓展。所谓“纵向拓展”，就是让学员在接触一个新的知识点或者是新的实务内容时，通过结合学员已经掌握的概念和方法，延伸讲解新知识，使学员触类旁通，帮助学员解决新问题，形成纵向的知识网络。所谓“横向拓展”，就是指对学员所学的知识和技能的整合与扩展延伸，拓展通过横向知识延伸解析，从而提升学员分析、判断、类推的能力。所谓“深度拓展”，就是指要去了解所学知识的背景，通过深入研究背景，加强我们对新知识点的理解和记忆。

3. 方法为先，注重实践

延伸性知识拓展注重方法与思路的传授，以具体案例为引真正传授刑事辩护实务的思路与方法，给予学员以后独立面对刑事辩护实务的能力，而不是仅学会某一具体案例的解决思路，要以案例为引，注重实操、注重实用。

（二）关于辩护律师独立辩护权问题的讨论

示例：在认罪认罚从宽制度中，律师签字是见证的含义，还是认可认罪认罚具结书的内容，从而不能再做无罪辩护？有不少学员认为，律师不仅仅是见证，还向当事人提供了一定的法律咨询，并就法律问题与量刑建议发表了意见，因此律师应在诉讼程序中承担更多的义务。甚至有学员认为，签字不是随便签的，在民商事合同中，签字就代表认可，认可在法律中是具有重要意义的，同理辩护律师在认罪认罚具结书上签了字，就是认可认罪认罚具结书的具体内容，也即该律师就不能再做无罪辩护。也有学员提出，为了表明律师不同意认罪认罚具结书，律师应该在认罪认罚具结书上加注，具体注明律师认可什么，不认可什么。

这些观点，乍一听似乎有道理，但是如果仔细推敲，会发现这不仅和相关法律规定相悖，而且缺少更深层次体系性知识的支撑，仅是其从生活的角度推测，缺乏专业度。为解决这些困惑，就需要对认罪认罚案件中辩护律师的定位进行延伸性知识拓展，比如，需要拓展律师的职业伦理、律师的忠实义务、辩护律师的独立辩护权、当事人利益最大化原则、律师能否不与当事人沟通而直接发表与当事人意志不一样的辩护意见等内容；再比如，需要拓展检察机关能否在辩护人做无罪辩护时，撤回认罪认罚具结书；以及能否因为辩护人的无罪辩护而否定检方职权性的"具结书"等体系性解释问题。

在我们的实训中，培训师会根据学员暴露出的问题进行相关的知识拓展，进行体系性知识的解释，不仅包括单纯的法条讲解，更包含法条背后立法的深层含义，以及从法理的层面去拓展，让学员可以彻底理解该知识点。针对上述问题，培训师进行了如下答复：

其一，律师做无罪辩护，不仅不违背职业伦理，相反正是职业伦理的体现。律师的职业伦理之一是忠实义务，律师既要维护当事人的合法利益，又要尊重当事人的意愿，在法律的框架内最大程度保障当事人利益的最大化。而无罪辩护相较于罪轻辩护，更有助于实现当事人利益最大化，所以在辩护时可以采取同时进行无罪辩护与罪轻辩护，承担积极的维护利益义务、消极的尊重意志义务与有限的公益义务。

其二，维护被告人的合法权益是其唯一的宗旨。《刑事诉讼法》第 37 条规定："辩护人的责任是根据事实和法律，提出犯罪嫌疑人、被告人无罪、轻罪或者减轻、免除其刑事责任的材料和意见，维护犯罪嫌疑人、被告人的诉讼权利和其他合法权益。"据此，刑事诉讼法明确了辩护律师在刑事案件中的职权和职责。一方面，辩护律师以自己的名义参加刑事诉讼，依法独立行使其诉讼权利，履行诉讼义务，只服从于事实和法律，不受其他机关、团体和个人的干涉。这要求辩护律师要根据事实和法律展开诉讼活动，具备独立的人格和意志，依法行使辩护权。另一方面，辩护律师绝不能为了独立而独立，有效辩护的前提是实体上有利于被告人，程序上符合刑事诉讼法规定，且与当事人有充分的沟通，尽职忠诚勤勉地独立行使职权。辩护人即便在实体上做出有利于当事人的辩护，也需要和当事人进行充分的沟通，不能搞"父权主义"的霸道作风，要在最大限度维护当事人合法权益的基础上与犯罪嫌疑人、被告人进行充分的沟通与协商，做到最大限度地尊重当事人的意愿。从本质上看，辩护律师的辩护行为要基于事实和法律，有利于当事人的合法利益。

其三，认罪认罚的主体是当事人，不是辩护人。从现行法律法规的规定而言，认罪认罚的主体是犯罪嫌疑人、被告人，律师只是见证，签字只是见证犯罪嫌疑人签署认罪认罚具结书时的自愿性与真实性，并不代表律师认可认罪认罚具结书的具体内容，包括案件事实。哪怕律师对具结书连标点符号都不同意，也不影响律师进行签字见证。至于律师给当事人提供法律咨询，乃至提出法律意见，也是为了让当事人清清楚楚认罪，明明白白认罚，仅是为了保障其充分了解认罪认罚从宽程序的具体情况以及后果，保障犯罪嫌疑人、被告人认罪认罚的真实性、自愿性而已，并不因此加诸于辩护人除见证以外的任何义务。

对于有的学员提出，律师在认罪认罚具结书上加注，没有必要。因为律师在犯罪嫌疑人签署认罪认罚具结书的过程中的作用本来就只是见证，保障该签署行为是当事人自愿的，因此律师加注反而是多此一举。这么做反而模糊了法律规定，反而让明确的法律规定产生了不必要的分歧。

其四，要分清法律规定和司法实践，分清应然和实然。法律规定是法律实践的内容、依据和保障，而法律实践是法律规定的来源、基础与发展动力。坚持在司法实践中遵循法律规定，有利于法律规定的贯彻落实与不断改进，树立和维护法律规定的权威性，法律规定作为一种认识，它的科学性在法律实践中受到检验，并在法律实践中不断地调整与完善。作为法律人，我们不能因为司法实践中的实然，而放弃对应然的探索和坚持。

四、知识拓展的禁忌

（一）脱离主题，舍本逐末

刑事辩护实训的全程都必须把握住培训的主题，即通过实训过程来提升学员的刑事辩护实务能力，一切要从学员的角度出发，以学员为主体。在此大前提下，将具体的实训过程分为若干个板块，明确不同板块的教学目标，由培训师在实训过程中充分把握大主线与教学目标，并在其中进行知识拓展与思路拓展，以实践为导向，以需求为导向，结合不同学员的不同情况，切实提升每一个学员的能力。培训师切忌模糊主题与主体，既不要过分由培训提点变成“填鸭式教育”，也不要任由学员“放飞自我”导致主题模糊。

（二）拓展盲目，异化主题

在刑事辩护实训过程中，培训师不仅要解决学员们暴露出的问题，更要从深层次分析学员为什么会产生这样的问题，是由于基础知识的欠缺还是思路与逻辑思维上的缺陷，结合深层原因进行一定程度的拓展，保障学员可以充分地学通知识，做到一通百通。但是切忌过分拓展，过分的发散只会导致主题与主线的混淆，在刑事辩护实训全程中，任何行为都不能脱离大主线而存在，切忌盲目拓展、异化主题。

（三）准备不足，目标脱靶

学员在进行刑事辩护实训之前必须要充分准备，积极发挥其主观能动性，主动了解该主题项下的背景情况、具体知识、相关案例等资料，在实训进行之前做充分的准备，才能最大程度地吸收知识，实现刑事辩护实训的效果最大化。培训师也应当充分查询相关的法律规定，做到及时更新自己的知识库，不讲过时的、错误的知识，并且要结合自己的实务经验，从“过来人”的角度为学员提供足够的经验以及应该注意的误区，寻找充分的案例并且不断打磨，模拟学员在实训过程中可能出现的各种问题，做到有备无患，及时充分解决学员的问题。

（四）知识短板，错误授渔

刑事辩护实务中如果培训师的知识存在短板，就必然会导致思维误区的出现，进而影响知识的体系性。因此，培训师应当不断提高自己的能力，发挥钻研精神，激发学习主动意识，不断补齐自己的短板，做到自己向学员传授的知识都是最新的、最有用的，而非过时的、纸上谈兵的，使学员受益终身。

CHAPTER 7

第七章

实训归纳：总结复盘

在完成前述实训后，培训师与参训学员须一起复盘实训过程，固定实训阶段性成果，客观分析问题与不足，概括技术难点和操作规律。这个过程，除须遵守上述复盘要求外，仍须遵照复盘规则，才能最大化地实现最初的培训目标。实训归纳环节要求参与培训人员采用复盘的方式，系统总结、回顾和反思培训的要旨、过程及其不足。作为一种从过去经验中学习、启发和总结知识的重要方式①，复盘成为我们归纳实训内容的有效方法。复盘是指某件事情完成以后，对这件事情的过程进行总体回顾、系统反思和深入分析。复盘不是简单地查找过去的记录，而是要寻找对局中的优劣与得失，强化目标（便于量化与跟进度）、避免失误（不犯同样错误）、复制技巧（传承经验和复制能力）与发现规律（总结规律与固化流程）。

① 参见邱昭良：《复盘+：把经验转化为能力（第 3 版）》，机械工业出版社 2018 年版，第 26 页。

第一节　总结复盘的规则

一、亲历性规则

复盘的亲历性规则要求培训师和学员均应亲身参与培训过程，并根据培训进程和状态，实时调整培训方案。学员应自始至终参与整个实训过程。培训师要全程观测与记录学员的表现，兼顾学员个体差异和基本情况，切实考虑学员的训练状态和反馈，有针对性地调整实训方案。

“亲历”在实训中具有不可替代的作用。他人的实务经验与技能或许能提供一定的参照，但将其内化为学员自身的能力，需要学员切身体会和亲自历练。只有从学员自身的经历和思考中抽取并总结出来的内容，才能称之为自身的能力。学员如果只是阶段性参与或者全程观摩，也无法体会到实训的价值。很多人都会存在这种误解，认为只要掌握了来自他人的理论指导，参照“过来人”的经验，踩在某种“正确”的标准尺度上，就可以事半功倍、少走弯路，比别人更快更早地达到设定好的目标。然而，他人的经验、既有的道理和标准或许能提供一定的参照，却不能内化为我们自身的经验。那些被一些人奉为圭臬的经验、道理或者标准固然有一定的可取之处，但并不会完全适用于每位学员、每个案件。每位学员律师将来都会遇到不同的案件，可以说，所有的技法都不可能完全应用于特定案件。知识扩容和能力提升必须要在实践中、亲历性中得以完成。这和嵌入法则、单一法则是一脉相承的，经验的不可取代性再次强调了参与具体事件以及在差异状态中突出自我存在的重要性。简言之，复盘内容应以来自于学员的直观感受为前提，而亲历性规则就是直观感受的时间和空间保证。符合“亲历性规则”的实训，应当满足两个关键要素：“实质性”和“全程性”。

示例：甲培训机构组织了一次实训，为追求宣传效果，宣称报名学员多达200余人。但在具体培训中发现，实际参与（上台）讲授、互动和演练的人员不足30人。其余人员均为旁观者，无法参与实训和发言。

分析："旁观"不等于"亲历"。本案例中，只有上台讲授、互动和演练的不到 30 名学员符合"亲历性规则"。其余旁观学员未亲历实训过程，不符合实训要求，更不会达到预期效果。学员亲身参与是实训的基本要求。如果学员无法亲身参与，则失去了实训的意义。组织实训时，应控制学员人数，避免大多数学员只能旁观而不能实质性参与。

示例：乙培训机构组织了为期两天的实训课程，共聘请了四位资深专家作为培训师指导学员。出于档期安排和师资费用考虑，四位专家分别负责半天课时的实训，并由最后一位专家负责复盘环节。四位专家完成各自课时后，便陆续离开实训地。

分析：培训师轮流授课、分段负责，缺乏全程参与培训的要求。即便记录了实训过程，也无法完全掌握学员在其他时段的实训状况。当出现记录不认真、不仔细、笔记过于简单的情况时，则最后复盘的专家将无法全面准确把握复盘的重点和要点，甚至会出现错误的引导或概括。从复盘的完整性、全面性来看，这会使学员遗漏和缺失重点知识、技能，将减损实训效果。

示例：学员丙参加了为期三天的实训课程。在复盘总结环节，学员共分为四个小组，学员丙在第一小组，首先进行复盘总结。当其小组发表完复盘总结意见后，学员丙认为自己的复盘已经完成，没有必要继续听取其他学员的复盘内容，便先行离开。

分析：学员在培训中应克服浮躁心理。培训师也应向全体学员强调全程参与的重要性。复盘不仅仅是对自己的总结，更是要将实训团队作为一个整体，梳理实训全程。在听取培训师与其他学员对自身的评价与分析后，也要评析他人的总结。除聆听他人的意见外，学员还应学会将其他人的行为，作为阐述己方观点的论据，之后设身处地地思考自己在面对同样的情形时，该如何反应。这样多角度、多方面的学习有助于学员汲取更多的知识，倾听他人观点，促进学员进行自我反思与剖析。复盘是集体学习最高效的方式之一。复盘时，所有参训人员一起对照目标结果回顾过程、分析得失和总结规律，可以共同进步和提高。

二、及时性规则

及时复盘，效果最佳。若实训课程设置了若干板块（子主题），那么在每一个板块实训完后，都应及时地回顾和总结该板块内容，尽早发现问题、解决问题，避免因培训时间较长或内容繁杂，而遗忘重点知识，减损复盘效果。与下围棋相同，如果对某一棋局立马复盘，那么就可以更好地记录精彩的瞬间。拖延时间越长，效果和准确度越会受到影响。此外，复盘要抓重点，严格遵循相关性原则，避免“眉毛胡子一把抓”。在及时的复盘过程中，培训师与学员可以更多地考虑如何通过复盘及时解决实训障碍。及时复盘，才能让学员时刻谨记方向和目标。例如，培训师应定期评估学员的表现，倾听学员的反馈，进而知道改进的方向。

示例：某培训机构开设了为期三天的“刑事辩护法庭发问、质证及辩论技能”的实训课程。三天实训的板块依次为发问、质证及辩论。由于前两天的节奏把握不好，导致当日没有时间进行复盘。于是在最后一天下午，利用半天的时间集中进行复盘总结。

分析：培训师在实训组织和准备阶段，就应做好时间规划，明确每件事的时间节点，提前向学员说明每个环节的时间安排，并在实训过程中随时做好场控，确保节奏有序推进。事前也应该准备好多种预设方案，以备不时之需。根据人的记忆规律，每个板块的复盘应在结束当天进行，只有即刻复盘实训内容，才能够帮助学员获得及时反馈。在后期训练中，也能规避不当行为再次发生、遗漏重要问题。复盘就像一场新的实训演练，要让学员们时刻紧张起来，谨记现存的问题和障碍。复盘让学员模糊的想法逐渐明晰起来，让学员片段的思考体系化。比如说某一个技巧是否有效，某一个行为是否合理，这些都可以在复盘中得到验证，在复盘中多确认自己的一个细节，在实战中就多了一份胜利的可能。这都需要培训师有意识地规划课程内容和复盘节点，既不能让培训的内容挤压了复盘时间，也不能复盘未经有效训练和深入思考的培训。

三、全面性规则

复盘的内容应具有全面性。全面是认识事物及其发展规律的整体的视角。即每次复盘，都必须囊括该板块的全部实训过程（见本章开篇所载复盘的“总体要求”）。同时，还要求系统回顾和评价每一个学员的表现。培训师还应引导学员甄别与吸收复盘中的内容，剔除无效、无用的复盘内容。实训教学目标的全面性要根据学员的个体差异而调整，避免培训师根据自己的经验与理解，单方筛选及排除相关内容。需要强调的是，培训师既要关注学员在实训中的进步，也要关注学员在实训中暴露出的问题，并适时指出问题，以便学员及时调整。复盘不是为了表扬和批评，但复盘必须既对事也对人，复盘每个人在实训之中，哪些地方做得不好，为什么？哪些地方做得好，好在哪里？这都是整体全面复盘的必要条件。

示例：知名律师A具有深厚的理论功底和丰富的实务经验，被聘请为课程培训师。经过全程的参与实训后，A律师在复盘总结中提出，某部分实训内容已经在实践中得以解决，没有再探讨的意义。故告知学员为节省时间，可以省去对该内容的复盘。

分析：如果培训师认为某一问题无研讨必要，则应在实训准备或开始环节，与学员达成共识，提前将该内容排除在实训计划之内，而非在实训复盘环节才决定删除。该部分内容既然能列入实训计划，则说明该环节具有学习和掌握的必要性，也值得复盘。培训师不能以自己的经验和能力去考虑学员及其需求。应当换位思考，从实际出发，设身处地地考虑学员的综合素质、学习能力和接受程度等。实训的出发点与落脚点，均应是学员及其需求。

示例：学员B在为期两天的实训中参与了多轮演练，其认为自己在第一轮表现不佳，但经旁观其他组别演练，逐渐意识到自己的问题，并自认为已予以修正了。复盘总结时，学员B仅复盘总结了自己表现好的一面，却未提及自己的问题及失误。

分析：复盘可以流于形式，也可以非常深刻，这取决于心态和集体参与。首先，开放包容的心态可以让我们正视问题、坦诚表达，从而带来深刻的复盘。相反，抵触防御的心态只能带来流于形式的复盘。复盘与传统总结最大的区别在于，复盘不仅要总结“成功经验”，更要梳理“问题与不足”，并提出相应解决对策。其次，在复盘的过程中需要收集各种不同的意见，找到解决类似问题最为深刻的答案，因而复盘需要包容友善的团队。参训人员需要坦诚表达、直抒胸臆、善意提醒。部分参与复盘的工作人员不一定是项目的参与者，这样的“旁观者”有时也能提出更有深度的问题，引发大家的思考。

四、实用性规则

实用性规则要求复盘要从实务的视角总结与提炼，目的在于提升刑事辩护律师的实操能力，避免过度使用抽象的法理和概念。这要求培训师在设计教学内容时，从以下两个层面展开分析。第一个层面是从宏观上规划教学策略，明确教学的最终目的和效果，充分考虑学员的基本情况、知识背景和应用技能。第二个层面是从微观上设计教学单元，明确每个培训单元的核心思想、训练重点、教学内容，整体拆分知识，以达到理想的教学效果。

> 示例：培训师甲是某大学的知名教授，对很多法学理论中的前沿问题颇有研究。在总结复盘时，为引导学员从更深层面理解实训主题，甲教授为大家讲授了很多理论前沿观点，以及自己对该问题的看法，但并没有指出或者引导学员提出解决该问题的方法。

分析：梳理与铺垫实训主题的基础理论是必要的，但应根据实训教程设计，将其置于“原理讲解”环节（实训准备环节）。在复盘环节，应侧重于实务经验与技巧的总结和提升，即便回顾法律和法理依据，也应以引出实务问题为出发点，而不能以探讨理论争议和介绍一家之言为旨趣。

> 示例：培训师乙是某大学知名教授，曾留学于德国、日本，精通德日刑事诉讼法理论。其在总结复盘环节，为引导学员深入思考我国认罪认罚从宽制度的适用现状，大量介绍了德国的处罚令制度、日本的改良式辩诉交易制度。经过比较分析，乙教授反思了我国认罪认罚从宽制度的程序法基础、实体法衔接以及控辩协商机制，并提出了自己对该制度的改良方案。

分析：培训师介绍国外的立法制度、司法经验和教训具有学术研究的价值，但对刑事辩护律师而言，其需要在现有法律框架内进行具体实操。培训师不能以介绍域外制度为主，淡化了我国现有法律制度和司法现实。

五、固定性规则

固定性规则是指复盘是实训的必备环节，且复盘结构也较为固定。

与传统意义的培训相比，复盘环节要求参与培训人员进行自我总结和分析反思。这与传统的总结亦不相同，区别如下：

第一，结构化程度不同。复盘采用结构化的思维方式，要求参训者从不同维度、视角挖掘结果背后的原因，为设立下一次目标结果提供价值导向基础；而工作总结是对达成结果的量化总结、汇总汇编，缺乏躬身自省、预设目标的环节。

复盘促使学员优化结构、明确目标。此外，复盘还是一种共创过程，学员在讨论中发现问题，并集思广益寻找解决方法。

第二，导向不同。传统总结是向他人反馈，我们在某个周期取得的成绩，让他人能够清晰地了解到我们做了什么、取得了什么样的成果，是汇总结果。复盘的核心是以学习为导向，进而分析数据、结果、导向，总结经验、指导未来工作。因此，复盘是一种将思考、总结、反思、提高融为一体的过程，其落脚点在于规律总结和后续的行动举措。

第三，侧重不同。传统的总结通常会涉及成功之处、工作亮点与有益经验，鲜有触及教训、不足、缺失等消极层面的内容。但复盘的内涵和结构要求学员兼顾经验与教训，特别是要重视失误、缺漏与不足的原因。为客观准确地挖掘问题背后的原因，复盘过程要在“第三方”视角展开，跳出自身角色，重新思考整个过程。这个过程同时要求学员共同参与、齐心协力、不断追问和提醒，直至发现问题之本质，深入探索解决之道。

按照上述理解，实训复盘会安排在每个板块（子主题），具体内容包括：①明确培训目的。为明确每次实训的目的，帮助学员做好准备工作，应有针对性地开展复盘工作。②寻找法律根据。在复盘过程中，学员首先需要根据案情或训练材料，寻找相关法律根据。在此基础上，还需要分析寻找的法律规定是否准确、合理、符合逻辑。在复盘过程中，需要训练学员根据案件事实，及时准确地展开法律涵摄和法律分析。③探索法理基础。在面对疑难案件时，如果学员找不到适当的法律规定，需要寻求法理的帮助，借由法理分析案情、解决法律适用问题。④细化操作规程。学员在复盘过程中，需要提前了解操作规程。这要求培训师先设立明确具体的操作规程，合理分组，适当安排角色，建立完整的操作流程。若出现特殊情形，则应在大框架保持不变的情况下，具体分析问题。⑤剖析实践问题。通过复盘实训过程，学员要及时总结实训中暴露的问题，既要具有宏观视角，也要通过学员之间的沟通，剖析细微问题。⑥强调风险意识。这是要培养辩护律师的风险防范意识和注意义务。一类风险是法律虽不禁止，但在特定司法环境或特定案件中会存在风险，甚至会因为不当操作，影响犯罪嫌疑人、被告人的合法利益。另一类是法律所明确禁止的辩护行为，不但会损害犯罪嫌疑人、被告人的合法利益，更会增加职业风险。⑦技能总结与提升。通过实训，学员可以切身感受刑事辩护的实务操作，在案件事实分析、法律适用能力和辩护技巧方面均会有不同程度的提升。与此同时，也要总结整个实训过程存在的缺失和不足，提高法理分析、案情研判、法律适用和法庭应变的技术与能力。

第二节 总结复盘的方法

总结复盘的方法包括个人总结法、头脑风暴法和分组讨论法三种。本小节阐述的复盘方法，与下一小节复盘步骤，分属不同维度的问题。复盘步骤要求学员以完成整体实训为目的，要按部就班依次完成不同阶段的实训任务。复盘方法则是实现有效复盘的路径，贯穿于整个复盘过程，要根据不同情形选择适用。

一、个人总结法

个人总结是指学员分析和评价自己参与实训的得失与优劣，是最为简便的复盘方法。学员按照复盘规则进行自我剖析后，向培训师及全体学员分享复盘总结。学员可以通过经验总结与问题分析，提升个人能力，并引导自己走向更为规范和精细的业务方向。

个人总结时，要注意以下三方面要点：

（1）内容翔实。总结内容要详细确实，具体明确。学员要根据自身的实际情况，进行全方位、立体式剖析，切忌泛泛而谈。学员只有契合实际情况，客观分析自己的表现，才能最大限度地汲取知识和经验。例如，可以结合实训的具体案例和事例展开总结、分析利弊。如果学员无法详尽反映自己的个人情况，或者所做总结没有针对性和实质性，则失去了复盘的意义。

（2）逻辑清晰。逻辑思维能力是指正确、合理思考的能力。这要求学员对事物进行观察、比较、分析、综合、抽象、概括、判断、推理后，采用科学的方法，准确而有条理地表达自己的思维过程，让听者清晰了解讲授内容的逻辑层次。例如，可以按照“问题是什么”“是怎么产生的”“如何去解决”的逻辑层次来总结，深入展现实训者的思维深度。清晰的表达能力和逻辑分析能力能让听者跟随总结者的思绪，深入到问题之本质。这需要学员在语言表达和逻辑思维方面进行有针对性的训练。

（3）重点突出。举一纲而万目张，解一卷而众篇明。抓住主要矛盾，明确主攻方向，区分轻重缓急，将事半功倍。避免只涉皮毛而不及肌理，刻意回避问题的“蜻蜓点水”式总结。把握问题中的重点和亮点，也是总结中的关键点和着力点。这就要求学员善于从多视角、多因素比较分析，找准全面复盘中的重点与关键。与其花许多时间和精力去凿许多浅井，不如花同样的时间和精力去凿一口深井。例如，在辩护策略的选择上，学员应当从基本案情、实体法依据、程序法根据、证据法基础等多个角度展开分析，力求具体问题的深刻。

二、头脑风暴法

要求学员在不受任何限制的氛围中进行讨论，打破常规、积极思考、畅所欲言、充分发表看法与见解。在头脑风暴中，学员们要集中注意力，在复盘中解放思想、自由表达。不着边际、异想天开的设想或许都会成为创新思想的原型。头脑风暴法就是用严谨的流程，把所有智慧“子集”连接起来，激发新想法。在应用头脑风暴法时，需要把握三方面原则：

（1）自由畅想原则。培训师以明确、具体、清晰的方式，向所有参与者阐明问题、说明规则，尽力创造一种自由、融洽、轻松的氛围，让参与者思想放松、各抒己见，这是头脑风暴法的关键。权威会影响自由思想，一旦有学员的观点被认为比另一些学员的更有价值，那么有些学员的大脑就会被关闭，因而在讨论复盘的过程中要避免这类情况的发生。学员不应该受任何条条框框的限制，让思维自由驰骋，从不同角度、不同层次大胆展开想象，尽可能地标新立异，与众不同，提出独创性想法。

（2）以量求质原则。根据量变引发质变的原理，通过量的积累，谋求质的改变。在允许的时间内，培训师要尽可能多收集内容与观点。内容越多，得出高质量结果的可能性越大。例如，前 30 个想法常常很容易得到，而真正的创造力很多都出现在第 50 个相关的想法后，整场头脑风暴要争取产生至少 100 个新想法。此时，数量比质量更重要。因此，我们需要大量的想法，无论好坏，提供设想便是。数量保障质量，在众多想法中拆分重组，生成创意。在最后的创意中或许就能找到学员的思维原型。

（3）延迟评判原则。评判学员复盘内容应放到最后。在头脑风暴的过程中，暂不评判任何参与者的意见，以免影响自由氛围。要激发学员们“不受拘束”地提出问题与解决方案。培训师应认真对待任何一种意见或方案，而不管其是否适当或可行。在发表意见过程中，要禁止学员们批评、评论或自谦，培训师也不要随意评论学员的观点。即使培训师或学员认为某个观点是幼稚的、错误的，甚至是荒诞离奇的，亦不得予以驳斥；同时也不允许自我批判。要在心理上调动每一个与会者的积极性，防止出现一些“扼杀性语句”和“自我扼杀语句”。诸如“这根本行不通”“你这想法太陈旧了”“这是不可能的”“这不符合某某定律”，以及“我提一个不成熟的看法”“我有一个不一定行得通的想法”等语句。只有这样，与会者才可能在彻底放松的心境下，在别人的激励中，集中全部精力开拓自己的思路。

示例：在“法庭发问技能”实训中，培训师决定采用“头脑风暴法”进行复盘总结。培训师首先阐明“头脑风暴法”的规则、限定本环节发言时间，并围绕主题提出问题，引导学员进行复盘。

问题：法庭发问的方法和技巧有哪些？

复盘内容（记录）：

（1）少问慎问、问中要害。不能只求发问数量，不求发问质量。发问就要有理有据，有理走遍天下，无理寸步难行。任何一个问题的提出，要有充分确凿的证据，认真负责地分析案件事实。只有切中要害，才能问得稳、问得准。庭审发问并不是问得越多越好，也不是问得越多，被告人或者家属就觉得律师越厉害，不要漫无目的地发问。

（2）注重发问技巧，及时固定事实。法庭发问要服务辩护点、语言精准、通俗易懂，讲究技术技巧。对于控方证人慎提开放性问题；针对辩方证人适当引导发问；辩护人向被告人发问时，公诉人应认真倾听，随时注意辩护人的发问方式是否具有诱导性以及被告人的供述和辩解与以前比较有哪些变化。对被告人已经发生变化的供述，应及时补充发问，纠正因诱导而导致发生变化的供述或及时利用手中的证据进行纠正、驳斥。

（3）熟悉案情、吃透法条。我们一定要清楚地掌握案情，在办理具体案件时，要时刻紧扣法条。因为在判断案件事实和适用法律的过程中，需要我们的目光不断往返于事实和规范之间。只有精细耕耘于案情和法律规定，才能找到案件的突破口。

（4）抓住辩护要点，构建有益的辩护体系。在刑事案件辩护过程中，律师要坚守无罪推定原理，分析出罪或罪轻的辩护点。例如，受贿罪案的无罪辩护极难，但是只要存在无罪辩护的可能性，律师就要制定明确的辩护策略，构建无罪辩护或罪轻辩护的实体、程序与证据体系。

（5）向被告人发问的逻辑性和条理性。对被告人的发问，要重点突出、语言简洁，只问对被告人有利的内容，不要面面俱到、拖泥带水。对被公诉人、其他辩护人问过的问题，辩护人想更深入发问时，要改变发问角度，以免法官产生厌倦感。

（6）拆分问题，层层递进。层层递进的发问方法，可以增强发问气势。层层递进，关键在递进，不能平推平列，应该是一个问题接续另一个更深入的问题。

（7）表达清晰，目的明确。律师发问要简洁，不能铺垫太多。律师的发问一定要让被告人听明白，并且不能引起被告人的误解和歧义。律师向被告人发问的主要目的是给被告人提供一个充分辩解的机会，也让参审人员、旁听人员全面深入地了解被告人的辩解。律师在发问时，应当把握住两点：一是问题应前后连贯、目的明确、便于理解；二是主次分明，深入提问重点问题，充分揭示关键问题的本质与争点。

（8）张弛有度，有备而问。针对提问的目的和对方的特点，恰当地提出不同类型的问题。明确每次发问所需解决的中心问题。从辩护角度，对辩方证人发问的目标在于引导证人向法庭陈述清楚有利于辩方的案件事实。对可能得到的答案要有所预测，并准备相应的对策，以便围绕中心内容继续发问。对没有明确目的或应对不足的问题，应当考虑少发问或不发问。

（9）不要指望在发问环节解决一切问题。在这一环节中，我们要报以一颗平常心，不能急功近利，要认真思考每一个问题的答案，在面对“无解”的情况时，应沉着冷静地应对。发问环节是双方汲取信息、问询答案、探寻真相的过程，所以不能有过高的期待。

（10）集中专注地发问。善于巧用反对、禁用反问、熟悉交叉询问的规则；适当归纳、固定问题的内容、缺漏及规范性。

（11）围绕定罪量刑的事实、针对证言中有遗漏或含糊不清的地方进行发问。发问是辩护律师实务能力最为薄弱的环节。相应地，控方的发问技巧和审判方对于发问环节的把控能力也是严重不足的。遗漏、含糊不清的证言会影响案件的定罪量刑，因而是发问的要点。

（12）明确发问的目的。向法庭揭示有利于被告人的案件事实；支持辩护观点；吃透案情；和被告人充分沟通；跟主审法官尽量沟通；熟悉发问规则；列出详细发问提纲、围绕辩护观点；庭审要专注、随机应变。

（13）明知而故问、问而知其所答、答而对我有利。对被告人，要多做发问预案、做好庭前复查。如果出现对己方不利的回答，要及时补充发问、做好应对方案，挽回不利局面。要利用辩护词补充不完整的问题，减少法庭发问的遗漏和遗憾。

要点提示：

（1）提前准备好数张白板或白纸，也可以准备投影仪或者较大的电子屏。在学员发言时，由专人记录并同步播放。

（2）要明确告知学员，表达意见“不限人”“不限次”，但要限制每人单次发表意见的时间，以及本环节的总时间，便于把控法庭节奏。

（3）一次头脑风暴可能存在观点重复的情况（如前文案例），但培训师不要在发言中轻易限制学员发表观点，也不要评价任何观点。相反，要引导学员尽可能提出更多的经验与思考。

三、分组讨论法

对学员进行合理分组，引导学员分组讨论、自主总结，并推选代表总结讨论的内容。发言时有专门记录人员，负责记录和总结。各个小组发言结束后，由培训师总结并点评大家的讨论成果。在分组过程中，需要注意以下三方面要点：

（1）合理分组。充分考虑参与实训的学员在地域、性别、执业年限等方面的差异，每个小组 5 至 6 名学员为宜，最多不超过 8 人。这样既可以保证讨论的随时性、高效性，也可以保证讨论结果的多样性。

（2）充分参与。与前两种方法不同的是，分组讨论是一种合作学习和集体行为，因此要强调团队精神，让每一名学员都积极参与讨论，防止有的学员充当“听众”。此外，组内成员还要有一定分工，如专人负责记录、整理、汇总讨论内容等。

（3）代表总结。分组讨论之后，要引导梳理讨论结论。学员首先要自主总结本组观点，整理收获和疑问。各组随后再分别推选一名代表，向培训师和其他学员汇报本组的讨论结果。

示例：在“法庭辩论技能”实训中，设置“法庭辩论阶段·程序之辩”

的实训板块。在复盘环节，培训师对学员分组，每组6人（该分组也可以在实训筹备环节完成并一直沿用，或者根据具体情况加以调整、重组）。培训师围绕主题提出问题，引导学员进行复盘。每组学员讨论后，推选一名代表作总结发言。

问题：辩护人进行程序之辩的方法和技巧有哪些？

第一组复盘（记录）：

（1）提前沟通，避免突袭；

（2）提出书面意见并保留证据材料（施加压力、司法机关易于接受）；

（3）当庭重申、坚持意见；

（4）从现有法律后果（申请排除非法证据、发回重审），提出法律依据和辩护意见；

（5）有把握的案件可申请庭审直播；

（6）向办案机关的上级部门反映；

（7）反复重申案件重点，但一次不能涉及太多；

（8）小毛病，缓和提，大毛病，重点提；

（9）充分利用政策（领导讲话）；

（10）行文中多从后果的角度替办案机关着想；

（11）刚柔并济；

（12）引用权威观点。

第二组复盘（记录）：

（1）书面+口头；

（2）涉及案件走向的点要尽早提；

（3）利用舆论监督案件的审判过程；

（4）充分利用上级机关的监督；

（5）与案件有利害关系的庭审人员的回避。

第三组复盘（记录）：

（1）把握好申请的时间；

（2）把握好力度；

（3）促使办案机关记录、留痕（书面）；

（4）指导案例评析；

（5）阐述程序违法后果；

（6）逐级控告。

第四组复盘（记录）：

（1）调查取证。调查取证是程序性辩护最棘手的问题，而且往往也伴随着人身风险。需要调查取证的通常有两种情况：一是控方证据不真实，律师通过调查取证否定该证据；二是控辩双方的角度、关注点不同，律师往往需要查明与控方相反方面的问题。

（2）从卷宗中发现问题，寻找突破点。实践中，控方证据体系存在漏洞的情形较为常见，律师只要“咬文嚼字”，就能在字里行间发现很多问题。在阅卷时，律师往往可以从时间、地点、内容等方面发现问题。

（3）案件可视化，将整理出的案情以图表的形式予以固定。很多案件的卷宗非常之多，光是把这些卷宗看完就需要一段时间，更别说是厘清其中的来龙去脉。律师可以将复杂的案情通过列表、画图等方式呈现。这样既可以帮助法官节省阅卷时间，也能将案件的主要问题提炼出来。

（4）程序性违法。二审辩护中，如果发现一审程序有严重违反法律程序的情形，可以据此说服法官撤销原判。

要点提示：

（1）需要提前准备好数张较大的白板或者白纸，由小组代表上台，配合复盘的内容自行书写记录要点。也可以准备投影仪或者较大的电子屏，在小组代表复盘发言时，由专人记录并同步播放。

（2）调动小组成员的积极性，确保每位成员在小组内商讨时都发表意见；培训师可以适时参与各组的讨论，适当加以引导，并体现重视。

（3）发言的小组代表应采用轮换制。

（4）小组代表的复盘内容，应是小组全部成员意见的集中体现。既要避免只谈及自己认为正确的内容而排除、遗漏其他成员的意见，又要整合、归纳重复类似的观点。

（5）记录核心要点即可，主要依靠小组代表口头讲解。

第三节 总结复盘的步骤

总结复盘的步骤分为五步，依次为“目标回顾与过程分析”“理念提升与成果归纳”“问题提示与风险防范”“职业经验与对策指引”及“自我评价与意外收获”。

一、目标回顾与过程分析

经过一系列实训，复盘过程中，学员的思维处于一种被高度填充和延伸的状态。此时，培训师要引导学员再次回顾实训目标，确保复盘过程始终围绕这个目标高效展开，为培训效果设定参照系。

（一）目标回顾

可以围绕（包括但不限于）以下方面进行回顾：

（1）最终目标是什么？

（2）阶段目标是什么？

（3）潜在目标是什么？

（4）障碍是什么？

（5）遇到的难点是什么？

（6）如何能最大限度地实现终极辩护目标？

示例：在“法庭辩论技能”实训中，设置有“法庭辩论阶段·程序之辩”的实训板块。复盘该板块时，培训师要求学员回顾实训目标。

学员：程序辩护，是指在刑事辩护中以有关机关的侦查、起诉、审判活动程序违法为由，提出犯罪嫌疑人、被告人无罪、轻罪或者不应追究刑事责任的意见，以及要求对未依法进行的诉讼程序应予补充或者重新进行、对非法取得的证据应予排除等从程序方面进行辩护的方法。程序辩护的目的，是通过指出办案人员的程序违法行为，或者侵犯公民宪法基本权利、诉讼权利的行为，从而否定某一证据或某一诉讼行为的有效性，阻却犯罪指控……

分析：上述内容并非对实训目标的回顾。实训目标是为了提升刑辩律师某方面的实务能力。具体而言，它可以是在哪一个阶段、哪一个环节、甚至是在哪一种情境下的实务能力。只有明确了这个目标，实训过程才能保持正确方向。从某种程度上看，“实训目标”限缩和控制了实训范围。“程序辩护的目的”讲的是这种辩护方式、策略的价值，并非实训的目的。当然，对“程序辩护”本身的价值也需要复盘，只是应该放在“理念提升与成果归纳”环节，具体内容后文将展开阐述。

要点提示：

（1）培训师在复盘启动时，应首先向学员介绍复盘步骤，并明确每个步骤的含义（必要时可以举例）。

（2）目标回顾应与实训启动时所提出的问题及设定的目标相呼应，即“回顾目标”，而非“新设目标”。

（3）引导学员自行完成目标回顾，其方法参照本章第二节“总结复盘的方法”，培训师仅进行最后的概括与梳理。

（4）总结复盘时，需提前准备好数张较大的白板或者白纸，由学员上台配合复盘的内容自行书写记录要点，也可以准备投影仪或者较大的电子屏，在学员发言时，由专人记录并同步播放，以确保复盘的“可视化”效果。（后续每个环节照此操作，不再重复提示）

（二）过程分析

可以围绕（包括但不限于）以下方面分析实训过程：

（1）以目标为参照，实训在哪些地方出彩？

（2）以目标为参照，实训在哪些地方需要提升？

（3）原本设定的目标与实训过程是否一致？

（4）学员的表现是否符合目标？

二、理念提升与成果归纳

（一）理念提升

通过实训，概括和提炼某项具体辩护工作的指导理念。

示例：在对“辩护策略制定及辩护词写作”实训的复盘中，培训师要求学员说明制定辩护策略的理念。

学员：我们概括了六点：第一点是法理和法制的基本原则，人人平等、公平正义原则；第二点是属于法律的解释，应该是语义、法条的一些解释；第三点是刑法的原理、原则，如犯罪构成要件、罪刑法定原则、无罪推定原则等；第四点是刑事证明原理，包括证明的对象、证明的责任、证明的标准和证明的规则四部分；第五点是论证的逻辑原理运用；第六点是相关的专业领域的基础理论和原理，比如金融原理和医药原理等。

分析：上述归纳属于制定辩护策略的“理论基础”，并非“理念”层面，二者容易混淆。“理念”是一种指导观念、指导思想和价值取向，对辩护策略的制定起着导向作用。不论刑辩律师是否意识到这种思维，但其辩护词必然是遵循某种理念而作出，“理念提升”的目的则是将其明确化、逻辑化，从而上升到认识层面。

例如，制定辩护策略是按照纠问式的理念，还是按照对抗式的理念？是查明真相理念，还是维护司法公正的理念？写辩护词是为了法治宣传、教育，还是为了维护被告人的权益？在这些思路下进行理念的说明与讲解。

要点提示：

培训师应首先说明“理念”的含义（必要时可以举例），区分容易混淆的概念，避免复盘节奏的失控。

示例：在“法庭辩论技能”实训中，设置有“法庭辩论阶段·程序之辩”的实训板块。当日复盘该板块时，培训师要求学员归纳程序之辩的目的和理念。

学员：程序之辩，即“程序性辩护”，是辩护人行使诉权的一种重要方式。程序辩护的目的是，通过指出办案人员的程序违法行为，或者侵犯公民宪法基本权利、诉讼权利的行为，从而否定某一证据或某一诉讼行为的效力；规范司法机关的诉讼行为，保障个案当事人的诉讼权利，并推动我国刑事诉讼的人权保障和实体公正。

辩护律师必须坚守职责，以维护当事人合法权益为己任，将程序辩护作为维护当事人诉讼权利和其他合法权益的重要方法。辩护律师既要保持“为权利而斗争”的强大意志，又要具有寻求现有制度资源的智慧，在诉讼程序内说服裁判者接受辩护人的诉讼主张。

（二）成果归纳

可以围绕（包括但不限于）以下方面作出成果归纳：

（1）界定；

（2）法理依据；

（3）法律依据；

（4）实践中具体的操作规程。

示例：在“法庭辩论技能”实训中，设置有“法庭辩论阶段·程序之辩”的实训板块。当日对该板块的复盘时，培训师要求学员归纳实训成果。

学员：实训中，我们首先厘清了程序之辩的概念……特征……法律渊源……在我国，涉及程序辩护的相关法律规定、司法解释及规范性文件包括……目前我国程序之辩的困境主要是……我们组认为“程序之辩”需要注意……

分析：“归纳”谓之使归拢并使有条理。虽然本步骤涉及多个方面的回顾，但重点在于提炼与梳理，帮助学员回顾实训的过程并在脑海中建立起框架，强化记忆与理解，而不是大篇幅复述。

要点提示：

（1）培训师应首先说明成果归纳的目的与基本方式，有的放矢、突出重点，避免学员大篇幅复述实训内容而导致复盘节奏的失控。

（2）成果归纳的篇幅相对较多，建议采用“个人总结法”或者“分组讨论法”，采用“头脑风暴法”不便于把控节奏。

（3）如果采用“树形结构图”或者“思维导图”配合归纳发言，则可以提示学员提前做好准备工作。

三、问题提示与风险防范

注重引导学员从实训过程，探究律师在辩护实践中存在的问题、风险与禁忌。可以围绕（包括但不限于）以下方面作出提示：

（1）有哪些禁忌？

（2）哪些原因导致失败？

（3）哪些风险是可以控制的？哪些风险是不能控制的？

示例：在对“辩护策略制定及辩护词写作”实训的复盘中，培训师要求学员采用“头脑风暴法”，总结“辩护词写作”中容易出现的问题、禁忌。

（1）忌鼓动性或煽动性发言；

（2）忌政治报告或学术报告；

（3）忌不熟——案情不熟、法律条款不熟、法言法语不熟；

（4）忌辩护人进入被告人“角色”；

（5）忌将隐私细节、保密材料捅出去；

（6）忌已知的不说、胡说，不知的乱说；

（7）忌违背法律、不顾事实地狡辩或诡辩。

示例：在对“辩护策略制定及辩护词写作”实训的复盘中，培训师要求学员采用“分组讨论法”，总结“辩护策略制定”中容易出现的问题、风险和禁忌。

问题类：

（1）未能穷尽可能性，未全面考虑当事人在案件中的利益；

（2）辩护目标不具有现实性，未能考虑实现的可能性；

（3）不能将策略落实在案件的一个或几个具体证据、事实上；

（4）不能根据证据、事实、审理机关（一审、二审）的变化，调整辩护策略；

（5）多个策略的分析和选择存在取舍错误，未能根据变化调整；

（6）不能尊重当事人的知情权和选择权；

（7）未能考虑被告人（包括家属）与辩护律师的分工；

（8）未能把握实施的时机（包括庭前、庭后；书面、口头）；

（9）未能充分考虑风险致使已取得利益受损（取保候审后又被羁押）；

（10）未能考虑案外因素的影响（另案处理、媒体）；

（11）未能恰当处理与量刑情节相关的风险（如自首、立功）；

（12）未区分同类案件、实行一案一策。

风险类：

（1）直接来自刑事诉讼的专门机关以及办案人员，特别是侦查人员和检察人员。从刑事诉讼理论上来看，刑事追诉与刑事辩护是相互对立的。在制度设计上，侦查机关和检察机关行使刑事追诉的权力，刑事辩护则必须“提出犯罪嫌疑人、被告人无罪、罪轻或者减轻、免除其刑事责任的材料和意见”。这种与追诉机关的对立和对抗是法律赋予律师的职责，也是维系司法公正所必备的一项制度。但这种制度也将律师置于一种制度风险之下。例如，在某些在当地具有重大影响的刑事案件中，辩护律师可能因为某些辩护观点或者方式，受到当地司法机关的苛责、调查甚至追诉。再如，在部分涉黑案件辩护中，辩护律师的诉讼费用可能会被作为涉案财物予以追缴、没收。由于我国尚未建立律师豁免制度，加之目前刑事诉讼制度设计尚不健全，控辩双方的地位严重失衡，部分侦查机关、检察机关对刑事辩护律师的抵触，极易发展为职业报复。

（2）被害人及其近亲属可能对辩护律师带来的人身风险。在有被害人的案件中，尤其故意杀人、故意伤害、强奸等侵犯人身权利的案件，被害人及其家属对犯罪嫌疑人、被告人往往有极大的仇视情绪。例如，2019年发生在辽宁抚顺的残疾按摩师故意伤害案中，被告人于海义的辩护律师殷清利认为，事发时正值深夜，被害人吕某强行闯入，于海义的行为符合正当防卫。庭审后，殷清利遭到了被害人家属的围攻和谩骂，现场视频显示，被害人家属情绪激动，动手撕扯殷清利的衣领并骂道：“你父母明天都死，你回不去北京了。”直到殷清利退回看守所内，对方才停止攻击。事发后，殷清利向古城子派出所报案。① 辩护律师若不能正确理解被害一方的情绪，或处理不当，极有可能会引发人身危险。因此，辩护律师要正视被害方情绪，掌握妥当的处理方法。

（3）犯罪嫌疑人、被告人近亲属对刑事辩护业务带来的风险。犯罪嫌疑人、被告人的家属并不是诉讼参与人，在诉讼中有着极为复杂的心态，尤其是在犯罪嫌疑人、被告人处于被羁押状态时。在执业过程中，犯罪嫌疑人、被告人的近亲属可能会不断地向辩护律师获取相应信息和案件材料。此时，辩护律师应严格遵守法律法规要求，明确与委托人及其近亲属交流、沟通的边界，以免违规泄露案件信息，干扰司法机关的正常办案秩序。

（4）犯罪嫌疑人、被告人是辩护律师执业风险的重要来源。在实践中，曾发

---

① 参见《辽宁残疾按摩师辩护律师庭审后遭被害人家属围攻：你回不了北京》，载新京报（网址：https：//baijiahao.baidu.com/s？id=1650266130223873822&wfr=spider&for=pc），访问日期：2022年10月3日。

生过犯罪嫌疑人、被告人在诉讼过程中举报自己的律师教唆作伪证的情形，也存在当事人检举自己的律师涉嫌诈骗律师费的情形。此类案件不胜枚举。辩护律师必须明确其与犯罪嫌疑人、被告人之间的关系，既要相互信任，又要保持距离。

（5）证人是律师执业风险的重要来源。正如美国学者所言："目击证人的指认是对被告最残忍的证据。"① 实践证明，律师被追诉，大多发生在律师调查收集证据的过程中，尤其是在调查收集证人证言时。言词证据具有不稳定性，尤其是见证案发过程的证人，极有可能出现感知错误、记忆错误、陈述错误。证人面对不同调查者在不同环境中，对同一事实的描述都有可能发生变化，有时甚至截然相反。证人还可能基于某种复杂心态，对向律师提供虚假的证词。证人证言一旦发生改变，证人可能出于自我保护目的，将伪证的行为归咎于律师教唆。

（6）社会公众也会成为律师执业风险的来源。社会公众对刑事辩护行业不甚了解，表面上认为辩护律师是"替坏人说话"，曲解律师、误会律师的情况较为普遍。而社会公众了解的案情会受制于偏颇、虚假的信息，会对案件被告人、辩护律师甚至法律制度产生不满情绪，致使部分参与案件办理的律师、法学专家受到非议、网络暴力。此时，辩护律师也经受来自公众、媒体和社会的评议，稍有不慎，也会影响到职业发展。

（7）辩护律师权利行使受限或不当带来的执业风险。我国《刑事诉讼法》规定了辩护律师享有的会见权、阅卷权、调查取证权，但这些权利行使的方式、过程、效果等方面可能存在障碍。即使辩护律师能够充分行使上述权利，也应当注意权利行使的边界，否则会产生不当会见、阅卷信息泄露、调查取证失范等问题。

禁忌类：

（1）毫不保留地与办案人员沟通案情。辩护律师与公安司法机关工作人员就案件事实和法律适用进行必要的沟通是不可或缺的。但辩护律师一定要掌握好沟通尺度，即使对案件有一定了解和判断，也不能和盘托出，除非这种沟通是对当事人有利的。

（2）慎重收集调查案件关键证据。司法机关启动刑事追诉程序后，对于一些能够证明犯罪嫌疑人、被告人无罪的证据，特别是一些容易受人为因素影响的主观证据，律师为稳妥起见，尽量不要自行收集。辩护律师可将线索告诉办案机

---

① 〔美〕伊丽莎白·罗芙托斯、〔美〕凯撒琳·柯茜：《辩方证人：一个心理学家的法庭故事》，浩平译，中国政法大学出版社2012年版，第15页。

关，申请相关机关调查取证。为避免授人以柄的情况发生，辩护律师即使收集调查证据，也要遵守法律法规，具有安全保护意识。

（3）将办案思路等底牌全部告诉委托人。在办理共同犯罪或团伙犯罪案件时，尤其要注意这个问题。委托人之所以聘请律师，是因为他们不具备法律知识、不熟悉司法环境，有时候他们无心的一句话，可能会使辩护律师及案件办理进程变得被动。委托人追求的是有利结果，辩护律师无须将办案信息事无巨细地告诉他们，以免滋生事端。

（4）谨慎使用让被害人及其近亲属不满的语词。刑事辩护律师维护的是被告人的合法权益。从这个意义上讲，律师确实没有义务迎合被害人及其近亲属，但要照顾到被害人及其近亲属的感受。这既能体现律师的风度，又能避免不必要地引发被害人及其亲属情绪激动。例如，不要轻易在法庭上历数被害人的过错或不当行为。

（5）轻易发问其他被告人。无论被告人是否在庭前进行了周密的准备或铺垫，都会因为缺乏庭审经验和法律知识，在法庭上难以应对自如，不免出现言多必失的情况。除非辩护律师坚信对其他被告人的询问及其回答能对自己的当事人有益，否则不要随意询问其他被告人，以避免引起不利后果和无法控制的局面。

（6）法庭发表意见不要使用俗语俚语。在开庭审理环节，辩护律师的发言应该使用法言法语，切忌使用俗语俚语。例如，有些本地律师熟悉当地的表达方式和司法习惯，在法庭发言时经常使用当地的方言、俗语、俚语，但这对外地律师而言并不是很友好，也不利于树立庭审的权威性和严肃性。如果辩护律师表述随意，既无法清楚地表达本方意见，又不利于取得法庭的尊重。作为一名兼具法律素养和职业道德规范的律师，必须注意自己的语言表达方式。

（7）轻易改变对被告人的定性。对一些定性模糊罪名，辩护律师可以根据无罪推定原理，提出从重罪变为轻罪的意见。例如，将故意杀人罪辩为故意伤害罪、抢劫罪辩为抢夺罪、盗伐林木罪辩为滥伐林木罪等。但对于那些不存在包容关系的罪名，为最大限度维护被告人的合法权益，辩护律师只需论证被告人的行为不构成被指控罪名即可。

（8）毫无根据地申请回避。实践中，辩护律师更多面临的是申请审判人员回避。对辩护律师来说，不能轻易提出申请回避，特别是一审阶段。因为没有明确根据，未必能申请成功。即使主张申请回避，也未必能起到实际效果。需要评估申请回避的实效，决定采用最有利于维护被告人基本权利的方式。

（9）随意引用法律规定，或引用错误失效的法律规定。

（10）情绪化、非专业化的法庭表达。律师在法庭发表辩护意见的目的不是为了取悦被告人及其亲属，也不是为了赢得旁听群众的掌声，而是要打动裁判者的内心，特别是用专业论证和思维说服裁判者。

（11）定位不正确，论辩失理性。辩护律师可以在法庭上据理力争地“死磕”，但切忌胡搅蛮缠地“闹庭”，裁判权毕竟掌握在法官手里。有理有据的理性表达显然更容易为法官所接受，有礼有节的谦恭姿态显然更容易为法官所尊重。

（12）观点不明确，论证缺逻辑性。辩护律师的每一个辩护观点都应该开宗明义、一目了然，然后逐个展开分析说理，做到立论和论证层次清晰、逻辑严密，关键是要能把法官的注意力吸引住，切忌将精彩纷呈的刑事辩护“大餐”做成一道东拼西凑的“大杂烩”。

（13）法庭答辩做到“五不答”：①学术理论问题，不宜答辩；②与本案无关或关系不大的问题，不予答辩；③法律规定，指明出处，不用解释；④起诉书和公诉词已提及内容，不予答辩；⑤双方无争议或细枝末节的内容，不予答辩。

（14）辩护策略必须经被告人书面确认。

分析：以上两则示例中，问题提示及学员总结效果都比较好。在本环节，无须对上述举例的几个方面面面俱到地加以总结。应根据不同主题，具体问题具体分析，找到症结点，重点是充分揭露问题。

要点提示：培训师要高度重视，引导学员在本环节总结问题与禁忌，并告知学员在下一环节统一提出解决问题的对策，使每个环节集中解决一个问题，层层递进、逻辑清晰。

四、职业经验与对策指引

有效地解决问题比提出问题更为关键。培训师应引导学员结合实训过程与自身经验，提出解决问题的措施与对策，为实务操作指明方向。本环节是复盘的核心。

示例：在“鉴定意见质证”的实训复盘中，培训师要求学员采用“头脑风暴法”，对如何有效进行“鉴定意见质证”提出经验与对策。

（1）根据“观点—依据—案情—结论”的方法进行质证；

（2）根据鉴定过程，对各个环节质证；

（3）聘请专家出具专家意见书；

（4）鉴定方面的知识储备（同一性、种属性）；

（5）检材的来源、取得、保管、送检是否符合规定，检材是否可靠；

（6）鉴定意见的信息审查无死角；

（7）发现鉴定意见自相矛盾的部分；

（8）利用意见中有利于被告人的部分；

（9）鉴定机构和鉴定人的资质、业务范围、法定技术条件、职称等是否符合法律规定；

（10）鉴定方法是否符合国标、行标；

（11）判断鉴定人是否了解案情；

（12）鉴定委托事项与鉴定意见对应性（是否超范围）；

（13）慎重提出重新鉴定、补充鉴定；

（14）多份鉴定意见矛盾对比；

（15）考虑检材的全面性、充足性；

（16）法律法规烂熟于心，熟练运用；

（17）要求调取内档；

（18）审查鉴定意见是否针对专门事实；

（19）质证要充分利用庭审发问中获取的有价值信息；

（20）质证时应采用法庭、法官易接受的表达方式、方法；

（21）委托鉴定内设机构不得作为委托方；

（22）审查鉴定意见中引用法律、法规的位阶；

（23）申请鉴定意见中签字的人都出庭；

（24）检材取得人员的主体身份；

（25）鉴定意见是否缺少签名、盖章；

（26）鉴定的过程和方法是否符合相关专业的规范要求。

要点提示：培训师应向学员说明，本环节旨在解决问题、指明方向、提出对策，是本次实训课程最有价值的“精华部分”，要高度重视、认真总结。

示例：在复盘“电子数据质证”的实训中，培训师要求学员采用“头脑风暴法”，对如何有效进行“电子数据质证”提出经验与对策。

（1）收集、提取、固定电子数据的方法。依据《电子数据收集提取判断的规定》的规定，收集、提取电子数据，应扣押、封存原始存储介质，与此同时，通过粘贴封条、信号屏蔽、切断电源等方式，保证电子数据的完整性和稳定性。若由于客观原因无法或者不宜扣押、封存原始存储介质的，可以采取打印、拍照或者录像等方式固定相关证据，并在笔录中说明原因。

（2）对于常见的单人收集、提取电子数据，见证人不在场及没有全程录音录像的情形，我们可以要求调取提取电子数据时的同步录音录像，审查是否双人取证以及取证的合法性。若无法调取的，可以取证过程违法，质疑电子数据的真实性。

（3）对于应当扣押、封存原始存储介质却没有扣押、封存的。对于不属于《电子数据收集提取判断的规定》第 9 条规定的几种情形之一，侦查人员不按规定封存、扣押电子数据的，可质疑电子数据的合法性、完整性。

（4）侦查人员缺乏提取电子数据的安全意识，导致电子数据的原始性和完整性出现问题的。电子数据封存后，无论是数据勘验还是鉴定，都要由鉴定人员进行操作，侦查人员不适合进行。勘验一定要在封存之前完成，要严格按照规定进行，且只能对所存数据进行浏览，不能用设备拷贝文件（否则容易导致数据变更），更不能用这一设备制作扣押笔录等文书，否则容易使数据被破坏。若经过审查发现取证人员主体不适格或者操作不规范，可从完整性、真实性两方面对所收集的电子数据进行质证。

（5）要求公诉方出示原始存储介质中的电子数据进行核对。比如微信聊天记录，仅凭聊天记录的图片并不足以确认图片中聊天者的真实身份，需要与原始电子设备进行核对才能确认真实性。对经过人为剪辑加工的，则因其不具有真实性，依法应不予以采信。

（6）对取证合法性进行质证。电子数据的收集、提取、固定，应当按照《电子数据收集提取判断的规定》第 8 条的规定，收集、提取电子数据，能够扣押电子数据原始存储介质的，应当扣押、封存原始存储介质，并制作笔录，记录原始存储介质的封存状态。而以拍照、打印方式出示的电子数据，没有对原始存储介质进行扣押和封存，违反了法律规定，取证不合法，应不予采信。

（7）回应与再回应。检察机关根据《电子数据收集提取判断的规定》第 10 条进行回应，即由于客观原因无法或者不宜依据第 8 条、第 9 条的规定收集、提取电子数据的，可以采取打印、拍照或者录像等方式固定相关证据，并在笔录中说明原因。据此，辩护人可再次质证，若笔录类证据上没有当事人的签字确认，也没有见证人的见证，结合上面提到的侦查机关取证不合法的情况，提出“现有证据不能确定打印照片与原始存储介质中的内容是否一致”的质证意见。

（8）通过哈希值审查电子数据的真实性。哈希值被称为电子数据的“电子指纹”，是识别电子数据原始性的依据。对哈希值进行形式审查时，要仔细核查哈希值函数的位数是否相符、数字排列是否完全一致。若提取的电子数据可能在计算哈希值前已被替换、污染的，则可以申请由技术人员核实电子数据在电脑等存储介质中发生修改的日期，然后再与案件中生成哈希值的日期进行比对，看是否一致。但是如果电子数据在被提取之前就已经被替换、伪造或者污染，那么即使哈希值一致也无法证实被提取的电子数据的真实性。

示例：在对“证人证言质证”实训的复盘中，培训师要求学员采用“头脑风暴法”，对如何有效进行“证人证言质证”提出经验与对策。

第一组学员对到庭证人证言的质证：

（1）证人的基本情况（是否为未成年人，是否能正确感知当时情况，是否能正确回忆、表述），证人与当事人之间的关系；

（2）证人的感知力、记忆力、表达力等，即证人对案件事实是否有正确的感知、记录、回忆能力，证人是否能正确表达这一感知等；

（3）证人感知案件事实时的环境和条件；

（4）证人对同一事实的前后描述是否矛盾；

（5）证人证言的来源及合法性；

（6）证言的内容及要证明的问题；

（7）证言与其他证据的相互印证及其因果关系；

（8）证人因情感或经济利益的影响，对一方当事人是否有所偏袒；

（9）证人的品行；

（10）证人的感知、回忆、表述能力是否存在缺陷。

第二组学员对未到庭证人证词的质证：

（1）证词形成时间、地点、环境；

（2）证词的来源及其来源程序是否合法；

（3）证人与当事人的关系（是否有重大利益关联性、亲属、贿赂、胁迫等情况）；

（4）证人的基本情况（是否为未成年人，能否正确感知、正确回忆和正常表述）；

（5）证词中是否存在不一致之处、证词是否存在自相矛盾的明显错误；

（6）证人未能出庭的原因是否合法。

示例：在复盘“言词证据”的实训中，培训师要求学员采用“头脑风暴法”，对如何有效进行“言词证据”质证提出经验与对策。

（1）强化立场，展示证据，建立场景，构建事实，以说服法官。庭审实质化改革背景下，单纯宣读书面笔录的模式将逐步被质证询问所代替，质证询问的过程就是出示证据、展示证据的过程。质证询问的最终目的是强化己方观点，建立有利于己方的事实和场景，从而说服法官。

（2）揭示矛盾、暴露矛盾、削弱可信度。质证询问的目的是揭示、暴露被问话者的矛盾之处，削弱其证言的可信度。比如，在蔡某破坏生产经营案中，被告人基于报复心态砍毁邻居家的葡萄林。庭审中，辩护人申请一位证人出庭作证，称案发时看到被告人在家门口做家务，没有作案时间。公诉人在交叉询问时，通过连续多个问题追问证人被告人当时穿的什么样式、颜色的衣服。对话内容如下：

问：你跟蔡某是什么关系？

答：隔壁邻居。

问：你刚才在接受辩护人询问时说被告人案发当天在家做家务，那你看到他在做什么家务活？

答：就是家里的一些杂活。

问：是屋里还是屋外的杂活？

答：都有。

问：你经常去他家串门吗？

答：不怎么经常。

问：你那天都在干啥？

答：我也是在家里忙家务活。

问：那你怎么知道他一天都在屋里屋外干家务活，特别是你在屋里怎么知道的？

答：嗯，这个嘛，这个……是隔壁邻居嘛。

问：你看到他当时穿什么颜色的衣服？

答：白色吧。

问：是衬衫还是外套？还是其他什么样式？

答：应该是衬衫吧。

通过上述反询问，证人的回答暴露出两个矛盾：第一，作为邻居看到被告人一天时间一直在干家务活而没有外出，不合常理。第二，本案案发时间在 4 月份，根据当地气候不可能穿衬衫，证人说的衣服特征与案发时的季节和气候明显矛盾。

（3）宏观有层次，微观破常规。庭前要对发问进行规划和设计，制作询问提纲。首先，提纲在宏观上要有层次性。问题设计层次分明，防止偏离焦点，离题跑题。例如，在刘某盗窃案中，被告人声称受到刑讯逼供，辩方申请侦查人员出庭作证，辩护人拟从以下层次展开发问：一是抓获被告人的具体经过；二是讯问过程有无刑讯逼供。其次，在每一个层次下，又要精心设计一系列微观问题，微观问题的逻辑顺序要打破常规，“形散而神不散”。因为按照常规逻辑发问时，对方证人能轻而易举地知道发问意图。如前述对侦查人员的发问，从辩护人角度来说，如果辩护人第二层次下的微观问题设计按照常规逻辑进行，就是“你有无刑讯逼供？”“你刑讯逼供的时间、地点？”“你是如何刑讯逼供的？”但是当你问第一个问题的时候，被询问者回答“我没有刑讯逼供”，那接下来的询问根本无法进行。

（4）避免单刀直入，运用“跳跃式发问”。交叉询问时，要将发问意图暂时隐蔽起来，通过“跳跃式发问”迂回包抄，让被询问者不经意间暴露出矛盾，从而实现询问目的。例如，在高某贩卖毒品案中，被告人高某让华某（另案处理）把毒品送到楼下给购毒者孙某。华某否认明知送给孙某的是毒品。如果直接问华某“你送去的东西是毒品吗？”他一定会回答“我不知道”。正确的做法应当是进行跳跃式发问。对话内容如下：

问：你和高某什么关系？

答：朋友，挺要好的朋友。

问：你何时下楼？（没有再接着问人物关系，而是跳跃到问时间）

答：夜里 12 点左右。

问：你从楼下人手里带多少钱上来？（又跳跃到问钱）

答：我没数，估计两三千元吧。

问：你和孙某认识吗？（没有接着问交易款，而是再跳回到人物关系）

答：不认识，以前没见过。

问：你给了楼下这个人什么东西？（再跳跃到交易过程）

答：就一个香烟盒。

问：什么牌子的香烟盒？

答：红南京。

问：你刚才说拿了两三千元，然后钱怎么处理了？（再跳回到交易款）

答：上楼就给高某了。

问：你刚才说的香烟盒里面有什么？（再跳回到香烟盒）

答：我没看，香烟盒就装香烟的，应该就是香烟吧。

问：你吸毒吗？

答：吸过。（因为有尿检报告，他无法否认）

这种跳跃式发问，让被询问人无法判断询问人的真实意图，毫无防备而说出实情。上述问答显示脉络为：华某替好友高某将一盒普通香烟拿给楼下的孙某，却收了两三千元的费用。这并不符合惯常情形，显示出破绽。

（5）设置封闭问题，避免开放式发问。一问一答，一个问题只包含一个事实，要让被问话人习惯于回答“是”或者“不是”。问题设计要具体，要让被讯（询）问者能够立即回答。不要问为何、如何等宏观或宽泛的问题。比如“你把案发当天听到和看到的情况向法庭说清楚？”这种问话就是不合格的发问。

（6）快速跟进追问。交叉询问中，询问人目光和精神要聚焦于被询问人，见机行事，见招拆招，连续快速跟进追问。脱口而出的往往才是真话，谎言是需要精心编造的。不让被询问者有时间和精力去编造谎言，即使脱口而出的是谎言，也要通过连续跟进追问揭示其漏洞。

（7）不要问自己不知答案的问题。交叉询问属于“明知故问”。交叉询问的目的主要不是发现新的事实和情节，而是实现反驳和质疑。因此，不要问自己都不知道答案的问题，这与庭前的询问和核证截然不同。

（8）理性看待诱导性发问，合理运用异议规则。国际通行惯例是直接询问原则上不得诱导性发问（有例外情形），交叉询问原则上可以进行诱导性发问。在庭审实践中，关键在于合理运用异议规则，在合适的时间、合适的环节、合适的状况下提出“反对”。

(9) 冷静看待翻证。有些证人在庭前已经翻证或当庭翻证，如果通过多个问题的追问无法让其“改口”，则不宜死缠烂打，甚至激怒被询问人。法庭交叉询问的重点不是要让证人回到最初的证言，而是要展示翻证的原因和理由，并揭示这种原因和理由是否符合常理；展示翻证内容与之前证言不一致，甚至存在不合理之处。

(10) 理性把握节奏，必要小结。如果通过询问获得一项前后矛盾的证言，谎言已不攻自破，此时要“见好就收”。在高某贩卖毒品案中，公诉人通过连续“跳跃式”发问，从华某回答的内容中已经可以推定其明知是毒品，此时就应该停止发问，不宜再追问，应进行小结。

五、自我评价与意外收获

在复盘最后，培训师应引导各位学员评价自己在实训期间的表现，便于学员继续提升优势，改进不足。如有时间，还可通过互相投票的方式，选出本组或本班次的优秀学员。如果有学员获得了在实训目标以外的收获，可以鼓励其与大家分享。

要点提示：建议培训师根据实训中观察到的各学员表现，在其自我评价的基础上，对其优点与不足作出补充建议，并为其提升辩护实务能力设定目标、指明方向。这个环节应注意的是，培训师的评价一定要客观、公允，避免带有个人色彩，杜绝使用会让学员感到不适的语言或词汇，同时所给出的建议一定要具有可行性，而不是脱离现实的理想主义观点。

CHAPTER 8

第八章

实训检验：效果评估

完整的刑事辩护实训在经历了预备、着手、演练、提升和归纳等环节后，还须经过科学的检验和评估。通过实训检验，可以客观全面地审视实训活动，科学总结实训活动，反思其中的优劣之处，进而促进刑事辩护实训质量的提升。为此，我们需要建立科学合理的实训检验体系，明晰实训效果评估的原则与规则，细化实训评估的具体操作方法。

第一节　实训效果评估的原则与规则

一、实训效果评估的原则

（一）全面性原则

全面性原则是指在运用实训效果评估标准时，要客观全面，不能以偏概全、一叶障目。这不是要求评估要涵盖所有指标，而是要求该指标在最大限度内全面、完整地评估刑事辩护实训的效果。一方面要把握评估标准，注重评估标准的全面性；另一方面要关注评估过程，全面收集评价信息。评估体系是一个多层次、多因素、多变量的动态系统，评估的内容、方法、过程等也是多层次、多变量构成的有机整体。检验刑事辩护实训效果时，须进行多指标、多方位、多层次的分析和判断，并且要求评估在时间和空间上涉及刑事辩护实训开展的全过程以及所有因素。

首先，要制定全面的评估标准，评估的核心在于建立一套科学的质量标准。评估指标体系是标准的分解，指标则是标准某方面要求的具体化或行为化。具体包括以下四方面：第一，全面考量评估对象的差异性。例如，参与刑事辩护实训学员的教育背景、执业地域、专长领域、个人素质等方面的差异，会直接影响到培训质量效果，因而在检验评估时，须予以特殊考虑。第二，以刑事辩护实训课程的预期目标为导向。无论是培训师还是参训学员对于培训课程的预期目标都会存在不同认识，也会设定相应的预期目标。以每位参与实训活动人员的目标为导向，方能真切评估到每位参训人员的得与失。例如，在法庭发问实训中，培训师关注的可能是庭前问题设计能力和庭审灵活发问应变能力。参训学员对这类发问的预期可能是以提升庭审应变能力为主，而往往忽视庭前准备和问题预设。只要了解培训师、参训学员参训的预设目标，就能评估实训人员的参训实效。第三，以学员参与刑事辩护实训课程实际获得的职业经验、操作指引和意外收获作为主要参数。在评估实际操作中，可将不同收获按照一定标准予以量化，并将

“量”的高低、大小作为评估指标，实现实训效果可视化。实训过程不仅是提升自身能力的过程，更是交流执业困惑、执业经验和操作技巧的过程。除既定实训目标外，学员可能会有其他方面的收获，亦应作为评估因子。第四，注重参与主体的积极性。刑事辩护实训过程是兼具客观性与主观性的动态互动过程，实训的筹备、预备、着手、演练等课程设计无疑是客观的，但开展实训评估需要培训师的充分准备和学员的积极参与。

其次，明确评估目的。检验刑事辩护实训课程效果的目的在于提高学员的学习质量，促进学员以刑事辩护实训课程为基础，将课程学习转化为实践能力。同时也要学员及时提供课程反馈，帮助刑事辩护实训课程授课机构和培训师根据评估结果，重新规划、设计和改进项目。这对于保障课程参与者之间的关系至关重要，指向课程质量提升，其本质属于发展性评价。比如，本次评估到底是检验教学成果，还是检验培训师能力；再如，到底是对过程进行评估，还是对结果进行评估；等等。

再次，明确评估的主体、客体及内容。评估活动总要涉及评估的主体和客体。评估主体是指主导评估活动的人或机构，回答“谁来评”的问题；评估客体则是评估活动指向的对象，回答“评估谁”的问题。为从更广泛视角评估数据资源及评估质量，应尽可能探索学员、培训师以及授课机构之间的内部自我评估，与第三方外部机构介入的评估方式并存的机制。在评估过程中，应始终将学员作为刑事辩护实训课程的重点评估客体。以培训师和授课机构的评估，作为保障和增加学员学习收获，并推动刑事辩护实训课程顺利实施的有效辅助手段。

复次，充分利用诸如课程练习、档案记录、调查问卷等工具，评估学员的学习成果。课程练习是评价学员学习收获的重要方法，对引导学员的学习、检查教学实效具有重要意义。档案记录了学员课程学习作品、作业等材料，能直接反映学员在每个课程学习阶段的成长与进步。通过这些材料评估学员的学习成果，能全面判断学员的课程学习与实践情况。调查问卷是间接评估方法中最常用的工具，也是收集学员课程收获的工具，对从主观方面反映学习情况、全面评估学员成果具有不可比拟的作用。访谈法是完善评估资料的重要工具，不仅能弥补调查问卷的过度主观性，还可以有效捕捉学员在课程中的互动情景、实务演练和模拟法庭实效。

最后，重视评估结果。刑事辩护实训课程评估的主要目的是改进课程质量，因而要科学分析评估结果、深入挖掘数据背后的深层含义，发挥评估结果真正的价值。在此基础上，要改进课程体系、有效引导学员，提升刑事辩护的实战技能。这需要我们收集、整理和分析评估获取的材料、信息，总体把握和认识实训的效果，找出实训过程和评估过程的缺陷。

刑事辩护实训课程质量监控是课程质量建设的内容之一，对刑事辩护实训课程进行评价是保障其质量的重要抓手。在制定课程评估标准及开展课程评估过程中，应贯彻全面性原则，以清晰把握教学成果，提高刑事辩护实训课程质量，有效改进刑事辩护实训课程的质效。因此，实效评估的全面性原则是我们评估刑事辩护评估效果的基本立场，需要树立系统思维，从评估的主体、客体、标准、方法等层面，统筹考虑实训质效。

（二）客观性原则

客观性原则是指从实际出发，采取实事求是的态度，评估事物的本真面目。遵循客观性原则是评估实训效果的基础和前提。正确的评估原则不仅是统一人们思想和行动的指南，而且是指导、控制、协调评估过程的保障。在制定刑事辩护效果评估指标体系的过程中，正确贯彻各项原则，克服主观性、随意性、片面性等问题，提高评估的效率和可信度，对于增强评估的客观性有着重要意义。评估不能仅凭想象、主观推断或个人臆想，应有真凭实据，否则，评估的信度和效度会大打折扣。真实、可靠的资料是建立实训效果评估的基础，只有在评估资料客观的前提下，评估结果才能客观真实地反映刑事辩护实训活动及其成果。第一，遵循客观性原则要求在刑事辩护实训活动中建立起一个能够反映活动客观规律的实践效果评估体系。它要求评估指标的设立必须有明确的边界，既要客观全面地评估每一项刑事辩护实训教学环节的质量，又要符合实训教育教学规律，共同构建一个有效的评估体系。为了保证刑事辩护实训效果评估结果的准确性，要尽可能准确、真实、客观地收集作为效果评估前提的信息和资料。在制定刑事辩护活动效果评估体系的过程中，要坚持客观、实事求是的态度，按照事物本来的面目进行考查；从客观实际出发，获取真实信息；采取科学有效的手段，得出与事实一致的科学结论。例如，在设定评估指标时，要考虑本次培训主题的难易度、培训时间的合理性、培训方法的科学性以及其他因素，制定全面合理的指标，减少主观、模糊、抽象的标准。第二，评估标准与实训目标、辩护目标在一定程度上应当具有一致性，唯有一致才能反映刑事辩护实训活动与目标追求的真实关系，否则会出现遗漏或附加失真的情形，不能真实体现刑事辩护实训活动的效果与水平。第三，评估方法、工具、手段应当客观，即采用客观的评估方法、运用客观的评估工具展开评价，才有可能收集到全面客观的资料。第四，评估主体要有较高素养。评估主体是影响评估客观性的主要因素，评估者的知识修养、能力水平、情感态度和立场观点对评估行为与结果具有重要影响。有研究者指出，评估者“要符合五项基本标准：公正无私，具有较高的专业素质，做事认真严谨，具有先进的教育理念，掌握科学的评价方法”。评估者只有具备教育学、法学、评价学的知识和技能，才能科学合理地制订和实施评价方案，正确运用评价工具、处理评估资料，得出客观、合理的评估结论并解释评价结果。第五，建立科学有效的评估体系，设计多元的刑事辩护实训效果评估体系，以保障实训教学的有效性。在评估设计上，应编制详细、具体、多元的评估指标，通过不同角度反映评估主体和评估指标，检验和提高实训教学效果。

部分培训机构在不断强化“过程导向”的刑事辩护业务培训，这有助于学员深入参与培训过程，反对以“发结业证”为最终目的的形式化培训，但对于短期内培训效果的评估也不可忽视，否则培训师和学员都无法清晰地认识到培训的实质作用和缺陷。因此，培训机构必须组织全面、客观、科学地进行评估。

评估活动是否有效，不仅取决于评估过程的技术运用合理与否，也依赖于评估过程的心理因素调控。由于刑事辩护实训效果的评估对象是人及教育活动，因此评估结果的效用很大程度上取决于评估对象对于实训课程和评估活动的接受程度。刑事辩护实训效果评估的客观性原则，要求评估主体按照评估标准对评估对象作出客观的价值判断。

（三）导向性原则

导向性原则是指在对于刑事辩护实训效果评估时，要充分认识评估效果的导向性，使评估工作能正确地发挥导向功能，达到以评促改的目的。导向性原则要求，对刑事辩护实训效果的评估，要关注实训活动对参训学员的刑事辩护工作是否起到积极引导作用。导向性原则具体包括两部分：其一为过程导向性，即对于实训效果评估，要注重对于整个刑事辩护过程的效果评估。从刑事辩护过程的整体出发，发现问题、分析问题并解决问题。其二为结果导向性，即从结果出发，全面、客观地评估整个刑事辩护的效果。对刑事辩护的检验，既要注重过程评估，也不能忽视结果分析。如果过于偏重结果进行效果评估，可能导致过分追求实绩而忽视对于过程中合理性的把握。因此，导向性原则是对培训效果评估目的的要求，在兼顾评估目的和关注评估结果的基础上，以明确目的导向，完成特定阶段的评估工作。例如，在辩护实训培训工作初期，我们需要调查评估参训学员对培训活动的需求和预期；在培训过程中，我们需要及时获取参训学员的反馈。

（四）多样性原则

多样性原则是指对于实训效果评估的指标以及方式应当多元化，不能以单一标准作为依据。对刑事辩护而言，应根据案件性质以及辩护的出发点、目的和技巧进行调整。在评估实训效果时，也应结合具体案件性质和类型，设定不同的评估方式和标准，全面反映实训活动。多样性原则其实是要求实训效果评估者应当设置多元评估标准以及动态灵活的评估方式，以准确获取辩护实训的效果。例如，在影响性案件辩护实训主题中，需要培训律师应对公共媒体的能力，因而需要将辩护律师发表庭外言论、与媒体交流沟通方式作为考量因素。

二、实训效果评估的规则

（一）指标多元规则

指标多元规则是指评估刑事辩护效果时，从多角度、多方面设定评估指标；若指标单一或指标较少，容易导致评价结果不具客观性和全面性。例如，针对一次实训活动，可以从案例的时效性、典型性和针对性出发；也可以考察学员准备的全面性、语言组织能力、临场应变能力；还可以评估整个过程的逻辑性、流畅性以及完整性。

（二）分值分配合理规则

分值分配合理规则是指评估刑事辩护效果时，面对多元的评价指标，各个指标之间的评价分值应当做到占比均衡、分配合理，同时注意有无各考评项目的具体分值和细化规则。对于复杂、难度较大的部分应赋予较高分值，而对于较为简单、难度较低的部分应赋予较低分值。“考评项目具体赋值”和“细化的扣分规则”是考核指标的赋分形式，前者赋予指标类别和考核细目规定分值，即正分；后者则是未完成该指标情况的扣分。只有细化分值、合理分配分值，才能保障评估结果的真实性和可靠性。在刑事辩护效果评估中，要淡化传统考核评估方式，重视学员的参与程序、表达方式、思维转变等内容。

（三）过程评估为主，结果评估为辅规则

过程和结果在刑事辩护实训中的重要性是一致的。过程评估为主，结果评估为辅规则是指在辩护过程中所体现的辩护逻辑与思维、辩护技巧、辩护方法等对于一个高质量的刑事辩护更具有参考价值，不能只关注辩护结果。过程对于结果而言，更具参考价值。因此在评估刑事辩护实训过程中，应着眼于辩护过程体现的价值和反映的问题，以辩护结果为参考，而不能本末倒置。

（四）定性评估与定量评估相结合规则

定性分析是从质的方面研究事物，即从事物的构成要素及其相互关系中把握事物的规律性。定性分析要在占有大量第一手材料的基础上，运用辩证逻辑的形式、逻辑的思维方法，通过归纳、演绎、比较进行综合分析，以把握事物的属性与特征。定性分析是社会科学研究中的重要方法。定量分析是用数学方法从量的分析中把握事物的质的方法。在自然科学中，定量分析是主要方法，社会科学也逐渐采用定量分析研究问题；但由于社会现象千变万化、定量比较困难，极易丧失事物本身丰富多彩的动态性，致使定量分析在社会科学中的适用受到一定限制。在社会科学中常用的定量分析是社会统计，通过分析政治、经济、文化等社会现象的数量，运算推导社会现象的规律和特征。刑事辩护实训活动的评估中，也应当将定性分析与定量分析结合起来，从本质上对辩护活动进行探究的同时运用定量研究方式，用量的分析加深对质的理解，增强评估结果的科学性、合理性，有效发挥其引导作用。

第二节　实训效果评估的方法

定性评估和定量评估均属于实证性评估方法，属于实证研究范畴。为准确应用定量评估和定性评估方法，我们需要了解这两种实证研究方法。近年来，法律实证研究方法虽在我国法学界受到广泛关注，但不少人对“实证”二字却常常有一种误解，即认为实证研究就是使用问卷调查和统计分析的定量研究。同时，由于我国的法学教育中普遍缺乏数学和统计的相关训练，法学专业的许多学者和学员对于数字都望而生畏，即使有时出于研究需要会发放一些问卷，但在问卷设计和数据分析上都显得力不从心。事实上，强调数字和统计的问卷调查只是社会科学研究方法中的一种而已，即使在西方法律和社会学界，使用问卷调查的定量研究也非主流，更多的法律实证研究所使用的是定性研究方法，也就是访谈、参与观察、历史文献分析等方式。① 定量研究和定性研究是社会科学研究的两种基本方式方法，两种研究方式方法无论从理论基础还是从具体过程来看，都存在着较大差异，主要表现在以下七个方面（表 8-1）②：

表 8-1　定量研究与定性研究的区别

定量研究	定性研究
检验研究者提出的假设	把握和揭示研究者感兴趣问题的意义
概念形式为不同变量	概念的形式为议题、主题、概括和术语
在收集数据前系统地设计标准化的测量	测量具有非正式性和情境化特点
数据是从明确测量中获得的数量形式	数据的形式为文献、观察和文本资料
大多为因果解释，属演绎式	因果解释或非因果解释，属归纳式
研究程序是标准的、可重复的	研究程序是特殊的，很少可以重复
通过统计、图表，考察其与假设的关系	通过收集证据和组织材料来抽象主题和进行概括，呈现一种统一、连续的图式

正是因为定性研究和定量研究具有各自的方法论基础、具体方法和技术手段，因此，定性研究和定量研究相互共存、相互补充，共同构成了整体的社会科学研究。目前，社会科学既不可能完全是定性研究，也不可能完全是定量研究。因此，笼统地讨论定性研究与定量研究方式方法孰优孰劣实质上是毫无意义的，因为二者在社会科学研究中都并非唯一的选择、不是非此即彼的关系。

定性研究虽能把握现象的基本性质和走势，但不能提供更具体的因果解释。在需要明确解释现象原因、各种因素的影响方式和影响程度时，定量研究具有较大优势。例如，通过分析全样本数据，可以获取学员对本次培训的选题、方法、内容、效果等方面的整体态度。定量研究的另一个重要优势在于，增强结果的客观性。但定量研究以数量分析来解释现象的特征，因之缺少背景和实践材料，对

① 参见刘思达：《法律社会学：定性研究是主流》，载爱思想网（网址：https://www.aisixiang.com/data/86103.html），访问日期：2022 年 8 月 30 日。

② Neuma, W. L, Social Research Methods: Quantitative and Qualitative Approach, p. 317.

于说明社会现象的特征不够具体，不能给人们理解这些现象提供经验基础。在评估刑事辩护实训效果时，须向培训师和评估者介绍定性研究和定量研究的方法，将两种社会科学方法结合起来，评估实训效果。

一、定性评估的概念及特点

定性评估以社会科学中的定性研究为基础，是指一种相对于定量或量化研究而言的方法。这种评估方法旨在通过对事物性质、质量和特征的考察和判断，揭示事物的内在意义及规律。性质是指代表事物整体状况和发展趋势的特性，如良性与恶性、一致性与对立性等；质量是指事物结构要素的组合和构成形态，质量可以用量的指标来研究，也可以通过直觉经验加以鉴别和评价；而特征是指事物所显现出具有自身特殊性的表征。

社会科学中的定性评估是与社会现象的性质和特征有关的研究，通常包括对事物的性质、质量、特征、意义和趋势的评价、估计、判断、再现和预计。定性研究方法在社会科学中具有特别重要的意义，同时也是方法论领域发生争论时经常涉及的问题。要理解定性研究及其方法，首先需要认识此类研究及方法的性质和特征。关于定性研究的基本取向问题，纽曼（W. Neuman）曾概括出三点：①定性研究为非实证取向；②定性研究具有实践逻辑取向；③定性研究走非线性路径。①

定性研究具有如下特点：①关注社会背景。社会背景是各种行为和事件的载体，各种行为都在特定背景中产生，理解行为首先必须了解背景。②偏重个案研究。既然行为和事件相对于社会背景来说都是特殊的，那么理解行为和事件的意义就需要具体到个案上，从个案研究中了解和认识同类行为和事件的性质和意义。③重视理论基础。定性研究倾向于从实践中归纳和总结理论，要从具体的、特殊的现象中归纳出理论，要求研究者必须首先具备相应先验性的理论知识。④注重过程和结果。定性研究注重在互动实践中去理解人们的行动和社会现象，并关注行动或事件所产生的影响或意义。⑤强调对意义的解释。与定量研究不同，定性研究并不追求发现事物内在的客观规律，而是强调对社会历史现象中特定意义的认识和理解，即从对具体行动或事件的综合考察中，归纳和诠释关于

---

① Neuman. W. L, Social Research Methods：Quantitative and Qualitative Approach, Allyn and Bacon, 1994, pp. 316-318.

某类行为或事件的意义，并由此解释人们是如何通过他们的特定行为建构和维持相应的社会的。可见，定性评估思维要求评估者根据刑事辩护培训的定位、性质、特征、质量、成效等内容，判断刑事辩护培训的效果。这种评估依赖于评估指标和评估者的经验。例如，评估者可以根据刑事辩护培训的主题、方式、交流程度、课程设计等对培训效果进行整体研判。

二、定性评估的研究设计

（一）定性研究设计的必要性与意义

在社会研究中，当我们发现某种社会现象尤为突出、值得研究，并且我们对了解和认识这些社会现象也有很浓的兴趣，那么便要根据问题需要、结合定性研究特征，确定研究开展和评估方案。

第一，设计一个适合研究主题的合理方案。定性研究设计主要是对定性研究的目的、研究过程的复杂性和变动性及应对方法的提前分析、准备和计划，以使研究结果在一定逻辑框架下、按科学研究程序完成和得出。定性社会研究更需要精心、细致的设计，因为相对较为程序化的定量研究而言，定性研究过程容易受多种因素的影响和制约，研究过程更为复杂且具有较大的弹性空间。比如，当我们评估“刑事辩护全覆盖”的试行实效时，需要考虑不同地区的地域差异、经济发展和法治水平，进而根据上述指标，设计研究的重点和策略；再如，我们评估本次培训需求的时候，必须考虑到学员的地域分布、前期承办的案件类型、执业偏好等。

第二，明确界定研究活动的范围。一项研究设计会对研究的基本结构、内容和方法有较为精确的规定和安排，如为达到研究目的需要哪些材料或证据，收集这些材料需要进行哪些访谈、观察和调查，以及去哪里收集这些素材，对这些材料需要怎样整理和分析等。在研究设计中都要有提前的预设和准备，并以此确定研究的大体范围，使研究活动能集中针对具体目标有效开展。例如，在评估“法庭发问”板块的培训实效时，需要明确本次评估的内容以法庭发问技术为主导，可能涉及言词证据的质证方法，但一定不能涉及物证调查规则。

第三，研究设计可作为指导研究活动的实践指南。研究设计包含了根据研究目的和研究问题及所需材料而拟定的研究方法和分析手段，使研究者在进行访谈、观察、调查和分析时，能够根据研究设计的引导运用合理、有效的方法和手段，从而更好地完成研究工作。这需要围绕培训的主题、目标展开设计。比如，我们可以定性为“以学员的需求为指导的培训”，评估时就可以问“你觉得目标实现了么?”“没有实现的原因是什么?”“本次目标的实现，你觉得得益于什么?”“本次培训给你带来了什么?”等。

第四，监测和评价研究活动。为确保定性社会研究的科学性，我们需要对研究过程中的具体活动加以控制和监测，使研究成果具有可靠的程序支撑。对定性社会研究的评价相对复杂，因为定性研究不同于定量研究，对定量研究的评估一般可根据结果的信度和效度来直接加以测评，而对定性研究的评价，仅根据结果难以进行全面、合理的评鉴。因此，评估者需要阶段性参与辩护质量的评判，充分感受辩护培训的课程设计、效果、气氛等信息，判断培训质效。例如，培训学员学习热情高涨、参与讨论充分、交流互动频繁、准备认真充分、实训演练深入等因素均可作为检测和评价的对象。评估者对上述内容的研判就是定性研究的体现。

第五，促进定性研究的规范化和专业化。虽然人们常认为每个正常的社会成员可算是半个社会科学家，人人都能凭借常识了解和认识一些社会现象，但一般常识性的理解和认识与专业性的科学研究终究是有差异的。因此，如果定性研究不能在研究程序上加以严密规划和设计，就难以与一般常识性理解区分开来，也难以体现定性研究的科学性和规范性。综上，在采用定性评估之前，参与评估人员需要通过精心、严密的设计，遵循定性研究的内在逻辑、增强其一致性，从而提高定性研究的信度和效度。

（二）定性研究设计的原则

一项高质量的研究设计将为高质量的定性研究奠定基础。在进行定性研究设计时，需要根据不同研究目的和要求，在设计中采用灵活、多样的策略。不过，规范的、严密的研究设计一般都要满足几项基本要求或遵循一些基本原则。常见的规范设计所遵循的基本原则可概括为两大类：一是 SMART 原则；二是 QQT 原则。对研究者或评估者而言，若想更好地设计自己的定性研究，就需要在设计时考虑尽量去满足两类原则所包含的要求。下文所介绍的定性研究设计原则是我们展开刑事辩护实训效果评估时，需要时刻谨记的内容。

1. SMART 原则

研究设计的 SMART 原则是指评估设计要满足五种要求：①具体性（specific)。具体性要求指研究设计要拟定研究的具体问题、具体内容、具体步骤和具体方法。②可控性（measurable)。可控性要求是指研究设计所计划和准备的研究程序和方法能够被研究者所操控，所设计的内容应该在研究者主观能动性范围之内，而不能超出可操控范围。③精确性（accurate)。精确性原则主要指研究设计要尽量精确到研究中的具体步骤和方法，如针对某个问题，研究者需要掌握哪些材料、通过什么途径和方法可以收集到这些材料、将这些材料收集回来后需要进行怎样的处理和分析等。④现实性（realistic)。现实性要求是指研究设计必须与历史和社会现实密切结合起来，不能脱离具体实际。⑤时限性（time-bounded)。时限性要求指研究设计所作的计划必须确定具体时间限制，即所计划的研究目的和研究任务需要在一定时间内得到实现和完成。综上，SMART原则基本反映了一项规范、合格的研究设计所具备的特征，这些原则为我们进行定性研究设计提供了一种框架性指导。在计划和设计具体研究目的、过程和方法时，要根据这五种要求，提高研究设计的严密性、完整性和有效性。

在具体刑事辩护培训中，需要培训师根据本次培训的对象、目的和主题，前提设计好评估指标，根据实训进程，在特定时间范围内，发放量表。例如，在设计庭前阅卷技巧实训评估时，可以按照SMART原则进入如下检验：一是要评估学员是否掌握具体的阅卷技巧；二是评估范围以阅卷技巧为主，不能出现“超纲”问题；三是设计内容要精确反映实训内容及目标；四是评估指标要基于我们《刑事诉讼法》相关法律规定、阅卷权行使的司法实践；五是评估指标应在培训课程结束当天发放，及时回收评估材料，尽早进行数据整理分析。

2. QQT原则

QQT研究设计原则是代表三个方面的要求或评判标准：第一，数量（quantity)。在数量方面，研究设计要对研究的目的和问题、研究活动的项目有相对具体和精确的预计和规划。即便相对于定量研究而言，定性社会研究较为复杂，但其研究设计也要尽量精确地计划出所要进行的研究有几个目的、活动内容有多少项。数量要求使研究设计能真正为研究确定较为具体的框架，能够为研究者划定研究范围。第二，质量（quality)。研究设计在质量方面的要求主要指设计策划内容应达到一定的质量标准。比如，设计访谈、观察、文献收集活动方面的计划时，须考虑到这些方面应达到怎样的质量水平，以及通过怎样的方式，能确保其达到相应的质量要求。第三，时间（time)。每项研究都要在一定期限内实施和完成，因此研究设计的时间计划大体包括三个方面：一是整个研究过程所需要的时间。即所有研究活动要在多长时间内完成；二是具体研究阶段和具体研究活动的时间安排；三是对可能的时间变动及调整的预计和准备。设计评估标准时，如果能参照以上原则，就可以有效避免研究设计的形式化、空洞化，避免研究时间浪费、效率低下，从而使研究设计能真正发挥引导和规范研究活动的作用。据此，刑事辩护实训效果的评估指标需要在特定框架下展开设计，需要考虑到培训主题、参与人员和课程设计，根据评估所需的数量、质量和时间，确立评估体系。

三、定性研究的具体方法

社会科学研究离不开资料的收集。没有可靠的资料，社会科学研究也就成了“无米之炊”。社会科学研究中运用的资料不外乎两类：一是定性资料，二是定量资料。定性资料指反映研究对象特征和性质的资料，多以文字形式呈现；定量资料是指反映事物量的特征及变化规律的资料，多以数据的形式呈现。收集定性资料是定性社会研究的一项基础性工作。定性资料与定量资料的收集在方法论上是相通的，在收集方式方法上则有一些差异。本部分将重点介绍收集定性资料的几种主要方法：田野工作、访谈法和文献法。

（一）田野工作式评估

1. 田野工作的概念

田野工作是指研究者深入到研究对象的生活场域，体验和感受研究对象生活世界的一种方法，是研究者获得田野经验和收集资料的重要途径。社会科学所要研究和探讨的问题，其实都是与人有关的问题。人的观念和行为影响和构成了社会事实，无论是经济、政治，还是社会与文化领域，都离不开人的行动和经验的支撑。因此，文化人类学倡导以民族志（ethnography）研究策略来研究人和文化，就是要求研究者亲临现场，去获得直接经验感受和第一手材料。

近年来，随着社会科学的发展以及不同学科间的相互交流与借鉴，田野工作方法已经不仅仅是人类学的专有方法，在社会科学的众多研究领域中，大量定性研究都需要通过田野调查来进行，如社区研究、各种组织研究、政治经济行为研究以及社会心理研究等。个案研究是探讨和认识这些问题的重要策略，而个案研究一般又需要借助田野方法去具体实施。因此，田野工作方法已经成为定性社会研究中一项极其重要的研究手段和方法。

2. 田野工作的内容

田野工作既是一种收集定性研究素材的方法，也是进行定性研究的过程。因此，田野工作的内容可以分为两大类：

第一，资料收集。在资料收集方面，田野工作的主要内容包括：①整体把握田野点的社会关系及组织结构。一个社会总是包含着各种各样的人际关系和社会关系，如亲属关系、族群关系以及组织关系等。田野工作者要想从整体上理解所研究的社会，就必须收集构成该社会的主要社会关系网络、组织结构等方面的材料。②收集当地文化法则、交往规则以及民风民俗方面的资料。只有通过对这些文化法则和规则的了解和分析，才能进一步理解当地人的观念世界，才能真正理解当地文化逻辑及意义。③收集社会记忆及个人生活史方面的资料。社会记忆材料包括民间传说、故事、神话以及一些史料记载等。生活史（life history）资料反映个体在现实生活中的感受、态度和反应。这些对于理解该社会的文化及其变迁来说意义重大。因为当地人的反应、感受和理解往往是对其最直接、最真实的反映。例如，在刑事辩护培训过程中，培训师和评估者要深入参与到学员的培训活动和课余活动之中，通过与学员交流、访谈了解他们对于刑事辩护业务、刑事辩护律师、刑事辩护培训等相关内容的看法、观点和了解，甚至需要通过参观其所在律所、团队进一步加深认识。

第二，思考研究。对于社会科学研究者来说，田野工作的根本目的不在于直接感受经验，而是要发现问题和解释问题。所以，直觉经验的获取固然重要，但研究者不能停留于直觉经验，而需要超越直觉经验。所谓超越，就是在获得经验的同时，有目的地、系统地考察、思考和分析经验现象，并在直接经验基础上探讨更为深刻的理论问题。评估仅仅是方式，不是最终的目的。评估者一定要通过参与刑事辩护培训效果的评估，发现我国刑事辩护制度和实践中存在的现实问题，了解刑事辩护律师的现实需求和发展方向。在培训课程设计和质量评估过程中，我们需要以问题为导向，不断思考培训主题、培训课程和培训效果之间的关系，反思现有课程体系和评估方式。例如，法庭发问课程的培训就不能采用传统的理论讲解和规范梳理方式，而是要以交流、提问、质询、反驳、异议等行为展开实训。在评估课程质量时，我们不能采用滞后的问卷反馈、赋值打分等方式，而是要深度沟通、亲自参与，感受培训过程。

田野工作者的思考研究内容可用“W-H-W”模式概括，即“what-howwhy”。在结束一天的调查工作后，首先需要思考的问题是，我们看到和听到了什么？对“什么”（what）这一问题的思考，不是简单回忆和记录所见所闻，而是要深入思考是什么人、在何时、什么地方做了什么或说了什么，这些经验现象有什么特征，属于什么性质或归于什么类型，它们之间有什么内在联系。对“怎么”（how）这一问题的思考。研究者在田野调查中不仅能够获得社会事实，更重要的是能够联系具体情境理解这些事实是怎么发生的。对“为什么”（why）这一问题的思考，就是分析和思考田野中发现的重要社会事实为什么会发生。解释或理解社会事实是社会科学研究的基本目的，田野工作者所掌握的经验材料之所以不同于当地人的直接经验，是因为田野工作是带着科学研究的目的、按照理论逻辑之要求系统获取经验材料。“W-H-W”模式为我们提供了一个进入培训课堂、调查评估的基本方法，通过询问培训师和学员，可以获取更为全面的培训信息。也就是说，我们的评估人员需要通过交流、沟通等方式，了解培训师和学员对于培训安排、课程设计或实训效果等的态度和感受。

3. 田野工作的策略

在田野工作中，研究者需要运用两种研究策略去研究田野点的社会与文化，一是主位取向（emic approach）的策略，二是客位取向（etic approach）的策略。主位取向策略也叫“行动者”或“当地人”取向的策略，研究者在研究中首先需要掌握行动者或当地人是怎么做、怎么说以及怎么想的，即了解当地人的原初观念。客位取向的策略指的是研究者取向或观察者取向，也就是研究者站在客观的立场去对社会文化现象加以客观的分析和解释。主位策略就是收集和掌握当地人或行动者是怎样解释他们的社会文化现象的，客位策略则是研究者在当地人提供信息的基础上，站在观察者的立场去寻找当地人由于置身其中而不能看清的因素。田野工作者在调查研究中要将主位策略和客位策略巧妙地结合起来，这样才能找到更有效、更准确的解释。在具体实操中，培训评估者需要站到学员的角度，思考培训的质量和效果。例如，对于青年律师而言，培训工作的重点是先了解刑事辩护律师及其业务，再掌握基本的执业思维和风险挑战。对于具备一定刑事辩护经验的学员而言，分享刑事辩护经验，精进刑事辩护技能更为重要。评估者只有转换视角，站到学员角度，才能更好观察、评估辩护培训的实效。

（二）访谈法

1. 访谈法的概念

访谈法是指在社会科学研究中通过有目的的提问或谈话来收集信息资料的方法，简言之，访谈法就是有研究目的的询问和谈话。作为一种科学研究方法，访谈法有五个基本要件：

（1）访谈者。访谈者是访谈的实施者、研究者和评估者。研究者只有亲自实施访谈，才能真正理解访谈中的信息和资料。

（2）受访者或被访者。受访者或被访者是接受访问或与访谈者交谈的对象。调查访谈中的受访者通常要抽样选择对象。若在主观影响下随意选择受访者，将会降低所收集信息的效度和信度。

（3）社会场景。访谈离不开一定的社会场景，访谈的场景既是访谈得以开展的前提条件，也是理解访谈信息的重要背景。譬如，在实训过程中，培训师既可以利用培训课程进行交流访谈，获取学员的整体态度，也可以在课间休息、用餐时间，与学员进行单独沟通、交流，了解他们听课的感受、反馈和意见。

（4）询问和谈话过程。询问和谈话过程是由访谈者向受访者提出问题或进行交谈的过程。在田野调查中，提问和交谈通常是开放的，问题和谈话内容并无固定的模式。在社会调查中，询问和谈话常常是按照设计好的问题或提纲进行。

（5）信息或资料。访谈获得的信息和资料的质量直接关系到访谈的效度和信度。访谈法的内涵和基本构件虽是较为固定的，但人们会根据实践需要去选择和应用不同的访谈策略、技巧和程序，获取不同的信息资料。

2. 访谈的方法

在社会研究实践中，关于访谈法的分类，就有多种不同的观点。例如，根据访谈形式的不同将访谈分为标准化访谈（standardized interview）、半标准化访谈和非标准化访谈三种类型。[①] 巴顿（M. Q. Patton）将定性访谈划分为非正式的回话访谈（informal conversational interview）、一般性访谈引导法（general interviewguide approach）和标准化开放式访谈（standardized open-ended interview）三种。[②] 纽曼

---

① Berg, B, Qualitative Research Methods for the Social Science, p. 93.

② 参见〔美〕巴顿：《质的评鉴与研究》，吴芝仪、李奉儒译，桂冠图书公司 1990 年版，第 227—232 页。

则按照访谈法的使用范围把访谈划分为典型调查访谈（typical survey interview）和典型田野访谈（typical field interview）两种。[①] 不论是何种分类，其实都是对访谈法结构和特征的分析和概括。随着访谈法越来越广泛地应用于定性社会研究之中，有些概括并不能反映访谈法的新用途及特征，如创造性访谈、演绎性访谈，都是在当代定性社会研究中出现的新的应用方式。

第一，结构访谈与非结构性访谈。从访谈法的结构特征角度看，访谈基本可划分为两大类：一是结构性访谈；二是非结构性访谈。所谓结构性访谈，是指访谈限定于一定结构模式，即按照设计好的访谈结构进行的访谈。首先受访者的范围有限定的结构，其次访谈中的话题、问题及答案也有固定结构，最后是按照一定的结构模式收集和记录访谈信息或资料。

非结构性访谈与结构性访谈相对，是指不受固定结构模式限制而进行的访谈。非结构性访谈无论在形式、程序方面还是在内容方面，都具有较大的灵活性、开放性以及独特性。非结构性访谈通常不是按照研究设计中的访谈计划进行的，而是大多发生在即兴的场合中，也就是在访谈者与受访者的交流互动过程中演进的。在一些具体研究评估中，结构与非结构性访谈并非完全分离的，有时是相互嵌套的。因此，评估者可以在实训结束后，采用午餐会、下午茶等相对灵活的方式，采用结构性访谈和非结构性访谈两种方式，评估培训质效。结构性访谈能够明确主题，更具目的性和逻辑性；非结构性访谈更为随意，可以获取学员对本次培训的整体感受，甚至会获取评估者意想不到的信息。

第二，创造性访谈。创造性访谈（creative interviewing）是由道格拉斯（J. D. Douglas）总结提出的一种访谈方式。道格拉斯特别强调访谈要具有创造性，根据情景不断变化，而不应该受制于固定的规则。[②]创造性访谈的根本目的在于认识真正主体也就是研究对象的内心世界和主观世界。但研究对象的内在和主观世界并不总是开放的、自动呈现的，而是最为深层、难以接近的。因此，访谈者要在访谈中理解被访者的深层体验，就必须运用创造性的访谈策略和技巧，以此促使被访者扩大其内在世界的开放度。创造性访谈策略的关键在于相互开放，也就是访谈者通过向受访者开放自己的内心世界，以促成受访者同样开放其

---

① Neuman，W. L，Social Research Methods：Quantitative and Qualitative Approach，Allyn and Bacon，1994，p. 359.

② Douglas. J. D，Creative Interviewing，CA：Sage，1985，p. 1.

内心世界作为反馈。创造性访谈首先需要与受访者建立较为亲密的、相互信任的人际关系，这种关系要靠多次的互动交往才能形成。例如，评估者可以利用与学员的私人关系，创造深入交流的机会，获悉学员内心深层次的、真实的感受。

第三，演绎性访谈。演绎性访谈（performance interviewing）属于后现代性访谈策略。在后现代主义理论中，结构、客观、实在并不被看得很重要，相对而言，过程、主体性、实践则被赋予了更重要的意义。就访谈法而言，访谈的重要意义就在于访谈自身，而不是访谈之外的其他东西，如资料的客观性、效度和信度问题等。例如，建构论就属于当代后现代主义的一种理论。他们在社会学方法论方面就尤为强调行动及社会实践对理论建构的重要性。①

演绎性访谈就是将访谈与交往互动的实践融合在一起，一方面通过访谈来演绎"人际戏剧"；另一方面通过人际交往互动来建构访谈的内容。演绎性访谈的特点就在于强调表演性的交互行动，以及访谈者与受访者之间社会互动的过程。在这一意义上，访谈被视为访谈者与受访者都通过各自的表演行动，构成类似戈夫曼所说的"人际戏剧"。这种人际戏剧本身就是日常生活或社会世界的呈现。② 在演绎性访谈中，访谈者所要重点关注的是访谈过程即交往互动的实践而非访谈资料，实际上互动实践及其内容就是访谈资料。访谈者的任务就是要不断地表演和参与互动实践，而不是要专门从受访者那里获取信息和资料。例如，在实训课程设计时，培训师、评估者可以采用情境模式、角色扮演等方式，了解学员的期待、感受和意见。甚至可以邀请学员担任培训师、评估者，帮助培训组织者发现并及时整改问题。

3. 深度访谈的策略

深度访谈的典型特征主要体现在"深度"二字上，它包含了两个基本要求：一是要求访谈过程有深度，也就是说工作者要深入访谈之中，研究访谈问题和访谈策略，使访谈本身具有一定的深度。二是要求访谈要达到揭示研究问题深层意义的效果，也就是访谈材料有深度，而不是停留于一般现象和对表面事实的再现。要达到深度访谈，须合理运用访谈策略③：

---

① 参见陆益龙：《建构论与社会学研究的新规则》，载《学海》2009 年第 2 期。

② 参见〔美〕欧文·戈夫曼：《日常生活中的自我呈现》，冯钢译，北京大学出版社 2008 年版，第 16 页。

③ 参见〔美〕艾尔·巴比：《社会研究方法》，邱泽奇译，华夏出版社 2009 年版，第 371 页。

（1）定出议题：将访谈目的以及欲探讨的概念明确化。

（2）设计：列出达成目标需经过的过程，包括伦理方面的考察。

（3）访谈：进行实地访谈。

（4）改写：建立关于访谈内容的文件。

（5）分析：确定搜集到的资料与研究之间的关联。

（6）确证：检查资料的信度和效度。

（7）报告：告诉别人你们学到了什么。

访谈者除了完成以上基本任务之外，还需注意运用以下策略：

（1）深入到所描述经验的表面之下。

（2）停下来探究一个命题或问题。

（3）要求更多的细节或解释。

（4）询问研究对象的思想、感情及行动。

（5）让研究对象针对主题。

（6）回到早期的观点。

（7）复述研究对象的观点，检验是否准确。

（8）放慢或加快速度。

（9）转换当前的话题。

（10）承认研究对象的品性、视角或行动。

（11）使用观察技巧和社会技巧来推动讨论。

（12）尊重研究对象并且对他们接受访谈表示感谢。[①]

要实现深度访谈的深度本质，在访谈实践中通常要尽可能避免二分式反应（Dichotomy-response）问题。所谓二分式反应问题，也就是受访者对访谈提问作出“是”或“不是”，“对”或“不对”这样二分式的回答。为了避免二分式反应问题，一方面要求访谈者的询问尽量避免和减少用一般疑问句，如“您有过这种经历吗?”这样的提问必然引导被访者作出“有”或“没有”的二分式回答，而且这一反应也在一定程度上影响此方面的访谈继续深入下去。如果用开放式问题，如“请您谈谈在这方面的经验和感受，好吗?”那么，被访者的回答将会更为具体和细致。另一方面还需要争取受访者耐心合作和增加开放度。

---

① 参见〔美〕凯西·卡麦兹：《建构扎根理论：质性研究实践指南》，边国英译，重庆大学出版社 2009 年版，第 35 页。

总之，作为收集定性资料的重要方法，深度访谈既有标准化又有开放性的特征。访谈要按步骤进行，过程却又具有较高灵活性，访谈内容既有事先设计的固定议题和主题，又有在交往过程中根据情境而进行的自然谈话。

（三）文献法

1. 文献法的概念

文献法是指收集那些已形成文字的材料作为研究素材或证据的方法。访谈法所收集的研究材料，也可能以一种文献形式呈现。这种文献属于新形成的文献或第一手文献。文献法收集的文献资料与之不同，它是已存在或已形成的文献材料。与那些文字记录相对应的，是人类社会的某种行动或某种想法。尽管文献资料所记录的思想不一定与行动一致，或者所记录的行动并不一定再现完整的事件，但是收集和分析这些文献资料，至少可以让研究者从已有痕迹中了解和认识某些时期的社会现实。

2. 文献类型

在定性社会研究中，用于分析研究的文献资料有多种类型，主要包括：①个人记忆类文献，包括个人日记、笔记、札记等记录个人生活及活动经历的文献。②个人思想类文献，包括个人书信、讲话、文章等反映个人思想和感受的文献。③社会记忆类文献，主要有口述史、传记等反映社会性记忆的文献。④团体记事类文献，主要指团体或组织日志、记事等记录团体事件和活动的文献。在辩护培训过程中，评估者可以根据学员的个人记录、集体展示材料、培训视频记录评估培训实效。例如，培训师使用的 PPT、学员参与书写的大白纸、学员的实训日志等文献资料，都可以作为评估的对象。

3. 文献收集的策略

文献收集是一项复杂而困难的工作，能否获得有价值的文献资料，需要解决两个问题：一是了解研究对象拥有哪些与研究问题相关的重要文献；二是如何才能从研究对象处得到重要文献。要想获得非公开的、对研究有帮助的重要文献，首先必须了解研究对象那里究竟保存哪些文献资料。研究者在开展评估时，可以采取以下策略与方法：

（1）探索阶段，通过其他文献了解研究对象可能拥有的相关文本资料。

（2）田野工作中，通过观察去把握相关文献资料的保存状况。

（3）深度访谈中，从受访者那里了解和确认是否存有相关文献资料。

在掌握和了解研究对象所保留的文本资料的基本情况之后，接下来的工作就是如何得到这些资料。获得这些资料，必须征得资料所有者或保存者的同意，使其愿意与研究者合作。具体策略主要包括：

（1）讨论：与文献资料持有者共同讨论资料的内容及价值。

（2）说明：向持有者说明自己使用文献资料的范围和条件。

（3）征求意见：征求持有者对文献资料使用的意见。

（4）承诺：向文献持有者承诺处理和使用资料的方式及条件。

（5）复制：请求允许复制文献资料。

收集文献资料对于定性研究来说虽然意义重大，但在资料收集过程中，研究者不能仅仅为了获得资料而忽视对研究对象隐私权的保护。文献资料的获得必须以对持有人充分尊重为基本前提。这是非常重要的伦理性要求，评估者必须经过学员同意，方能使用培训中的材料、文本等信息。

四、需要注意的问题

在研究对象和研究者皆为社会性的人的社会科学研究中，不可避免地存在涉及他人权益以及人与人之间的关系准则问题。因此，研究者在研究中必须把可能涉及的关系规则考虑进去，也就是必须注意研究中的伦理问题。所谓研究中的伦理问题，并非一般意义上的伦理问题，不仅指研究者要遵守的伦理道德规范，而且指研究者在研究活动中应该回避可能对研究对象造成伤害或麻烦的问题。例如，培训师在评估学员的操作方法、操作行为和培训实效时，不能使用价值倾向较强的评述方式，如“你这样做是不对的?”“这是非常愚蠢的行为!”下文所阐释的基本理念是评估需要注意的重点事项。不能为了获取培训信息，进行有失客观、侵犯隐私、强制干预等评估行为。

（一）价值中立

价值中立原则是要求研究者必须坚持价值中立，不去讨论和评价价值问题，避免政治和价值倾向，这样才能保证研究的客观性和科学性。价值中立原则曾经一直在社会科学界得到拥护和推崇，人们把这一原则视为社会科学研究者确保其科学性的基本前提。但是，随着社会科学的发展人们也开始怀疑和挑战这一原则。如贝克尔认为社会科学中价值中立实际存在着潜在危险，那就是它维护着既存的秩序和现状，妨碍了人们批判精神的发展以及对社会变迁的探讨和追求。[①] 中立原则还存在着一个明显的问题，因为定性研究的内容包含着较多的主观性因素，这些主观因素的介入让人难以辨别出究竟是主体的真实认识还是有价值偏向，因此在定性评估中，要让评估者保持绝对的价值中立是难以做到的。

虽然社会研究者在研究过程中不可能做到价值无涉，但他们仍然可以在研究中以这一原则为理想目标，尽可能避免把价值倾向和价值判断引入科学研究之中。即便是对价值关联问题的研究，也要尽可能从中立立场出发，依靠科学逻辑推理过程来得出自己的结论，而不是从先入为主的立场出发，为自己的价值立场作辩护。例如，评估者应当客观看待培训师和学员的身份背景、执业资历、社会声誉等因素，不能因为其他因素产生主观偏见，进而高估或低估了培训师或学员的表现。

（二）隐私权保护

社会科学研究通常要通过与研究对象直接交往的调查方式来获取研究所需要的素材，因此，在社会调查研究过程中，会形成两种基本的关系：研究者与被调查者的关系、搜寻信息与提供信息的关系。因此，评估方也就要考虑如何正确对待被评估、被调查者，以正确、合理地获取信息。要正确处理此类问题，研究者应遵循尊重被调查者隐私权、不轻易侵犯对方隐私的原则。

研究中要注意的隐私问题与一般讨论的隐私问题有所差别，由于定性社会研究的目标和任务多种多样，日常生活中人们一般认为不应触及的问题，在科学研究中有时需要有所涉及。尤其在社会科学的经验研究中，常常需要深入、全面地了解和认识研究对象的文化、习俗和生活状况。在对这些问题的考察中，或多或少会涉及私人生活中的一些问题，但这并不等于侵犯他人隐私。所以，遵循尊重隐私原则并没有一个固定的标准，而是需要研究者在特定研究情境下，遵循以下原则：平等原则、尊重对方原则、理解原则、保密原则。无论是实训过程还是评估阶段，我们都应当尊重教员、学员的基本权利，不能为了达到实训目的和评估效果，有违实训教学伦理或律师执业伦理。

（三）非强制原则

定性资料与定量数据有所不同，定性资料通常涉及研究对象的方方面面，尤

---

① Becker. H. S，“Whose side are we on?”，Journal of Social Problems. 1967，14：pp. 239-247.

其是有关个人的背景材料和生活史材料，通常属于个人的私密范围。所以，在收集定性资料时，需要得到研究对象的配合和同意。有些时候，研究对象可能并不能满足研究者对资料的需求，这或许出于几种考虑：①对私人领域的谨慎保护，不愿向他人公开自己的个人信息；②对研究者的动机目的不明确，不知道研究者询问个人情况和经历的用意和价值是什么；③对研究者个人或行为方式的不满或反感。人们总是愿意和他们自认为可以交流沟通的人诉说个人经历和感受，研究对象拒绝配合和提供个人信息，可能因为他们首先对调查者已产生了一种直觉性的不信任甚至反感。

无论出于以上哪种考虑，对于研究者或调查者来说，都难以顺利地得到研究对象的配合。在这种情况下，研究者需要遵循非强制原则，也就是不得以任何方式强迫研究对象提供自己所想要获得的信息和材料。研究者可以有两种选择：一是放弃遭拒绝的研究对象，选择替代方案的其他研究对象来进行调查；二是改变与研究对象的互动交往策略，尝试改变研究对象的态度。

如果研究对象出于第一种考虑，即不愿和任何人谈论自己的私事，而且态度非常坚定。那么，研究者或调查员最好作出第一种选择，即替换研究或调查对象。不宜采取劝说或引导方式来试图改变研究对象的主意，以免给对方带来为难或强迫感。因为在对方明确阐述自己意愿和态度后，任何旨在改变其意志的行为从某种意义上说都相当于对他们的强迫。

如果对方是出于后两种考虑，是因为对研究者或调查员的行为方式的不理解或误解，导致其形成一种暂时性的非合作心理，那么，研究者需要随机应变，及时调整互动策略，运用交往技巧，增进彼此的相互理解和信任，力图改变对方的初始印象。如果在尝试各种交往策略后，仍然不能改变对方态度，赢得对方信任和配合，此时，不仅不能采取更加强硬的态度试图进一步迫使对方做出改变，而且还要对研究对象所采取的态度和行为表示善意的理解，而不是抱怨和攻击。研究者要积极对待研究对象的不配合，友好地接受拒绝、表达理解和歉意，并选择更换其他的调查对象。

（四）非侵害原则

定性社会研究的问题和内容也可能关涉研究对象的价值和利益问题。其中，较为常见的是忌讳问题。由于人们在生活习惯、风俗、宗教信仰等文化方面存在着各种差异，这些文化差异可能导致文化研究者与被研究者之间的隔阂、距离。正是因为这种文化和心理距离的存在，若是研究者尊重对方文化的意识淡薄、对他人文化习俗无知，往往会冒犯研究对象的文化禁忌，结果导致交流和沟通的障碍，甚至伤害到研究对象的情感和文化尊严。因此，在社会研究中，研究者首先要警惕不能讨论研究对象所忌讳的东西，以免对他人造成情感和心理的侵害。

研究者要避免冒犯忌讳问题，最有效的方法是：在调查前，应了解和掌握调查研究对象的文化背景、社会习俗等有关情况；在调查过程中，养成“入乡随俗”的习惯，这样即可迅速适应调查对象的文化环境。此外，在调查研究过程中，研究者为避免犯忌，也可采取较为保守的办法，在询问中涉及宗教信仰方面的问题时，提问应谨慎或多听少问。如果研究者在调查过程中冒犯研究对象的禁忌，研究者应主动致歉，以消除对研究对象的不良影响。例如，在问及学员的教育经历、从业资历、年收入等问题时，要根据交流的环境、交流者之间的关系而定。

总之，社会科学评估本质上也是一种社会科学研究，归根到底是关于人的研究，因而不可避免地会遇到人类社会的伦理道德问题。在实训评估过程，我们不仅需要遵循科学的逻辑原则，而且也要遵守伦理规则，避免对评估对象、执业环境、社会公共利益造成侵害。

五、数据分析

（一）内容分析

作为一种分析策略，内容分析是指对特定的即与研究对象密切相关的定性资料所包含的意义、主体意识与观念以及社会与文化法则等进行系统分析的方法。博格（B. Berg）认为：“内容分析是对资料的特定部分进行细致地、具体地和系统地考察和解释，以便确定其模式、主题、倾向和意义。”① 可见，作为一种分析策略的内容分析，内容分析有如下特点：

（1）针对性。内容分析所针对的是定性资料的特定部分，也就是要从定性资料中选定某个部分并剖析其中的内容及隐含意义。此外，内容分析通常还针对理论建构要求而进行。也就是说，在评估辩护实训质效时，我们一定要明确本次实

① Berg. B, Qualitative Research Methods for the Social Sciences, Pearson EducationInc. 2007. p. 303.

训的目的是什么？评估的对象是谁？评估的重点是什么？评估的边界有哪些？针对性其实也是实训评估的工作方法。

（2）系统性。内容分析需要对选定的资料进行系统的分析。系统分析不同于断章取义，它要求研究者用严谨的、系统的方法对资料内容加以深入全面的分析和诠释。方法的系统性主要体现在通过有效的途径，重新组织和处理定性资料的内容。内容的系统性要求所揭示和呈现的意义和规则是相互关联、前后衔接的系统整体，而不是散乱的意义注解。例如，在设计问卷时，我们需要针对培训师和学员设计两种不同导向的问卷，分别获取不同信息；每份问卷的主题、问题编排也要进行通盘考虑，不能“东一榔头西一棒子”设计问题，更不能片段式、片面性地解释问题。

（3）解释性。内容分析的目的在于分析和解释定性资料中所包含和隐含的主题、规则、观念及意义。从这个意义上说，内容分析实质就是要透过现象看本质，即从定性资料所呈现出的表象去把握关于研究对象的本质，形成对研究对象的系统解释。

（二）叙述分析

叙述是个人讲述的经验、经历、事件、观念和态度。叙述存在于多种形式的材料之中，诸如故事、事件、传说、小说、口述历史、访谈录以及个人札记等，都可能包含丰富的叙述内容。叙述材料可以是口头的，也可能是书面的。由此看来，叙述就是一种表达和呈现的方式。但是，葛瑞芬（L. Griffin）赋予叙述以不同的意义：“叙述是分析性的建构（或综合），它们将过去和当代的很多行动和事件组合为一个前后连贯的有关系的整体。该整体由这些元素构建而成，同时也赋予其元素以意义，并对其作出说明。若非如此，那些行动和事件就会显得支离破碎，互无关联。”① 从这一定义可以看出，叙述并非简单的经验陈述或事实的再现，叙述本身就是一种社会建构过程。

叙述分析就是通过对叙述材料基本内容的分析，揭示叙述者如何在所叙述的经历中建构意义的，以及这种个人的意义建构过程又是如何与社会联系起来的。叙述分析虽然以分析内容为基础，但分析的重点并不在于重现叙述内容，而在于分析故事是怎样讲述的、为什么会用这种方式讲述。也就是说，揭示意义结构才

---

① 卢晖临：《迈向叙述的社会学》，载《开放时代》2004年第1期。

是叙述分析的真正目的。犹如蕾丝曼（C. Riessman）所述，叙述分析实际上是看待叙述文本不同方式的连续统（continuum），而非一种标准方法。[①]

叙述分析可概括为三个方面：①结构分析就是分析叙述的构成。叙述结构包含表面的或微观的结构和深层的或宏观的结构两种。表面结构即指叙述者是怎样讲述他们的故事的，这种结构代表叙述的语言学特征，如叙述语言的语义结构和语法结构特征。深层结构指的是叙述者为什么那样叙述，也就是叙述中的社会关系和结构。②意义分析是叙述分析的核心，由两个方面组成。一是分析叙述故事的意义，是了解故事或事件之于叙述者个人的意义；二是对故事意义的分析，要理解和揭示故事所包含的社会意义。③互动分析类似于符号互动分析，即把叙述视为一种交流互动的过程。这一过程得以实现，其实是靠那些符号在其中所起的作用。因此，互动分析就是要揭示支撑互动过程背后的符号及其意义。

叙述分析也是一种将定性分析的广度和深度很好地结合起来的有效策略。在面对丰富而复杂的定性资料时，如何尽可能多地把这些运用于研究之中，同时又能深挖这些资料的意义、使两者得以兼顾，是资料分析经常面临的困境。运用叙述分析的策略可能对解决这一困境有较大帮助。我们在分析中，首先用扎根理论的编码方法对复杂的叙述文本资料进行编码，可以对大量的、复杂的资料加以简化。然后在编码基础上进行叙述结构、意义和互动分析，便可以深化对叙述意义的理解和认识。

叙述分析的基本脉络有两条：一是故事（事件、经历）；二是情节。在分析故事过程中，应抓住三个要素：人物、情景和关系，即分析故事或事件中的人物有哪些，在什么样的情景中形成了哪些重要社会关系。叙述分析可以在整体上描述实训的背景、过程和效果，类似于汇总报告实训全程。这需要课程组织者创设有利于叙述的课程和环境，鼓励参训学员讲述、复盘整个培训过程。

（三）文本分析

文本结构分析就是对文本内容结构的分析，即考察和检视文本所包含或表达的意思。文本结构分析是定性资料分析的基本方式，在诸多研究领域特别是文学和历史研究中，此种分析有着广泛的运用。进行文本结构分析，通常从人物、细节、主题三方面入手。

---

① Riessman. C, Narrative Analysis, CA: Sage Publications, Inc, 1993, p. 6.

人物分析就是再现文本记述所涉及的人物及他们在其中的角色。通过人物分析，把握和了解社会行动的主体及其特征。细节分析主要是考察文本中关于具体社会行动细节的记述，实际上也就是分析社会事实的基本构成，让人了解社会经验究竟是怎样构成的。细节分析通常包括文本中关于社会互动及互动情景的描绘和记述。主题分析就是在文本阅读基础上，将文本内容加以概括。

在文本结构分析中，主题分析是核心。研究者在阅读所要研究的文本后，一项最基本的工作就是将其内容概括成一定的主题，通过主题来再现和表达文本的基本意义。文本结构分析主要采用两种方式：一是采用描绘方式分析文本的人物和细节。在阅读文本后，抓住文本所记述的重点人物和重要事件，再将这些内容描绘出来。二是采用概括方式分析文本主题。主题通常能简化资料的内容，使资料的意义更加明晰。但主题不能从文本自然呈现出来，而是要求研究者从资料内容中提炼出来。

需要注意一个问题是：研究者不能把文本与客观事实完全等同起来，更不能将文本直接用作证据。文本分析的目的在于帮助我们去理解究竟发生了什么社会事实以及该事实是怎样发生和演变的。从这种意义上说，文本分析的作用仅在于为我们理解社会事实提供多种参照系。事实上，实训评估的对象可以分为文本类和实践类材料，前者评估的是培训师、学员提供的文本信息（问卷、反馈意见）；后者是通过观察、访谈获取的事实材料，片面分散，却属于原始材料。只有将文本信息和实践类信息结合起来，才能得到较为全面客观的评估结论。

（四）比较分析

比较方法就是把两个或两个以上的事物或现象放在一起考察和分析，检视和把握它们之间所具有的相同、相似或相异的属性和特征，也就是比较不同事物之间的异同。例如，针对同一主题，我们可以获取不同培训师、不同学员、不同时期培训的质效，经过比较分析了解影响培训效果的因素。

比较方法一般由三个基本要素构成：一是比较的客体，即我们选择加以比较的对象。比较客体的选择主要参考三个因素：①可比性，是指所选客体是可以拿来比较的，或比较是有意义的。②针对性。比较的目的在于获得某种认识。③熟悉程度。考虑到我们对客体的了解程度或者是资料的把握情况。

二是比较的维度，就是从哪个角度来对这些事物加以比较。一般情况下，研究者可以选择的比较维度有两种：一是模式，二是案例。模式是一种综合性的要素，由多个方面构成。模式与案例有一定关系，但要比案例更含糊。例如，在比较法学、比较经济学以及比较社会学中，比较研究通常会选择模式来加以比较，如法律体制、经济体制及文化模式，这种比较可以在较为广泛的范围和笼统的层面进行，对于从宏观层面理解制度的结构及变迁规律有积极意义。

三是对比和分析的标准或维度。比较的基本方式有两种：①对比分析。即将不同比较客体加以对照衡量，检查它们之间的异同。通过对比，不仅可以看出事物之间的异同，而且还可以对比较客体作出某种判断，如优劣、长短、高低等。②分析比较。分析比较是对不同事物的结构要素加以分析，概括出不同事物间类似要素的关联性。比较分析愈加细致，不仅可以辨别异同，而且能揭示差异的原因。例如，我们可以对同一期学员的不同主题进行对比分析，通过问卷、访谈等方式，对比学员对不同刑事辩护培训主题、培训师、培训安排的态度，以更好地发现问题、整合问题。与之相对，我们还可以对比分析同一课程对不同地域、不同层次学员的培训效果、影响力。总之，对比分析是一种非常直观的评估方式，我们可以通过主体、时间等客观的变化，发现刑事辩护培训的变化以及影响辩护培训质量的因素。

六、定量法

（一）定量评估的概念及特点

定量研究是指运用变量、假设、分析和因果解释进行的研究。变量是定量研究的核心，定量研究实质上就是解释某些因变量与自变量之间的关系，一般从一些具体问题出发，例如，“a、b、c 与 E 有什么样的关系?”或“a、b、c 是否导致了 E 的产生?”等。在对具体问题进行探究时，定量研究一般首先演绎出一些理论假设，这些假设具有针对性且使得对问题的回答更加具体、明确。例如，“a 出现的概率越大，E 出现的概率越大”“如果 a 出现时，b 和 c 不出现，则 E 出现的概率降低”等。

定量研究在评估过程是对经验性数据进行数量关系分析。也就是说，定量研究的资料以通过经验获得的数据为主，分析中需要将问题转变为变量关系的表述，并通过对量的测算和统计，揭示事物量的特征及变化规律。定量分析方法通常为数据分析或统计分析，也就是对经验数据资料进行统计汇总并加以分析，揭示数量关系及量的变化规律，由此检验相关理论假设。因果解释是定量研究的主要解释模式，在因果解释模式中，揭示变量的因果关系是核心内容。因果关系是指变量既有相关关系又有前后关系，即一个或多个因素是某一现象的原因。

对定量研究方法的掌握，需要理解定量研究的意义和特征：

1. 定量研究的方法论基础是逻辑实证主义、实用主义。社会学创始人之一的孔德认为，科学的研究方法是统一的，无论研究自然还是社会，研究方法都要遵循实证的原则，即在实践中将观察和理性结合起来，去认识自然和社会世界的客观规律。逻辑实证主义强调人类的经验是人类认识或知识的唯一源泉，因此科学研究应当以经验方法为基础。实用主义是美国社会科学界广泛流行的理论，倡导将抽象的观念转化为具体操作实践。社会科学的定量研究通常从一些命题或假设出发，然后对假设中的概念进行操作化，编出相应的测量工具在经验中加以测量和收集资料，最后根据数量分析来检验假设。

2. 强调事物和社会现象的客观规律的存在。对客观规律的信念和追求是定量研究的出发点，并且定量研究也以揭示客观的不以人们意志为转移的规律作为研究的目标和任务。

3. 注重通过数量关系来解释事物的客观规律。为了现实规律的客观性，定量研究的分析和解释通常以数量关系为主，即通过变量之间的数量关系来说明事物的规律。

4. 重视收集经验材料，并将其作为实证证据。社会科学中的定量研究一般遵循归纳—假设—演绎的逻辑路线。首先从经验观察中归纳出理论假设，然后根据从经验中所收集的资料进行研究，检验假设。

5. 借助于数理逻辑和统计分析。定量研究在分析和解释过程中，通常要借助数学推理和统计分析的方法揭示变量变化及其相互关系的客观规律。同时，数理逻辑和统计方法的应用也有助于更加简明和精确地揭示规律。

6. 主张价值中立。社会科学中的定量研究一般不讨论价值问题，也不作价值判断，应尽量保持价值中立。

（二）定量评估方法的执行

1. 确定目标

2. 设计问卷

3. 回收并分析问卷

(三) 模拟问卷

本次问卷的调查对象是参加此次培训的人员

Q1：您执业多长时间了？

A. 1 至 3 年

B. 4 至 5 年

C. 6 至 10 年

D. 10 年以上

Q2：您接受过哪些类型的培训？

A. 协会组织的现场培训

B. 协会组织的网络培训

C. 花钱购买的现场培训

D. 花钱购买的网络培训

Q3：您更能接受哪种类型的培训？

A. 现场培训

B. 网络培训

Q4：您更期待什么内容的培训？

A. 办案技巧类

B. 专业理论类

C. 办案实务类

Q5：您希望律协组织培训的频率是多久？

A. 一月一次

B. 两月一次

C. 两周一次

D. 一季度一次

Q6：您希望律协组织培训安排在什么时间？

A. 周末

B. 工作日

C. 无所谓

Q7：您希望采用哪种培训方式？

A. 大型讲座

B. 研讨会

C. 小型培训班

D. 各种形式结合进行

Q8：您希望我们聘请哪类授课人员？

A. 大学教授

B. 立法专家

C. 法官

D. 资深律师

E. 管理专家

Q9：您希望深圳律协培训重点解决哪些问题？

A. 法律知识普及

B. 办案能力提高

C. 开拓能力增强

D. 创收能力增强

E. 管理能力提高

F. 团队建设增强

G. 案件研讨交流

H. 诉讼技能提升

Q10：您希望以什么形式接受培训资料？

A. 现场

B. 网络

C. 光盘

D. 远程

Q11：您还有其他什么意见和建议，请告诉我们。

Appendix①

附录

目　录

① 附录包含大量对话笔录及案例材料，为还原课程原貌及实训需要，有些错误为故意设置。如对话笔录中可能出现方言或前言不搭后语；附件二中的材料，因出具机构不同，对同一问题表述可能会有所不同；等等。

——————————（上午研讨）——————————

一、对被告人王翠芬发问

（一）第一组模拟发问

辩护人庭前辅导

其他律师点评

公诉人发问

辩护人发问

其他律师点评

播放发问录像复盘

（二）第二组模拟发问

辩护人庭前辅导

公诉人发问

辩护人发问

——————————（下午研讨）——————————

其他律师点评

录像复盘

（三）第三组模拟发问

辩护人庭前辅导

公诉人发问

辩护人发问

其他律师点评

二、总结：庭前辅导和庭审发问的相关事项

（一）庭前辅导的内容

（二）庭审发问的相关事项

三、刘仁琦（总结发言）

附件一：辩护人向被告人发问的规则与技巧

附件二：案例材料

附录是以“法庭发问”板块的实训为例，展现一次实训课的全流程和具体内容，旨在让大家系统地感知本书所论及的刑辩律师培训的理论与实践，具体了解培训师在一次真实的律师实训中的所有职责。

附录分为两个部分：第一部分是“法庭发问”实训课的完整流程和各环节的内容；第二部分是 2017 年 1 月 27 日西北政法大学刑事辩护高级研究院第二期刑事辩护研修班的一次课程实录。

第一部分　“法庭发问”的实训

一、课前准备

（一）概述

传统意义上的教师备课讲究“三备”，即“备教材、备学生、备教法”。“备教材”是指教师对拟传授的知识做到有备而来。教师不但要掌握这节课拟传授给学生的知识，还要事先掌握与之相关的知识，有道是教师要给学生“一杯水”，自己要有“一桶水”。“备学生”是指教师对听课的学生做到有备而来。教师要在课前全面了解学生们的知识结构、知识层面、性格特点、学习目的等情况，以便能够选择难易程度符合学生需要的内容和教学方法。“备教法”是指教师对拟使用的教学方法做到有备而来。不同的教学内容必须通过合适的教学方法呈现。教师必须根据学生和拟授知识的特点事前准备合适的教学方法，恰当的教学方法会使知识传授事半功倍。

实训课比起传统意义上的课堂，更需要培训师在课前做好这“三备”，从备课工作量上看，同样的授课内容和授课对象，实训课的备课量相当于传统讲授式课堂的三至五倍。如果没有下这个功夫，实训课的培训师充其量就是个课程的主持人，学员从培训师这里的获得感会很低。实训课的培训师看起来轻松，实则要想达到教学目的，获得学员的认可很难。

一节效果极佳的实训课需要：首先，培训师要有超越所有学员的知识储备。

培训师需要对课程做理论提升，需要对问题做总结，需要在培训过程中及时发现问题，并对可能出现的问题及时纠正，能够随时应对每一个学员提出的问题。总之，培训师需要掌控整个培训过程，让学员有明确的获得感。这需要培训师就拟培训内容，从理论到实务，都有超越学员几倍的知识量和实践经验积累。其次，培训师要课前了解每一个学员的情况。律师培训课一个班的学员一般有15-30人，需要培训师对每一个学员有所了解，他们往往来自不同地区，有不同的教育背景，不同的刑辩经验，培训师要照顾到每一个学员的需求。再次，针对实训的内容和学员的特点，选择合适的实训方法，课前对教学的环节、方式、时长都要有预案，准备需要的授课器材。比如法庭发问，要有合适的卷宗材料，时间不宜过长也不宜过短，还要体现拟传授的知识点和技能点等。培训师对整个实训课拟使用的方法在每个环节都要有明确的可操作方案。最后，一堂实训课一般最少需要两名培训师。除此之外，在具体工作方面，实训课培训师还需要做如下大量的准备工作。

（二）准备实训材料

1. 相关规范性文件

成文法国家法律适用三段论逻辑的大前提是规范，在诉讼活动中，必须先清楚地掌握相关规范的要求。我国关于法庭发问的规范不多，散见于《刑事诉讼法（2018）》《刑诉法解释（2021）》《刑事一审法庭调查规程》《检察院刑诉规则》。培训师需要：（1）熟悉所有相关的法律规范，并打印备用，以便实训中及时提出学员理解与规范要求不一致的地方，并根据规范的要求演示正确的做法。（2）对规范概念中常有争议的解释要做到心中有数，以便实训中出现争议时能够应对。（3）培训师要避免仅提出“做得不好”或“做得很好”等类似的意见性评价，特别是对于规范并不禁止的做法，不要作出“好”与“不好”这样的意见性评价。

准备好下述规范性文件，并最好课前将材料发给学员，要求学员自行提炼出操作要点。

《刑事诉讼法（2018）》

第191条　公诉人在法庭上宣读起诉书后，被告人、被害人可以就起诉书指控的犯罪进行陈述，公诉人可以讯问被告人。

被害人、附带民事诉讼的原告人和辩护人、诉讼代理人，经审判长许可，可以向被告人发问。

审判人员可以讯问被告人。

《刑诉法解释（2021）》

第 242 条　在审判长主持下，公诉人可以就起诉书指控的犯罪事实讯问被告人。

经审判长准许，被害人及其法定代理人、诉讼代理人可以就公诉人讯问的犯罪事实补充发问；附带民事诉讼原告人及其法定代理人、诉讼代理人可以就附带民事部分的事实向被告人发问；被告人的法定代理人、辩护人，附带民事诉讼被告人及其法定代理人、诉讼代理人可以在控诉方、附带民事诉讼原告方就某一问题讯问、发问完毕后向被告人发问。

根据案件情况，就证据问题对被告人的讯问、发问可以在举证、质证环节进行。

第 243 条　讯问同案审理的被告人，应当分别进行。

第 244 条　经审判长准许，控辩双方可以向被害人、附带民事诉讼原告人发问。

第 245 条　必要时，审判人员可以讯问被告人，也可以向被害人、附带民事诉讼当事人发问。

第 246 条　公诉人可以提请法庭通知证人、鉴定人、有专门知识的人、调查人员、侦查人员或者其他人员出庭，或者出示证据。被害人及其法定代理人、诉讼代理人，附带民事诉讼原告人及其诉讼代理人也可以提出申请。

在控诉方举证后，被告人及其法定代理人、辩护人可以提请法庭通知证人、鉴定人、有专门知识的人、调查人员、侦查人员或者其他人员出庭，或者出示证据。

第 259 条　证人出庭后，一般先向法庭陈述证言；其后，经审判长许可，由申请通知证人出庭的一方发问，发问完毕后，对方也可以发问。

法庭依职权通知证人出庭的，发问顺序由审判长根据案件情况确定。

第 260 条　鉴定人、有专门知识的人、调查人员、侦查人员或者其他人员出庭的，参照适用前两条规定。

第 261 条　向证人发问应当遵循以下规则：

（一）发问的内容应当与本案事实有关；

（二）不得以诱导方式发问；

（三）不得威胁证人；

（四）不得损害证人的人格尊严。

对被告人、被害人、附带民事诉讼当事人、鉴定人、有专门知识的人、调查人员、侦查人员或者其他人员的讯问、发问，适用前款规定。

第 262 条　控辩双方的讯问、发问方式不当或者内容与本案无关的，对方可以提出异议，申请审判长制止，审判长应当判明情况予以支持或者驳回；对方未提出异议的，审判长也可以根据情况予以制止。

第 263 条　审判人员认为必要时，可以询问证人、鉴定人、有专门知识的人、调查人员、侦查人员或者其他人员。

第 264 条　向证人、调查人员、侦查人员发问应当分别进行。

第 265 条　证人、鉴定人、有专门知识的人、调查人员、侦查人员或者其他人员不得旁听对本案的审理。有关人员作证或者发表意见后，审判长应当告知其退庭。

第 365 条　适用简易程序审理案件，可以对庭审作如下简化：……（二）公诉人、辩护人、审判人员对被告人的讯问、发问可以简化或者省略；……

《刑事一审法庭调查规程》

第 7 条　公诉人宣读起诉书后，审判长应当询问被告人对起诉指控的犯罪事实是否有异议，并听取其供述和辩解。经审判长准许，公诉人可以就起诉书指控的犯罪事实讯问被告人，也可以先出示有关证据，再就有关犯罪事实讯问被告人。

经审判长准许，被害人及其法定代理人、诉讼代理人可以就公诉人讯问的犯罪事实补充发问；附带民事诉讼原告人及其法定代理人、诉讼代理人可以就附带民事部分的事实向被告人发问；被告人及其法定代理人、诉讼代理人可以在控诉一方就某一问题讯问完毕后向被告人发问，有多名被告人的案件，辩护人对被告人的发问，应当在审判长主持下，先由被告人本人的辩护人进行，再由其他被告人的辩护人进行。

第 8 条　有多名被告人的案件，讯问各名被告人应当分别进行。

同案被告人供述之间存在实质性差异的，法庭可以传唤有关被告人到庭对质。审判长可以分别讯问被告人，就供述的实质性差异进行调查核实。经审判长准许，控辩双方可以向被告人讯问、发问，审判长认为有必要的，可以准许被告人之间相互发问。

第 20 条　向证人发问应当遵循以下原则：

（一）发问内容应当与案件事实有关；

（二）不得采用诱导方式发问；

（三）不得威胁或者误导证人；

（四）不得损害证人人格尊严；

（五）不得泄露证人个人隐私。

第 21 条　控辩一方发问方式不当或者内容与案件事实无关，违反有关发问规则的，对方可以提出异议。对方当庭提出异议的，发问方应当说明发问理由，审判长判明情况予以支持或者驳回；对方未当庭提出异议的，审判长也可以根据情况予以制止。

第 27 条　对被告人、被害人、鉴定人、侦查人员、有专门知识的人的讯问、发问，参照适用证人的有关规定。

《检察院刑诉规则（2019）》

第 402 条　讯问被告人、询问证人不得采取可能影响陈述或者证言客观真实的诱导性发问以及其他不当发问方式。

辩护人向被告人或者证人进行诱导性发问以及其他不当发问可能影响陈述或者证言的客观真实的，公诉人可以要求审判长制止或者要求对该项陈述或者证言不予采纳。

讯问共同犯罪案件的被告人、询问证人应当个别进行。

被告人、证人、被害人对同一事实的陈述存在矛盾的，公诉人可以建议法庭传唤有关被告人、通知有关证人同时到庭对质，必要时可以建议法庭询问被害人。

第 403 条　被告人在庭审中的陈述与在侦查、审查起诉中的供述一致或者不一致的内容不影响定罪量刑的，可以不宣读被告人供述笔录。

被告人在庭审中的陈述与在侦查、审查起诉中的供述不一致，足以影响定罪量刑的，可以宣读被告人供述笔录，并针对笔录中被告人的供述内容对被告人进行讯问，或者提出其他证据进行证明。

第 404 条　公诉人对证人证言有异议，且该证人证言对案件定罪量刑有重大影响的，可以申请人民法院通知证人出庭作证。

人民警察就其执行职务时目击的犯罪情况作为证人出庭作证，适用前款规定。

公诉人对鉴定意见有异议的，可以申请人民法院通知鉴定人出庭作证。经人民法院通知，鉴定人拒不出庭作证的，公诉人可以建议法庭不予采纳该鉴定意见作为定案的根据，也可以申请法庭重新通知鉴定人出庭作证或者申请重新鉴定。

必要时，公诉人可以申请法庭通知有专门知识的人出庭，就鉴定人作出的鉴定意见提出意见。

当事人或者辩护人、诉讼代理人对证人证言、鉴定意见有异议的，公诉人认为必要时，可以申请人民法院通知证人、鉴定人出庭作证。

第 405 条　证人应当由人民法院通知并负责安排出庭作证。

对于经人民法院通知而未到庭的证人或者出庭后拒绝作证的证人的证言笔录，公诉人应当当庭宣读。

对于经人民法院通知而未到庭的证人的证言笔录存在疑问，确实需要证人出庭作证，且可以强制其到庭的，公诉人应当建议人民法院强制证人到庭作证和接受质证。

第 406 条　证人在法庭上提供证言，公诉人应当按照审判长确定的顺序向证人发问。可以要求证人就其所了解的与案件有关的事实进行陈述，也可以直接发问。

证人不能连贯陈述的，公诉人可以直接发问。

向证人发问，应当针对证言中有遗漏、矛盾、模糊不清和有争议的内容，并着重围绕与定罪量刑紧密相关的事实进行。

发问采取一问一答形式，提问应当简洁、清楚。

证人进行虚假陈述的，应当通过发问澄清事实，必要时可以宣读在侦查、审查起诉阶段制作的该证人的证言笔录或者出示、宣读其他证据。

当事人和辩护人、诉讼代理人向证人发问后，公诉人可以根据证人回答的情况，经审判长许可，再次向证人发问。

询问鉴定人、有专门知识的人参照上述规定进行。

第 407 条　必要时，公诉人可以建议法庭采取不暴露证人、鉴定人、被害人外貌、真实声音等出庭作证保护措施，或者建议法庭根据刑事诉讼法第一百五十四条的规定在庭外对证据进行核实。

2. 准备案例

（1）选择案例时，一定要注意选择能把司法实践中法庭发问存在的问题体现出来的案例。可以先罗列司法实践中法庭发问存在的问题，再一一核对案例材料中哪个事实节点的发问存在这样的问题，或者案例中哪一个被问的对象可以通过角色扮演体现出来。

（2）案例材料要课前发给学员，并要求其课前熟悉。

3. 准备可向全体学员演示的大白纸记录要点

实训课的课堂主体是学员而不是培训师。学员讲解本组在白纸上记录的要点，是其作为课堂主体的具体体现之一。

（三）准备相关的理论背景简介

1. 英美法系的交叉询问机制

查阅资料，弄清楚英美法系交叉询问机制的运行原理，与判例制度的关系，与当事人主义诉讼模式的关系，与陪审团裁判事实的关系。从这些维度出发，就可以清楚为什么英美法系的交叉询问中会有那么多的规则。

判例法遵循从事实到规范的逻辑，且作出司法裁判的过程相当于立法过程。交叉询问既要服务于陪审团负责的事实发现和法官负责的法律问题，又要服务于先事实后法律的逻辑，还要兼顾刑事诉讼的价值诉求。因此，英美法系的交叉询问规则浩如烟海，必须用系统性的视角审慎看待英美法系的交叉询问规则，轻易借鉴会南橘北枳。

以美国为例，当事人主义的诉讼构造，在交叉盘问的规则中将证人分为本方证人和对方证人（也有翻译成敌方证人），一般情况下，谁申请的证人出庭，即为谁方证人，有时也有中立证人。对本方证人为直接盘问，对敌方证人为交叉盘问。直接盘问时（对本方证人）不能用诱导性问题，原理上是基于要“证实”其回答；交叉盘问时（对敌方证人）可以用（而且一般都是用）诱导性问题，原理上基于要“证伪”其回答。如果询问过程中发现证人的回答在作用力上有对方立场，则按照转变立场的证人对待，法官会允许律师对原本方证人发问时用诱导性问题。不管对哪方证人，盘问时通用的规则是不能问“不相关”“意见”“猜测”“传闻”“品格”“辩论性”等问题的，因此这些规则都是以排除规则的面目出现。由于陪审团裁决事实问题不需要说明理由，因此，用律师提出异议法官裁决的形式，将所有可能误导陪审团认定事实的情形都排除掉，同时也过滤掉在庭前程序中漏掉的基于其他价值诉求的证据排除。

威格莫尔曾经评价交叉盘问机制时说“至少从某种意义上，它取代了我们在中世界占统治地位的刑讯制度……不容怀疑的是，它仍然是我们曾经发明的揭示事实真相之最伟大的法律引擎。”同时，他也指出交叉询问“在制造假象方面，也几乎是威力相当”。这体现了法庭上的“提问——回答”是把双刃剑，提醒律师发问技术的重要性。

> 《美国联邦证据规则》第611条
>
> （a）法院控制
>
> 1. 使询问和提证能有效地辨识真相；
>
> 2. 避免不必要的时间浪费；及
>
> 3. 保证证人免受骚扰或者不当困窘。
>
> （b）交叉盘问的范围
>
> 1. 限于直接盘问的主题及
>
> 2. 与证人可信性相关的事项。
>
> 3. 法院可经自由裁量，允许像在直接盘问中那样对附加问题进行查问。
>
> （c）诱导性问题
>
> 对证人直接盘问时，非为展开证人证言所必需，不得提出诱导性问题。交叉盘问时应当允许提出诱导性问题。一方唤问敌意证人、对抗方或对抗方认同的证人时，可用诱导性问题质问。

很多其他英美法系国家并不限制交叉询问的范围。在美国的司法实践中，法官裁判这一范围的标准很宽泛。直接盘问一般能反映出盘问者与证人之间某种程度的默契，因此也会有危险即真相危险。交叉盘问是检验证人可信与否和证言真实与否的另一有效方式。法官享有直接盘问之外的交叉盘问的自由裁量权。

具体证据的相关性规则、可采性规则，全部适用于交叉询问机制。律师可以通过及时提出反对："反对！不相关！""反对！意见证据！""反对！传闻！""反对！诱导性问题！"，等等，获得法官支持，将一系列证据的排除规则适用于交叉询问中。

法庭上律师的提问和被问者的回答都有极强的技术性，律师在法学院的课堂上要花大量时间学习交叉盘问的技能，警察上任后，需要进行培训学习上法庭接受律师交叉询问，学习认识交叉询问中的"陷阱"。

在法官的主导下，双方律师通过对出庭证人的直接盘问和交叉盘问，陪审团通过聆听从而认定案件事实。

2. 中国的法庭发问规则

我国属于大陆法系成文法国家，采取职权主义诉讼模式，法律适用的逻辑是从规范到事实。在法庭调查中，法官有发现真相的义务，实行卷宗并送制度等且证据规则不多，从而形成的法庭发问规则笼统而简单。要想在法庭发问中实现辩护价值，规范越少，对辩护律师的发问技术要求就越高。

接受发问时统一按照规范性文件的规定进行。主要包括：

（1）程序上：①双方轮流发问；②谁申请的，由谁先问；被告人由公诉人先问；③审判长主持发问的程序；④合议庭成员都有向被告人以及其他人员发问的权利。

（2）实体上：①发问内容应当与案件事实有关；②不得采用诱导方式发问；③不得威胁或者误导证人；④不得损害证人人格尊严；⑤不得泄露证人个人隐私。

（四）准备发问技术的相关知识

由培训师先行对学员讲授发问技术的相关知识，认识并熟练掌握不同类型问题的发问技术。

1. 开放式问题（自由陈述）

示例：

"你能否描述一下斗殴是如何开始的？"

"把你看到的向法庭陈述一下。"

"请你告诉我关于你第一次喝酒的情况。"

"请你描述一下你和你丈夫发生过的一次争执？"

开放性问题发问中最常见的技术是“适时打断”。在被发问人陈述事实时，如遇对被告人有利、表达有歧义、回答内容不属于常识可以听懂的范围等情形时，可以打断，用对话的方式让被发问人重复答案。

2. 封闭式问题

封闭式问题是实训训练的重点，学员要学会熟练使用封闭式问题发问，封闭式问题是律师“控制”被发问人回答的具体方式，让被问者的回答在律师“可控”的范围之内。

封闭式问题是指答案信息非常具体，往往回答“是”“不是”“具体的时间、人名”“地点”等，封闭性问题能有效帮助律师控制证人的回答。封闭性问题与开放式问题是依据答案的固定程度来定义的，究竟固定到什么程度就叫作封闭性问题，存在争议。有人认为封闭性问题只能是那些回答“是”与“不是”的问题。示例：“斗殴结束时你是否依然在场?”“斗殴结束后你直接回了家，是吗?”也有人认为是那些只能回答一个时间点、地点、人名，且一旦回答就对事实有固定作用的问题。示例：“你哪一年出生的?”“谁先动手打人的——被害人还是被告人?”

3. 诱导性问题与引导性问题

（1）二者的区别

由于被发问人通常不是法律工作者，可能在回答问题时不着边际，作为发问者可以适当用引导性问题提问，将事实引向与法律构成要件相关的事实。所以，引导性问题属于正常的盘问，是指需要把被发问人的注意力引导到盘问者正在寻求的信息（与构成或不构成要件事实相关）上。比如在被发问人长篇大论之后，律师可以直接引导到构成要件上来，示例：“你俩打架谁先动的手?”“公司账本只有你一个人接触得到是吗?”

诱导性问题是在问题题干中暗示了询问者想要证人作出回答的内容，换言之，在题干中存在提问者想要的答案，并且能在心理学意义上让一个普通的被发问者感受到发问者的意图。示例：“你俩打架不是他先动的手吗?”“公司账本难道只有你一个人接触得到吗?”判断是否诱导，使用的是心理学上的标准，因此，在某一个具体的边缘问题的判断上，或许不同的法官有不同的判断，但不影响在规则上禁止诱导性问题。

（2）诱导性问题与封闭性问题联系

诱导性问题一般都是封闭性问题，但是封闭性问题未必是诱导性问题。法庭允许使用封闭性问题，不允许使用诱导性问题。二者的区分主要看问题题干里心理暗示的程度，由法官依据常识、常情、常理行使自由裁量权认定。

（3）识别诱导性问题

首先，不能仅从形式上区分，不是所有回答“是”与“不是”的问题都是诱导性的，要从提问和回答两个方面判断。

> 示例：
> “你住在北京吗?”
> “你不住在北京吗?”

这不是诱导性问题。由于答案是客观的地点，且如果说谎无法与其他证据印证，因此这种题干中包含的“诱导”，无法让被发问人无视“住处”的客观存在，如果按照“诱导”回答，或许反倒弄巧成拙，被证说谎，因此，这不会是误导法庭的诱导性问题。

其次，诱导性问题多表达为一种事实断言，在问题的结尾以询问语调作出暗示，或者以实际动词形式要求证人附和。且疑问的口气和方式不同，诱导的程度也不同。

请学员感受下列提问的压迫程度，是否有诱导递增的感受：

> 示例：
> “胡某离开家的那个晚上你在哪里?”
> “胡某离开家的那个晚上你在家里吗?”
> “胡某离开家的那个晚上你在家里，是吗?”
> “胡某离开家的那个晚上你在家里，这是不是一个事实?”
> “胡某离开家的那个晚上你在家里吗?”（语气的不同也会导致引导性的程度的差异）
> “胡某离开家的那个晚上你不在家里吗?”
> “胡某离开家的那个晚上你在家里，不是这样吗?”
> “胡某离开家的那个晚上你就在家里，难道不是这样吗?”

所以，诱导性问题其实是有等级的，也就是心理暗示程度有高低之分。实务中法官在裁断时，会根据自己观察到的被发问人的情形来确定其是否受到了诱导，法官在这里享有很大的自由裁量权。

再次，诱导性问题一般表现为：①典型的诱导：反问“不是吗?”“难道不是吗?”属于外显性诱导问题，不主张在法庭发问中使用，虽然有时候在法庭上检察官不提异议，法官也不禁止，但给人的感觉是答案不真实，像是律师和证人之间的配合。②用修辞掩饰的诱导性问题：用一些选择性词语暗示答案。示例：“请你说出是否在你到现场之后被害人才赶到?”③隐蔽的诱导性问题：两个供选择的答案一个是确定的一个是模糊的。在心理学上也存在暗示，人们只会注意到那个确定的答案，这也是一种诱导。暗含了询问者的渴望，回答者也会不自觉地注意到那个确定的答案。

示例：

“这个声音听起来像是一个女人在惊恐中发出的声音还是别的什么声音?”

4. 复合型问题与事实拆分

(1) 复合型问题

复合型问题是指一个问题的题干中包含两个以上的事实。被发问人没有受过专门逻辑训练，有时候听不出来问题里包含了几个事实，所回答的肯定或否定的答案，实际上是针对其中某一个事实。

示例：

“你看到张三先冲向李四，然后又打了李四是吗?”

这个提问属于诱导加复合。题干中包含了对答案的暗示，任何一个普通人都可以感受到的提问者想要的答案，属于诱导性问题，且问题包含了本案至关重要但在逻辑上必须分开的两件事实：你看到了张三先冲向李四？然后又打了李四？是两个事实。到底是李四冲向张三，张三打了李四，还是张三冲向李四，李四打了张三，回答者如果逻辑不严谨，听不出来的话，有可能导致答案不准确。

示例：

你那天和李梅在车里待到了夜里三点，并发生了关系是吗?

该问题包含了多个事实：时间、地点、人物、事件，放到一个问题里，回答者可能只是选择性地回答其中一个事实但会被误认为是四个事实的情况。

复合问型问题里包含两个以上判断，对于证人和法庭都有误导，英美法庭上是禁止提出复合型问题。我国法庭原则上不禁止提出复合型问题，但由于复合型问题的误导性，因此，在询问中一般不要使用，除非发问者有意需要一个不确定的答案。

（2）事实拆分

发问的实训技能之一是拆分事实的能力。学会拆分事实，越细越好，一旦掌握这个技能，就能够做到及时判断检察官提问中存在的问题，比如："你看到张三先冲向李四，然后又打了李四是吗？"律师可以在问题提出的一刻马上提出反对："也有证人证实是李四先冲向张三的，这个事实是有争议的"。掌握了拆分事实的技能，律师可以在第一时间作出反应，并提出异议，也能根据需要灵活运用，或提出复合型问题或提出单个事实的问题。

5. 辩论性问题

辩论性问题是指发问者想要通过该问题强制证人同意一个有争议的推论，其结构与辩论词相似，使用过激的言词让证人难堪使证人陷入与发问者辩论的心理。任何国家的法庭上都禁止与证人辩论，这样会让证人失去客观理性，其言词也就失去证明的价值。但在实务中，控辩双方经常会用故意激怒对本方不利的被发问人的方法让其证言失去可信性。

示例：

"一年前的事儿你倒是记得很清楚，一个月前的事儿你说你记不清了，你认为这符合常理吗？"

6. 猜测、不确定、评论（意见）性的问题

律师提问不能让被发问人猜测、评价，被发问人的回答也不能包含猜测、不确定和意见性的内容。法庭发问是用来调查事实、发现真相的，被发问人只能就自己五官感受到的事实回答，不允许误导法庭。

示例：

"我感觉李四肯定生气了，因为张三说得也太难听啦！"

7. 针对事实问题提问，而非法律问题

注意法庭发问只能针对事实问题。法律问题属于评价、判断，不是法庭发问

环节的功能，也不是被发问人回答的范畴。比如不能发问："你说说你为什么构成正当防卫?"

8. 发问语言通俗易懂

发问时尽量避免使用法言法语。在法庭接受发问的人，特别是被告人，推定为不懂法律的人，尽可能用通俗易懂的语言发问。示例："你是怎么到案的?""到案"一词不够通俗，属于法律人才懂的概念，因此这个海上走私案的被告人可能回答说："坐船"。发问者使用法言法语发问，让被告人误认为是问怎么"到岸"的。

（五）课程设计

1. 明确实训目的

选择案例时一定要考虑相关实训板块的知识点和技能点，案例材料中要有针对性的涉及这些知识点和技能点。法庭发问的关键知识点和技能点包括但不限于：

（1）如何拟定发问提纲；

（2）如何评估被发问人的表达能力，属于哪一方立场；

（3）被发问人知悉的对辩护最有利、最不利的事实细节是什么；

（4）对敌方被发问人发问时如何"围点打援"——既然无法得到对辩方有利的直接回答，就只能围绕辩方有利事实提问，避免直接提问得到不利辩方的明确答案；

（5）掌握发问技术，学会提封闭式问题，学会拆分事实；

（6）掌握不同类型问题的穿插使用：封闭但不诱导，引导但不诱导；如何有效使用复合型问题，避免与被发问人辩论或避免陷入与被发问人不得不辩论的境地；

（7）学会构建辩护事实，要求用提问和回答搭建画面感。

2. 拟定训练板块和时间配比

法庭发问的实训板块又可以分为几个子版块。针对不同被发问人，发问的技术不同，将不同的被发问人区分开并划分到不同的实训板块中，根据实训时长和任务科学合理地分配时间。

发问板块可有五个子版块：①向被告人发问；②向被害人发问；③向证人发

问；④向鉴定人发问；⑤向侦查人员发问。

向被告人发问最具有实训意义，因为我国刑事法庭上证人一般不出庭，主要是问被告人。因此对被告人发问的实训课时间安排，建议为半天。向被害人发问不需要安排太多时间。向鉴定人发问可以多安排时间，我国目前鉴定人出庭的情况日渐多起来。向证人发问，属于法庭发问的重点，虽然我国目前证人出庭的情况不多，但一旦出庭，律师必须会发问。因为证人的情况也比较复杂，每一种情形的证人都要安排，建议给出半天时间。具体时间安排，根据培训日程和学员的实际情况，可随机组合子版块。

实训形式非常耗时，对于各个子版块小组分别练多久，问几轮，评几轮，培训师要做到心里要有数。

3. 预设各环节的“教学重点”“教学难点”

以向被告人发问为例，发问的重点和难点包括但不限于：①如何针对公诉人的提问设计辩方问题，以获得被告人最有利于自己的回答。②如何结合讯问笔录对被告人进行辩方发问；③如何对签署了认罪认罚具结书的被告人发问——既要展示案件中有利于被告人的事实，又不能破坏了认罪认罚后对被告人判处的较轻的结果。

教学难点在于：首先，在我国讯问笔录是有证据能力的，当庭发问获得的被告人的回答也有证据能力，在司法实践中，二者冲突时由法官根据证据的印证情况自由心证；其次，辩护律师作为发问人，通过阅卷已经知道事关要件事实被告人是如何供述的，在这种情况下，对被告人的法庭发问怎么才能突出实效？各案有各案的不同。总结下来包括但不限于：①被告人全面翻供的；②被告人总体上没有翻供，但对某个具体情节翻供的；③讯问笔录文字记述有歧义，需要向被告人当庭确认究竟是何意的（一般确认对被告人辩护有利的内容）；④讯问笔录没有问到的对被告人有利的情节；⑤公诉人当庭发问，被告人回答的对己有利的部分；⑥公诉人当庭发问，被告人理解问题有误，导致回答内容对自己不利的，辩护人需要用发问的情形给被告人机会自己澄清，等等。

4. 了解学员基础并将学员分组

（1）实训课需要小班教学，为了保证最佳教学效果，整个班级需要控制人数，一次实训班人数最好是控制在 15 至 30 人。少于 15 人，思想的火花出不来，对问题的拆解没办法达到高度烧脑的境界；多于 30 人，则会减少部分学员的互动机会。课堂上要想达到人人发言、人人参与、思想激荡、火花连连的效果，人数最好控制在30人以内。

（2）培训师需要事先了解各位律师的执业年限、执业背景及偏好、地域、对实训课的认识等，学员分组时要注意将上述要素分配到每个小组，以便在小组讨论时学员之间能够互补，相互学习。

（3）一般5人一组比较容易控制话题和时间，也能够让每个小组成员都参与发言。5人一组既能够在组内就相关问题形成两两对决一人主持并观察的模式，在组内出现多元观点。一个小组的人数多于5人，可能会有人偷懒，少于5人则可能影响观点的多元化。总之，学员分组视情况而定。

（4）分组的方法还要注意尽可能随机，避免熟悉的学员扎堆，为了打破学员间相互沟通的屏障，随时“破冰”是培训师工作的基本业务内容。随机的方式有很多，可以通过抓阄、报数、做游戏等。随机分完组，培训师可以对于执业年限、执业偏好、地域等要素不够均衡的情况进行调整。

（5）课前将培训场地的桌椅按照分组情况摆放，并在桌子上摆放本组成员的名牌，名牌可以提升学员学习过程中的主体意识。

5. 课堂时间分配计划

（1）时间分配要精确到每个环节。

（2）培训师讲课时长不超过整个课堂时长的四分之一，学员演练、讨论、总结的时长不少于整个课堂时长的四分之三。

【序章：“破冰”（10分钟）】

一般“破冰”环节在开班前的欢迎仪式上进行，可以做游戏。比如“狼人杀游戏”“猜词游戏”。

示例：“猜词游戏”

（1）挑选一位参与者，作为了解事实真相的人，接受询问。

（2）游戏开始前，由发问者写一个词在白纸上，给除了接受询问的人之外的所有学员看。开始玩的时候可以设定一个特定的、具体的事物，诸如“西红柿”“冰激淋”；如果游戏效果很好，可以升级版为“正当防卫”“自首”等。

（3）发问者只能提出封闭性的问题，不能提出开放性的问题。回答者只能回答“是”或“不是”，随着问题逻辑的限缩，不断接近答案。在游戏过程中应注意观察学员逻辑的层次感，避免逻辑跳跃，更要禁止直接猜答案。

（4）通过逻辑的层层递进，对答案不断限缩到一个具体范围，最后锁定一个或几个答案再“猜”。

“破冰”环节不宜占过多时间，可以在后续的培训中加入“破冰”的相关设计。

【培训师讲解环节（45 分钟）】

目的是让学员了解相关理论背景、规范要求以及接下来该干什么。两位培训师可以适当分工。培训师 1 负责介绍法庭发问板块的培训目的、理论背景、规范要求，时间控制在 30 分钟，不能详细介绍的部分可以在实训过程中随着出现的问题一并讲解。介绍完毕后，培训师 2 按照准备的方案将学员进行分组，并布置具体的分组演练任务，培训师 2 要交代清楚各组自行演练的方法和要求，时间控制在 15 分钟。

方法：各组学员分角色扮演模拟法庭发问，角色需要 2 位律师，1 位被告人，1 位法官，1 位观察员负责记录发问中出现的问题。演练结束后，选出 1 位代表进入下一个环节，在全班面前展演，接受全体学员的考评，展演和考评的过程就是学习和收获的过程。

要求：训练提出封闭性问题、拆分事实的技术及识别诱导性问题、复合型问题和辩论性问题的能力。对于封闭性问题和拆分事实的训练是重点。尽可能拆分事实，越细越好，以掌握拆分事实的技术为目的，并将拆分的事实用封闭性问题表现出来。发问训练也要兼顾训练服务于辩护的整体目标，但这个技能不是具体的发问技术，与辩护策略有关。发问也要兼顾被问人的角色、特点等。

【分组演练（30 分钟）】

按照课前准备的分组先进行组内演练。演练中，培训师要巡视各组演练情况，接受学员的咨询，发现有偏离实训目的的情况及时纠偏，并持续观察每组学员演练不低于 5 分钟，发现其他问题，也要及时指出。

或者，将参与者分为 4 个组（每组 5 个人），由两个培训师分别“背对背”指导两个小组演练，然后在双方都不知道对方准备程度的情况下进行对抗。

【汇报演示（60 分钟）】

（1）各组派代表队到班级汇报分组演练的成果，接受大家的评判（每组 15

分钟，4组共60分钟）。每组演练完毕，请观察团评判，大家提出问题并提出解决问题的方案，培训师主导总结。原则上每演示完一组，马上评判，趁热打铁，效果最佳。但是也可以视情况而定。这个过程也是学员们发现问题，解决问题，提升自己技能的过程。

（2）请各小组总结，将要点写在大白纸上。（10分钟）

（3）请各小组派代表根据自己小组在大白纸上的要点总结，做班级课程的口头汇报。（30分钟）

【培训师复盘总结（20分钟，两人各10分钟）】

培训师的复盘总结对于学员非常重要，也是考验一个培训师是否合格的重要指标之一，同时还是培训师与课程主持人相区别的地方。复盘总结包括但不限于以下几个方面：①总结本次培训的技能点；②本次培训中突现的问题及应对方案；③本次培训内容对辩护实践的意义。

【课后复盘总结】

实训课为体验式学习，其效果并非即时能够呈现，需要学员在后续的司法实践中抽丝剥茧般地慢慢感知。如果没有形成课后书面材料，供各位学员在后续的司法实践中感知实训课所学的技能，很容易让学员觉得闹哄哄地“玩”过去了，找不到获得感。课后的书面总结，就像技能技巧的大纲一样，可以提升学员在司法实践中对相关环节的“注意力”，经历过实训并不断复盘课后书面材料的学员其发问技术才会越来越精湛。

二、课堂实训流程

（一）培训师讲解

两位培训师就位，学员就位，进入培训师讲解环节。

1. 培训师1

首先，按照分工，由培训师1观察学员分组情况，决定是否需要临时调整。若是课前没有“破冰”的，可以有个简短的“破冰”环节；游戏或者自我介绍或者相互介绍都可以（建议这个环节安排在开班前的欢迎仪式进行）。然后，介绍课程环节、实训目的、每组学员的任务。

2. 培训师 2

首先明确这个板块实训的目的，建立共识，学习向被告人发问的理论和相关法律规定。由培训师 2 带领大家一起来熟悉规程，提出问题、发表观点，如果有专家列席的请专家解答。

其次，介绍法庭发问理论知识，包括：①英美法系的交叉询问制度和大陆法系的法庭发问制度；②我国的法庭发问制度；③发问的规范要求；④发问的问题类型以及如何使用；⑤我国司法实践中常见的问题。

（二）分组辅导并演练

1. 每一组指派一名公诉人、辩护人、被告人、观察员

比如可以给被告人角色分类型：精神高度紧张、语无伦次、答非所问的被告人；善于表达、滔滔不绝，高度自负，撒谎、轻视、利用律师的被告人；向律师陈述犯罪事实，但不打算向法庭承认事实的被告人；替人承担责任的被告人。

培训师对 4 个小组分别指导时，注意让 4 个小组分别承担这 4 种类型的被告人中的 1 种进行演练。到了班级汇报演示环节，可以随机打破组别，穿插进行，考验一下律师的应变能力。

2. 辩护人对被告人的庭前辅导

仅针对辩护人对被告人回答法庭发问进行指导。注意对各种类型的被告人进行评估，选择适当的发问方式并辅导被告人回答问题的方式、态度、语气、风险评估及对控方发问的防范等。

3. 小组演练

公诉人发问、辩护人发问、法官主持、观察员提出问题、讨论并解决问题。

（三）每组派代表展演，接受班级评议

每个小组分别选出 2 个人做代表，进行汇报演示。其他小组成员组成观察团，发言时，不得发表评价性意见，只能提出问题并解决问题。

（四）每组在大白纸上写要点总结

每组对前面的实训做复盘，将复盘的要点写在大白纸上。包括庭前辅导中能做的和不能做的以及法庭发问的技术要点和禁忌等。

（五）每组派代表做口头汇报

培训师应注意各代表在汇报时对问题解释的准确度、表达能力，是否包含了

培训师在备课时预设的技能点等。

（六）培训师口头总结复盘

通过培训师的总结复盘，让学员们进一步意识到这次实训需要掌握的辩护技能，在之后的辩护实践中需要提升的地方。

三、课后书面复盘

将本板块培训中的知识点、技能点、问题点等复盘，总结成文字材料，课后分享给参训人员。

第二部分　一次实训课实录

此部分是 2017 年 1 月 27 日首届西北政法大学刑事辩护高级研究院刑事辩护师资研修班（第二期）的一次课程实录。由梁雅丽、徐莹完成所有环节的记录工作及实训之后对课程的总结复盘工作。记录忠于当时实训课原貌，包括培训师在课前的实训准备，在课中的把控和引导，在课后的复盘总结，都原汁原味（除了对错别字和标点符号做了处理之外）地予以呈现。

本书案例中的人名、机构名和地名都使用了化名，参加研修的律师都保留了真名。律师们在角色扮演的演练中，为了研修的需要，或故意露出破绽，或故意违规，以供分析和批评，研修记录如实保留了演练过程中学员们的争议内容。

研修记录旨在展示培训师在一次实训课中具体的工作内容。培训师对实训中出现的具体问题的处理，不同的律师或许有不同的见解，但下文的记述定能对学习刑辩培训的培训师有所裨益。

首届西北政法大学刑事辩护高级研究院
刑事辩护师资研修班（第二期）

2017 年 1 月 27 日纪实

——————————————（上午研讨）——————————————

一、对被告人王翠芬发问

培训师：梁雅丽、徐莹

辩护人对被告人的庭前辅导环节；控方及辩护人对被告人的发问环节。

梁雅丽：庭前辅导主要针对庭审中可能会发问的一些内容及这次“三项规程”所涉及的辩护人需要注意的问题。庭前辅导所做的就是开庭前的准备，各位律师就其经验进行分享，望为以后对青年律师的培训和教学能起到积极作用。另外，对于昨天下午的角色扮演中出现的问题，在今天上午的课程中要克服。角色的扮演要恰当，不得抢戏和过分出戏。同时今天的模拟演练重点围绕“王翠芬（化名）在马凤仙（化名）受伤倒地之后到王翠芬离开现场的过程”这个特定的情节展开。

徐莹：复盘时只是针对发问过程中的具体问题的讨论，说出具体的不足之处，不展开意见性的点评工作。

（一）第一组模拟发问

曹春风（公诉人）下文记录简称为“曹（公）”、翁小平（辩护人）下文记录简称为“翁（辩）”、门金玲（法官）下文记录简称为“门（法）”、柳波（被告人）下文记录简称为“柳（被）”。

辩护人庭前辅导：

翁（辩）：起诉书你收到了吧？

柳（被）：收到了。

翁（辩）：你对起诉书中指控的内容有什么异议，再跟你核实一下。

柳（被）：有，她来要账，但她这个布质量不行。至于是怎么伤的，我不知道。

翁（辩）：结合我的工作，根据你之前在公安机关做的三次笔录，你说过你既没看见马凤仙是怎么受伤的，也没看见是怎么摔倒的，这个是属实的吗？

柳（被）：对！我不知道，绝对不知道，完全不知道。

翁（辩）：好，因为明天就要开庭了，为了一起准备好明天的庭审，我要跟你简单说一下明天的证言，主要是为了帮助你回忆一下，涉及一些相互矛盾的地方。

柳（被）：矛盾是什么？

翁（辩）：就是说法不一致的地方。

柳（被）：哦。

翁（辩）：请你听清楚，不要打断我，等我全部说完之后我们再好好交流，好不好？如果真的没听清楚，后面我还会再跟你做一些交流，所以你不要太着急，好吧。

柳（被）：我没着急，不着急、不着急。

翁（辩）：你一共做了三次笔录，第一次是在公安机关，属于调查了解状况的时候。问你："那个女的为什么倒在地上。"你说："我不知道，没看见，我父亲说那个女的推她，她自己倒在地上，扭伤的脚，大概就是我想去扯那个女的的时候我没拉到，我父亲让我打110，大概是那个时候，那个女的倒在了地上。"这是其中你对于倒地问题的记录。第二次笔录你说："她是怎么摔倒的我没看见。"当时那个警察问你："你在马凤仙的脚上踩了一脚，有没有这个事情？"你说："是她自己摔倒的我没看见。"然后还问你："有没有看到马凤仙腿断了？"你说："没有。"第三次警察问你："那个女的是怎么摔倒的？"你说你不知道。警察又问："那个女的说是你把她的脚踩断的。"你又回答说："不知道。"

柳（被）：不知道，我确实不知道。

翁（辩）：接下来就是王光荣（化名）的情况。警察问他："你知不知道马凤仙的伤势是怎么造成的呀？"他说："不清楚，应该是自己扭伤的。"然后，第二次警察让他讲下具体经过，他是这么说的："当时不知道为什么吵起来，差点打起来了，我的衣领被那个男的拉着，我女儿王翠芬从楼上下来也被他们推倒了。"然后，警察又问："当时的场景只有你在，为什么会和他们发生冲突？"他说因为女儿在楼上。接着又问："那个女的倒在地上你有没有看见？"他回答说："没有，我听别人讲是自己倒地受伤的。”本案中，马凤仙是一个关键的人物，后面还会有她的弟弟、老公，还有一个叫钱萍（化名）的员工的证言，他们都会说是你踢的、是你踩的。根据我们从案件中了解到的情况，他们对于具体的说法也存在很多矛盾的地方，我简要跟你说一下矛盾的地方，好吧？比如说马凤仙说（被打断）……

柳（被）：这样，律师，你说这么多我也记不住，你就告诉我你有没有办法把他们的假话都拆穿就行了，你跟我说这么多我记不住。

翁（辩）：是这样的，拆穿呢……法庭有很多调查的程序，主要跟你讲一下明天开庭（被打断）……

柳（被）：你跟我说这么多我也记不住。

翁（辩）：第一，反反复复要跟你核实的问题是你有没有看到马凤仙摔伤倒地，你说没有；第二，到底她的伤跟你有没有关系，你也说没有。这两点你反反复复跟我说过好几次，所以呢，请你把握好，如实向法庭陈述就行了，但是，在法庭上不止有法官和我，还有公诉人。

柳（被）：公诉人很凶的，他一凶我就害怕。

翁（辩）：凶不凶你不用害怕，他凶他的，你说你的。

柳（被）：他一拍桌子我就害怕。

翁（辩）：没关系，如果他凶你，我会帮你，法庭也会平衡好。按照工作计划我已经跟你说得很清楚了，你不要打断，话题已经跑得很远了，好吧？

柳（被）：好。

翁（辩）：在庭上你还是要注意你的态度，理性、客观地把事情说清楚，好吧？

柳（被）：理性、客观，啥意思？

翁（辩）：就是好好说话，问你什么就回答什么。

柳（被）：问什么就回答什么？

翁（辩）：不知道就说不知道，记不清的就说记不清了，好吗？

柳（被）：好的。

翁（辩）：马凤仙曾说当时摔倒时你在她旁边，但在其他笔录中又说进去的时候没看到你，摔倒时发现你站她旁边，所以你要注意一下这个问题。她弟弟有一次笔录说他当时站在门口，没在里面。还有一次笔录说他跟他姐姐一起进来的，他站在她背后，两次说的不一样。

柳（被）：我记不清了。

翁（辩）：记不清的地方你就说记不清了，好吧？

柳（被）：你别跟我说这么细，你跟我说这么细我也记不清。

翁（辩）：有些话不管你记不记得请我还是要跟你说一下的，这是我的工作职责，尽量记住，好吧？

柳（被）：你说后面我前面记不住。

翁（辩）：没事，核心问题前面已经跟你交流过了，你也说清楚了。第一，你没看到她怎么摔倒的，这是属实的吧？

柳（被）：对。

翁（辩）：第二，她的伤跟你没有关系，对吧？

柳（被）：对。

翁（辩）：还有姜新辉（化名）的证言还有很多对你不利的地方，作为你的辩护人，我要跟你梳理一下里面矛盾的地方，好吧？第一，他曾说他在车窗里看见（被打断）……

柳（被）：这样，你这么说，我真记不清，你跟我说这么细，我真不知道当时他在干嘛，他说啥跟我没关系。

翁（辩）：记不清你就听着，好不好？

柳（被）：你这样说我脑子都是乱的。

翁（辩）：这样啊，作为你的辩护人，我有义务向你说明明天开庭可能会被问到的情况，好不好？

柳（被）：其实我是考虑啥，这些问题你不用全对我说，你是律师（被打断）……

翁（辩）：但是你要清楚，在法庭上公诉人是向你发问不是向我发问。

柳（被）：没事，我就说我啥都不知道，啥都不清楚。

翁（辩）：你也要注意对法庭、对法官的态度，如果不符合常理地回答啥也不知道对你并不利。你记得清的事实你要说，记不清的就说记不清，好吧？公诉人可能问到对你不利的问题，比如刚才说的别人的证言对你不利的地方，比如问你马凤仙摔倒的时候你在哪里？

柳（被）：我没注意她就摔倒了，我不知道。

翁（辩）：对，你没看见，是这样吗？

柳（被）：对，我没看见。

翁（辩）：那你看到吵架了吗？

柳（被）：吵架时我在边上。

翁（辩）：我再跟你核实一下，之前你说你在楼上，跟对方在核实布料的情况，你听到楼下吵架声你下来了，这个情况你想起来了吗？

柳（被）：对，我想起来了。

翁（辩）：比如问你那个女的是怎么受的伤？

柳（被）：她怎么受伤的你得问她。

翁（辩）：马凤仙说你曾推她，你有没有推她？

柳（被）：她推我，我没推她，她老公还推我爸，差点推倒。

翁（辩）：到底是马凤仙推你，还是你推她？还是她老公推你爸？

柳（被）：都推了，一个先推一个后退。

翁（辩）：你想清楚了吗？到底有没有人推你？谁推的你？

柳（被）：马凤仙先推我，她老公后推我，都推了。

翁（辩）：强调一下啊，你一定要如实向法庭陈述，记不清就说记不清，好不好？

柳（被）：好。

翁（辩）：在庭上不要太激动，控制一下情绪，跟今天我和你交流的一样。另外还要跟你说一下我们的法律规定，就是法庭要对你定罪的证据必须达到事实清楚、证据充分，你要了解这些法律规定，我明天会根据你的陈述，坚持伤害跟你没关系，我会尽最大的努力为你作无罪辩护。

柳（被）：我明天能无罪吗？

翁（辩）：具体的要看你明天的表现，你和我的表现，好吗？

柳（被）：好的。

其他律师点评：

朱勇辉：发问有条理，对于四次笔录中的相关证言作了说明，总体把控比较强。

韩　哲：争议点在辩护人能不能把他们的证言拆穿，辩护人要告诉他有哪些矛盾的证言。被告人说害怕公诉人，辩护人要听他说完，然后告诉他："不要害怕，我也会帮你解决。"关于辩护策略辩护人没有告诉被告人。

曹春风：王翠芬没有法律知识，庭审程序是必须辅导的。主要问题在于辩护人逻辑不清，没有层层递进，把当事人搞糊涂了，语言发问有些乱，专业人士要表现出专业来，目前我们的辩护逻辑没有形成。具体来说：首先，要核对辩护思路；其次，要告知被告人作什么样的辩护。

郝大明：第一，辩护人说了两三次"不要打断我"，我觉得要换一种说法，比如说，"明天的开庭很重要，我们需要做准备，你先耐心听我讲"。前一种语气感觉是对被告人提要求，显得与被告人有点距离；第二，当事人文化程度比较低，辩护人对其说"你在法庭上要理性、客观"，当事人很可能会不理解怎么样叫表现得理性、客观，可以换一种说法如"你在法庭上要有耐心，每个问题多想一想，想清楚之后再回答"，这样效果会比较好一些；第三，辩护人对被告人说"对你有利的你就说，对你不利的就说记不清了"，当事人不一定能理解"有利"与"不利"，这句话表达得不清楚，换成"你能记清的就说，记不清的就不说了"会比较好。

石安琴（复盘）：关于复盘，整个流程我觉得基本上比较顺畅，一般来说有职业经验的律师都会这样走完流程。但有几个地方是有问题的，主要有以下问题：

第一，关于问话当中提到的"你暂时不要打断我，你不要着急，先听我说完"，前面的点评人也说过这个问题。简单地说"你不要打断我"是一个结论，但是被告人之后还是打断了辩护人，等于你交代他不要打断，但是他还是打断了，为什么会出现这样的情况呢？实际上，只要你的发问有严密的逻辑，卡得住对方，就不会被打断。在法庭上发言也是这样，假如你没有逻辑，你会随时被打断的，所以一定要有非常强的逻辑性，才不会被打断。简单地说，"你不要打断我，我给你说"这个措辞的思路存在问题，所以我觉得这个地方有一定的欠缺，毕竟发问应该是有准备的。只要自己先理清楚，一个一个去问，对方就会顺着你的思路走下去，肯定不会被打断。所以，发问应当有两个大体的思路，首先，要分清对被告人定罪你有哪些问题要问，其次，对被告人的量刑有什么要发问的。辩护人应当有自己的思路，我认为思路不用告诉被告人。辩护人应该针对被告人的定罪、定性有哪些地方需要跟被告人核对，一一列出。对方肯定不会打断你的，因为他有个预期，会听你说完。所以我的结论是：自己有逻辑才不会被打断。

第二，我看到有三次以上辩护人对被告人说证言哪个地方有矛盾，哪些地方对被告人不利，被告也在反复问，什么是矛盾？我觉得还是要梳理出一二三点，指出哪些是不利的，这样会更清楚一点。

第三，辩护人问“我有我的工作职责”，我觉得这个措辞也不合适。被告人在这个时候也说：“你替我讲吧！”之后辩护人说：“在法庭上公诉人是向你发问的，不是向我发问。”这两个地方都有不妥。可以换一种说法：“请你体谅，我是在履行职责，不是在和你对立。”辩护人是帮助被告人减轻责任的，所以从这个角度讲，用“工作职责”这个词不太妥当，你可以和他讲“我是帮你辩护的，肯定选择对你有利的来提醒你”。

第四，“是向你发问的，不是向我发问”这个措辞，这时候应该讲清楚：“法庭对事实的询问，你是知情者，我是不知道的，法庭对你的发问必须要你回答的，我可以为你辩护，但是我不能帮你回答。”可以把被告人该陈述的事实和辩护人要履行的责任向被告人讲清楚，不能简单地说这是谁的责任。

第五，要给法庭一个态度，这实际上潜在的是在讲量刑问题。所以刚才曹律师说你的发问有点乱，“态度”问题可能也会是法庭考虑量刑的指标之一。

柳波（复盘）：首先，我扮演的这个被告人是一个精神高度紧张的被告人，所以我在庭前辅导过程中说“公诉人很凶的，他一凶我就害怕”，辩护人不能颓，应该给我打气、鼓劲，让我不要害怕。其次，辩护人没有告知被告人怎么回答公诉人的问题，这一点没有涉及。作为被告人，我一直说“我记不清了，你能不能直接告诉我说什么”，这时辩护人应该调整他的辅导方式。辩护人要明确告知被告人关键问题、核心问题，其他问题万变不离其宗，辩护人应该梳理清楚，灌输到被告人的脑海中。最后，作为被告人我问辩护人对明天的法庭审理有多大把握，辩护人回答“看我表现”。我觉得更好的回答方式应该是依据目前的法律，公正地为被告人分析是有罪还是无罪。

公诉人发问：

曹（公）：被告人王翠芬，刚才法官宣布的庭前准备工作你听到了吧？

柳（被）：啥叫准备工作，不知道啊。

曹（公）：你听到了吧，我是本案的公诉人，我在这指控你犯罪。

柳（被）：我没犯罪，谁犯罪了？

曹（公）：跟你核实个问题：在庭前你爸爸和你丈夫交了相应的给被害人赔偿的费用？

柳（被）：神经病啊，交什么钱啊。

（法官叫停，两人不要同时说话，公诉人问定罪有关的问题）

曹（公）：你的父亲和你的丈夫希望法庭作缓刑处理。

曹（公）：起诉书收到了吧？

柳（被）：收到了。

曹（公）：指控你什么罪名？

柳（被）：起诉书上写了，什么罪名你自己不知道吗？不是你自己写的吗？

曹（公）：你是否同意在法庭上适用普通程序简易审理？

（法官叫停，指出普通程序审理）

曹（公）：2011 年 4 月 17 日下午，被害人是来你家后受伤的，是吗？

柳（被）：她自己这么说的。

曹（公）：她是来你家争执以后受的伤对吗？

（辩护人申请法庭休庭安抚被告人的情绪，法官同意，之后公诉人继续发问）

曹（公）：被告人，在开庭之前你的辩护人是不是对你进行了庭前辅导工作？

柳（被）：有啊。

曹（公）：你对这个案情有没有简单的了解？

柳（被）：案情是啥，跟我没关系。我是冤枉的。

门（法）：被告人王翠芬，如果公诉人问你问题，知道你就回答，不知道你就回答不知道，按照法庭的程序公诉人对你的发问是向法庭展现案件事实，你需要对问题作出回答，你听清楚了吗？

柳（被）：我听清楚了。

曹（公）：被告人，你最后会不会被判刑是依据我……合议庭说了算的，所以请你客观如实地回答问题，听清楚了吗？

柳（被）：听清楚了，意思就是你说了算，他说了不算。

曹（公）：不是他说了不算，是根据你的表现在我心里的印象，听清楚了吗？

（中途休庭）

门（法）（休庭原因）：一是被告人身体原因；二是出现了“故意捣乱”的被告人。（法官向大家说明：法庭发问后的效果是法官自由心证的内容，因此不管是被告人还是其他人，尤其是被告人，必须要给法官留下良好的印象，不能故意捣乱。）

（公诉人继续发问）

曹（公）：下面继续发问，被害人在你家受伤，是发生在语言争执之后对吗？

柳（被）：应该是。

曹（公）：你可以向法庭简单陈述发生语言争执的过程吗？

柳（被）：以前我们从她那进布料，这次布料有出入，没法用，他们来要钱，就说把货调回去，然后再付钱，这个布我们就没有用，他们不同意非让我们付钱，说这个事是我老公负责的，要等我老公回来，他们在这来来回回好几次了，要立马拿钱，声音很吵。

曹（公）：好，最初被害人是跟谁交涉的？

柳（被）：跟我。

曹（公）：交涉完之后呢？

柳（被）：她就出门了，出门又回来了。

曹（公）：被害人是来了两次是吗？

柳（被）：来了好几次。

曹（公）：他们最后这一次来，你在什么位置？

柳（被）：一开始我在三楼，后来我到了一楼。

曹（公）：他们的人进来，不是反反复复交涉吗？她最后一次进来时你在哪里？

柳（被）：在一楼。

曹（公）：你在一楼和马凤仙对话了吗？

柳（被）：有，布不合适。

曹（公）：对话完了之后呢？

柳（被）：她走了，我就干别的事了，突然听到扑通声音，转身过来看到她倒在地上了。

曹（公）：也就是说被害人是这时倒地的？

柳（被）：对。

曹（公）：你的父亲当时在什么地方？

柳（被）：挨得比较近，就在边上。

曹（公）：在交涉中，你们有过肢体接触吗？

柳（被）：没有。

曹（公）：没有推过你吗？

柳（被）：推过我，我就走了，不理她，听到扑通一声、哎呀一声，我就转身看到她倒地。

曹（公）：怎么叫的？

柳（被）：哎呀一声。

曹（公）：那我问一下，你家地是平坦的还是有台阶的？

柳（被）：有坑有洼的，她穿着高跟鞋。

曹（公）：问一下，你的父亲跟她有接触吗？

柳（被）：没注意。

曹（公）：他倒地后，你做了什么？

柳（被）：我就赶紧说你起来了，她不起来，她老公和弟弟冲进来了。

曹（公）：你没有对她踢打吗？

柳（被）：没有，我没有踢打她，她老公进来还推了我。

曹（公）：那么她受伤了，在你家受伤是事实吧？

柳（被）：她伤没伤我不知道，可能讹人。

曹（公）：审判长，被告人辩解是不成立的，公诉人将在法庭质证阶段出示王光荣、钱萍、姜新辉的证言加以证实，审判长，我的发问完毕。

辩护人发问：

翁（辩）：刚才你在回答公诉人提问的时候，你说你是从三楼下到一楼是吗？

柳（被）：对。

翁（辩）：我想请你说个情况，当时你在公安机关的笔录里提到，你和营业员在三楼对比布料，听到一楼有叫声你才下来，但是刚才你在庭上说的是，你是在一楼下来之后才和马凤仙发生身体接触，这两个说法存在一些出入，你能不能向法庭再解释一下？

柳（被）：我之前没说有身体接触，我刚回答公诉人也没说有身体接触。

翁（辩）：发生吵架的时候你老公在家吗？

柳（被）：不在。

翁（辩）：马凤仙几人来找你的时候是不是态度比较凶？

柳（被）：是。

曹（公）：反对！诱导性问题。

门（法）：反对有效。辩护人注意发问方式。

翁（辩）：你看到马凤仙和你父亲争吵，你心里害不害怕？

柳（被）：确实害怕。

翁（辩）：争吵过程中，场面很混乱吗？

曹（公）：反对！诱导性问题。

门（法）：反对有效。辩护人注意发问方式。

翁（辩）：好的。

翁（辩）：当时混乱中，你父亲也摔倒了是吗？

柳（被）：是的，我也被她老公推倒了。他推我了。

翁（辩）：我知道了，相信法官也注意到了。你当时到底有没有看到马凤仙是怎么倒地的？

柳（被）：她怎么倒的我没有看到，但我知道她倒地了。

翁（辩）：你在她倒地后到底有没有踩或者踢过马凤仙本人？

柳（被）：没有，她倒地之后，她老公和她弟弟都进来了，我就没到马凤仙跟前去。

翁（辩）：审判长，辩护人对被告人的发问暂时完毕，相关辩护事实辩护人会在法庭举证阶段加以证实，将展示证人证言。

其他律师点评：

门金玲（复盘）：有个问题需要思考一下：被告人属于辩方一拨儿的，辩护人如果一直用封闭式问题，法庭会不会觉得辩护人在诱导被告人，进而误导法庭？这个问题应该是一个开放的答案，请大家思考一下。刚才辩护人问被告人，全部用了封闭式问题。公诉人作为被告人的对立方，却总用开放式问题，让被告人一直“发挥”，这有点儿搞反了。法庭上法官通过控辩双方的发问和被告人的回答来认定案件事实。公诉人问了几个封闭性问题，但听完整个问答下来，我作为法官认为他没踢也没踩。辩护人也问了几个封闭性问题，这时公诉人的反对不是没有道理的，我国法庭发问的规则是一个诱导性问题都不能问的，辩护人发问的确实都是不能问的问题。在司法实践中对何谓诱导性问题的判断标准比较宽松，而且可能对于这种技术，法官也不是特别熟练，而且因为法官事先是了解案情的，所以在法庭上主要是一个核实真相的过程，不在于发现真相，所以不是特别明显的诱导，一般法官也不管。

另外，关于对开放式问题的引导，什么时候需要“打断”，比如说“他推我了”这时就要问问细节，而不是说“我知道了，相信法官也注意到了”，你怎么那么坚信法官会注意到，还是要通过“打断”进而“重复”，让有利的细节得以被强调。

柳波（复盘）：先说曹律师扮演的这个公诉人，说了很多公诉人不应该说的话，我明白你刚开始提到交钱缓刑的意图，是想通过量刑反制定罪，但是你这个目的被法官打断了。你刚才有几个封闭性问题问得很好。再说翁小平扮演的辩护人，我觉得作为辩护人，上来就应该直接问关键性问题“王翠芬到底有没有踩或者踢马凤仙”，不要等到最后再问。还有就是，被告人在回答公诉人问题的时候提到了“厂子里面坑坑洼洼，马凤仙还穿着高跟鞋”，这个时候你应该借题发挥。你从发问技术上来说虽然是封闭式问题，很好，但是确实有诱导性嫌疑。最后，关于门老师扮演的这个“法官”，对我这种被告人，应该适当“哄一哄”，不能一度威压。

张弘（复盘）：公诉人整体的发问太散，太偏，而且开放性太大。比如说问“你们是怎么发生争执的？”然后被告人就说了很长，她可以从头到尾把发生争执的状况说出来，这些公诉人是控制不了的。我觉得公诉人发问应该围绕这几个问题，比如说：“她倒地的时候你站在哪里？你离她有多远？”如果被告人回答说：“我离她很远。”那么接着问：“她丈夫跑到什么地方来推你的？”这就有可能证明实际上被告人离她很近，才可能会对她有个动作。所以，总体来讲公诉人的发问是比较散，比较偏的。辩护人的发问还是比较成功的。

刘仁琦（理论提升）：

证据：8 种——调查方式、内容（证明力、证据力）——认证

证明力：自由心证、印证

证据力：法律强制规定

播放发问录像复盘：

翁小平：作为培训模式的探讨，对于材料里没有涉及的案情，要不要展开？

曹春风：我们对学员进行培训不能只灌输碎片化信息，信息一旦碎片化，不能成体系，不能有逻辑体系，就形成不了体系化的东西。

韩哲：安抚工作谁来做？关于有罪、无罪的辩护观点和策略发生错位。

刘仁琦：这三个问题：（1）定罪程序和量刑程序要区分。（2）定罪程序证明标准是案件事实清楚、证据确实充分，定罪是严格证明；量刑是自由证明。（3）今后的培训方式，如何整理碎片。碎片化与整体化不冲突，碎片化学习是今后越来越重要的学习方式。

刘仁琦：我们看到公诉人代行了很多合议庭职能。比如，起诉书收没收到、指控罪名知不知道等。

曹春风：刘老师，理论上讲一点错没有，但现实中对于被告人不认罪、胡搅蛮缠的，比如毒品案件中，公诉人问“起诉书是否收到”，这句话是为了给他施压，指控罪名。轻伤害一般就是认罪认罚从轻，这些情形是我们要考虑到的。我的意思是在现实中要引起大家的思考，因为认罪认罚制度出台后，这样的情况经常出现。

刘仁琦：但是庭审中，公诉人代行合议庭职能，辩护人肯定会提出抗议。

梁雅丽：其实刚才刘老师所说的就是辩护人在庭前的辅导不到位，才导致被告人在庭审中不受控制。对于被告人情绪很激动不受控制，辩护人是及时向法庭申请阻止还是法院依职权呢？这个问题大家讨论一下。

杨文斌：被告人情绪失控后，作为辩护人应该建议法庭及时休庭，否则庭审无法进行下去。我之前办过案子就是这样的。

徐莹：对于刚才杨文斌律师提到的，我曾经办的案件中也遇到过。对于被告人不好好回答公诉人的发问，情绪很激动，辩护人可以主动向法院提出申请，经过审判长的准许，让辩护人与被告人交流、沟通几分钟，如果被告人确实不受控制，可以申请法庭休庭。

韩哲：公诉人发问了一个问题，然后被告人说了一大段内容。这样发问目的是什么？

曹春风：问“描述争执过程”，就是想让她描述整个过程，让她简单描述，在发问设计上，好根据她的回答，再设计发问暴露她话语中的矛盾；比如她说“来了以后跟人家谈”，下边我就会问“跟谁谈”，那就证明她原来“在楼上，下来之后怎么样”，我是为了套出她的假话，假话后面有矛盾了，我就会通过暴露这个问题来打击她，这是我故意设计的。

朱勇辉：我认为发问太开放。要是我就会拆分事实，用封闭性问题问。

柳波：包括控方和辩方有没有必要做一个发问的小结，就像曹春风律师刚刚那样？

杨文斌：完全可以的，不管是控方还是辩方。两个原因：第一，无论控辩双方，通过几分钟的小结，可以强调讯问、发问的过程突出了哪些问题，为后面的举证做铺垫。第二，在讯问、发问过程中如果发现今天庭审中的陈述和之前卷宗中的内容有冲突时，可以给审判长一个提醒。

门金玲：这个小结不宜当着被发问人的面进行，会污染他们的心证。当然，被告人和有诉权的被害人除外，因为他们是当事人。

韩哲：我们要认真听公诉人总结，及时发问。

刘仁琦（梳理，展示在大白纸上）：总结要因案、因庭而异。

庭前辅导内容：

（1）心理辅导、情绪安抚（紧张、恐惧、对抗）

（2）流程介绍与解释（核实、调查、辩论、最后陈述）

（3）再次核实证据（实物、言词）

（4）问题预设和解析（辩方、控方、被害人、同案被告人及其他辩护人）

（5）关系理顺（与公诉人、与合议庭、与被害人）

（6）辩护观点的解析与确认

柳波：第四点“问题预设和解析”可以加两项“被害人、同案被告人”。再有，还要不要做一个庭审的简要模拟？复一下盘，可以用假设。

杨文斌：“问题的预设”是不是可以改成“问题的预判”？这个大类是不是可以分为三点：各种题外话是一块；证据的核实是一块；辩护意见的交流是一块。这样三大块是不是更科学一点？

（二）第二组模拟发问

宋立（公诉人）下文记录简称为“宋（公）”、杨大民（辩护人）下文记录简称为“杨（辩）”、门金玲（法官）下文记录简称为“门（法）”、张成（被告人）下文记录简称为“张（被）”。

辩护人庭前辅导：

杨（辩）：王翠芬你好，明天就开庭了，我们今天把这个案件开庭的事情沟通一下。

张（被）：好，谢谢你，杨律师明天就靠你了。

杨（辩）：这需要我们两个的配合。

张（被）：没问题，我确实是冤枉的，给我作无罪辩护就好。

杨（辩）：这个起诉书的副本你收到了吗？

张（被）：收到了。

杨（辩）：那你对这个还是坚持以前的意见吗？

张（被）：对，这个事跟我就根本没关系，发生在我们家就是我们的事吗？那不可能啊，有点敲诈勒索的意思。

杨（辩）：那就是明天坚持你以前的意见。

张（被）：我就是实事求是。

杨（辩）：那么我们今天主要沟通这么几个事情，明天的开庭要沟通一下，对法庭的流程给你简要地讲述一下。

张（被）：这个还真有必要，因为没上过法庭，只是听说过，看过好多电视剧，但是自己没经历过。

杨（辩）：你现在处于取保候审阶段？

张（被）：是的。

杨（辩）：那这样，我觉得明天你的着装还是要注意一点，因为毕竟是去法庭审判。

张（被）：穿着礼服行吗？

杨（辩）：还是要注意一下的。

张（被）：我们家没有朴素的衣服，因为家里开服装厂的，有钱。

杨（辩）：明天的流程大概是这样的，通常是开庭的时候，法庭宣布开庭，法官会讯问你，包括你是否对被指控的罪名有异议，对被指控的事实有没有异议。

张（被）：我怎么回答呢？

杨（辩）：有异议那就提出你的异议啊。

张（被）：好，这我懂。

杨（辩）：接着呢，公诉人会宣读起诉书，同样也会针对起诉书问你的意见。那么紧接着呢，公诉人会讯问你，你回答完一些问题后，作为辩方也会就案件的事实和指控向你发问。由于这个案件牵扯到证人，还有被害人，就是那个马凤仙，她也有可能向你发问。一个是要如实供述；另一个是她也会存在一些问题，这个属于对质，那么你要考虑一下，解释一下，和马凤仙的陈述有哪里是不一样的，不一致的，如何对质。

张（被）：对质的时候，我们俩是不是要辩论呐？

杨（辩）：你们俩至少要有一个对事实的相互发问、质问的过程，要有一个对质的意见。

张（被）：我就把整个事件还原一下就行了，是吧？

杨（辩）：你要坚持你的意见，但是对马凤仙的说法中和这个案件事实不同的地方你要指出来。

张（被）：你觉得她会质证我什么啊，你觉得对于她说的内容，我该怎么回答？

杨（辩）：跟事实不一样的地方，就是你认为她说的和事实有差异的地方，甚至你认为她在说谎的地方。

张（被）：就是她诬陷我。

杨（辩）：你至少要向法庭把这个指出来，点到为止。

张（被）：她长的就凶悍，我确实是好人，这你都知道。

杨（辩）：除了这个被害人，还会有本案的证人，也会有这样的情况，包括那个谁的父亲王光荣，还有就是你们那姓韩的小孩，当然这是我们这边的证人。

张（被）：他们都是证人，也要跟我对质吗？

杨（辩）：他们是我方的证人，至少他们基本会跟咱们的观点一致，差不多是辅助。关键是对方的证人，有她的老公，一个小孩，还有就是那个钱萍。他们出庭的话，也会向你发问，那么你也要对他们的说法和事实不一样的地方作出解释。

张（被）：他们也会向我发问？

杨（辩）：对，也会，因为证人么，有些事情，要核实一下，他们要是说的和案件事实有不一样的地方，我觉得你也要说明。

张（被）：我就是实事求是么，跟我有关系的。

杨（辩）：当然因为本案牵扯到一个很重要的证据，就是那个鉴定意见，所以我们也要向法庭申请鉴定人出庭。对于鉴定意见，你应该也要简单提出不同意或同意的意见。由于这个鉴定人太专业了，所以我们申请了一个专家辅助人帮助出庭。

张（被）：这就是律师你的事了。

杨（辩）：对，这是我的事，我们申请这个。

张（被）：他这个帮助结果跟我没啥关系？

杨（辩）：就是事实问题，有出入的地方，不一样的地方，说法不一样的，你要如实地向法庭指出来，但要点到为止，不要太乱，不要太啰唆。一些专业的问题，由专业的专家辅助人来进行专业的解读，好吧？

张（被）：你请的专家靠谱吧？要请最顶级、最公正、最权威的。

杨（辩）：明天，在庭审过程中，法庭也要向你发问，包括这个审判长。如果审判长向你发问，记住，不管发问人是公诉人、辩护人，还是证人、我、审判员，不管是谁发问，所有人，只要是在法庭上向你发问：首先，你要判断清楚他的身份，如果审判长向你发问，我觉得你要听清楚问题；其次，你要如实地、准确地把这个事情向法庭说清楚。

张（被）：我是明天跟法官滔滔不绝地讲？像演讲一样？还是说像我今天这样，就没好意思跟你怎么着，因为你是辅导我的嘛，是专业的。

杨（辩）：我觉得这样，法庭的审判目的是查明事实，我们的回答，包括我们的辩护都是帮助法庭来查明事实。

张（被）：这个分寸，这个度咋把握？

杨（辩）：所以呢，一定要诚恳、要诚实、要准确，陈述不要滔滔不绝，我知道你说得特别好，但一定要注意把握一个度，把握一个分寸。

张（被）：好好好。

杨（辩）：这就是关于明天发问的情况。尤其注意一点，我知道你口才好，但跟法官，包括跟公诉人不要对抗。

张（被）：那他们要真是胡搅蛮缠欺负我呢？

杨（辩）：欺负你，你就跟他们对抗，但是跟法官不能对抗，其实这种对抗只是强调他们说的不对。

张（被）：不是跟法官，我说的是公诉人。

杨（辩）：跟法官，你就不能对抗，一点都不能，要诚恳地向法庭说明案件事实。但是跟公诉人也不是对抗，是要强调哪错了，哪是假的、不对的。

张（被）：这整个起诉就是错的。

杨（辩）：错的你就说错，你就把案情一五一十地、诚恳地向法庭展现。

张（被）：我们就是对法庭。

杨（辩）：这是关于这个发问。下面我们说一下庭审的基本过程，大概的整体流程。

张（被）：我清楚了。

杨（辩）：在法庭调查完了以后，发问之后还要进行举证、质证，不管什么程序，都听清楚他们的目的、用意等。

张（被）：举证、质证这个环节我要是可以不发言，让我的律师来就行了。

杨（辩）：有意见就发言，没意见就不用发言。

张（被）：我怕我发言发得不好。

杨（辩）：尽力就好。

张（被）：好。

公诉人发问：

宋（公）：王翠芬你好，你在笔录中讲到马凤仙推了你一下是吗？

张（被）：啥时候推过？

宋（公）：你看看……

张（被）：这个是有这回事，把我推倒了，推倒之后呢，我就倒在衣服这边了，然后外面很乱，后来就听到马凤仙“哎呀”地叫，反正挺乱的，就发生在我家工厂，但是她现在把我告到法庭上，说是我把她踩断的，你说这哪有理啊对吧，不公正啊。

宋（公）：你要相信法庭是公正的。

张（被）：我相信法庭是公正的。

宋（公）：那你受伤没有？

张（被）：我没有受伤，但是肯定有软组织受伤，现在肯定是好了。

宋（公）：不严重吧？

张（被）：那不严重，再严重那我也不会说为了这个事再去反诉她。

宋（公）：你是不是拉过她的头发？

张（被）：我还真有这个想法，但是我还没来得及靠近她，就被推倒了。

宋（公）：就是你想拉她的头发？

张（被）：有这个想法，但是当时他们几个人围攻我爸，你说我爸那么大岁数了，身体又那么瘦小，他们又高高大大的，彪悍得很，我怕，家里就我们爷俩，员工干活呢又不在现场，我就是想把他拉开，嗯，但是没有接触到她。

宋（公）：她推你的时候是站在你的前面吗？还是后面、还是左边或是右边？

张（被）：她推我的时候？

宋（公）：对，就是马凤仙推你的时候，她站在你的哪边？

张（被）：她在前面推我啊，当时我都没有防备，我就是想劝我爸，一是别跟他们争执，人少，别让人给打了，还有就是，结果她蹦出来，把我给推倒了。

宋（公）：也就是说，你在她后面是不是，她站在你的前面？

张（被）：我们面对面。

宋（公）：你是站在她后面对吧？

张（被）：不是，就像咱们现在这样。

宋（公）：面对面推的你？

张（被）：对，因为我没有防备，我瘦瘦小小的，他们人高马大的。

宋（公）：是这样吗？

张（被）：嗯，我跟他们第一次见面，之前我们做生意，都是我老公和爸爸跟他们打交道。所以这次来要钱呢，这个事很突然，对我来说也很突然。

宋（公）：面对面的时候是不是说那个王翠芬，你是脸面对着门面的是吧？就是说马凤仙脸对南，你的脸对北是吧？

张（被）：她是对南还是对北，这个我是记不清，反正我们就像咱们这样，就是面对面的，我是想去拉架，没想到她突然动手。

宋（公）：那就是说你的脸是对着你们家的门外的，是吗？

张（被）：这个……

宋（公）：因为你从楼上下来，他们要走，你的脸就是对着门的外面的对吧？

张（被）：不是，我们家这个格局，我估计您是不是没去过。

宋（公）：我去过，我去了，你再说一遍吧？

张（被）：当时他们应该是在门口，我从楼上下来，我和她那个营业员，一个女孩，女孩走在前面，然后我走到楼梯口的时候，到一楼楼梯口的时候，我就看见我爸，还有他们几个人啊，在一起争吵、纠缠，这个时候我就特别担心我爸，我的心思全在我爸那，因为老头身体不好，有其他病，再因为这个事一打架，不好。所以我就想过去把他们拉开，但这时候马凤仙就过来，当时还说了什么，嘟囔嘟囔的，我也没听清啊，冷不丁推我一下，把我推倒了，你看我，瘦瘦小小的，江南女子，我挺冤枉的。

宋（公）：那就是说她推了你一下，她的脸应该就是跟你面对的是吧？

张（被）：是面对的，我一直跟您说的，就像咱们这样，但是她冷不丁地出手，她又比我高、又比我壮，我这不是没防备嘛。

宋（公）：那你们脸对脸，那你的脸应该是朝你们家大门外面的？

张（被）：您要是这么说的话，那应该是吧。

宋（公）：那你家大门是朝南面的是吧？

张（被）：门的方位就是朝南啊，朝北的话不吉利啊，我家是做生意的。

宋（公）：另外，我看到案卷里，有人身伤害司法鉴定意见，这个通知书，公安局发给你的这个，上面的签名是你的签名是吧？

张（被）：是我签的。

宋（公）：签完这个意见书后，你没有申请重新鉴定，是吧？

张（被）：这个事情我不太懂啊，但是当时公安局给我，叫我签了，马凤仙她客观上就是受了这个伤，这个伤情我告诉你一下，我就想，在我们家发生的应该是告诉我的啊，所以我就签了。这在我们家受伤这个事，到哪我们都不能回避对吧？反正他说了人家是走着进来的，然后最后是扶着走的，当时说是腿肿了，这我也没看，因为当时我和我爸都是被推倒了，受伤了，当时也没注意这个问题，后来告诉我在我们家要账，大家争执起来摔伤了。

宋（公）：那就这个意见书签名是你签的？

张（被）：这个我不否认。

宋（公）：也没有申请重新鉴定，对吧？

张（被）：没有申请。

宋（公）：后来你的律师也没有申请重新鉴定对吧？

张（被）：这个事我不清楚，出了事就交给我们家法律顾问了。

宋（公）：那我给你讲一下这个内容，这个签名的意见是，她这个伤情是通过间接暴力传导作用致伤的？

张（被）：你说得太专业了，这个我哪懂啊，反正说这个在我们家骨折了，她推了我一下她骨折了，我啥都没说，然后这事就到我这儿了，到现在我都想不明白。

宋（公）：也就是说，她推你了，你也想拉她，她倒了，你也倒了，对吗？

张（被）：顺序要搞清楚，首先是我和她的营业员下楼了，到楼梯的时候，看见他们几个人跟我爸在一起，在那争吵、纠缠，我是想过去把她拉开的。我其实没想拽她，在我家怎么对我……

宋（公）：你是气愤的对吧？

张（被）：气愤肯定是有的，当时我更多的是恐惧和担心，更怕的是我爸受伤害，我们家我妈在我小时候就走了，我爸从小把我带大，我最怕的就是他受伤害，所以我这时候全部心思都在我爸身上，你刚才问有没有拉扯的情况，我的想法是有的，不能让他再去纠缠了。

宋（公）：所以你是要去救你爸是吧？

张（被）：对，我就是想把她拉开，我没想着会发生这种事，很激烈地冲突，因为本来大家都是生意伙伴嘛，何必呢！没有仇没有恨的，要钱就解决钱的问题，送的布有问题就解决质量问题对不对。这事双方都有责任，没想着会出现这种情况对不对，我要保护我爸。

宋（公）：听说你们几个人在一起的时候两个人都倒地了对吧？

张（被）：她是不是倒地了我没注意，反正我是倒地了，我真的没有看到她那个瞬间。但是后来她倒地，起来就说腿骨折了。

宋（公）：他们那边的人把她送到医院了是吗？

张（被）：应该是，好像有两个男的。

宋（公）：当时扶起来是坐到茶几上是吗？

张（被）：这个我没太关注，因为她把我推倒后，我也挺疼的，看我爸了，我爸也说被对方拉扯推搡，这个小身板，也说难受，到现在我们爷俩都没去医院检查呢。

宋（公）：你可以考虑去医院检查一下。

张（被）：谢谢。

辩护人发问：

杨（辩）：针对刚才公诉人问到的，说你跟她面对面，公诉人问到你的脸是不是对着她，朝哪个方向，你是不是比较紧张在刚开始出现争执的时候？

张（被）：应该是的。

杨（辩）：不要应该是，因为你当时是比较紧张的么，非常混乱，这时候你的注意力能不能确保很准确地意识到你的脸是面对着马凤仙，请正面回答是或者不是？

张（被）：我记不清了，因为刚才公诉人一直在问我，一直让我回答是南还是北，因为我家的大门不是冲南就是冲北，我家大门一直朝南开着的，这个是实际的客观情况。

杨（辩）：关键是那天那个时刻你的脸是朝着哪？

张（被）：实际上那天我从楼上下来，是真的不能确定的。

杨（辩）：一个是你刚才提到马凤仙人高马大，你确定吗？

张（被）：是啊，她现在就坐那呢，你看和我一对比不就看出来了啊。

杨（辩）：另一个是你的父亲身材如何？

张（被）：也是小老头嘛，七十多了。

杨（辩）：那天你没有看到是谁把马凤仙推倒的？

张（被）：对，这个我真的没有看到，我想把我的父亲拉开。

杨（辩）：好，可以了，那天是不是没看清谁推的马凤仙？

张（被）：我没看见怎么倒地的。

杨（辩）：你踢过她没有？

张（被）：我这个人一直与人为善。

杨（辩）：有还是没有？

张（被）：没有。

————————————————（下午研讨）————————————————

其他律师点评：

郝大明：因为在后面，前面几组有遗漏的点我们都有注意。辩护人在庭前辅导中对于庭审程序上的介绍、每个庭审环节中需要注意的事项，都作了具体的阐述和解释，一些该提示的地方也有所提示。因为我们昨天也有所商量，张成所扮演的被告人是一个很聪明、善于表现的当事人，所以对于在庭审过程中应当注意要多用一些开放性的问题，这样有利于他本人对于犯罪指控相关的事实进行发挥和陈述。我认为辩方不论是庭前辅导还是庭上发问都简单明了，而且围绕“事实不清、证据不足”这个辩护观点展开得都很充分、很完美。然后是控方的法庭发问，没有抓住被告人的性格特点，所以在庭审中提出的问题，往往一句话、一个问题出来，达不到发问目的。虽然说他追求封闭式的发问方法，但因为没有抓住性格特点，提出的问题都被嫌疑人充分发挥，而且喋喋不休，没有达到控方所追求的展现犯罪场景、犯罪行为的目的。所以我认为主要是没有切实抓住被告人的性格特点，问题的设计是失败的，没有展现出犯罪场景。

宋立：大民律师庭前辅导得很好。辩护人可以提醒被告人，不要过多地展开。自己是辩方，对于发问目的，一是采取间接证据，证明双方有没有拉扯；二是要证明是通过间接暴力传导致害。

杨佰林（复盘）：上午辩护人的发问我感觉是经过了很充分的准备的。但是我觉得有一点小缺憾，就是在法庭庭审过程中最核心的几个问题没有明确给被告人指出。具体的距离呀、在不在场呀、位置和时间呀，应当告诉被告人法庭调查会围绕这几个方面来进行，我觉得这一方面如果再加强一点可能会更好一些。对公诉人上午的发问我有几点看法，不太认同。首先是比较啰唆，你看在正常的刑事开庭的时候公诉人他不是和被告人玩，他是讯问被告人，他的语气是非常严肃的。其次就是问的问题，公诉人的问题应该简洁明了，在问一个问题得不到回答时一般情况下会绕过去，另外再找一个途径绕回来，但是这一点宋立扮演的公诉人，可能是故意演的啊，还是反复地问同一个问题三四次，我觉得这一点不太好。还有就是对被告人有时候问一个问题给他的开放空间太大，他老是讲，而且讲的内容对公诉人是不利的，这个时候正常情况下公诉人肯定会打断，哪会给被告人这么多的机会。

李文超：辩护人对于庭前讯问的一些程序性的问题都提及了，但是对于公诉人要不要对抗，如何对抗没有讲清楚的，对于如何掌握对抗度的具体方法也没有说清楚。对于公诉人，或许是为了给辩护律师实训提供靶子，总体没有达到其目的，通过问是否面对面来确定的方向的问题设计得太多，总共有 6 个，对于讯问“对方父亲的身材、身高”是啥意思？没有进一步说清楚，补充性发问也没有抓住问题点。

柳波（复盘）：先说杨大民，因为刘老师说要类型化问题，所以我不具体细化了，大民主要问的：第一，告知了流程、权利。第二，讲解了衣着打扮问题。第三，告知他可能对质的人员。第四，这个问题我觉得是个亮点，是鉴定人出庭的问题，专家辅助人的问题。第五，告知其可能面对的发问人员以及回答问题时不要滔滔不绝，不要辩论，不要和法官对抗。第六，他还给被告人辅导说你要想清楚发问人的目的、意图和谁发问你。另外呢，大民有一个问题，从庭前辅导到发问六个问题的过程，大民的左手一直在动，在法庭上是不敢张牙舞爪的，在培训的时候适当的手势是可以的，但是一直动效果就差了。关于宋立扮演的公诉人向被告人发问的情况。首先他说笔录中提到马凤仙把你（被告人）推倒了，接着就问他：被告人你受伤了吗？紧接着第三个问题：你想拉她没？然后张成扮演的被告人就说他们围着我爸，我想把她拉开，然后公诉人接着问：马凤仙推你的时候你在哪里？你是不是站在后面？你的脸是不是对着门外面等，接着又问道：司法鉴定书有没有签名？有没有申请重新鉴定？你的律师有没有申请重新鉴定？然后告知她鉴定内容。公诉人发问时一直在纠结于她和鉴定书的问题，还问被告人：你肯定很气愤！这是诱导性发问。还问他：你是想救你爸，俩人都倒地了，然后你们把她送到医院对吧？等等。问得都非常细，点都非常小，一直在围绕关键问题绕。因为被告人零口供，庭前要对零口供被告人进行评估，所以公诉人问得很细很绕，这种问话方式能不能达到证明目的，这是个问题。至于大民后来补充的问题我觉得很好。我就简要地说这几点，完毕。

梁雅丽：对于零口供的被告人我们律师该如何发问？

柳波：第一，零口供的被告人对律师来讲是一件好事，因为他没有作出有罪的口供，减轻了辩护人很大的负担。第二，不认罪的“零口供”不见得就是零口供，因为表面上没有承认犯罪不等于是零口供，要分清什么是真正的零口供。第三，作为律师一定要想到公诉人或许不会去问零口供被告人，这个时候辩护人要努力发问，通过被告人当庭的表现让法官相信被告人无罪。

徐莹：在法庭上法官一而再、再而三地打断辩护人的发问，我们应该怎么办？

杨文斌：我觉得应该换一种方法继续发问。因为法官打断你无非是想让你换一种方法发问或者觉得你问的问题没有价值。但是，你的法庭发问是围绕你的辩护效果来的，所以你该问还是要问。

柳波：发问被打断有两个后果：一是就辩护人本人来说，心理上多少会受些影响，对被告人也会造成影响，而且给旁听人员包括被告人家属造成一个不好的观感，即这个辩护人不行。二是搞清发问被打断的原因，是因为法庭不想让你发问，还是我们的发问技术有问题，明确原因后才能及时调整方案。所以我一般的做法就是：在开庭前，我会做两种或者三种不同的发问方案，做好被打断的准备。

曹春风：我的方法跟柳波差不多。如果我的问题是必须要问的，这个问题要问出来。一方面，因为律师问的问题，会影响到定罪量刑，这块非常非常重要，如果这块得不到答案、回应的话，可能会对整个发问的体系、整个辩护的策略有重大影响，这样的话可以迂回发问、也可以进行重复发问，或者采取其他方式发问，都要得到答案；另外一方面，在发问之前就要知道“答案”，没有答案的发问是绝对不能问的，这样的话你的发问方式可以是很自由的，虽然法官是打断你，但你可以通过调整策略去应对。

杨佰林：我补充几点。第一点，律师对法庭发问心中得有概念，给我们的机会是非常有限的，我们一定要非常重视这个发问的机会。在这个前提之下把要问的问题浓缩，一定不要想着在法庭上可以像在这个课堂上一样无限地去问，这个根本做不到，因此我们要把问题浓缩为几个问题，发问一般三到七个就足够了。我们在课堂上可以无限地问下去，在法庭上门儿都没有。第二点，为了防止被打断，我们可以把核心问题放到前面先问，放在第一个和第二个问。一般情况下第一个、第二个问题是不会被打断的。第三点，一定要做到不啰嗦、不重复。法官打断我们的理由无非是这个问题听清楚了，即使没有得到想要的答案，但是法官认为我们啰嗦、重复，从而打断。这个方面庭审之前要精心设计一下，包括迂回呀、换一个途径来问呀。

朱勇辉：一是问题切忌太啰嗦，我们要把关键事实该拆就拆；二是被打断有可能是发问跑题；三是出现诱导式发问和重复式发问，要不断调整。公诉人问过的问题不要简单重复，如果是重要的问题或者是被告人回答得不完整，有必要再问一次，但要换种方式发问；四是法官不明白发问目的时，要给法官进行解释。

刘仁琦：这个案件核心在于客观证明与主观证明。主观证明和客观证明同样重要，核心事实是有没有“踩”这种行为。主观方面不需要特别下功夫，要注重行为方式，要做到引申发问和补充发问。主观方面主要是故意，其主要包括“明知”和“希望”，其主要证明是按照推定来进行的。客观方面主要包括行为、结果、因果关系。行为的证明主要有引申证明、补充证明和目的说明。

录像复盘：

柳波：第一，我们在开庭的时候要仔细地听公诉人的发问，有问题一定要提出来。第二，宋立表演的公诉人，发问语言确实不是很简洁。第三，演练时他们的气场、姿态不符合实际，不是控方在问被告人，而是被告人在问控方。

张成：我想了一下，首先我作为被告人对鉴定意见没有关注，所以就没有提复议的事，签字是确实存在的，就说是自己签的字，这个不能否认，否则法庭就对我不信任了，所以就解释了一下。对于这个鉴定意见是属于专业的知识，需要律师对其进行解释，所以我就停顿了一下。

柳波：就宋立演绎的控方在整体上的表现让我想到这么几个问题：辩护律师发问的语言、语气、气场以及发问时的肢体语言，都会影响到发问的效果，影响到被告人回答问题的真实可信度，影响到法庭的自由心证。

梁雅丽：“为什么问人高马大”？

杨大民：为什么提到“人高马大”，因为被告人在回答控方时说了她父亲是个小老头，而马凤仙的个头比被告人的父亲大，我的潜台词就是小老头不可能把她推摔倒，在这埋了个雷，在后面展示：一个 70 多岁的小老头把人高马大的被害人拽倒，不具有可信性。

（三）第三组模拟发问

刘均（公诉人）下文记录简称“刘（公）”、王馨仝（辩护人）下文记录简称“王（辩）”、杨文斌（法官）下文记录简称“杨（法）”、韩哲（被告人）下文记录简称“韩（被）”。

辩护人庭前辅导：

王（辩）：明天要开庭，给你说一下明天开庭应注意的情况。

韩（被）：好。

王（辩）：你有什么想法？

韩（被）：我没有踢，现在检察院指控我了。

王（辩）：现在起诉的是你，不是你父亲。

韩（被）：不是我，就是我父亲。

王（辩）：我国庭审主要还要看证据情况，请你相信我的专业性，如果你觉得我说得有道理你就听，没道理我们再商量。

韩（被）：好。

王（辩）：你这边三个人，他们那边是四个人，现在没有任何证据证明是你父亲踢的。

韩（被）：我没踢，我父亲也没踢，现在该怎么办？

王（辩）：所以我就要制造合理怀疑。检察院要定你的罪，法官是公正的，所以要看怎么让法官相信你的发言是真的。

韩（被）：我可不可以在法庭上说，是我踢的，让我父亲无罪？

王（辩）：你在公安机关做的 3 次笔录是真的吗？

韩（被）：真的。

王（辩）：如果你在法庭上推翻，叫翻供，影响法官对你的客观印象，一定要实事求是。

韩（被）：能保证我父亲无罪吗？

王（辩）：现在没有对你父亲的指控，现在指控的是你的问题。

韩（被）：我父亲今年都 75 岁了，年龄也大了，我能背锅的就背锅了。

王（辩）：明天法庭上要向你核对几个重要事实问题，公诉人会先问，公诉人问的目的是要证明你有罪，你要如实回答，简洁、提高警惕。

韩（被）：哦。

公诉人发问：

刘（公）：被告人王翠芬，下面公诉人向你讯问，希望你如实回答。

韩（被）：好的。

刘（公）：你在公安机关的供述是否属实？

韩（被）：属实。

刘（公）：你是否当庭认罪？**（辩护人反对）**

刘（公）：公诉人向你宣读一下法律规定，根据法律规定，没有被告人供述，证据确实充分的，可以定罪量刑。如果你认罪态度好，可以从轻处罚，你听清楚了吗？

刘（公）：2011 年 4 月 17 日下午，在华丰制衣厂，你是否与马凤仙发生冲突？

韩（被）：她推我了，把我都推倒了。你说的是谁和谁发生冲突？她和我发生冲突把我推倒了。

刘（公）：你父亲王光荣是否和马凤仙发生争吵？

韩（被）：好像是吵了，记不清楚了，应该是吵了。

刘（公）：争吵之后是否发生肢体冲突？

韩（被）：冲突了吧，就马凤仙和我父亲。

刘（公）：冲突之后马凤仙摔倒了吗？

韩（被）：摔倒了。

刘（公）：马凤仙摔倒的时候你站在她旁边吗？**（辩护人反对）**。

刘（公）：马凤仙摔倒的时候你在不在她旁边？

韩（被）：在她旁边。

刘（公）：你在她旁边和马凤仙发生肢体冲突了吗？

韩（被）：没有。

刘（公）：当时马凤仙倒地的时候，你这一方加上你是三个人在场是吗？

韩（被）：没有，当时只有我和我父亲。

刘（公）：还有你们的一个工人韩文国是吗？

韩（被）：当时场面很乱，有没有其他人我没有注意到。

刘（公）：但是你在公安机关的供述中讲到是三个人在场，韩文国也在场。

韩（被）：那也可能在吧，反正当时我特别担心我父亲，怕把我父亲推倒，那个女的挺泼的。

刘（公）：马凤仙倒地的时候，她那一方除了她之外是三个人在场对吗？

韩（被）：倒地的时候有两个。

刘（公）：两男一女？

韩（被）：她倒地的时候我都不知道，后来他们有人进来了。

刘（公）：被告人注意自己的态度，你在公安机关的供述已经明确地说明了她倒地的时候你这边是三个人在场。

韩（被）：你就说我有罪呗，就这个意思是吧？我有罪？

刘（公）：法院依法判决。

韩（被）：这个事情我没有动手。

刘（公）：我继续向你发问，你听清楚了？

刘（公）：证人马腾飞、姜新辉都证明你拉了马凤仙的头发，踢了她的腿，听清楚了吗？

韩（被）：他说的？是他们说的吗？

刘（公）：在法庭质证的时候会给你看询问笔录。

韩（被）：他们说的？他们都是胡说的，他们都没在现场怎么看见的？

刘（公）：证人姜新辉、钱萍和韩文国证明了你父亲和马凤仙扭打在一起，并将马凤仙推倒，你听清楚了吗？

刘（公）：有证据证明你父亲王光荣和马凤仙扭打在一起，将马凤仙推倒。

刘（公）：最后问你，被告人今天要注意你的态度。你在回答公诉人第一个问题的时候，向法庭讲你在公安机关的供述都是真的，但是你的当庭供述和在公安机关的供述不一致。**（辩护人反对）**

刘（公）：被告人你认不认罪？

辩护人发问：

王（辩）：在回答公诉人问题时，你说被害人是自己摔倒的，是吗？

韩（被）：是。

王（辩）：她还能行走吗？

韩（被）：能。

王（辩）：你说在她摔倒时，你在旁边，旁边是 4 米远吗？

韩（被）：应该很远。

王（辩）：4 米远是真实的吗？

韩（被）：是。

王（辩）：也就是说马凤仙在摔倒时，你没在现场对吧？

韩（被）：是的 。

王（辩）：你说马腾飞没在现场？

韩（被）：当时没在，后来又来了。

其他律师点评：

柳波（复盘）： 先从庭前辅导开始说吧，辅导过程辩护人先问了被告人的心情怎么样，韩哲饰演的被告人说他也很无奈，他什么也没干。然后王律师给他谈什么是事实不清证据不足，他说他也听不懂。接下来王馨仝（辩护人）又给被告人讲：你听我给你分析一下证据的情况……还提到合理怀疑的问题，被告人问了一下是啥意思。所以，我就听见被辅导的被告人说了三次“听不懂什么意思”的情况，这就犯了我们的语言不够通俗化的错误，使用法言法语的问题。

还有就是辅导针对两方证据不一样时该怎么回答的问题，王馨仝说：“你以前的口供都说不是你伤的是吧？你以前的口供都是真实的是吧？”又给被告人分析了翻供的风险问题。接着韩哲（被告人）问：“能保证我父亲没罪吗？”王馨仝说：“现在没有对你父亲的指控……”其实韩哲饰演的这种被告人的特点就是想替父亲顶罪，针对这种情形，在辅导的时候可以有针对性地展示应对之策。应该让被告人知道他的顾虑是没有必要的。接着辩护人王馨仝的语速还是很快的，可能是受时间限制的原因。

接着就是公诉人的立场问题，公诉人就是来指控被告人犯罪的，王馨仝对被告人说：“你要少说，看着他的眼睛如何如何……”韩哲说：“我要提高警惕。”接着王馨仝展示了个图表说：马腾飞的位置问题，告诉他不涉及你就不要讲，否则对你不利……我就在考虑一个问题：这么提示被告人，辩护律师有没有风险？

我再说刘均饰演的公诉人发问的问题，刘均的发问我不整体说了，突出的问题就是提出“反对”，即该反对的没反对，不该反对的反对了。“反对”的原因无外乎：与案情事实无关、重复、诱导、违法、涉及个人隐私等，如果不涉及这些就不要反对了。在法庭上频繁地反对，可能会影响法官对被告人的印象。因为不管怎样，“反对”在裁判者听来都是一个“刺耳”的声音，所以，我们在提“反对”的时候是不是可以控制一下语气，这样是不是效果会好一些。

郝大明（复盘）： 柳波律师说的比较齐全了，但还是没有说到关键。辩护人在庭前辅导的时候，教授性语言太多，我们经常帮他们分析，分析各种情况，但是就是不能教你如何说，这里涉及《刑法》第306条规定的辩护人的代理风险了。那么错误出现在哪呢？对被告人关于翻供的分析明显错误，因为这个被告人没有认过罪，即使是现在当庭认罪，也不属于翻供，所以这个提问是明显错误的，且这些话还带有一些风险性提示，有心理暗示的作用。首先，关于翻供的解读就错了，这个不是翻供，翻供就是认罪后又当庭不认罪，而她这个属于不认罪的又当庭认罪，这个不属于翻供，所以解读就错了。在错误的基础上又给被告人加入所谓的风险和危害，这就错上加错。这是比较明显的一个错误。还有一个地方有误导，这个被告人说，如果我没罪了是不是我父亲要被判这个罪？这是被告人最大的焦虑点。我们要说清楚：对你的指控如果事实不清、证据不足，并不是说对你父亲的指控就变成了事实清楚、证据充分。同样进一步分析说，将来事实不清、证据不足，不构成犯罪后，通过民事赔偿的方式去解决。但是辩护人加剧了被告人内心的焦虑和恐慌，让被告人认为她要是无罪了，她父亲就有罪了。

公诉人问题设置的亮点是：在讯问前先向被告人解释相关的法律规定，这个是适当的。但多次追问是否有罪，这个显然是不妥的。最典型的错误就是对于直接引用他人证言对被告人进行质证，在讯问阶段用这个方式去问被告人明显有诱供、逼供之嫌。还有一个就是柳波律师已经提及了，多次“反对”适不适当的问题。我们的抗议要准确，要抓住适当的时机，及时抗议，这样的话，可以提升被告人和我们辩护人的信心，因为准确的抗议会得到法庭的首肯，这样不仅会提升被告人对辩护人的信心，也会提升被告人自己的信心，但是如果频繁地、不适当地、不准确地提起抗议，不但不会被法庭接受，也有可能引起法庭的反感，会认为辩护人是在干扰法庭，如果这种情形多了，会使辩护人、被告人的士气衰弱。

张弘（复盘）：总体来说，辩方的思路比较清晰，有一个地方刚才柳律师已经说过了，我再提示一下：太术语化。比如说：“排除合理怀疑”，被告人听不懂。另外关于“口供一致性”，就简单跟她讲就可以了。还有一个关于被告人很担心她的父亲被起诉的问题，还可以更进一步说：按照法律规定，检察院没有起诉的人，法院是不会处理的。这个可以更进一步地明确一下。关于控方的发问，该问的都问了。在控方问了以后，辩方再发问的时候，有一个问题，在被告人在场的情况下，你先跟她宣读了她笔录中说的，问：你在笔录中说你离她有 4 米远是吗？这个是不可以的，证人在场的情况下，应该先问证人当时有几米？她如果回答的与笔录不一致时，再去核对笔录，问她你那个时候说的是 4 米，以哪个为准。所以法律规定的是需要先当场问被发问人，然后再翻笔录，这是要注意的。

韩哲（复盘）：角色的转换非常重要，我算是体验了一下被告人被辅导是啥感觉。辅导环节效果还不错，问题在于我的辩护人特别强势，被告人希望辩护人委婉一些，否则被告人的压力太大；辅导时的剧本和被告人的思路不一致。在公诉人发问环节，我的辩护人非常给力，关于是否认罪，辩护人也及时提出反对；辩护人在法庭上的反对给我这个被告人的感觉特别好。

梁雅丽：对于韩哲律师的总结，其实是如何实现当事人的利益最大化的问题。

柳波（补充）：第一，公诉人刚开始讯问的时候问：你在公安机关的供述是否属实？第二，你是否当庭认罪？辩护人提出了反对，然后法官裁断：反对有效。第三，公诉人接着读法律规定，没有被告人供述仍然可以定罪。辩护人提出反对，反对被裁判无效。从前几个问题看得出来，其实客观地讲，这几个问话都可以不问，所以这几个问题是不是有效的发问，值得考虑。

接着公诉人问：你父亲王光荣和马凤仙是不是发生了争议？先问是不是发生了冲突，接着问是不是发生了肢体冲突，之后马凤仙摔倒了，摔倒时候你在边上，这个时候辩护人又反对了。接着公诉人问其他人在场吗？从这几个问题可以看出来，其实里面还是有诱导的成分，所以遭到辩护人反对。接着公诉人着急了，就对着被告人说：注意你的态度。韩哲扮演的这个被告人说：你就说我有罪呗，我都没动手。这个时候被告人着急了。接着公诉人问：证人某某说你抓着马凤仙的头发，踢她的腿。韩哲回答说没有，自己又不在场。接着公诉人又说了证人钱萍、姜新辉的证言，连续这两个问题其实是“指供”，这恰恰是辩护人必须反对的，但是辩护人没有提出反对。接着公诉人又说证人的问题，说法律规定的时候，辩护人提出反对，公诉人讲：被告人注意你的态度！辩护人提出反对。最关键的时候没有反对，公诉人讲法律规定时就让他讲，来，一起看看法律规定到底是啥，所以我总结的就是“反对”的问题是否有效需要考虑。为什么反复说这个问题呢？因为只有细化地说才能知道需要总结的要点是什么。

二、总结：庭前辅导和庭审发问的相关事项

（一）庭前辅导的内容

（1）心理辅导、情绪安抚（紧张、恐惧、对抗）

（2）流程介绍与解释（核实、调查、辩论、最后陈述）

（3）再次核实证据（实物、言词）

（4）问题预设和解析（辩方、控方、被害人、同案被告人及其他辩护人）

（5）关系理顺（与公诉人、与合议庭、与被害人）

（6）辩护观点的解析与确认

（二）庭审发问的相关事项

（1）有效及时地反对

（2）认真倾听并记录庭审

（3）设计发问方案、提纲，至少3套

（4）明知故问：发问要针对有答案的问题

（5）重点问题优先发问

（6）问题拆分

（7）发问被打断（公诉、辩护）时，要及时调整

（8）发问如何归纳小结

（9）发问的禁忌：无关、诱导、重复、隐私、威胁（及时反对）

（10）被告人情绪激动（休庭、安抚）

（11）发问时要回应他人所提的有利、不利发问（公诉人、法官、同案犯、其他辩护人）

（12）及时有针对性地补充发问（法庭发问以后）

（13）对于不“配合”的被发问人的发问要适可而止

（14）发问语气平和、自信、语速适中、语言简练、通俗

（15）观察公诉人、法官的反应

（16）巧妙运用引导式发问

（17）发问要围绕质证和辩论进行

（18）发问前发问事项的说明（目的）、信息送达

（19）提示被告人是否需要对质

（20）缓解被告人情绪：直接安抚、通过改变发问语气或者通过喝水、建议休庭等方法

（21）对极端“不配合”的被发问人要认清形势，勇于不问

三、刘仁琦（总结发言）

我们这次研讨，是否完成了我们之前设定的目标呢？那我们就来简要梳理一下。对于准确掌握辩护职责与发问目的结合，这一点我们是实现了；对于准确掌握发问技巧，这一点我们有所进步，但还不是很完美；对于明确法庭发问应该注

意的相关事项，这一点我们也实现了；以及后面的所有发问技巧的术语要明晰，发问问题如何拆分、分类、识别，如何将技巧与我国法庭庭审现状相融合，这些我们都很好地实现了；还有我们发问的目的是服务于辩护意见、方向、目的，发问时要尽量拆分事实，围绕目的发问，如何拆分事实，为达到发问目的怎样设计发问方案，在司法实践中如何有效地使用交叉询问，这些演练目的都很好地实现了，除了对于发问所要设计的方案我们还有点欠缺，这要求我们在以后的研讨中还要继续加强；关于发问的技术问题，包括：事实问题与法律问题如何问，开放式发问和封闭式发问，复合式发问与单一性问题发问等，还有诱导性发问这个禁忌应如何回避，是否坚决杜绝？这在我们这次研修中都有所涉及和练习。

总的来说，我们的目的80%实现了，而且至少是有50%我们是很优秀地实现了，很高效地完成了我们起初定的目标。这次与上次相比，是有质的提高的，但是有一些基本的问题我们还是要去再探讨，比如发问的基本方式。有些目的其实是没有实现的，之所以还没实现，是因为我们还在不断地去试错，不断地在寻找方案。梁雅丽和徐莹在最后做的庭前辅导和庭审结合、庭审的发问和庭审的质证结合是一个很好的设计方案。在中国，人证要比实物证据用到得多，法庭也更关注人证，所以我们对人证的研讨也会稍微多一点的。

不管如何，经过这五天的研修，我自己的收获特别大，特别是有一些问题，我们之前在上课的过程中，在与学员交流时我是没有涉及的，比如说对专家辅助人的质证问题，对这个问题我之前也没有过多的思考，包括写论文时也只是说，中国应该有专家辅助人，怎么进入法庭，资格审查等程序的问题，但是对于专家辅助人如何来询问，这个我看过的理论文章还没有具体地去涉及，这给我们提供了一个很好的研究视角，所以我自己的收获也特别大。还有一个，就是从教学方法上来讲，应该怎样去调动课堂上的气氛？怎样理顺你和学员之间的关系？怎样来设计问题、设计程序，让大家一直都不困，而且很快能够进入角色？这对于一位培训师来说是一个很重要的需要掌握的方法。例如，翁小平放了一个录像，有的人做了一个游戏等，都是一个很好的方式，都是可以去借鉴的，这就是我对这几天的研修做的一个简要总结，肯定还有很多地方还没有总结到。

因为学校已经放假，所以各方面的保障也不是很充分，我们下一次希望后勤等各方面为各位研修律师创造更好的条件。

最后，建议所有的研修人员给自己点掌声，感谢大家这几天的坚持；建议全场的学员给我们的旁听人员一点掌声。为了研修能够深入，节奏不被打乱，所以我们目前是不允许旁听人员发言的，我们以后争取在方式上能够改进一些，让大家能够参与进来；建议给我们的后勤人员、助理人员和研究生一点掌声。最后真的很感谢大家，因为学校承受了很大的压力，毕竟这是一个刑辩培训新模式的探讨。我本人也是承受了很大的压力，但我现在也越来越能看到希望了，很有动力，所以真的非常感动，希望我们为推动中国刑事辩护的发展，推动刑事辩护专业和刑事辩护学的发展，做出些许贡献，说着说着我怎么把自己感动了呢（笑声），我觉得各位和我都会被记录在中国刑事辩护学的史册。谢谢大家！

附件一：辩护人向被告人发问的规则与技巧

（两位培训师的课后书面复盘材料）

梁雅丽、徐莹

目 录①

① 材料收录于本书后，目录省略原页码。

（二）法庭发问的方法与技巧

第一节 课程目的

一、明晰向被告人发问的目的

二、明确向被告人发问的规则

三、梳理向被告人发问的方法与技巧

1. 庭前准备的方法和技巧

2. 法庭发问的方法和技巧

第二节 课程设计

一、学习向被告人发问的相关规定

1. 熟悉规定

2. 提出问题、发表观点

3. 专家解答

二、演练

案例：王翠芬故意伤害罪案

起诉书指控：王翠芬犯故意伤害罪

辩护观点：事实不清、证据不足

1. 每一组指派一名公诉人、辩护人、被告人、观察员

被告人的分类：

（1）精神高度紧张、语无伦次、答非所问的被告人；

（2）善于表达、滔滔不绝，高度自负，撒谎、轻视、利用律师的被告人；

（3）确实踩了被害人，并且向律师陈述事实，但不打算向法庭陈述事实的被告人；

（4）替父亲承担责任的被告人。

2. 演练程序

（1）辩护人对被告人的庭前辅导——仅针对辩护人对被告人的法庭发问指导，注意对各种类型被告人的评估，选择发问方式，辅导方式、态度、语气及风险评估，对控方发问回答的防范等。

（2）公诉人对被告人进行讯问——各组交叉。

（3）辩护人对被告人进行发问。

（4）复盘——指出问题。对庭前辅导、在庭前辅导中能做的、不能做的及发问内容进行复盘。

（5）专家复盘。

三、总结向被告人发问的规则和技巧

1. 对于庭前辅导的规则和技巧

2. 对发问的规则和技巧

第三节 课程总结

一、向被告人发问的目的

（一）引出辩护事实

向被告人发问是控辩双方在法庭上对案件事实问题的第一次交锋，在引出事实主张方面，控辩双方存在一定的差异。公诉人的发问，大多数情况是为了通过发问使被告人向法庭陈述案件事实过程，是一种全面的发问。辩护人的发问，则更关注案件中的争议点及关键事实中对辩护有利的关键性因素。也不排除公诉人不进行法庭发问的情况，此种情况多发生在被告人不认罪的情况下，此时辩护人要通过对被告人的全面发问，引出无罪的事实。

（二）证据来源

尤其是要通过发问审查被告人口供笔录的证据能力问题，口供笔录的取得程序是否合法、是否存在刑讯逼供的情形等。

（三）释放案件信息，影响法官自由心证

被告人用什么来证明事实？就是他对于案件了解的信息，人只是信息的载体，载体上的信息才是真正证明案件事实的关键。发问是将被告人了解的案件信息释放给法庭的一种方法。在我国，被告人的庭前供述笔录和辩解笔录也具有证据能力，可以在法庭出示，成为定案依据，这也弱化了被告人作为信息载体当庭释放信息的地位和作用，但是，被告人本身对于其所了解案件信息的陈述，仍然能够起到影响法官心证的作用。因此，关于被告人在法庭上回答发问的语气、语态和语言表达，是非常值得研究的问题。

（四）为举证、质证和法庭辩论做准备

二、向被告人发问的规则

（一）相关法律规定①

《刑事诉讼法（2012）》

第 186 条　公诉人在法庭上宣读起诉书后，被告人、被害人可以就起诉书指控的犯罪进行陈述，公诉人可以讯问被告人。

被害人、附带民事诉讼的原告人和辩护人、诉讼代理人，经审判长许可，可以向被告人发问。

审判人员可以讯问被告人。

《刑诉法解释（2012）》

第 198 条　在审判长主持下，公诉人可以就起诉书指控的犯罪事实讯问被告人。经审判长准许，被害人及其法定代理人、诉讼代理人可以就公诉人讯问的犯罪事实补充发问；附带民事诉讼原告人及其法定代理人、诉讼代理人可以就附带民事部分的事实向被告人发问；被告人的法定代理人、辩护人，附带民事诉讼被告人及其法定代理人、诉讼代理人可以在控诉一方就某一问题讯问完毕后向被告人发问。

第 213 条　向证人发问应当遵循以下规则：

（一）发问的内容应当与本案事实有关；

（二）不得以诱导方式发问；

（三）不得威胁证人；

（四）不得损害证人的人格尊严。

前款规定适用于对被告人、被害人、附带民事诉讼当事人、鉴定人、有专门知识的人的讯问、发问。

第 214 条　控辩双方的讯问、发问方式不当或者内容与本案无关的，对方可以提出异议，申请审判长制止，审判长应当判明情况予以支持或者驳回；对方未提出异议的，审判长也可以根据情况予以制止。

第 295 条　适用简易程序审理案件，可以对庭审作如下简化：

……

① 培训班实训时间是在 2017 年 1 月，新法尚未出台。因此，此处的规范是《刑事诉讼法（2012）》及其《刑诉法解释》的条款。

（二）公诉人、辩护人、审判人员对被告人的讯问、发问可以简化或者省略；

……

《刑事一审法庭调查规程（2018）》

第7条 公诉人宣读起诉书后，审判长应当询问被告人对起诉指控的犯罪事实是否有异议，并听取其供述和辩解。经审判长准许，公诉人可以就起诉书指控的犯罪事实讯问被告人，也可以先出示有关证据，再就有关犯罪事实讯问被告人。

经审判长准许，被害人及其法定代理人、诉讼代理人可以就公诉人讯问的犯罪事实补充发问；附带民事诉讼原告人及其法定代理人、诉讼代理人可以就附带民事部分的事实向被告人发问；被告人及其法定代理人、诉讼代理人可以在控诉一方就某一问题讯问完毕后向被告人发问，有多名被告人的案件，辩护人对被告人的发问，应当在审判长主持下，先由被告人本人的辩护人进行，再由其他被告人的辩护人进行。

第8条 有多名被告人的案件，讯问各名被告人应当分别进行。

同案被告人供述之间存在实质性差异的，法庭可以传唤有关被告人到庭对质。审判长可以分别讯问被告人，就供述的实质性差异进行调查核实。经审判长准许，控辩双方可以向被告人讯问、发问，审判长认为有必要的，可以准许被告人之间相互发问。

第20条 向证人发问应当遵循以下原则：

（一）发问内容应当与案件事实有关；

（二）不得采用诱导方式发问；

（三）不得威胁或者误导证人；

（四）不得损害证人人格尊严；

（五）不得泄露证人个人隐私。

第21条 控辩一方发问方式不当或者内容与案件事实无关，违反有关发问规则的，对方可以提出异议。对方当庭提出异议的，发问方应当说明发问理由，审判长判明情况予以支持或者驳回；对方未当庭提出异议的，审判长也可以根据情况予以制止。

第 27 条第 1 款　对被告人、被害人、鉴定人、侦查人员、有专门知识的人的讯问、发问，参照适用证人的有关规定。

《检察院刑诉规则（2012）》

第 438 条第 2 款　辩护人对被告人或者证人进行诱导性询问以及其他不当询问可能影响陈述或者证言的客观真实的，公诉人可以要求审判长制止或者要求对该项陈述或者证言不予采纳。

（二）一个争议问题：对“同案”的理解

对于向被告人发问的相关法律规定没有太大的争议，值得关注的地方在于对新“三项规程”之一《刑事一审法庭调查规程》第 8 条规定中“同案”的理解。

对此问题，研讨班上出现了两种观点：一种观点认为，“同案”仅指一个起诉中的多名被告人，不包括另案审理的被告人。另一种观点认为，一个事实、一个犯罪为一个案件，在一个案件事实之下，对多名被告人分案处理，不能称为证人，应称为同案被告人，只是因为技术上为了提高审判效率，对那些暂时没有到案或者无法同案审理的被告人进行另案审理。

三、向被告人发问的方法与技巧

（一）庭前准备的方法与技巧

1. 制作发问提纲

（1）熟悉案卷内容，准确归纳争议焦点，结合争议焦点制作发问提纲。

（2）发问是质证和辩论的基础，须紧密结合质证和辩论内容。

（3）不仅要制定本方的发问提纲，还要预估对方的发问提纲，进行防范准备。

（4）充分考虑庭审情况，必要情况下，制作不止一份发问提纲或备案，充分应对各种庭审突发情况。

2. 利用会见辅导对被告人进行发问指导

（1）了解自己的被告人，区分被告人类型，配合适当的辅导模式

在课程演练中，我们设计了几种典型的被告人类型，比如，文化水平不高，情绪紧张、语无伦次的被告人。对于这类被告人，辩护律师对其教科书式的专业语言传授，他可能无法听懂。如在演练中，辩护律师和被告人说，他认为案件事实不清，证据不足，不能排除合理怀疑。被告人多次打断辩护律师，表达听

不懂辩护律师的意思。那么，对这类被告人，辩护律师就要尽可能运用通俗的、像教小学生一样的语言对其进行辅导。相应地，在法庭发问的时候，也要采取适合的发问方式。再比如，对于文化水平很高，甚至文化水平和表达能力都高于辩护律师的当事人，过多的教授就没有必要了，辩护律师更需要了解他的需求，针对需求做出解答和沟通。

（2）安抚被告人的情绪，通过充分准备缓解其应对公诉人发问时的紧张心情

没有被告人在法庭上是不紧张的。辩护律师的庭前辅导必不可少的一部分就是对被告人的情绪进行安抚，尤其是在发问环节，公诉人的发问常常是语气严肃、咄咄逼人的，很容易让被告人感到恐惧或者被激怒，无法客观理智地回答。因此，辩护律师在会见被告人时，必须告知被告人，应对公诉人的发问要针对事实问题客观理智地进行回答，不要在公诉人的情绪引导下被牵着鼻子走。对抗的情绪只会给法官留下不好的印象，从而影响对被告人的判决。

在这个阶段，辩护律师要注意倾听被告人的倾诉和需求，不要为了达成自己的发问辅导而忽视被告人的情感倾诉。比如，在演练中，有一个被告人告诉辩护律师，他非常害怕公诉人的当庭发问，但当时辩护律师忽略了这个问题，一笔带过，被告人的这种紧张情绪未能得到缓解，使其在法庭上更容易失控。因此，在庭前辅导时，如果时间允许，辩护律师要充分耐心地倾听被告人的倾诉和需求，让他把内心的担忧充分地说出来，然后帮他分析，告诉他不用害怕。还要告诉被告人，在法庭上，如果公诉人出现不当发问，律师会及时进行反对和补充发问，给他鼓励、打气。庭前辅导的每一个小问题把握不好，到庭上都可能变成大问题，千万不要忽视被告人的问题和需求。

（3）庭前发问辅导要语气平和、语速平缓、语言通俗易懂、确认对方接受并理解

语气平和。辩护律师不是公诉人，辩护律师是接受被告方委托为其提供法律服务的人，所以，对待自己的客户，不应用讯问的语气。当然，把握这个度非常重要。根据被告人的文化程度、社会地位、职业经历的不同，每个被告人所体现出来的人格特性也不相同。有些被告人非常信任辩护律师，愿意接受辩护律师的指导和辩护，也有些被告人，虽然委托了辩护律师，但是对律师半信半疑，对于后者，在某些阶段使用稍微强硬一些的语气，或许有助于确立辩护律师的权威。但总的来

说，辩护律师与本方被告人的沟通应当是语气平和的。

语速平缓。这较好理解，过快的语速会让对方难以全面接收你要表达的信息。

语言通俗易懂。使用被告人能听懂的语言，要确定被告人听懂且听明白了。比如在演练中，辩护人告诉被告人“在法庭上要理性客观”，那么，文化程度不高的被告人就会提出：“什么是理性客观?”这时候，辩护律师需要转换一种更通俗易懂的表达，比如“你在法庭上要耐心，要冷静，每个问题多想一想，想清楚之后再回答”。又如辩护律师告诉被告人“对你有利的你就回答，对你不利的就说记不清了”，被告人如何判断什么是对自己有利的，什么是对自己不利的呢?这种让被告人做法律判断的要求根本无法实现。更何况，这种教授被告人“对你不利的就说记不清了”的话术涉嫌触犯《刑法》第306条帮助伪证罪。辩护律师可以明确地提醒被告人“记不清楚的你就回答记不清楚了，就明确地表达记不清楚了，不要猜，也不要顺着提问题的人猜”，效果就会好很多。

（4）明确告知被告人案件重点和争议焦点问题

法庭审理，不仅是发问，也包括质证、辩论，事实上都围绕着案件的重点和争议焦点问题。让被告人对案件涉及的关键事实有一个全局的把握，能够帮助被告人对庭审进行理解和把握，在回答辩护律师问题时，更具有针对性，同时，也能够帮助被告人理解和判断公诉人的发问目的，进而进行防御性的回答。

（5）与被告人沟通辩方发问内容，进行发问演练

辩护律师已经根据案件情况制作了发问提纲，在进行庭前发问指导时，辩护律师有必要将发问内容与被告人进行详细沟通，必要时要进行发问的演练，了解被告人的回答内容，做到心中有数。

（6）预判公诉方发问重点和发问内容，进行演练

公诉方的发问，基本是从指控犯罪的角度，围绕对被告人不利的事实展开，加上公诉方讯问式的语气、语态、方式，等等，非常容易使被告人产生高度的紧张感，并感到害怕、恐惧，这类情绪极易影响理性思维，进而影响应答。为了尽可能地降低这种风险，除情绪辅导之外，还需要对公诉方的发问重点和发问内容有一个预判，知道他们在哪一个核心问题上会发问，并在应答上做出相应的准备，这样，不仅能有效防止被告人掉进问题陷阱，答出与事实不一样的答案，而且能够极大地增强被告人应对庭审的信心。

（7）对法官、同案犯、其他辩护人发问的回应

《刑事一审法庭调查规程》进一步明确了庭审中被告人之间的对质，审判长和其他辩护人对被告人的发问。也就是说，被告人在法庭上，不仅面临公诉人、辩护人的发问，还可能面临审判长、其他同案被告人、其他有关被告人的发问，而被告人也能够在对质过程中，对同案被告人进行发问。这些都需要在庭前辅导中做出相应的准备。

（8）防范《刑法》第306条风险，既不过度回避当事人的敏感问题，又有效地预防自身风险

在与被告人沟通发问内容时，经常遇见的一个问题是：被告人向辩护律师寻求问题的答案。比如在演练时，有被告人实际上是实施了踢、踩的行为，并且向律师陈述事实，但不打算向法庭陈述事实。这个被告人不可避免地在法庭上会被发问是否实施了踢、踩行为，庭前辅导时被告人问辩护律师："我确实踩了，但我该怎么回答呢？我是不是得说没踩？"辩护律师如何回答？我们认为，一种比较好的解决方案是在与被告人建立委托关系之初，就要让被告人明白，辩护律师对于事实问题的答案永远都是"如实回答"。至于在事实问题上被告人自己如何为自己辩护，告诉被告人自己有权决定，因为那些事实都是被告人自己所经历的，被告人自己最有发言权。辩护律师不能在明知被告人"踩了"的情况下教被告人回答"没踩"。简单说，就是对具体的艰涩问题做抽象化回答处理。还可以通过帮助其对相关证据情况进行分析，让其自己得出应当如何应答的结论。可以核实庭前供述，如"我现在和你核实一下你以前的口供，第一次你说你没踩，第二次说这个事跟你没有关系，是事实吗？"除此之外，辩护律师还可以通过对其他证人证言、物证的分析，让被告人明白，如何回答对于他是有利的。

（二）法庭发问的方法与技巧

1. 法庭发问的总体原则

（1）法庭发问围绕质证、辩论进行

法庭调查与法庭辩论，是庭审的两个环节，这两个环节应当说是环环相扣、层层深入的。在法庭调查阶段，控辩双方对被告人及其他证人、鉴定人的发问，事实上最终的目的都是为了举证质证和辩论做铺垫，通过发问，要把重点的地方、有矛盾的地方、有争议的地方、对被告有利的地方凸显出来，给法庭留下

印象，之后再通过证据的展示，进一步明确对被告人有利的证据事实，最终在法庭辩论时，明确地阐述观点，实现对被告人无罪或者罪轻的辩护目标。脱离了最终目的的发问是没有价值的。

（2）法庭发问要平和、主动、充分，语言简练、精准、通俗

法庭发问要语态平和、积极主动、内容充分，发问的语言要简练，不要重复，表达要通俗易懂。

（3）区分事实和意见、概念，法庭发问只问事实问题

比如，问："倒地时你不在争执现场，是吗？"中的"争执"就是一个概念，什么是"争执"？指的是吵架发生的时候，还是肢体接触的时候？不清楚。且发问者预设了发生"争执"这个前提。再比如，问："你觉得……""你认为……"就是一个意见问题。

2. 问题类型和使用技巧

（1）问题类型

①开放式问题：开放式问题通常使用"为什么""是什么""在哪里""何时""谁""怎么做""多少"等进行提问（"七何法"："5W2H"），开放式问题的特点是让回答者有充分自由发挥的空间。

②封闭式问题：问题中带有提问者预设想要的答案，类似于对错判断题或者多项选择题，回答者没有展开的空间。

③复合型问题：包含着多个事实的问题。

④诱导性问题：问题中暗示着想要得到的答案，诱导性问题一般都是封闭式问题，封闭式问题不一定是诱导性问题。掌握如何应对"封闭但不诱导"的发问是训练的目的。

（2）开放式问题的应用

①辩护人对被告人的发问可以适当多用开放式问题。被告人在一定程度上可以视为辩方证人，在庭前辅导时辩护律师会与被告人沟通发问内容，因此辩护律师对于被告人的回答是心中有数的。开放式发问可以给被告人一个真诚地向法庭倾诉的机会，更容易对法官的自由心证产生影响。

②开放式发问也并非适用于所有的被告人，如果通过庭前对被告人的评估，认为他并不适合自己陈述事实，则要少用该方式。

③对开放性问题的控制。开放性问题的优点是能让被告人自由地陈述事实，缺点是可能导致长篇陈述，重点分散，容易跑题。这时候，需要辩护律师采取一定的技巧进行控制，比如“打断”“追问”“重复强调”“拉回主题”等。比如被告人在长篇陈述中说到一句“他推我了”，辩护律师就应当及时地打断他，追问一下“他是怎么推你的?”通过打断、追问，强化“推”这个动作在法官心目中的印象，提示法官，“推”这个动作很重要，需要重视。

④采用开放式发问时，要同时考虑问题的拆分。“你陈述一下事发的经过”是一个很大的开放式发问。如果将其进行拆分，可以拆分为“事情发生在什么时候?”“当时现场都有谁?”“是怎么发生的?”等一系列问题。开放的程度没有硬性标准，提出这一问题的目的，是希望大家关注到这种区分，通过这种的发问设计，让法庭充分关注到重点事实。

（3）封闭式问题的应用

由于辩护人与被告人同属于辩方，对被告人的发问要慎重使用封闭式发问，否则容易产生诱导之嫌；对表达能力不佳、逻辑不清的被告人可适当使用封闭性问题；对其他人发问，为了控制拟展现的事实范围的需要，尽可能用封闭式问题。

（4）巧妙应用引导性发问，避免诱导性发问

尽管在研究和借鉴英美交叉询问技巧时，诱导性发问在我国的庭审模式下，是否有运用的空间成为值得研究探讨的问题，但根据相关的法律规定，诱导式发问在目前立法和司法实践中是被禁止的，在法庭上的诱导性发问会被对方提出反对，打乱发问节奏，影响庭审效果，因此在庭审时要尽量避免诱导性发问。

与诱导性问题相对应的是引导性问题，引导性问题是问题的答案在案卷材料中已经出现的，被告人在庭前供述中已有表达，在发问时引用供述的事实表述对其进行引导，或者通过暗示使被告人回忆事实对其进行引导。《国家公诉人出庭指南》指出：“但在被告人不认罪或者存在较多辩解的情况下，被告人在接受讯问中，是不会按照公诉人的提问顺利回答问题的，实际上就可以视为‘辩方证人’，公诉人可以对其采用引导性发问方式。”“若辩护人只是意在通过暗示使被告人、被害人或证人恢复对某些细节回忆的诱导性发问，不影响陈述或证言真实性的，公诉人可以不予反对。”可见，引导性发问在实践中是被允许的。因

此，辩护律师在实践中要学会巧妙地运用引导性发问。

3. 发问具体技巧的归纳和总结

（1）认真倾听公诉人的发问

聆听是一名辩护律师的基础技能。不光是要听见，而且要有效地听，听懂、听明白，这就要求辩护律师对于案卷情况非常熟悉、了然于胸，通过公诉人的问题，听明白发问的目的及其所指向的背后争议焦点。

（2）发问有条理，层次分明，层层递进，重点突出

（3）重要问题放在开头或结尾

根据人的倾听习惯，开头和结尾的问题，会更多地引起听众的重视，而中间的问题则容易被忽视，因此，可以把重要的问题放在开头或结尾，比如“辩护人本轮发问的最后一个问题是：……”以提示法庭注意。

（4）关注被告人情绪，必要时进行情绪上的安抚，及时建议休庭

在面对公诉人指控犯罪比较强势且咄咄逼人的发问时，被告人容易情绪失控，或痛哭流涕，或言语激烈。对于情绪激烈，但尚在可控范围的被告人，向法庭提出申请，争取和被告人交流两句，一般被告人在自己辩护人的简单安抚下即可及时地调整情绪。面对情绪极端激烈的被告人，申请法庭休庭，庭后及时会见，进行开庭辅导。

（5）发问前对发问目的进行说明，发问后发表发问小结

提前说明和事后小结，提示法庭关注发问目的，及时对发问情况进行小结，总结焦点问题，为后面的举证和辩论做铺垫。另外，在发问过程中如果发现庭审陈述和之前的卷宗之间存在矛盾，也可以通过小结陈词给法官一个提示。

（6）对零口供的被告人的发问技巧

零口供的被告人对辩护律师来讲是一件好事，因为他没有作出有罪口供，减轻了辩护律师很大的负担，但是表面的零口供不等于真正的零口供，一定要区分。作为辩护人一定要在庭前预设到公诉人如果对零口供被告人不发问了，这个时候辩护人如何发问才能通过被告人当庭的表现让法官相信被告人的零口供。

（7）发问适可而止还是穷追不舍，要根据发问的对象，根据具体情况具体分析

（8）对控方提出的问题进行适当的补充或追问

补充和追问可以明晰事实，把被告人在公诉人发问时回答不好的问题拉回到对自己有利的方向。比如公诉人问被告人："事发当时你在哪里？"被告人回答："在一楼。"但是这个答案太笼统，会有误导。事实是一楼发生拉扯的时候，被告人并不在场，没有看到谁先动的手。那么在辩护人发问时，就可以进行适当的补充，比如问："刚才你回答公诉人，事发当时你在一楼，能够具体描述一下你当时所处的位置吗？"答："我在三楼对货，听见楼下很吵，下楼走到一楼的楼梯口，看见他们在拉扯。"接着问："那就是说你到一楼时他们已经开始动手了？"答："是的。"通过这样的补充发问，将事实进一步明晰。补充和追问还可以起到强化的作用，比如被告人在回答公诉人问题的时候，说："我没推他，是他推我。"那么，辩护人在发问时可以具体地补充和追问一下："刚才你回答公诉人问题的时候，说是他推你，那他推的你什么部位呢？"通过这样的补充和追问，强化"被推"这一行为在法官心中的印象。

（9）发问时要注意回应法官、同案犯、其他辩护人有利、不利的发问

（10）发问被打断后的应对技巧

发问被打断的原因：法庭认为问题无价值；法庭认为发问技巧有问题，比如诱导、威胁、重复、啰唆……

被打断的后果：对辩护律师本人心理造成影响；影响既定的发问体系，对辩护策略产生影响；对被告人以及旁听人员包括家属造成不好的观感，对律师予以否定评价。

处理原则：法庭发问是为了质证和辩论，涉及整体的辩护效果，该发问的问题即使被打断了还是要问。

应对方案：提前做出预案，预设各种可能出现的问题，尽量不问自己不知道答案的问题；仔细倾听公诉人发问，不重复发问；问题简明扼要，拆分事实；围绕焦点问题发问，不跑题；面对打断，采取迂回发问、重复发问、变换发问方式、向法庭释明发问目的等技巧，得到问题的答案。

（11）发问的禁忌

禁止发问与案件无关的事实，禁止诱导性发问，禁止重复性发问，禁止威胁性发问，禁止侮辱被告人人格或揭露隐私的发问。

（12）对公诉人发问有效、及时地反对

①反对的理由：与案件事实无关；诱导性发问；重复性发问；威胁性或误导性发问；损害人格的发问；侵犯隐私的发问。

②反对要及时、声音洪亮、果断。推荐的反对语言为提出反对并直接说明理由，如："反对！诱导性发问！""反对！与案件事实无关！""反对！人格侮辱！"等。

③切忌频繁的、不适当的、不准确的反对。

附件二：案例材料

桐池市高河区人民检察院
起　诉　书

桐高检刑诉【2012】29 号

被告人：王翠芬，女，1971 年 09 月 26 日出生，身份证号码：5202221971092660××，民族：汉族，文化程度：高中，单位及职业：华丰制衣厂，住址：两江省桐池市高河区石河镇胜利村 27 号，政治面貌：群众。

2012 年 2 月 15 日被告人王翠芬被取保候审。

本案由桐池市公安局高河分局侦查终结。以被告人王翠芬涉嫌故意伤害罪，于 2012 年 11 月 6 日向本院移送审查起诉。

经依法侦查查明：2011 年 4 月 17 日 16 时许，受害人马凤仙与其丈夫姜新辉、弟弟马腾飞等人至高河区石河镇龙眠路 105 号华丰制衣厂结算货款，马凤仙在寻找业主王翠芬的过程中与王翠芬的父亲王光荣发生口角，王光荣将马凤仙拉倒在地后，犯罪嫌疑人王翠芬趁机用脚踩马凤仙的左小腿，致马凤仙左胫腓骨骨折。经法医鉴定，马凤仙的伤构成轻伤。

认定上述犯罪事实的依据如下：王翠芬的供述及辩解，马凤仙的报案笔录，王光荣的陈述，姜新辉、马腾飞、钱萍、韩文国等人的证人证言，伤势鉴定报告等。

上述犯罪事实清楚，证据确实、充分，足以认定。

综上所述，犯罪嫌疑人王翠芬的行为已触犯《中华人民共和国刑法》第二百三十四条之规定，涉嫌故意伤害罪。根据《中华人民共和国刑事诉讼法》第一百二十九条之规定，现将此案移送审查起诉。

此致

桐池市高河区人民法院

桐池市高河区人民检察院

二○一二年十二月六日

附：1. 本案卷宗 2 卷；

2. 犯罪嫌疑人王翠芬现被取保候审。

桐池市公安局高河局
起 诉 意 见 书

高公刑诉字【2012】1728 号

犯罪嫌疑人：王翠芬，女，1971 年 09 月 26 日出生，身份证号码：5202221971092660××，民族：汉族，文化程度：高中，单位及职业：华丰制衣厂，住址：两江省桐池市高河区石河镇胜利村 27 号，政治面貌：群众。

2012 年 2 月 15 日犯罪嫌疑人王翠芬因涉嫌故意伤害罪被取保候审。

犯罪嫌疑人王翠芬涉嫌故意伤害罪一案，于 2011 年 4 月 19 日由马凤仙报案至我局，我局经过审查，于 2011 年 7 月 25 日立案侦查。犯罪嫌疑人王翠芬涉嫌故意伤害罪一案，现已侦查终结。

经依法侦查查明：2011 年 4 月 17 日 16 时许，受害人马凤仙与其丈夫姜新辉、弟弟马腾飞等人至高河区石河镇龙眠路 105 号华丰制衣厂结算货款，马凤仙在寻找业主王翠芬的过程中与王翠芬的父亲王光荣发生口角，王光荣将马凤仙拉倒在地后，犯罪嫌疑人王翠芬趁机用脚踩马凤仙的左小腿，致马凤仙左胫腓骨骨折。经法医鉴定，马凤仙的伤构成轻伤。

认定上述犯罪事实的依据如下：王翠芬的供述及辩解，马凤仙的报案笔录，王光荣的陈述，姜新辉、马腾飞、钱萍、韩文国等人的证人证言，伤势鉴定报告等。

上述犯罪事实清楚，证据确实、充分，足以认定。

综上所述，犯罪嫌疑人王翠芬的行为已触犯了《中华人民共和国刑法》第二百三十四条之规定，涉嫌故意伤害罪。根据《中华人民共和国刑事诉讼法》第一百二十九条之规定，现将此案移送审查起诉。

此致

桐池市高河区人民检察院

桐池市公安局高河分局

二○一二年十一月六日

附：1. 本案卷宗2卷；

2. 犯罪嫌疑人王翠芬现被取保候审。

桐池市高河区人民检察院
补充侦查决定书

高检刑补侦【2012】1735号

你局于2012年11月6日【2012】1728号文书移送审查起诉的王翠芬故意伤害一案，经本院审查认为：事实不清、证据不足。

根据《中华人民共和国刑事诉讼法》第一百四十条的规定，现决定将此案退回你局补充侦查。

此致

桐池市公安局高河分局

桐池市高河区人民检察院

二○一二年十一月三十日

桐池市公安局高河分局
补充侦查报告书

高公补侦字【2012】第1001号

桐池市高河区人民检察院：

你院于2012年11月30日以高检刑补侦【2012】1735号补充侦查决定书退回的高河区王翠芬故意伤害案，已经补充侦查完毕。

结果如下：

我局于2012年12月5日委托两江省人身伤害鉴定委员会对马凤仙伤势的形成原因进行重新鉴定。两江省人身伤害鉴定委员会于2012年12月20日出具了两人伤鉴【2012】第77号法医学活体检验鉴定书，鉴定意见为：马凤仙的左胫腓骨骨折，以间接传导暴力作用所致可能性大。

现将该卷宗2卷97页及补充查证材料12页附后，请审查。

桐池市公安局高河分局

二〇一二年十二月二十五日

桐池市通用门诊病历
就诊科别：外

就诊：2011年4月17日16时45分

因“外伤致左小腿肿痛半小时余”就诊。

患者半小时前因不慎外伤致左小腿肿痛，无头部外伤史，无昏迷史，无恶心呕吐，无胸闷气促，无腹痛腹胀。

既往否认药物过敏史，否认怀孕，PE：左小腿肿胀、压痛、畸形，活动受限，可见骨擦音。诊断：左胫腓骨骨折

RX：1. DR（162345），左胫腓骨骨折；

2. 住院治疗。

医疗机构名称：高河区中医医院

医生签名：章子涵

高河区中医医院住院病历

姓名：马凤仙		性别：女	年龄：32 岁
出生日期：1979 年 6 月 6 日			
民族：汉族			
出生地：两江省桐池市			
联系地址：高河区范岗镇团结村			
科室：住院骨伤科	床号：478	住院号：20112762	
入院时间：2011 年 4 月 17 日			

病史陈述者：本人及家属左小腿肿痛畸形，活动受限 2 小时。

患者诉今被他人打伤倒地，即感左小腿疼痛剧烈、难忍，伴逐渐肿胀，不能站立行走，患者无昏迷，无头痛头晕，无胸闷气促，无腹胀腹痛等其他特殊情况，由家人陪同来我院急诊。摄片示“左胫腓骨骨折”，予患肢夹板临时固定等处理后收住入院，以进一步治疗。

伤后神清，精神可，未睡眠，未进食，大小便未解。

患者既往体质一般，否认“高血压病、糖尿病”等其他疾病，否认心脑肺肾及内分泌系统等疾病，否认“肝炎、结核”等传染性疾病史，否认手术史，否认其他外伤史，否认药物食物过敏及输血史，预防接种史不详。

患者生长于本地，农民，居住条件可，否认疫水及疫源地接触史，无放射性物质及化疗史，否认吸烟、饮酒等不良嗜好，否认冶游史。

24 岁结婚，育有一子，配偶及儿子均体健，1-0-0-1，家庭关系和睦。

父母健在，兄弟姐妹体健，否认两系三代内有家族性传染病及其他遗传病。详见体格检查表（一）和（二）。

本院 CR 示：左胫腓骨螺旋形骨折，移位。

中医诊断：左胫腓骨骨折——骨断筋伤、气滞血瘀。

西医诊断：左胫腓骨骨折。

医师：孙凤娟

2011 年 4 月 17 日

桐池市高河区人民检察院
补充侦查决定书

高检刑补侦【2013】00174 号

你局于 2012 年 11 月 6 日高公刑诉字【2012】1728 号文书移送审查起诉的王翠芬故意伤害一案，经本院审查认为：事实不清、证据不足。

根据《中华人民共和国刑事诉讼法》第一百四十条的规定，现决定将此案退回你局补充侦查。

此致

桐池市公安局高河分局

桐池市高河区人民检察院

二〇一三年一月十五日

桐池市公安局高河分局
补充侦查报告书

高公补侦字【2013】第104号

桐池市高河区人民检察院：

你院于2013年1月15日以高检刑补侦【2013】00174号补充侦查决定书退回的高河区王翠芬故意伤害案，已经补充侦查完毕。

结果如下：

要求核实证人钱萍的证言。经与当地派出所和有关知情人联系，因钱萍于2011年10月左右回四川老家完婚，不来两江省务工了，所有联系方式已停用，暂时无法联系到本人。

现将该卷宗3卷110页及补充查证材料5页附后，请审查。

桐池市公安局高河分局

二〇一三年二月十日

高河区中医医院X线检查报告单

姓名：马凤仙　性别：女　年龄：32岁　X线号：X162345

科室：急诊外科　住院号：　　床号：

部位：左膝关节（左膝正侧），胫腓骨（左胫腓骨正位）。

描述：左胫骨中下1/3段、左腓骨上端可见骨折，旋转并移位，左膝、踝关节正常。

结论：左胫腓骨骨折。

报告医生：张庆丽　复审医生：高青青

2011年4月17日

高河区中医医院出院记录

姓名：马凤仙　　性别：女　　年龄：32 岁

科室：住院骨伤科　　床号：478　　住院号：20112762

入院日期：2011 年 4 月 17 日 17 时 43 分

出院日期：2011 年 4 月 27 日 10 时 00 分

共住院 10 天

主诉：因“左小腿肿痛畸形，活动受限 2 小时”入院，体格检查：T：37.0℃，P：80 次/分。神志清楚，精神可。左小腿畸形、肿胀，胫骨中下段压痛较剧，骨擦感可及，左小腿纵行叩痛阳性。肢端血运正常，足趾活动可。

本院 CR 显示：左胫腓骨螺旋形骨折、移位。

中医诊断：左胫腓骨骨折——骨断筋伤、气滞血瘀。

西医诊断：左胫腓骨骨折。

治疗经过：入院后积极完善必要辅助检查及术前准备，于 2011 年 4 月 17 日在连硬麻醉下行“切复内固定手术”，手术顺利，术后抗炎、止血、镇痛对症支持治疗。

2011 年 4 月 27 日出院时诊断“左胫腓骨骨折”。

中医诊断：左胫腓骨骨折——骨断筋伤、气滞血瘀。

西医诊断：左胫腓骨骨折。

现况：患者左小腿肿痛明显缓解，足趾活动、感觉、血运正常，切口愈合可，无红肿渗出。

医嘱：患肢石膏托固定，卧床休息，禁止下床活动。预防内固定松动、骨折移位。不适随访，定期复查，接受康复训练指导。

经治医生：席志敏

桐池市公安局高河分局
法医学人身损伤程度鉴定书

高公鉴（伤）字【2011】257 号

一、委托单位：石河派出所

二、受理时间：2011 年7 月20 日

三、检验对象：马凤仙，女，32 岁，高河区范岗镇团结村

四、送检材料：住院病历复印件

五、简要案情：2011 年4 月17 日，马凤仙在高河区石河镇龙眠路 105 号华丰制衣厂与他人扭打致伤

六、鉴定要求：人体损伤程度

七、检验时间：2011 年7 月20 日

八、检验地点：办公室

九、检验

（一）病历摘要

2011 年 4 月 17 日高河区中医医院住院病历（20112762）记载：主诉为左小腿肿痛畸形，活动受限 2 小时，摄片示左胫腓骨骨折，入院后当日在连硬麻醉下行“切复内固定术”，术后予抗炎、止血、镇痛等治疗。于 2011 年 4 月 27 日出院，出院诊断为左胫腓骨骨折。

（二）检验所见

被检验人马凤仙，步入办公室，一般情况可，左下肢稍行走不便。左小腿前侧见 15. 2 厘米疤痕。复阅高河区中医医院 2011 年 4 月 17 日 X 线片（×162345）示：左胫腓骨骨折，4 月 20 日 X 线片（149981）示：左胫腓骨骨折内固定术后。

十、分析说明

根据案情介绍，病历记录及检验所见，伤者马凤仙外伤致左胫腓骨骨折，此伤根据《人体轻伤鉴定标准（试行）》第二十五条之规定构成轻伤。

十一、鉴定结论

被检验人马凤仙的伤势属轻伤。

鉴定人：主检法医师　程卫军　主检法医师　康刚

桐池市公安局高河分局法医检验鉴定中心

二〇一一年七月二十五日

桐池市公安局高河分局鉴定结论通知书

高公鉴通字（2011）第1294号

王翠芬：

我局指派有关人员对马凤仙的伤势进行了法医学人身损伤程度鉴定。鉴定结论是马凤仙的伤势属轻伤。

根据《中华人民共和国刑事诉讼法》第一百二十一条之规定，如果你对该鉴定结论有异议，可以提出补充鉴定或者重新鉴定的申请。

桐池市公安局高河分局

二〇一一年八月十八日

犯罪嫌疑人：王翠芬

桐池市明镜司法鉴定所司法鉴定结论书

桐明司鉴［2012］临鉴字第 G847 号

一、基本情况

委托单位：桐池市公安局高河分局石河派出所　委托鉴定事项：致伤方式鉴定（即马凤仙左胫腓骨骨折的形成原因）　受理日期：2012 年 8 月 28 日

鉴定材料：高河区中医医院出院记录 1 份、委托书 1 份、X 线片 3 张、身份证 1 张、案情介绍 1 份、现场照片图 2 张等。

鉴定日期：2012 年 8 月 28 日　鉴定地点：桐池市明镜司法鉴定所

在场人员：高磊（石河派出所陪同人员）；姜新辉（系被鉴定人的丈夫），本所已履行《两江省司法鉴定机构受理鉴定委托规则》规定的告知义务，本所鉴定人电话告知王翠芬，但其情绪激动，不予配合，且表示不来鉴定现场。

被鉴定人：马凤仙，女，1979 年 6 月出生，家住高河区范岗镇团结村，身份证号：5202221979060655××。

二、检案摘要

1. 据委托单位案情介绍：2011 年 4 月 17 日 16 时许，马凤仙因结算货款时与王翠芬发生口角，马凤仙指认与王翠芬的父亲王光荣发生拉扯后倒地，并被王翠芬用脚踩伤其腿部，造成左胫腓骨骨折。经派出所现场调查，马凤仙倒地位置位于一楼进门两三米水泥地上，倒地位置地面平整，无任何杂物，倒地时边上有王光荣、王翠芬父女。因无法确定马凤仙倒地是自己摔倒还是被踩伤，故桐池市公安局高河分局石河派出所委托本所，要求本所对马凤仙左胫腓骨骨折的形成原因进行法医学鉴定，并出具相应的意见。

2. 病史摘要：2011 年 4 月 17 日马凤仙的桐池市通用门诊病历记录：外伤致左小腿痛半小时余。患者半小时前因不慎外伤致左小腿肿痛，无外伤史，无昏迷史。PE：左小腿肿胀、压痛，畸形，活动受限，可及骨擦感。X 片提示：左胫腓骨骨折。诊断：左胫腓骨骨折。

马凤仙的高河区中医医院出院记录（住院号 20112762）记载：因“左小腿肿痛

畸形，活动受限2小时”于2011年4月17日入院。查体：左小腿畸形、肿胀，胫骨中下段压痛较剧，骨擦感可及，左小腿纵行叩痛阳性。CR显示：左胫腓骨螺旋形骨折、移位。入院后完善相关检查，当日行“切复内固定手术”，术后抗炎、止血、镇痛对症支持治疗，2011年4月27日出院时诊断“左胫腓骨骨折”。

2012年9月5日，本所请桐池市检察院的法医鉴定专家对马凤仙X片共同行进讨论，认为马凤仙左胫腓骨骨折系直接外力打击可以造成，自己摔倒扭伤无法形成。

三、检验过程

1. 检验方法：依照《法医临床检验规范》（SF/Z JD0103003-2011）对被鉴定人进行检验。

2. 检验所见：神志清，一般情况可步行入室，轻度跛行，对答切题，体查合作，左小腿前下方见长15.5CM的手术疤痕，左踝及左足趾活动可，双下肢等长；余无殊。

3. 阅片所见：复读马凤仙提供的高河区中医医院X片2张（2011/4/17，片号162345；2011/4/30，片号169842）示：左腓骨上段骨折，左胫骨中下段斜形（螺旋形）骨折，折线锐利，错位。桐池市明光医院X片1张（2011/8/22/，DX-449227）显示：左胫骨中下段骨折，钢板内固定术后，断端部分骨痂形成。

四、分析说明

根据现有的病史资料、摄片观察及检查所见，分析如下：

根据委托单位的案情介绍及现场照片显示，马凤仙2011年4月17日在华丰制衣厂一楼倒地，倒地位置位于一楼进门两三米水泥地面上，倒地位置地面平整，无任何杂物。以上情况可以排除马凤仙因地面或周围物体撞击致伤的可能性。

根据病史记录，马凤仙损伤当时左小腿表皮无裂伤痕迹，故排除锐利器具致伤的可能性；马凤仙损伤当时左小腿肿胀，无左踝部和足部疼痛等现象，不符合自行摔倒扭伤的特征（自行摔倒扭伤一般伴有踝部或足部肌腱等软组织挫伤，常表现为扭伤部位疼痛肿胀不适现象）。

根据马凤仙2011年4月17日的一张左胫腓骨骨折的影像片，可以看见其左胫骨系粉碎性骨折，呈斜行，部位在左胫骨的中下段，符合外力打击所致的特征（直接暴力）。其左腓骨骨折符合在左胫骨骨折后无法承受重力所致的骨折特征。如人体摔倒扭伤左小腿，其骨折部位往往位于左胫骨下端（如内踝处），并且左腓骨骨折的部位也在下端（如外踝），而本案中马凤仙左胫骨骨折在中下段（非左胫骨下端），其左腓骨骨折在左腓骨的上段而非下端，故不符合扭伤所致的特征。

综上所述，结合专家意见，我们认为马凤仙左胫骨骨折系外力直接打击造成，自行摔倒扭伤形成的可能性很小，其左腓骨骨折系左胫骨骨折后受重力导致的骨折。

五、鉴定意见

马凤仙左胫骨骨折系外力直接打击可以造成，自行摔倒扭伤形成的可能性很小。以上意见请相关部门结合案情，审查后认定。

相关照片见附件。

司法鉴定人：王有兵

《司法鉴定人执业证》证号：520205006001

司法鉴定人：许凯雷

《司法鉴定人执业证》证号：520205006010

桐池市明镜司法鉴定中心

二〇一二年九月六日

桐池市公安局高河分局 鉴定结论通知书

高公鉴通字（2012）第2130号

王翠芬：

我局聘请有关人员对马凤仙左胫腓骨骨折的形成原因进行了致伤方式鉴定。鉴定结论是马凤仙左胫腓骨骨折系外力直接打击可以造成，自行摔倒扭伤的可能性小。

根据《中华人民共和国刑事诉讼法》第一百二十一条之规定，如果你对该鉴定结论有异议，可以提出补充鉴定或者重新鉴定的申请。

桐池市公安局高河分局

二〇一二年九月十日

犯罪嫌疑人：王翠芬

2012年9月10日

两江省人身伤害鉴定委员会
法医学活体检验鉴定书

两人伤鉴【2012】第77号

一、委托单位：桐池市公安局高河分局

二、受理日期：2012年12月5日

三、被鉴定人：马凤仙，女，33岁，住高河区范岗镇团结村

四、简要案情

2011年4月17日，马凤仙在与人纠纷中造成左胫腓骨骨折。2012年9月6日桐池市明镜司法鉴定所鉴定后认为：左胫腓骨骨折外力直接打击可以造成，自行摔倒扭伤形成的可能性很小。经两江省法医鉴定工作委员会办公室同意，两江省人身伤害鉴定委员会于2012年12月20日在两江大学医学院附属第一医院对马凤仙的损伤原因进行讨论。

五、送检材料

有关案情材料及病历资料。

六、材料摘录

高河区中医医院住院病历（NO：20112762）记载：2011年4月17日17时43分，患者左小腿肿痛畸形，活动受限2小时入院。检查：左小腿畸形肿痛，骨擦感可及，CR示左胫腓骨螺旋形骨折。当日行“切复内固定术”，术中见胫骨骨折端螺旋形骨折，移位明显。同月27日出院。

七、检查所见

左小腿中下胫前有一16cm长纵形疤痕，左膝关节、踝关节活动正常。高河区中医医院2011年4月17日X线（NO：162345）片示：左胫骨中下1/3段螺旋形骨折，有成角错位，左腓骨上端螺旋形、粉碎性骨折。

八、分析说明

根据委托单位提供的材料及目前读片情况，被鉴定人马凤仙2011年4月17日在纠纷中受伤，造成左胫骨下1/3螺旋形骨折伴左腓骨上端螺旋形、粉碎性骨

折，从胫腓骨骨折均为螺旋形且不在同一水平位等特征判断，以间接传导暴力作用所致可能性大，而直接暴力作用较难形成。

九、鉴定意见

马凤仙的左胫腓骨骨折，以间接传导暴力作用所致可能性大。

鉴定人：

主检法医师　杨珠玉

副主检法医师　廖俊文

副主检法医师　刘斌

副主检法医师　陈常杰

主任法医师　徐桂枝

主任医师　林楚秋

两江省人身伤害鉴定委员会

二〇一二年十二月二十日

桐池市公安局高河分局
鉴定意见通知书

高公鉴通字（2012）第2250号

王翠芬：

我局聘请有关人员对马凤仙左胫腓骨骨折的形成原因进行了致伤方式鉴定。鉴定结论是马凤仙的左胫腓骨骨折以间接传导暴力作用所致可能性大。

根据《中华人民共和国刑事诉讼法》第一百二十一条之规定，如果你对该鉴定结论有异议，可以提出补充鉴定或者重新鉴定的申请。

桐池市公安局高河分局

二〇一二年十二月二十三日

犯罪嫌疑人：王翠芬

司法鉴定研究所司法鉴定中心鉴定意见书

司鉴中心【2013】临鉴字第 2576 号

一、基本情况

委托人：两江省桐池市公安局高河分局（石河派出所）

委托事项：对马凤仙左胫腓骨骨折的致伤方式（系直接暴力所致还是间接暴力所致）进行法医学鉴定（书证审查）

委托日期：2013 年 2 月 15 日

鉴定材料：1. 鉴定委托书 1 份；2. 高河区中医医院急诊病历及住院病史复印件 1 册，两江省桐池市公安局高河分局法医人身损伤程度鉴定书复印件 1 份，桐池市明镜司法鉴定所司法鉴定意见书复印件 1 份，两江省人身伤害鉴定委员会法医学活体检验鉴定书复印件 1 份，询问笔录复印件 1 册等材料；3. X 线片 2 张

受理日期：2013 年 2 月 15 日

被鉴定人：马凤仙，女性，1979 年 6 月 6 日出生

二、案情摘要

摘自委托书：2011 年 4 月 17 日，马凤仙因故与他人发生冲突，受伤。

三、病史摘要

1. 2011 年 4 月 17 日高河区中医医院急诊病历摘录：

主诉：外伤致左小腿肿痛半小时余。现病史：患者半小时前因不慎外伤致左小腿肿痛。查体：左小腿肿胀、压痛、畸形，活动受限，可及骨擦音。X 线片示：左胫腓骨骨折。诊断：左胫腓骨骨折。处理：住院治疗等。

2. 2011 年 4 月 17 日至 4 月 27 日高河区中医医院住院病史（住院号 NO：20112762）摘录：

主诉：左小腿肿痛畸形，活动受限 2 小时。现病史：患者诉今被他人打伤倒地，即感左小腿疼痛剧烈，难忍，伴逐渐肿胀，不能站立行走。查体：左小腿畸形、肿胀，胫骨中上段压痛较剧，骨擦感可及，左小腿纵行叩痛阳性。X 线片示：左胫腓骨螺旋形骨折，移位。诊断：左胫腓骨骨折。治疗经过：入院后于 4 月 17

日行切复内固定手术，术中见胫骨骨折端螺旋形骨折，移位明显，未累及关节面。出院时建议维持患肢石膏托固定，卧床休息，禁止下床活动等。

四、书证摘要

2011年7月25日，两江省桐池市公安局高河分局法医学人身损伤程度鉴定意见：被检验人马凤仙的伤势属轻伤。

2012年9月6日，桐池市明镜司法鉴定所鉴定意见为：马凤仙左胫骨骨折系外力直接打击可以造成，自行摔倒扭伤形成的可能性很小。以上意见请相关部门结合案情，审查后认定。

2012年12月20日，两江省人身伤害鉴定委员会法医学活体检验鉴定意见为：马凤仙的左胫腓骨骨折，以间接传导暴力作用所致可能性大。

五、阅片所见

2011年4月17日高河区中医医院左膝关节侧位、左胫腓骨侧位X线片（片号162345）1张示：左胫骨中下段螺旋形骨折，左腓骨近端螺旋形骨折。

六、分析说明

根据委托人提供的现有材料，包括病史及影像学资料，结合本中心鉴定人审查意见并专家会诊意见，综合分析如下：

2011年4月17日，被鉴定人马凤仙因故与他人发生冲突。当天于临床摄片显示“左胫腓骨骨折”，本中心阅其伤后影像学资料，见左胫骨中下段螺旋形骨折，左腓骨近端螺旋形骨折等。

胫腓骨骨折的致伤机制主要包括直接暴力和间接暴力。

直接暴力指暴力直接作用使受伤部位发生骨折。骨折多呈横断型、短斜形或粉碎性。由于直接暴力需通过皮肤作用于骨骼，因此常合并软组织挫伤。

间接暴力指暴力通过传导、杠杆、旋转和肌收缩使肢体远处发生骨折，骨折多为螺旋形或长斜形，若为胫腓骨双骨折，腓骨骨折线常较胫骨骨折线高，这是由于暴力沿骨间膜传导作用所致。有时胫骨中下段的斜形或螺旋形骨折，经力的传导后，可致腓骨颈骨折，这种不在同一平面发生的骨折是胫腓骨遭受间接暴力损伤的特征。

本例中，马凤仙伤后的病史资料显示其左小腿局部（骨折部位）未见皮肤破损，影像学资料显示其左胫腓骨均为螺旋形骨折，螺旋的方向基本一致，腓骨骨折平面高于胫骨骨折，符合间接暴力作用致胫腓骨骨折的特征。

七、鉴定意见

被鉴定人马凤仙的左胫腓骨骨折符合间接暴力作用所致，直接暴力作用难以形成。

鉴定人：

主检法医　侯飞

《司法鉴定人执业证》证号：005100212178

主任法医师　谢延海

《司法鉴定人执业证》证号：105100204034

授权签字人：

主任法医师　张明国

《司法鉴定人执业证》证号：105100205030

司法鉴定研究所司法鉴定中心

二〇一三年二月二十八日

桐池市公安局高河分局
鉴定意见通知书

高公鉴通字（2013）第368号

王翠芬：

我局聘请有关人员对马凤仙左胫腓骨骨折的形成原因进行了致伤方式鉴定。鉴定结论是马凤仙的左胫腓骨骨折符合间接传导暴力作用所致，直接暴力作用难以形成。

根据《中华人民共和国刑事诉讼法》第一百四十六条之规定，如果你对该鉴定结论有异议，可以提出补充鉴定或者重新鉴定的申请。

桐池市公安局高河分局

二〇一三年三月三日

犯罪嫌疑人：王翠芬

询问笔录

第1次

询问时间：2011年04月18日13时54分至2011年04月18日15时01分

询问地点：桐池市公安局高河分局石河派出所

询问人姓名、单位：胡季伟、袁明晓，桐池市公安局高河分局石河派出所

记录员姓名：袁明晓

记录员单位：桐池市公安局高河分局石河派出所

被询问人姓名：王翠芬　　性别：女　　出生日期：1971年09月26日

国籍：中国　　民族：汉族

文化程度：高中　　政治面貌：群众

身份证件名称及号码：居民身份证，5202221971092660××

联系电话：695705××

工作单位：个体服装厂

户籍所在地址：高河区石河镇胜利村

现住地址：高河区石河镇胜利村

问：昨天是怎么回事？

答：昨天是因为买卖上的纠纷。我是开衣服厂的，厂开在石河镇龙眠路105号，厂名是华丰制衣厂。我是2011年4月16日晚进的布料，布是对方送过来的。2011年4月17日中午13时左右，对方来我这里收钱，当时来的是三个人，我认识一个男的弟弟（马腾飞），他说是来收钱的。来之前，我丈夫张国伟已经打过电话了，打给了他店里的营业员，因为这个布我们看了一下，布的质量不对，和事先约定的不同，我们不能用的，所以我丈夫打电话让营业员来看一下。后来，对方就来了。我说："这个布是有问题的，质量不对，而且克重也不行，说好是180克以下的，实际上是200克左右的。"开始，我丈夫不在，我说要找我丈夫的，说了几句后，我打电话给我丈夫。他们也就回去称量去了。后来，他们又

来了，说称了一下是 190 克，我丈夫来了，我丈夫也说质量不对，好用的我们用，不行的我们要调货的。但是马腾飞就是不同意调布，并说“我们是来算账的，不是调布来的”，一定要把货款带回去。我们一下子讲不下来，我就叫营业员上去看一下布料，营业员看了一下，说布的衣料也不对。后来，他们回去了，我发现他们把布料的样本忘掉了，我对了一下，他们的样本和布料根本不对的。这时，他们又来了，来拿样本的，和我们又吵了起来，当时在下面的是我和我父亲。我父亲讲了一句“你们这么凶，是哪里来的”，那个男的马腾飞讲“你说我们哪里人，给你点生活吃吃”，我父亲讲“你要拷人了”，那女的讲“拷你怎么了”，那个女的就要去推我父亲，我就想打 110，我拿出了手机就看见我父亲和那个女的还有马腾飞扭在一起了。

问：那个女的为什么倒在地上？

答：我不知道，我没看见。后来，我父亲说是那个女的推他，自己倒在地上的，扭伤了脚。开始，他们三个扭在一起时，我想去扯那个女的头发，但没有拉到。我父亲叫我打 110，我就打电话了，大概是这个时候那个女的倒在地上的。那个女的讲：“我的脚摔断了，快打 110。”

问：你有没有受伤？

答：有的，开始我扯头发之前，那个马腾飞来推我，我摔了一大跤。我是皮外伤，全身都酸痛，还没有到医院去过。我父亲叫王光荣，今年 75 岁了，扭了一阵回家去了，现在还在家里睡觉。

问：那个女的倒地后，你有没有用脚踢她？

答：我没有的。

问：当时有没有扯下对方的项链？

答：没有的。

问：布有多少？

答：一共是 12 只布，其中 6 只好用的，我们就用了。但是 6 只厂里的裁剪师傅说是不能用，我们要求退货。

问：有什么补充的？

答：没有了。

问：你厂里有没有监控？

答：没有。

问：当时你厂里有没有其他人看见？

答：当时厂里有两个员工的，应该看见的。

核对意见：以上笔录我看过，和我讲的一样。

核对人：王翠芬

核对时间：2011 年 4 月 18 日

侦查人员签名：胡季伟

记录人员签名：袁明晓

讯问笔录

第 2 次

讯问时间：2011 年 09 月 20 日 13 时 53 分至 2011 年 09 月 20 日 16 时 06 分

讯问地点：桐池市公安局高河分局石河派出所

侦查人姓名、单位：胡季伟、袁明晓，桐池市公安局高河分局石河派出所

记录员姓名：袁明晓

记录员单位：桐池市公安局高河分局石河派出所

犯罪嫌疑人姓名：王翠芬　别名：无　曾用名：无

性别：女　出生日期：1971 年 09 月 26 日　民族：汉族

出生地：两江省桐池市高河区石河镇胜利村 27 号

籍贯：桐池市高河区　文化程度：高中　政治面貌：群众

身份证件名称及号码：居民身份证，5202221971092660××

联系电话：695705××

工作单位：个体服装厂

户籍所在地址：高河区石河镇胜利村 27 号

现住地址：高河区石河镇胜利村 27 号

遭受刑事或行政处罚情况：无

问：我们是桐池市公安局高河分局石河派出所的民警（出示证件），因你涉嫌故意伤害罪，根据《中华人民共和国刑事诉讼法》第九十二条，对你传唤，现

依法对你进行讯问。你应当如实回答我们的提问，对与本案无关的问题有拒绝回答的权利。你听清楚了吗？

答：听清楚了。

问：你把事情的经过详细地讲一下？

答：事情起因是买布。2011 年 4 月 16 日，我们华丰制衣厂向马腾飞开的布行买了一批布，布的价值好像 11000 多元，这个生意是马腾飞的父亲介绍的，马腾飞的父亲我们熟悉的，他打电话要我们买布的。说好是我们布检查好付钱的，但是厂里的裁剪师傅说有点问题，说布不好的，裁了没人要的。4 月 17 日我就打电话给营业员就是那个小姑娘，说布有点问题，那个营业员（钱萍）讲“我们会到店里来看的”，4 月 17 日下午，第一次是马腾飞、马凤仙和一个男的（姜新辉）三个人来的，我就叫马腾飞看一下布，马凤仙不肯，我丈夫张国伟后来讲这个布超重，有色差。他们就剪了一点样品称重去了，我叫张国伟也去称一下布。等了有半个多小时，他们有四个人来的，那个营业员（钱萍）也来了，他们带来了样本。马腾飞和马凤仙说布是有点超重，要不价格便宜点。我说：“超重还是没事的，只是赚不进钱，但是色差问题还是最重要的，要不你给我调换一下。”但是马凤仙的意思是来算钱的，不是来换布的。那个营业员后来偷偷讲这个布行和姐姐马凤仙没关系的，她以后会给我们换的。我对马凤仙说：“你怎么能这样做生意的，他们讲好换的，你怎么能不换的。”她讲：“我就是这样的。”后来，由于讲不下来，我说等我丈夫回来再说。他们讲先走了，就走了。

问：后来呢？

答：我发现他们把布的样本丢在我的厂里，我就拿样本到楼上去和布料比对，发现是有差别的。我就回到了楼下，这时，营业员走了进来，问：“样本是不是留在你们这里？”我说：“是的，样本和布料有区别，你到楼上去看一下。”这个布料我们放在三楼，营业员就要和我上楼去，这时，姐姐马凤仙进来讲：“这么长时间不出来，到楼上干什么去？”营业员讲：“老板娘讲布料不对，我去看一下。”马凤仙讲“你听她的还是听我的，不用去的”，营业员只好下来。马凤仙讲：“我们走了，你老公什么时间来。”我说：“他快来了，我打过电话了。”我打了电话给我丈夫，我丈夫讲：“没事的，好处理的。”马凤仙讲：“布是不换的，要拿钱的。”这样讲了几句。我父亲王光荣当时在厂里，听见了烦死了，对马凤仙说：“你这么凶，你干什么东西。”马凤仙和我父亲吵了几句，就朝我父亲冲了过来，她是怎么摔倒的我没看见。我被马凤仙推了一下，倒在地上，后来的事情没有看见。我只知道打我丈夫的电话。我看见门口有几个人围在我父亲边上，我父亲叫我快报警。我离我父亲有 4 米左右，我父亲在门口，我在里面楼梯边上。后来，他们报警了，派出所的人也来了。

问：你们有没有受伤？

答：我父亲讲头有点晕，去医院看了一下，医生说吃一点补品算了。骨头有点酸疼，贴点伤膏，睡觉不是很好，吃饭呕吐，恶心。我坐在地板上，腰有点痛，骨头没有事情，背上有点不舒服，去医院，医生讲我 40 岁了，各种各样的毛病要来的。

问：别人讲是你当时在马凤仙的脚上踩的，有没有这个事情？

答：她自己摔倒我也没有看见，怎么能去踩她的腿。

问：当时边上有人看见你用脚踩马凤仙的腿，你怎么解释？

答：我反正没踩。

问：马凤仙的项链是不是掉在厂里？

答：没有的。

问：厂里有没有其他人看见？

答：我去问的，上次来的韩文国到楼上拿衣服去了，应该也没有看见，等他下来，已经散掉了。

问：你当时有没有看见马凤仙腿断了？

答：没有，她当时走来走去的，是装的。

问：这个事情打算怎么处理？

答：我又不是领导，又不是我说了算的。

问：你愿不愿意赔偿对方损失？

答：不愿意。

问：你还有什么要补充的？

答：没有。

核对意见：以上笔录我看过，和我讲的一样。

核对人：王翠芬

核对时间：2011 年 9 月 20 日

侦查人员签名：胡季伟

记录人员签名：袁明晓

讯问笔录

第 3 次

时间：2012 年 02 月 15 日 10 时 47 分至 2012 年 02 月 15 日 13 时 36 分

地点：桐池市公安局高河分局石河派出所

讯问人姓名、单位：田亚平、薛鹏，桐池市公安局高河分局石河派出所

记录员姓名：田亚平

记录员单位：桐池市公安局高河分局石河派出所

被讯问人：王翠芬　性别：女　出生日期：1971 年 09 月 26 日

问：我们是桐池市公安局高河分局石河派出所的民警（出示证件），现依法对你进行讯问，你应当如实回答我们的讯问并协助调查，不得伪造、隐匿、毁灭证据，否则将承担法律责任。你有权对有关情况作陈述和申辩，有权就被讯问事项自行提供书面材料，有权拒绝回答与案件无关的问题，有权提出对办案公安机关负责人、办案人、鉴定人、翻译人的回避申请，有权核对讯问笔录，对笔录记载有误或者遗漏之处提出更正或者补充意见。如果你回答的内容涉及国家秘密、商业秘密或者个人隐私，公安机关将予以保密。以上内容你是否已经听清楚？

答：我听清楚了。

问：你是否申请我们办案民警回避？

答：不申请。

问：2011 年 4 月 17 日发生在高河区石河镇龙眠路 105 号打架的事情，你知道吗？

答：我知道。当时我是当事人之一。

问：你将当时的情况详细讲一下？

答：好的。2011 年 4 月 17 日午饭后，当时我在自己位于高河区石河镇龙眠路 105 号的华丰制衣厂内。当时，进来了三个人，两个男的一个女的一起进来。当时我在我家制衣厂四楼，他们来是因为我们厂里在他们的布行购进的布料的重量有问题。他们走到四楼时就碰见我了，我就叫他们一起到三楼去看布料的重量，对方说不用看了。我就打电话给我的老公，叫他回来。不多久我老公就回来

了。双方因为布料的质量问题谈不拢，大家就准备一起去轻纺城去称布的重量，对方三个人就先去轻纺城了。等了半个小时，我就叫我老公也去轻纺城看一下，我老公就去轻纺城了。过了一会儿，对方三个人就先回来我家的制衣厂了，不多久对方又来了一个女的营业员，就是说对方当时在我家的制衣厂里有四个人了，但这时我老公还没有回来，我就问对方："你们去称了一下布的重量怎么样？"对方一个年纪比较轻的男的说："称过了，重是重了点，那要不给我们价格便宜点好了。"我说："布的重量重点没有关系，只是钱赚不到，但是布的色差有问题那我的产品卖不出去了。"那个男的说："我们不管的，你说不好的我们说好的。"我说："那你们有样品，我要求看一下当时我去你们家布料行选布料时我选定的布料样品。"那个后来脚骨折的女的就不给我看，还把样品放在她的屁股下面坐着（因为她当时是在我们家的椅子上坐着的）。我说那你不给我看，我小样品也有的。我也知道布料不好的，裁剪师傅也说不好的。那个女的就说："今天我们来只收钱不换货的。"我就说："布不换就等我老公来了再说。"对方说："你老公还不来啊？"我说："我再打电话给我老公问问看。"我打了我老公电话，我老公在电话里告诉我说这么小的事情我就给她的爸爸讲好了。我把我老公的原话告诉他们。但那个女的说与她爸爸没有关系的。我就叫他们等我老公回来，但后来等了很久，我老公一直没有回来。

问：后来呢？

答：等了很久，我老公没有来，先前来的三个人就起身走到我家外面去了，我叫那个营业员和我一起到我家三楼去看布，那个营业员说："好的。"然后我就和那个女的营业员一起去了三楼去看布的质量。那个营业员看了一下布后，还掏出手机来打电话给广州，说布不好的。广州那边在电话里说布不好可以退换的。当时我也接了一下电话，电话里对方是一个女的接的，那个女营业员当时把布拍了一下照片发到广州那边去了，广州那边的在电话里说如果布像在照片里的那样的话，布可以退，也可以换。我说这个布我要换的，对方在电话里说好的。

问：接着讲。

答：正在这时，那个先前走出去的年纪轻点的男的就走到三楼了，对那个女营业员说："你在上面干什么？我们要回去了。"我说："我和广州那边讲好了，可以换的，反正 12 只布，没有多少钱的。"但那个男的就说："我们回去了。”我想他们回去了就回去了。结果大家走到一楼的时候，那个后来脚受伤的女的说：“你老公来没来？”我说还要等会。那个女的说：“我们走了，反正我们还要拿钱的。”说完他们四个人就一起走了。他们走了，但他们先前拿我家来的布料样品遗忘在我家的椅子上。他们走后，我就把他们遗忘的样品拿到我家的三楼裁剪车间和裁剪师傅一起比较了一下，发现我以前在他们布行里挑选的布的颜色与他们送过来的颜色不一样。

问：再后来呢？

答：过了大约半个小时，那个女的营业员先进来的，她对我讲：“老板娘，我们的样品忘记拿了。”我说：“是的，我比过了，这个布的颜色与我在你们布行挑选的大不相同，你帮我去比较一下。”那个营业员说：“好的。”就和我一起到我家的三楼去比较布料的颜色。我们正在三楼进行比较，就听见我家的一楼有很响的叫声，是个女的声音，就是后来脚受伤的那个女的声音，声音很大的，是对那个营业员叫的：“你拿样品咋还不走。”营业员说和我一起比布的颜色，那个女的让营业员马上下去。那个营业员就走下去了。我跟在那个营业员后面，当时我看见三个人围着我爸爸王光荣，我父亲叫我打 110 报警，我说我会打的，你不要怕，你年纪大了，他们不会打你的。那时，那个戴眼镜的男的朝我走过来了，把我推倒了，我坐在地上打电话，我打电话时，那个女的就在那里叫，说她的脚断了。大家就停下来了。那个脚受伤的女的就自己走到门外的椅子上坐着，不久派出所的警察就来了。

问：那个女的脚是怎么受伤的？

答：我不知道。

问：但那个女的说是你把她的脚踩断的。

答：我不知道。

问：你是怎么摔倒的？

答：是那个戴眼镜的男的推倒的。

问：那个男的为什么要推你？

答：我从楼上下来，那个男的就朝我走过来要推我，我用手一挡，被那个男的用手推了一把，把我推倒在地上，我倒在地上过了不多久，那个女的就朝外面走，还没有受伤的。

问：那个女的为什么会受伤？

答：我是后来才听见那个女的说她的脚断了的。

问：那个女的是在你的家里伤的吗？

答：我不知道。

问：那个女的说脚断了是在哪里说的？

答：是在我家的一楼。

问：为什么会断？

答：我不知道。

问：那个女的到你家下午处理事情来了好几次，脚开始时是好的吗？

答：我没有注意。

问：后来那个女的说脚断了那是怎么回事？

答：我不知道。

问：当时一楼有哪些人在？

答：当时一楼有我和我的父亲王光荣，还有一个工人，对方还有四个人。

问：还有其他人受伤吗？

答：没有。

问：你以上所讲是否属实？

答：是的。

核对意见：以上笔录我看过，和我讲的一样。

核对人：王翠芬

核对时间：2012 年 2 月 15 日

侦查人员签名：薛鹏

记录人员签名：田亚平

询问笔录

第 1 次

询问时间：2011 年 04 月 20 日 18 时 02 分至 2011 年 04 月 20 日 18 时 26 分

询问地点：桐池市公安局高河分局石河派出所

询问人姓名、单位：袁明晓、胡季伟，桐池市公安局高河分局石河派出所

记录员姓名：袁明晓

记录员单位：桐池市公安局高河分局石河派出所

被询问人姓名：王光荣　性别：男　出生日期：1936 年 04 月 19 日

国籍：中国　民族：汉族

文化程度：小学　政治面貌：群众

身份证件名称及号码：居民身份证 5202221936041959××

联系电话：无

工作单位：无

户籍所在地址：两江省桐池市高河区石河镇胜利村 27 号

现住地址：两江省桐池市高河区石河镇胜利村 27 号

问：你今天来公安机关有什么事吗？

答：2011 年 4 月 17 日下午我和别人在石河镇龙眠路 105 号吵架了，现在是来说明情况的。

问：你把事情经过讲一下？

答：好的，2011 年 4 月 17 日下午 16 点多，我从龙眠路 105 号华丰制衣厂的三楼下来，在楼梯上的时候就听到楼下很吵，到了楼下后我看见有一男一女在和我女儿王翠芬争吵，我就上前说："你们吵什么吵，都吵了这么久了，不要在我家里吵。"对方那个女的就马上说："你们欠我们钱，我当然要说啦。"然后就上来好像要打我似的，我就一把抓住了那个女的衣服，然后对方的男的就上来了，我就放开了，但是那个女的好像还要来打我的样子，可是被她老公拦住了，然后也不知道怎么回事那个女的自己摔倒了，对方的两个男的就围上来，我就让我女儿赶快打电话报警，但是对方那个女的说她的腿断了，更要报警了，所以就让他们报警了。

问：和你发生争执的人是谁？

答：我也不知道，对方是个年轻的女的。

问：你为什么和对方发生争执？

答：对方好像是来要钱的，但是老是跟我女儿吵，我就说了对方几句而已。

问：当时在场的有谁？

答：当时只有我和我女儿，对方有两男两女在场。

问：有没有其他制衣厂的员工在场？

答：我没注意。

问：你有无受伤？

答：没有。

问：你认为对方的伤势是怎么造成的？

答：我不是很清楚，应该是她自己扭伤的。

问：你还有无其他情况要反映？

答：没有。

问：你以上所说是否属实？

答：属实。

问：你认不认识字？

答：我只会写自己的名字。

问：我们现在向你宣读一下笔录，你核对一下笔录，如记录有差误或者遗漏，可以更正或者补充。

答：好的，我听过了，是事实。

核对人：王光荣

核对时间：2011 年 4 月 20 日

侦查人员签名：胡季伟

记录人员签名：袁明晓

讯问笔录

第 2 次

时间：2012 年 05 月 09 日 10 时 35 分至 2012 年 05 月 09 日 12 时 00 分

地点：桐池市公安局高河分局石河派出所

侦查人员姓名、单位：袁明晓、潘永华，桐池市公安局高河分局石河派出所

记录员姓名：袁明晓

记录员单位：桐池市公安局高河分局石河派出所

犯罪嫌疑人姓名：王光荣　别名：无　曾用名：无

性别：男　出生日期：1936年04月19日　民族：汉族

出生地：两江省桐池市高河区石河镇

籍贯：两江省桐池市高河区

文化程度：小学　政治面貌：群众

身份证件名称及号码：居民身份证520222193604l959××

联系电话：无

工作单位和职业：无

户籍所在地址：两江省桐池市高河区石河镇胜利村27号

现住址：两江省桐池市高河区石河镇胜利村27号

曾受刑事或行政处罚情况：无

问：我们是桐池市公安局高河分局民警，今天找你了解一下情况，你要如实回答，知道吗？

答：知道了。

问：今天把你口头传唤到派出所来，为什么事你知道吗？

答：知道的，因为2011年厂里吵架的事情。

问：讲一下具体经过？

答：好的。事情是2011年的事情，具体哪天记不起来了，那天下午我在我女儿王翠芬开的华丰制衣厂帮忙，我在楼底一楼扫地，当时楼下还有一个烫衣服的高西省人。我记得当时有两个女的和两个男的到厂里来讨钱，其中一个女的是对方的服务员，当时厂里我女儿在。我记得当时我在一楼，那个女的进来声音很响，当时不知为什么吵了起来，后来差点打了起来，我记得我的胸口衣服也被一个男的拉住了，我女儿王翠芬从楼上下来，也被他们推倒在地。

问：当时厂里一楼只有你在，为什么会和对方发生冲突，因为当时你说你女儿在楼上？

答：我想不起来了。我记得那个女的脚自己扭了一下。后来我女儿被他们推倒在地。

问：当时烫衣服的烫工有没有看见？

答：他应该看见的。

问：烫工说当时你和那个女的发生拉扯的，是不是事实？

答：我没有。

问：原来2011年发生事情的时候，我们也找过你谈话，当时你说你和那个女的发生拉扯的，是不是事实？

答：这个事情过去这么长时间了，我记不起来了。

问：后来为什么会吵起来，后来扭打了，因为当时你女儿在楼上？

答：当时楼下就我在，他们男的过来要打我，拉住我的胸口衣服，差点打我了。

问：他们为什么要来打你？你为什么会和他们发生冲突？

答：我年纪大了，记不起来了。

问：你女儿下楼后说过什么？

答：我没有注意，我看见我女儿倒在衣服堆里，边上的高西省人烫工应该看见了的。

问：你上次笔录上说的是否事实？

答：上次笔录上的是事实，现在有点想不起来了。

问：那个女的倒在地上你有没有看见？

答：没有的。我后来听别人讲她自己倒地受伤的。

问：你和那个受伤的女的讲过什么？

答：我说过她几句，说她讨债来声音很响的，说了她几句。具体讲什么记不起来了。

问：报警后，派出所来的时候，那个女的说腿断了，你当时在不在？

答：我记不起来了。

问：发生事情后，那个女的是否坐在厂里的红木椅子上？

答：没有的。

问：你当时有没有受伤？

答：没有的。他们两个男的围过来拉我胸口的衣服，至于为什么要针对我，我忘记了。

问：你还有什么要补充的？

答：没有。

问：你以上说的是否属实？

答：属实的。

问：你认不认识字？

答：我只会写自己的名字。

问：我们现在向你宣读一下笔录，你核对一下笔录，如记录有差误或者遗漏，可以更正或者补充。

答：好的，我听过了，是事实。

问：我们告知你一下，那个女的（马凤仙）腿上的伤势构成了轻伤，你知道吗？

答：现在我知道了。

核对人：王光荣

核对时间：2012 年 5 月 9 日

侦查人员签名：潘永华

记录人员签名：袁明晓

询问笔录

第 1 次

询问时间：2011 年 4 月 19 日 13 时 12 分至 2011 年 4 月 19 日 14 时 20 分

询问地点：桐池市公安局高河分局石河派出所

询问人姓名、单位：袁明晓、胡季伟，桐池市公安局高河分局石河派出所

记录员姓名：袁明晓

记录员单位：桐池市公安局高河分局石河派出所

被询问人：马凤仙　性别：女　出生日期：1979 年 06 月 06 日

身份证件名称及号码：居民身份证 5202221979060655××

工作单位：个体开店

联系电话：19732178968

户籍所在地址：两江省桐池市高河区范岗镇团结村

现住地址：两江省桐池市高河区范岗镇团结村

问：我们是桐池市公安局高河分局石河派出所的民警（出示证件），根据《中华人民共和国刑事诉讼法》相关规定依法对你询问，你应当如实回答我们的询问并协助调查，不得提供虚假证言，不得伪造、隐匿、毁灭证据，否则将承担法律责任，你明白了吗？

答：明白了。

问：你今天来派出所有什么事？

答：我被人打了，现在是来报案的。

问：你把当时的具体事情经过讲一下。

答：事情是这样的。2011年4月17日下午16时左右，我和我丈夫姜新辉以及我弟弟马腾飞，还有我们布行的员工钱萍四人来到石河镇龙眠路105号华丰制衣厂内结算布料货款。但是到了之后只有老板娘在，我们说明了来意，但对方老板娘一直挑布的质量问题，就是不肯付货款，后来直接告诉我说让我自己跟老板讲，我也没有多说什么，就在门口等老板。但是等了大概半个小时，都没有见老板回来，所以我就又回到对方工厂内问老板娘，老板到底什么时候回来。当时老板娘好像要打电话的样子，这时出来一个老头，他就很凶对我讲："你们在我们这里吵什么吵。"我当时也没有理会他，正转身要走时，那老头就一把抓住我的领圈，老板娘就推了我一把，我就摔倒在地，然后老板娘就上前踢我的腿，当时我就大叫了一声，我弟弟和我老公一起就赶了进来，我们边报警，我老公和弟弟把对方拉开后，你们派出所的人也到了，我就先被送到医院了。

问：推你的人是谁？

答：我不太清楚，我只知道是华丰制衣厂的老板娘，别的就不太清楚了。

问：你们之前有无矛盾？

答：没有的。

问：对方为什么打你？

答：我也不是很清楚，大概是因为我们去要货款，对方说我们的布不好之类的原因吧。

问：你当时有无还手？

答：没有。

问：你的伤势如何？

答：我的左小腿断了两根骨头。

问：你的伤势是如何造成的？

答：当时是那个老板娘用脚踢的，她踢完后还抓住我的头发拖了一下，现在我的头还有点疼。

问：你还有无其他要补充的？

答：没有。

问：以上所述是否属实？

答：属实。

核对意见：以上笔录我看过，和我讲的一样。

核对人：马凤仙

核对时间：2011 年 4 月 19 日

侦查人员签名：胡季伟

记录人员签名：袁明晓

询问笔录

第 2 次

询问时间：2011 年 8 月 12 日 14 时 23 分至 2011 年 8 月 12 日 15 时 18 分

询问地点：桐池市公安局高河分局石河派出所

询问人姓名、单位：袁明晓、胡季伟，桐池市公安局高河分局石河派出所

记录员姓名：袁明晓

记录员单位：桐池市公安局高河分局石河派出所

被询问人：马凤仙　性别：女　出生日期：1979 年 6 月 6 日

身份证件名称及号码：居民身份证 5202221979060655××

工作单位：个体开店

联系电话：197321789××

户籍所在地址：两江省桐池市高河区范岗镇团结村

现住地址：两江省桐池市高河区范岗镇团结村

问：你来我们公安机关有什么事情吗？

答：因为2011年4月17日下午16时发生在石河镇胜利村华丰制衣厂的事情。

问：我们是桐池市公安局高河分局石河派出所的民警（出示证件），根据《中华人民共和国刑事诉讼法》相关规定依法对你询问，你应当如实回答我们的询问并协助调查，不得提供虚假证言，不得伪造、隐匿、毁灭证据，否则将承担法律责任，你明白了吗？

答：明白了。

问：你现在伤怎么样？

答：我的左脚受伤了，是骨折。

问：你把事情的经过讲一下。

答：事情起因是卖布，原来我是开布行的，和石河镇胜利村华丰制衣厂有业务上的往来。出事情之前，说好华丰制衣厂付给我们货款，但是在规定时间没有付给我们，打电话给厂里说我们的布料质量有问题，我们就去厂里看一下原因。2011年4月17日下午，我和我丈夫姜新辉、我弟弟马腾飞一起到华丰制衣厂看一下原因。到了制衣厂之后，老板的老婆（王翠芬）在厂里，我们就问王翠芬是怎么回事，王翠芬讲我们的布料的克重太重了，质量不对，后来老板张国伟也来了，也是这么讲。当时我们也没有说什么，我们就到自己的店里去拿克重计，并把我店里管布料的员工钱萍叫到车上，一起又回到华丰制衣厂。到厂里之后，拿我们布料称了一下，应该是符合条件的。但是王翠芬讲，这个事情要同她丈夫张国伟讲的，我们就在店里等。等了有20分钟左右，她丈夫还是没有回来，我就又去找王翠芬，问她丈夫什么时候回来，问好之后我打算从厂里回家去。这时，边上一个老头说："你在我厂里喂喂喊什么？"我想他是厂里的员工，就没有理他，就转身想走了，谁知道他从后面一把抓住我的衣领，使劲一拉，把我拉倒在地上，厂里的王翠芬就出来在我腿上、身上踢了几脚。当时，厂里就我一个人，我弟弟马腾飞在门口打电话，我丈夫姜新辉在门口车上打电话。看见我倒在地上，就过来拉我。那个老板娘王翠芬还要来打我，拉我的老头子还要拿旁边的椅子来砸我，被我弟弟拦住了，我弟弟的脖子上被那个王翠芬用手抓出血了。我当时站不起来了，我想应该是腿断了。后来，我们报警后，派出所的人来了，我就到医院去了。

问：腿上的伤怎么样？

答：到了医院之后，医生说是左胫腓骨骨折，在高河区中医医院住院的，到现在腿上还有钢板。到现在医药费花了有 18000 元左右。

问：你的腿为什么会断？

答：出院之后，法医鉴定时说腿骨是环形骨折，是扭断的，就是那个老头子拉我时断的。我想我的腿骨折断了两根，一根是扭断的，另一根是老板娘踢断的。

问：拉你的老头子是谁？

答：开始我不知道，后来才知道那个老头子是王翠芬的父亲王光荣。

问：你们现在打算怎么办？

答：出了这个事情之后，对方也没有联系过我们，没有来看过我们，而且还有 10000 元左右的货款没有付给我们，我要求派出所处理。

问：当时厂里有谁看见？

答：除了我们来的四个人，还有王翠芬父女，厂里还有三个人在干活，当时在布堆的后面，不知道有没有看见。

问：你还有什么要补充的？

答：没有了。就是当时我戴了一根带钻石的彩金项链，价值 13000 元左右，是那个老头子拉我的时候拉断的，后来在他们厂里找不到了。

核对意见：以上笔录我看过，和我讲的一样。

核对人：马凤仙

核对时间：2011 年 8 月 12 日

侦查人员签名：胡季伟

记录人员签名：袁明晓

询问笔录

第 3 次

询问时间：2011 年 8 月 19 日 9 时 22 分至 2011 年 8 月 19 日 10 时 13 分

询问地点：桐池市公安局高河分局石河派出所

询问人姓名、单位：袁明晓、胡季伟，桐池市公安局高河分局石河派出所

记录员姓名：袁明晓

记录员单位：桐池市公安局高河分局石河派出所

被询问人：马凤仙　性别：女　出生日期：1979 年 06 月 06 日

身份证件名称及号码：居民身份证 5202221979060655××

工作单位：个体开店

联系电话：19732178968××

户籍所在地址：两江省桐池市高河区范岗镇团结村

现住地址：两江省桐池市高河区范岗镇团结村

问：你来我们公安机关有什么事情吗？

答：因为 2011 年 4 月 17 日下午的事情。

问：你以前讲的是否属实？

答：属实。

问：你的伤势经法医鉴定，已构成轻伤，你对伤势鉴定有无异议？

答：没有。

问：你把当时你受伤过程再仔细讲一下。

答：当时我和我老公、弟弟，还有员工钱萍一起到石河镇胜利村华丰制衣厂算账。由于厂里老板不在，只有老板娘王翠芬在，她说要等她老公来。我们等了 20 分钟左右，我进去问老板娘她老公什么时间来。我进去的时候，我老公在门外的车里打电话，我弟弟在厂门口门边，钱萍在哪个位置我不清楚。我进去的时候走到楼梯边上立柱那里，没有看见老板娘，我就问："人呢？"这时，站在我边上的一个七十多岁的老头子，手里拿着扫帚，说："在我们厂里喂喂喊什么。"我以为是厂里的员工，看了一眼没有理他，我转身打算走到外面去，老头子一边说："你给我死出去。"一边用手抓我的衣领，以及颈上的一根项链，使劲一拉，我不注意，倒在了地上，老头还抓着我的衣领。这时老板娘不知从哪里过来，手抓住我头发，用脚来踢我的腿，我"呀"地喊了一声，这时，我弟弟听见声音来拉老板娘，我老公就过来拉那个老头子，对我讲："你站起来。"我的腿变形了，我说："我腿断了。"我老公就来抱我，那个老头子就拿起板凳来砸我。我老公用手拦住了，见他年纪这么大了，就没有理他。这时，我弟弟马腾飞和老板娘扭在一

起，老板娘还要过来打我。后来，我们就报警了。

问：发生冲突时，老板有没有在？

答：当时不在。

问：和你一起来的人当时有没有看见？

答：应该看见的。

问：你还有什么要补充的吗？

答：没有了。

核对意见：以上笔录我看过，和我讲的一样。

核对人：马凤仙

核对时间：2011 年 8 月 19 日

侦查人员签名：胡季伟

记录人员签名：袁明晓

询问笔录

第 4 次

询问时间：2011 年 12 月 9 日 13 时 39 分至 2011 年 9 月 19 日 14 时 40 分

询问地点：桐池市公安局高河分局石河派出所

询问人姓名、单位：袁明晓、胡季伟，桐池市公安局高河分局石河派出所

记录员姓名：袁明晓

记录员单位：桐池市公安局高河分局石河派出所

被询问人：马凤仙　性别：女　出生日期：1979 年 06 月 06 日

身份证件名称及号码：居民身份证 5202221979060655××

工作单位：个体开店

联系电话：197321789××

户籍所在地址：两江省桐池市高河区范岗镇团结村

现住地址：两江省桐池市高河区范岗镇团结村

问：你来我们公安机关有什么事情吗？

答：因为2011年4月17日下午的事情。

问：你以前讲的是否属实？

答：是属实。

问：你再仔细讲一下当时你腿受伤的过程。

答：关于事情的起因我以前都讲过了，我讲一下我受伤的过程。那天2011年4月17日下午16时多一点，我第二次和我弟弟马腾飞、姜新辉、钱萍到石河镇胜利村华丰制衣厂，当时由于老板不在，老板娘讲一定要等老板回来再说。我们就在门口的车里等，车就停在厂的门口，车头是朝东的，华丰制衣厂是开在路边的，朝南的三间，中间一间开的大门，门口是2米左右的人行道，车子就停在人行道的南边。我是坐在车子副驾驶位置，姜新辉坐在驾驶室里。我弟弟和业务员坐在后排。我们在车里坐了有十几分钟，当时姜新辉打电话说有事情要办，我就下车想去问一下老板什么时候回来。我一下车，我弟弟和钱萍也下车了。我从大门进去，走到进门第一根柱子边上，我看见一个老头子在我面前扫地，我没有看见老板娘，我就喊："人呢，人呢？"我喊了几声，没有人理睬我，那个扫地的老头子看了我一眼，我以为他是干活的，我说："人也没有的。"我就打算转身回到门口去，谁知道那个老头子讲："你在我厂里喂喂喊什么。"一边说一边用手拉住我的衣领一拉，我当时没有注意，失去重心坐倒在地上，我"呀"地喊了一声，我是朝后坐倒在地上，脚在南面，身子在后面，脸朝大门的，老板娘站在我的东边同时拉住了我的头发，同时用脚来踩我的小腿，当时我的左腿在老板娘边上，给她用力踩了好几脚。这时，在门口的我弟弟看见进来，把老板娘推到边上去了，那个老头子把我拉倒后，放开了我的衣领，拿起边上的椅子，要用椅子来砸我，被刚进来的姜新辉拦住了。当时我老公叫我站起来，我站不起来，才知道腿断了。当时我穿的是黑色的长筒丝袜，我的左小腿上都是鞋印，都是老板娘踩的，当时我的小腿断了，肯定是她踩断的。后来，报警后，派出所的人来了，我也到医院去了。

问：当时你们在什么位置？

答：当时我坐到地上，我的脸是朝南的，老板娘在我东边，老头子站在西边，我倒在地上后，我弟弟先进来推老板娘，后面我老公进来拉那个老头子。

问：你进去时老板娘在哪里？

答：当时我一进去没有看见老板娘，以为她不在。后来，老头一拉我，老板娘几乎同时拉我的头发，踩我的小腿，我后来想，她当时肯定是在边上，弯腰在干什么，我一下子没有注意。

问：当时现场一共有几个人？

答：现场有老头、老板娘、我们四个人，当时厂里楼下有员工在靠墙的地方干活，没有注意到。现场的经过我弟弟、姜新辉、钱萍应该看见的。

问：你伤现在怎么样？

答：我的左小腿两根骨头都断了。我后来到医院做了伤残鉴定，左小腿是十级伤残，到现在医药费花了有 16000 元。

问：你们双方有没有调解过？

答：对方没有诚意，调解不下来。

问：你还有什么要补充的吗？

答：没有。

核对意见：以上笔录我看过，和我讲的一样。

核对人：马凤仙

核对时间：2011 年 12 月 9 日

侦查人员签名：胡季伟

记录人员签名：袁明晓

询问笔录

第 1 次

询问时间：2011 年 04 月 18 日 10 时 45 分至 2011 年 04 月 18 日 11 时 35 分

询问地点：桐池市公安局高河分局石河派出所

询问人姓名、单位：袁明晓、胡季伟，桐池市公安局高河分局石河派出所

记录员姓名：袁明晓

记录员单位：桐池市公安局高河分局石河派出所

被询问人姓名：马腾飞　性别：男　出生日期：1988 年 03 月 05 日

国籍：中国　民族：汉族

文化程度：高中毕业　政治面貌：群众

身份证件名称及号码：居民身份证 5202821988030555××

联系电话：195678220××

工作单位：长丰街道轻纺城韩风布行

户籍所在地址：两江省桐池市高河区范岗镇团结村

现住地址：两江省桐池市高河区范岗镇团结村

问：你今天来公安机关有什么事吗？

答：昨天在石河镇龙眠路 105 号发生的打架事件，当时我在场，现在是来说明情况的。

问：我们是桐池市公安局高河分局石河派出所的工作人员（出示工作证件），现依法向你询问有关问题，你应当如实回答我们的询问并协助调查，不得提供虚假证言，不得伪造、隐匿、毁灭证据，否则将承担法律责任，你有权就被询问事项自行提供书面材料，有权拒绝回答与案件无关的问题，有权核对笔录，对笔录记载有误或者遗漏之处提出更正或者补充意见。如果你回答的内容涉及国家秘密、商业秘密或者个人隐私，公安机关将予以保密，如果你是被侵害人，你可以依法提出回避申请。以上内容你是否已听清楚？

答：听清楚了。

问：你把事情的经过讲一下。

答：好的。2011 年 4 月 17 日下午 16 点多，我和我姐姐（马凤仙）、姐夫（姜新辉）以及我布行的员工（钱萍）一起来到石河镇龙眠路 105 号，因为对方欠我们一笔布的货款，所以我们是去要货款的，但是到了地方后，对方的老板娘说我们送来的布质量有问题，但是经过我们检测后没有发现问题，但是老板娘就说不要和她说，让我们找老板谈好了。然后我们就在门口坐在车里等老板回来谈。等了半小时左右的时间，老板还没有回来，所以我姐姐马凤仙就下车去问老板娘老板什么时候回来，但是当时老板娘很凶地回答我姐姐说："你们走吧，钱我们是不会付的。"当时我就打算出来了，没想到老板娘旁边的一个老头一把拉住我姐姐的领圈，把我姐姐摔倒在地，那个老板娘乘机上前就脚踩我姐姐的小腿，我和我姐夫上前阻止，但对方还是要打。我身上也被老板娘抓伤，最后一直等派出所民警到了才停止。

问：打你的是谁？他的基本情况？

答：我只知道对方是华丰制衣厂的老板娘，那个老头具体是什么身份我就不清楚了。

问：事发地点在哪里？

答：石河镇龙眠路105号，华丰制衣厂内。

问：为什么打你们？

答：之前我们没有矛盾的，因为对方这个向我们买的布一直不肯付钱，所以我们是来要货款的。

问：当时在场的还有谁？

答：我方只有我和我姐姐夫妻俩以及员工钱萍，对方只有老板娘和那个老头，旁边围观的人也有，具体是谁我就不太清楚了。

问：你什么部位被打？

答：我的脖子被对方抓伤，问题不是很大。

问：你姐姐的伤势如何？

答：我姐小腿断了，昨天刚刚做完手术，现在高河区中医医院住院。

问：有无还手打对方？

答：没有。

问：你以上所说的是否属实？

答：属实。

核对意见：以上笔录我看过，和我讲的一样。

核对人：马腾飞

核对时间：2011年4月18日

侦查人员签名：袁明晓

记录人员签名：胡季伟

询问笔录

第 2 次

询问时间：2011 年 08 月 19 日 9 时 33 分至 2011 年 08 月 19 日 10 时 25 分
询问地点：桐池市公安局高河分局石河派出所
询问人姓名、单位：徐志伟、潘永华，桐池市公安局高河分局石河派出所
记录员姓名：徐志伟　记录员单位：桐池市公安局高河分局石河派出所
被询问人姓名：马腾飞　性别：男　出生日期：1988 年 03 月 05 日
国籍：中国　民族：汉族
文化程度：高中毕业　政治面貌：群众
身份证件名称及号码：居民身份证 5202821988030555××
联系电话：195678220××
工作单位：长丰街道轻纺城韩风布行
户籍所在地址：两江省桐池市高河区范岗镇团结村
现住地址：两江省桐池市高河区范岗镇团结村

问：我们是桐池市公安局高河分局石河派出所的工作人员（出示工作证件），现依法向你询问有关问题，你应当如实回答我们的询问并协助调查，不得提供虚假证言，不得伪造、隐匿、毁灭证据，否则将承担法律责任，你有权就被询问事项自行提供书面材料，有权拒绝回答与案件无关的问题，有权核对笔录，对笔录记载有误或者遗漏之处提出更正或者补充意见。如果你回答的内容涉及国家秘密、商业秘密或者个人隐私，公安机关将予以保密，如果你是被侵害人，你可以依法提出回避申请。以上内容你是否已听清楚？

答：听清楚了。

问：2011 年 4 月 17 日下午 16 时左右，在石河镇龙眠路 105 号华丰制衣厂发生的打架事件，你是否在场？

答：我当时在场的。

问：你把你当时看到的具体事情经过讲一下？

答：好的。2011 年 4 月 17 日下午 16 时左右，我和我姐姐马凤仙、姐夫姜新

辉、我布行员工钱萍一起来到石河镇龙眠路 105 号华丰制衣厂内收一笔货款。

我们到了华丰制衣厂后只有老板娘在，当时对方以布的质量问题不肯付货款，但是经过我们检测后，对方提出的质量问题是在规范的范围内，当时老板娘就说不要和她说，让我们找老板谈好了。然后我们就在门口坐在车里等老板回来谈。大概等了半小时左右的时间，我姐姐就想去问问老板娘，老板到底什么时候回来，当时我就跟在我姐姐后面，我们问了老板娘，她凶巴巴地说："钱我们是不会付的，你们走好了。"我就跟我姐姐说："那好的嘛，我们走吧。"然后我就转身走了，当我走到门口的时候，我就听到我姐姐尖叫了一声，当时我转身看到我姐姐已经倒在地上了。有一个老头用一只手拉着我姐姐的衣服领圈，另一只手好像按着我姐姐。老板娘好像在踢我姐姐，她的脚刚刚从我姐姐的小腿上离开，但是有没有踢我没有看到，然后她就拉住我姐姐的衣服往自己的身后拉。我看到后马上上前把老板娘推开了，然后我就把姐姐扶了起来坐在茶几上，当时我姐姐的左脚小腿已经很肿了。这时我姐夫也赶了进来，那个当时按着我姐姐的老头可能觉得我姐夫是来打架的还是什么，就上前去拉我姐夫，还说："你们打我吧，你们打死我好了，我反正年纪大了。"老板娘也一直来拉我们，然后我们就报了警，等你们派出所的人到了后，我们就送我姐姐去医院了。

问：当时按着你姐姐的老头是谁？

答：应该是老板娘的父亲，因为当时老板娘一直在说我们打他爸爸什么的。

问：你还有无其他情况要反映？

答：没有。

问：你以上所说的是否属实？

答：属实。

核对意见：以上笔录我看过，和我讲的一样。

核对人：马腾飞
核对时间：2011 年 8 月 19 日
侦查人员签名：潘永华
记录人员签名：徐志伟

询问笔录

第 3 次

询问时间：2011 年 10 月 27 日 14 时 10 分至 2011 年 10 月 27 日 15 时 46 分
询问地点：桐池市公安局高河分局石河派出所
询问人姓名、单位：袁明晓、胡季伟，桐池市公安局高河分局石河派出所
记录员姓名：袁明晓 记录员单位：桐池市公安局高河分局石河派出所
被询问人姓名：马腾飞 性别：男 出生日期：1988 年 03 月 05 日
国籍：中国 民族：汉族
文化程度：高中毕业 政治面貌：群众
身份证件名称及号码：居民身份证 5202821988030555××
联系电话：195678220××
工作单位：长丰街道轻纺城韩风布行
户籍所在地址：两江省桐池市高河区范岗镇团结村
现住地址：两江省桐池市高河区范岗镇团结村

问：以前讲的是否属实？

答：属实。

问：2011 年 4 月 17 日下午，在石河镇龙眠路 105 号华丰制衣厂发生的事情你有没有看见？

答：看见的。

问：讲一下具体情况。

答：发生事情前的情况我已经讲过了，主要是我姐姐马凤仙腿断掉的事情。2011 年 4 月 17 日下午 16 点多一点，我和我姐姐、姜新辉、钱萍到华丰制衣厂讨要货款。第一次是我和我姐姐马凤仙、姜新辉三个人过去。当时老板、老板娘都在，布放在三楼，我们到三楼去看的时候，布料已经打开裁剪过了。他们讲布的质量不对，克重不对。第二次去的时候，我还带了克重计，和钱萍一起去的。到的时候，楼下没有人，我们到三楼找到老板娘，当时看了一下布料，老板娘说要等老板来了再讲。我们到一楼去了，打算在楼下等。我和我姐姐、姜新辉先到门口车上等，钱萍先是等了一会再上车的。我们在车上等了 30 分钟左右，我姐姐讲

去问一下，她就下车到门口去了，我和钱萍也马上下车到门口，我们的车就停在他们的门口。他们的店面进去是三间房子，大门开在中间那间，我看见当时老板娘在进门右手边一间小客厅里，一个老头在中间一间里面一点楼梯边上整理衣服，大概离门口七八米的样子。我姐姐就进去问老板娘，她站在进门门口 2 米的距离，在中间的一根柱子边上，我姐姐在和老板娘讲话的时候，我站在门口用手机发短信，我站在门口树边上，离门口 2 米的距离。钱萍下车站在什么位置不清楚了，我隐约听到老板娘讲“你们不用等了，钱是不会给你们的”。突然，我听见我姐姐“啊”的一声，我连忙抬头一看，看见我姐姐已经倒在地上了，是坐在地上，她是南北方向倒的，就在门口，她的脚在南边门口，半躺在地上，我看见那个老头用手抓着我姐姐的衣领，我姐姐也用手拉着老头的衣服，老板娘在进门右手边用手抓住我姐姐的头发，一边用脚踢我姐姐的腿，踢的是左腿，踢了几脚不清楚了。我连忙冲了进去，把老板娘一把推开，老板娘来拉我的衣服，我去拦她，我们就扭在一起。老板娘朝后退了，我们两个人就倒在楼梯口的衣服堆上。等我爬起来，看见钱萍在搀我姐姐，姜新辉在拦住那个老头，那个老头想用椅子砸我姐姐。后来，派出所的人来了，老板也来了，当时，我姐姐讲她的腿不会动了，后来送到医院去讲腿断了。

问：你身上有没有伤？

答：我的头颈部被老板娘用手抓伤了，我的眼镜也被她打掉了。

问：当时发生事情的时候，厂里员工有没有过来帮忙的？

答：没有。他们厂做衣服在楼上，楼下没几个人，没有人来帮忙的。

问：你姐姐伤势怎么样？

答：她的腿骨头断了。

问：钱萍现在在哪里？

答：她回家结婚去了，现在没有她的电话。

问：有什么补充的？

答：没有了。

核对意见：以上笔录我看过，和我讲的一样。

核对人：马腾飞

核对时间：2011 年 10 月 27 日

侦查人员签名：胡季伟

记录人员签名：袁明晓

询问笔录

第 4 次

询问时间：2011 年 10 月 28 日 15 时 02 分至 2011 年 10 月 28 日 16 时 07 分
询问地点：桐池市公安局高河分局石河派出所
询问人姓名、单位：袁明晓、胡季伟，桐池市公安局高河分局石河派出所
记录员姓名：袁明晓　记录员单位：池市公安局高河分局石河派出所
被询问人姓名：马腾飞　性别：男　出生日期 1988 年 03 月 05 日
国籍：中国　民族：汉族
文化程度：高中毕业　政治面貌：群众
身份证件名称及号码：居民身份证 5202821988030555××
联系电话：195678220××
工作单位：长丰街道轻纺城韩风布行
户籍所在地址：两江省桐池市高河区范岗镇团结村
现住地址：两江省桐池市高河区范岗镇团结村

问：以前讲的是否属实？

答：属实。

问：当时你们的汽车停在哪里？

答：车子就停在他们的厂门口，离大门 4 米左右的距离，车头是朝东的，我们在等老板时，我坐在汽车后排靠北面，我姐姐下车时，我和钱萍也马上下车了。我姐姐进门时，我就站在门口，当时只有老板娘和那个老头在，边上没有其他人。我姐姐和老板娘讲话时，我就站在门口用手机发短信，钱萍也站在门口，姜新辉当时在打电话。

问：后来发生什么事情了？

答：我姐姐进门去问时，我和钱萍就在门口，我看见当时老板娘在进门右侧的小客厅里，一个老头在中间一间房里面一点的楼梯边上整理衣服。我姐姐就进

去问老板娘，她站在房间中间距离进门门口 2 米的一根柱子边上，我姐姐在同老板娘讲话的时候，我站在离门口 2 米的树边上用手机发短信。我隐约听见老板娘讲："你们不用等了，钱是不会给你们的。"那个老头讲了一句："你到我家里来干什么，给我死出去。"我就听见我姐姐"啊"的一声，我抬头一看，我姐姐半躺在地上，她是南北方向倒的，就在门口，她的脚在南边门口，半躺在地上。看见我姐姐已经倒在地上了，是坐在地上，我看见那个老头子站在我姐姐的左边用手抓着我姐姐的衣领，我姐姐拉着那个老头的衣服，老板娘在进门东边也就是我姐姐右边，一边用手抓住我姐姐的头发，一边用脚踢我姐姐的左腿，踢了几脚不清楚。我连忙冲了进去，把老板娘一把推开，老板娘来拉我的衣服，我也去拉她，我们就扭在一起，老板娘朝后退了，我们两人就倒在楼梯口的衣服堆上，等我爬起来，看见钱萍在搀扶我姐姐，姜新辉在拦住那个老头子，那个老头子想用椅子砸我姐姐，等到我姐姐后来去医院，没有人碰到我姐姐的左脚。

问：老板娘是踢你姐姐哪个脚？

答：我看见老板娘用脚踢我姐姐的左脚，老板娘是站在我姐姐的东边，踢的是我姐姐的左脚，从上往下踩。当时我姐姐穿的是黑色的长筒丝袜，后来左小腿上都是白色的鞋印子，应该踢了好几脚。

问：你姐姐倒地的地方有没有台阶等可能引起伤害的物品？

答：我姐姐倒地的地方在进门的中间一间房，是个过道，是平地，没有什么东西，就是西边堆有一堆衣服，没有可能引起伤害的物品。

问：和你姐姐吵架的有谁？

答：我姐姐进去时就只有老板娘和那个老头，我没有看见其他人。

问：你姐姐为什么会发出"啊"的一声？

答：当时我站在门口树边用手机发短信，我姐姐发出"啊"的一声，我抬头一看，就看见我姐姐倒在地上，还和那个老头拉扯在一起，那个老头站在我姐姐的西边，因为那个老头拉着我姐姐的衣领，我姐姐拉着那个老头的衣服，肯定是那个老头拉倒我姐姐后，我姐姐倒地时才发出"啊"的一声。

问：你姐姐的伤势是怎么造成的？

答：是老板娘踢断的。

问：当时现场还有谁？

答：没有其他人了，就我们四个人和老板娘、老头。

问：你还有什么要补充的？

答：没有了。

核对意见：以上笔录我看过，和我讲的一样。

核对人：马腾飞

核对时间：2011 年 10 月 28 日

侦查人员签名：胡季伟

记录人员签名：袁明晓

询问笔录

第 1 次

询问时间：2011 年 04 月 17 日 18 时 55 分至 2011 年 04 月 17 日 19 时 38 分

询问地点：桐池市公安局高河分局石河派出所

询问人姓名、单位：徐志伟、高远，桐池市公安局高河分局石河派出所

记录员姓名：徐志伟

记录员单位：桐池市公安局高河分局石河派出所

被询问人姓名：姜新辉　性别：男　出生日期：1963 年 08 月 27 日

国籍：中国　民族：汉族

文化程度：高中　政治面貌：群众

身份证件名称及号码：居民身份证 5202221963082711××

联系电话：198582909××

工作单位：无

户籍所在地址：两江省桐池市高河区

现住地址：两江省桐池市高河区长丰路街道新城新村 1 号××室

问：你今天来公安机关有什么事吗？

答：我老婆被人打了，我是来报案的。

问：我们是桐池市公安局高河分局石河派出所的工作人员（出示工作证

件），现依法向你询问有关问题，你应当如实回答我们的询问并协助调查，不得提供虚假证言，不得伪造、隐匿、毁灭证据，否则将承担法律责任。你有权就被询问事项自行提供书面材料，有权拒绝回答与案件无关的问题，有权核对笔录，对笔录记载有误或者遗漏之处提出更正或者补充意见。如果你回答的内容涉及国家秘密、商业秘密或者个人隐私，公安机关将予以保密，如果你是被侵害人，你可以依法提出回避申请。以上内容你是否已听清楚？

答：听明白了。

问：你把事情的经过讲一下。

答：2011 年 4 月 17 日下午 3 时 30 分，我和我老婆马凤仙还有小舅子马腾飞一起到石河镇龙眠路 105 号的制衣厂收货款，到了那里之后因为以前的一些布料质量的原因，我老婆和对方的老板娘争论了起来，我觉得和老板娘说不清楚，就拉着我老婆和小舅子一起到自己的车里坐着，等对方的老板过来再好好谈一下。过了 10 分钟左右，我老婆马凤仙就想去问问老板娘，老板什么时候过来，就和我的小舅子马腾飞一起又进了对方的制衣厂里。过了一会儿，我从车窗里看见有一个老头双手拉着我老婆的衣服把她推倒在了地上，老板娘用脚在踢我老婆。我就马上从车里出来去看是怎么回事，走到他们身边的时候，老板娘正拉着我老婆的头发，那个老头又上来拉住我老婆的衣服，我就上前把老头推开了，然后把我老婆扶到旁边的椅子上坐好，那个老头又从旁边拿了一把凳子往我老婆身上砸，但是被我拦了下来，后来我老婆跟我说她站不起来，脚很痛，接着我老婆就报警了。

问：打你老婆的是谁？他的基本情况？

答：我看见的是一个老头把我老婆推倒在地的，我想应该是老板的父亲，年龄大概七十多岁，短发，中等身材，穿暗色的衣服。我老婆被推倒在地上的时候，是老板娘踩我老婆的，叫什么我也不知道，只知道她是这个制衣厂的老板娘，年龄在 40 岁至 50 岁之间，人很胖很高，穿黑色衣服，长发。

问：案发地点在哪里？

答：石河镇龙眠路 105 号的制衣厂里。

问：她为什么打你老婆？你们有什么矛盾吗？

答：我也不清楚，对方欠我们 10000 多元人民币货款，今天我们是去收货款的，具体怎么打起来的我也不清楚。

问：当时在场的有谁？

答：我自己、还有我的小舅子马腾飞、我老婆马凤仙，还有一个在我们布行的小姑娘，对方老板娘，一个老头。

问：你老婆什么部位被打？她的伤势如何？

答：我老婆被一个老头扯住肩膀推倒在地上，被老板娘用脚踩在小腿处，头发被扯住。现在医院的检查报告说我老婆左胫腓骨骨折，明天要动手术。

问：你老婆有无还手打他？

答：没有。

问：你还有无其他情况要反映？

答：我老婆脖子上挂着的一根带圆形挂坠的项链不见了，可能是当时那个老头扯我老婆肩膀处的时候被扯掉的，挂坠是我和我老婆 2010 年 8 月份在香港以 70000 元人民币的价格买的，发票还在。项链是 2010 年 6 月份的时候在韩国以 3000 多元人民币的价格购买的，发票可能也还在。

问：你以上所说是否属实？

答：属实。

核对意见：以上笔录我看过，和我讲的一样。

核对人：姜新辉

核对时间：2011 年 4 月 17 日

侦查人员签名：高远

记录人员签名：徐志伟

询问笔录

第 2 次

询问时间：2011 年 8 月 19 日 10 时 17 分至 2011 年 8 月 19 日 10 时 47 分

询问地点：桐池市公安局高河分局石河派出所

询问人姓名、单位：胡季伟、袁明晓，桐池市公安局高河分局石河派出所

记录员姓名：袁明晓

记录员单位：桐池市公安局高河分局石河派出所

被询问人姓名：姜新辉　性别：男　出生日期：1963 年 08 月 27 日

国籍：中国　民族：汉族

文化程度：高中　政治面貌：群众

身份证件名称及号码：居民身份证 5202221963082711××

联系电话：198582909××

工作单位：无

户籍所在地址：两江省桐池市高河区

现住地址：两江省桐池市高河区长丰路街道新城新村 1 号××室

问：你来我们公安机关有什么事情？

答：因为 2011 年 4 月 17 日的事情。

问：你把详细的经过讲一下。

答：2011 年 4 月 17 日下午，我和我老婆马凤仙、她弟弟马腾飞，还有店里的员工钱萍到华丰制衣厂去算账。账算不下来，后来，老板娘讲要等老板过来再算。下午 16 时左右，我和马凤仙坐在门口的车里，马腾飞在厂门口，钱萍站在厂门口里面，等了 20 分钟左右，我讲："要不去问下老板来没有来，我还有事情，如果还不来，我们先走了。"我在车里打电话，马凤仙就下车去厂里问情况，我的车正好停在厂门口，能看见里面的情况。在车里我突然听到我老婆"啊"的一声。我就下车到厂里，看见我老婆倒在地上，老板娘用手抓住我老婆的头发，用脚在踢我老婆的腿。边上一个老头子在骂人，我进去后，老头子就去拿边上的凳子，要用凳子砸我老婆，我拦住了那个老头子，把凳子夺了下来，马腾飞还在和老板娘拉扯。我让马凤仙起来，她说腿断了。后来，我和钱萍把她扶了起来，看见腿断了就没有吵了。后来，就报警了。

问：当时你老婆为什么倒在地上？

答：开始我没有看见。后来马凤仙讲是老头子故意拉倒的，所以，上次谈话时我讲是老头子拉倒的，钱萍是看见了的。

问：当时厂里还有谁看见？

答：好像厂里还有几个员工。

问：你老婆伤势怎么样？

答：已构成轻伤。我们打算去做伤残鉴定，到现在医药费花了有 1.8 万元。

问：你还有什么要补充的吗？

答：没有了。

核对意见：以上笔录我看过，和我讲的一样。

核对人：姜新辉

核对时间：2011 年 8 月 19 日

侦查人员签名：胡季伟

记录人员签名：袁明晓

询问笔录

第 3 次

询问时间：2011 年 10 月 28 日 13 时 33 分至 2011 年 10 月 28 日 14 时 58 分

询问地点：桐池市公安局高河分局石河派出所

询问人姓名、单位：胡季伟、袁明晓，桐池市公安局高河分局石河派出所

记录员姓名：袁明晓

记录员单位：桐池市公安局高河分局石河派出所

被询问人姓名：姜新辉　性别：男　出生日期：1963 年 08 月 27 日

国籍：中国　民族：汉族

文化程度：高中　政治面貌：群众

身份证件名称及号码：居民身份证 5202221963082711××

联系电话：198582909××

工作单位：无

户籍所在地址：两江省桐池市高河区

现住地址：两江省桐池市高河区长丰路街道新城新村 1 号××室

问：以前讲的是否属实？

答：属实。

问：当时你们车子停在哪边？

答：华丰制衣厂在高河区石河镇胜利村一条马路边上，是朝南的三间店面房，大门开在中间一间，我的车子就停在中间一间的大门口前边 4 米左右的地方。我的车头朝东，驾驶室的门打开就是制衣厂的大门。

问：仔细讲一下你们 2011 年 4 月 17 日第二次去厂里的情形。

答：好的。我们四个人是 2011 年 4 月 17 日 16 时许到 17 时左右第二次到厂里。当时碰到老板娘，她说事情要和她丈夫讲。她给她丈夫打了个电话，当时是在进门东边一间前半间的屋里，东边一间的后半间是楼梯，中间一间是空的，西边一间是烫衣服的，房间里堆着许多的衣服。讲完后，我们就出来了，都坐在车上。当时我坐在驾驶室里，车头是朝东的，马凤仙坐在副驾驶室，马腾飞和钱萍坐在后排。过了 30 分钟左右，老板一直没有来，正好我有人打电话来说事情。我对马凤仙讲："你去看一下，老板什么时候来，如果不来，我们先走了，我有事情。"马凤仙就一个人先进去了，后排的马腾飞和钱萍也下车了。我在车上打电话，车窗是摇下来的。马凤仙进去后，马腾飞在门口玩手机，钱萍也站在门口。我看见马凤仙进门喊："人呢，人呢。"大概过了两三分钟的时间，我听见马凤仙"啊"的一声，我连忙下车走到门口，看见马凤仙半躺在地上，就在进门的中间一间，距离门口两三米，马凤仙的脚是在南边，老板娘在用脚踢马凤仙，老板娘站在马凤仙的右边，也就是房间的东边，等我进去，老板娘用手拉马凤仙的头发，和马腾飞扭在一起，我看见一个老头站在马凤仙左边，也就是房间的西边，手里拿着一把椅子，想要朝马凤仙砸下去，我连忙去拉住老头，把椅子夺了下来。我喝了几声，后来都没有动手了。马凤仙还躺在中间一间的衣服堆边上。后来钱萍去扶马凤仙，马凤仙说腿断了，我才发现马凤仙的左腿已经明显断了。

问：当时有没有人手上拿工具？

答：没有的。

问：马凤仙倒地后有没有人再去打马凤仙？

答：我就看见老板娘用脚踢马凤仙，后来没有人去碰过马凤仙的左腿。而且当时马凤仙穿的是黑色的长筒丝袜，她的左腿上被踢过的痕迹非常明显，都是白色的脚印。

问：老板娘是踢马凤仙的哪个脚？

答：我就看见老板娘用脚踢马凤仙的左脚，因为马凤仙是南北向躺在地上的，左脚在东边，老板娘用哪个脚踢的马凤仙当时也没有看那么仔细，就知道老板娘是用脚在踢她。

问：马凤仙倒地的地方有没有什么台阶、小凳等可能引起伤害的物品？

答：没有的。中间一间是过道，是空的，只有西边堆有一堆衣服，地面也是平的。

问：当时一共有几个人？

答：我进去时就看见老板娘和她父亲在马凤仙边上，边上烫衣服的人还在西边一间靠墙的地方，还很远的。后来只有我和马腾飞、钱萍进去过。

问：马凤仙的脚你们进去后有没有碰过？

答：没有的。肯定是踢断的。因为她脚上都是脚印，不可能只踢了一脚。

问：当时你听见马凤仙的叫声时，你看到里面有几个人？位置怎样？

答：我听见叫声朝里面看的时候，就看见马凤仙倒在地上，东边站着老板娘，西边是那个老头，没有其他人了。

问：马凤仙当时为什么会有“啊”的叫声？

答：应该是马凤仙倒在地上后老板娘用脚踢她了。

问：马凤仙为什么会倒在地上？

答：开始我没有看见，后来是马凤仙讲那个老头拉倒她的。

问：马凤仙的伤势是怎么造成的？

答：是老板娘踢断的。

问：有什么补充？

答：没有了。

核对意见：以上笔录我看过，和我讲的一样。

核对人：姜新辉

核对时间：2011 年 10 月 28 日

侦查人员签名：胡季伟

记录人员签名：袁明晓

询问笔录

第 1 次

询问时间：2011 年 04 月 18 日 9 时 57 分至 2011 年 04 月 18 日 10 时 39 分
询问地点：桐池市公安局高河分局石河派出所
询问人姓名、单位：徐志伟、袁明晓，桐池市公安局高河分局石河派出所
记录员姓名：徐志伟
记录员单位：桐池市公安局高河分局石河派出所
被询问人姓名：钱萍　性别：女　出生日期：1986 年 03 月 18 日
国籍：中国　民族：汉族
文化程度：初中毕业　政治面貌：群众
身份证件名称及号码：居民身份证 2105231986031818××
联系电话：198245861××
工作单位：无
户籍所在地址：两广省成田县竹海镇
现住地址：两广省成田县竹海镇

问：你今天来公安机关有什么事吗？

答：我是为 2011 年 4 月 17 日下午在石河镇龙眠路 105 号的制衣厂打架的事情来说明情况的。

问：我们是桐池市公安局高河分局石河派出所的工作人员（出示工作证件），现依法向你询问有关问题，你应当如实回答我们的询问并协助调查，不得提供虚假证言，不得伪造、隐匿、毁灭证据，否则将承担法律责任，你有权就被询问事项自行提供书面材料，有权拒绝回答与案件无关的问题，有权核对笔录，对笔录记载有误或者遗漏之处提出更正或者补充意见。如果你回答的内容涉及国家秘密、商业秘密或者个人隐私，公安机关将予以保密，如果你是被侵害人，你可以依法提出回避申请。以上内容你是否已听清楚？

答：听明白了。

问：你把事情的经过讲一下。

答：2011年4月17日下午16时左右，我跟我老板、老板的姐姐（马凤仙）和姐夫一起去石河镇龙眠路105号的制衣厂去收货款跟谈以前做的一些布料的质量。第一次我跟老板他们三个人进去制衣厂的办公室，我老板他们三个人跟老板娘在谈，至于他们在聊什么我听不懂，因为我并不是本地人。我看见对方老板娘好像很生气，我们老板好像在跟对方老板娘解释什么。过了一会儿，我跟老板他们三个人就出来了，在马凤仙的车上坐着，等对方老板回来。过了10分钟左右，马凤仙就下车想去对方店里等老板，过了一会儿，对方厂里很吵。我看见一个老头先打了马凤仙一巴掌，把马凤仙的衣服撕破了，还把马凤仙推倒在地。对方老板娘就冲到老头旁边，还用脚踩在马凤仙身上。这时我老板也看见对方在打他姐姐，就冲上去劝架，想把她扶起来。老板的姐夫也冲进去了，老头、老板娘、我老板、老板的姐姐四个人就在一起，我就过去把马凤仙扶起来。等我把马凤仙扶到办公室后，就看见他们四个已经停手了。过了会儿，你们派出所的人来了。

问：打马凤仙的是谁？他的基本情况？

答：我看见是一个老头打了马凤仙一巴掌，拉破了她的衣服，还把她推倒在地上。老头我不认识，大概六七十岁，短发，中等身材，穿暗色衣服。马凤仙摔倒在地后，被对方老板娘用脚踩了几下，她叫什么我也不知道，只知道是制衣厂的老板娘，大概四五十岁，人很胖的，穿黑色衣服，短发。

问：地点在哪里？

答：石河镇龙眠路105号制衣厂里。

问：知不知道对方为什么打马凤仙？他们有什么矛盾吗？

答：不知道。

问：你和马凤仙是什么关系？

答：马凤仙是我老板的姐姐。

问：当时除了你看见他们在打架，还有谁看见？

答：他们打架的时候对方在上班的员工也都在的，也看见了。

问：你还有无其他情况要反映？

答：没有。

问：你以上所说是否属实？

答：属实。

核对意见：以上笔录我看过，和我讲的一样。

核对人：钱萍

核对时间：2011 年 4 月 18 日

侦查人员签名：袁明晓

记录人员签名：徐志伟

询问笔录

第 2 次

询问时间：2011 年 8 月 19 日 12 时 16 分至 2011 年 8 月 19 日 12 时 45 分

询问地点：桐池市公安局高河分局石河派出所

询问人姓名、单位：潘永华、袁明晓，桐池市公安局高河分局石河派出所

记录员姓名：袁明晓

记录员单位：桐池市公安局高河分局石河派出所

被询问人姓名：钱萍　性别：女　出生日期：1986 年 03 月 18 日

国籍：中国　民族：汉族

文化程度：初中毕业　政治面貌：群众

身份证件名称及号码：居民身份证 2105231986031818××

联系电话：198245861××

工作单位：无

户籍所在地址：两广省成田县竹海镇

现住地址：两广省成田县竹海镇

问：你今天来公安机关有什么事吗？

答：因为 2011 年 4 月 17 日下午在石河镇龙眠路 105 号华丰制衣厂内打架的事情。

问：我们是桐池市公安局高河分局石河派出所的工作人员（出示工作证件），现依法向你询问有关问题，你应当如实回答我们的询问并协助调查，不得

提供虚假证言，不得伪造、隐匿、毁灭证据，否则将承担法律责任，你有权就被询问事项自行提供书面材料，有权拒绝回答与案件无关的问题，有权核对笔录，对笔录记载有误或者遗漏之处提出更正或者补充意见。如果你回答的内容涉及国家秘密、商业秘密或者个人隐私，公安机关将予以保密，如果你是被侵害人，你可以依法提出回避申请。以上内容你是否已听清楚？

答：听清楚了。

问：你把事情经过讲下。

答：好的。2011 年 4 月 17 日下午 16 时左右，我和我老板马腾飞、老板的姐姐马凤仙和姐夫姜新辉一起来到石河镇龙眠路 105 号华丰制衣厂收布料的货款。到了后，我们四人找到了对方制衣厂的老板娘，我老板三人一直在和对方老板娘谈，具体内容我听不懂，应该是货款的事情。但是谈得好像不好，对方老板娘的态度很凶。后来我和老板三人就回到了制衣厂的门口，坐在车上等对方老板回来。大概等了十多分钟，马凤仙想去问问老板什么时候回来，就又进制衣厂里去了。我就和老板马腾飞站在制衣厂门口，这时候我听到厂里面很吵，当时我看见马凤仙和一个老头在争吵，老头好像气不过就打了马凤仙一巴掌，马凤仙当时没有还手，就是和那个老头争吵。对方那个老头又上来拉着马凤仙的衣服领圈，把马凤仙拉倒在地，对方老板娘马上就上前在马凤仙的腿上踩了几脚，后来马腾飞就上前想拉开他们，但是对方的老板娘还拉着马凤仙的头发不让马凤仙起来。后来姜新辉也赶了进来，和马腾飞一起把马凤仙扶了起来坐在茶几上。当时我看见马凤仙的左小腿已经很肿了，可当时对方还是不依不饶地要上前来打我老板他们，后来你们派出所的人就来了，我们就送马凤仙去医院了。

问：当时打架时对方老板在不在？

答：不在。

问：你们一起来的几个人是否都看见了？

答：应该都看见了。

问：有什么补充？

答：没有了。

核对意见：以上笔录我看过，和我讲的一样。

核对人：钱萍

核对时间：2011 年 8 月 19 日

侦查人员签名：潘永华

记录人员签名：袁明晓

询问笔录

第 1 次

询问时间：2011 年 04 月 18 日 15 时 25 分至 2011 年 04 月 18 日 15 时 51 分

询问地点：桐池市公安局高河分局石河派出所

询问人姓名、单位：胡季伟、袁明晓，桐池市公安局高河分局石河派出所

记录员姓名：袁明晓

记录员单位：桐池市公安局高河分局石河派出所

被询问人姓名：韩文国　性别：男　出生日期：1973 年 06 月 05 日

国籍：中国　民族：汉族

文化程度：初中　政治面貌：群众

身份证件名称及号码：居民身份证 15682419730605××

联系电话：无

工作单位：石河镇华丰制衣厂

户籍所在地址：高西省罗山县来福乡高岭村

现住地址：高西省罗山县来福乡高岭村

问：2011 年 4 月 17 日的纠纷有没有看见？

答：我看见的。

问：讲一下当时情况。

答：昨天下午 16 时多一点，我当时在石河镇龙眠路 105 号的华丰制衣厂一楼干活，我们干活的一共是三个人。一开始，我在干活，也不知道是什么事情。来了四个人，两个男的和两个女的，他们和老板娘和她父亲在一楼讲什么，我不清楚为什么事情。突然我听见好像声音大了，就转过去看，看见一个男的和一个女

的和老板娘的父亲扭在一起，那个女的一下子倒在了地上，好像腿受伤了。老板娘要去帮忙，被那个男的推了一下，也倒在地上了。后来，他们还要打，我就去解劝，后来就分开了。

问：那个女的脚是怎么伤的？

答：是三个人扭在一起时倒在地上的，我听见那个女的讲："我的脚，我的脚，受伤了，快打110。"

问：老板娘有没有去踩那个倒在地上的人的脚？

答：没有，我没有看见老板娘去踢她的脚。当时老板娘站在她的边上。

问：后来有没有人讲腿是怎么伤的？

答：是扭伤的，我听见那个女的讲："我的脚扭伤了。"

问：其他人有没有受伤？

答：没有。

问：一楼的其他人有没有看见？

答：我是去解劝的，其他两个人还在边上干活。

问：你还有什么要补充的？

答：没有。

问：你以上讲的是否属实？

答：相符。

核对意见：以上笔录我看过，和我讲的一样。

核对人：韩文国

核对时间：2011年4月18日

侦查人员签名：胡季伟

记录人员签名：袁明晓

询问笔录

第2次

询问时间：2011年8月22日22时09分至2011年8月22日22时30分

询问地点：桐池市公安局高河分局石河派出所

询问人姓名、单位：潘永华、袁明晓，桐池市公安局高河分局石河派出所

记录员姓名：袁明晓

记录员单位：桐池市公安局高河分局石河派出所

被询问人姓名：韩文国　性别：男　出生日期：1973 年 06 月 05 日

国籍：中国　民族：汉族

文化程度：初中　政治面貌：群众

身份证件名称及号码：居民身份证 15682419730605××

联系电话：无

工作单位：石河镇华丰制衣厂

户籍所在地址：高西省罗山县来福乡高岭村

现住地址：高西省罗山县来福乡高岭村

问：你今天来公安机关有什么事吗？

答：因为 2011 年 4 月 17 日下午在石河镇龙眠路 105 号华丰制衣厂内打架的事情。

问：你把当时的详细经过讲一下。

答：事情都已经过去这么多月了，现在我已经记不太清楚了，应该和我之前讲的是一样的。

问：那你以前所讲的是否属实？

答：属实。

问：如你存在包庇和隐瞒事实经过，我们将依法对你进行处理。

答：可以。

核对意见：以上笔录我看过，和我讲的一样。

核对人：韩文国
核对时间：2011 年 8 月 22 日
侦查人员签名：潘永华
记录人员签名：袁明晓

询问笔录

第 3 次

询问时间：2011 年 10 月 27 日 21 时 57 分至 2011 年 10 月 27 日 22 时 34 分
询问地点：桐池市公安局高河分局石河派出所
询问人姓名、单位：胡季伟、袁明晓，桐池市公安局高河分局石河派出所
记录员姓名：袁明晓
记录员单位：桐池市公安局高河分局石河派出所
被询问人姓名：韩文国　性别：男　出生日期：1973 年 06 月 05 日
国籍：中国　民族：汉族
文化程度：初中　政治面貌：群众
身份证件名称及号码：居民身份证 15682419730605××
联系电话：无
工作单位：石河镇华丰制衣厂
户籍所在地址：高西省罗山县来福乡高岭村
现住地址：高西省罗山县来福乡高岭村

问：我们是桐池市公安局高河分局石河派出所的工作人员（出示工作证件），现依法向你询问有关问题，你应当如实回答我们的询问并协助调查，不得提供虚假证言，不得伪造、隐匿、毁灭证据，否则将承担法律责任，你明白吗？

答：我明白。

问：你原来在哪里上班？

答：原来是在石河镇胜利村华丰制衣厂上班。

问：2011 年 4 月 17 日的事情你有没有看见？

答：我看见一部分。

问：讲一下详细经过。

答：那天我是在华丰制衣厂一楼烫衣服的，制衣厂一楼是路边的三间房子，大门在中间一间，东面一间前面是一个小客厅，后面是楼梯，西面一间是干活的，一楼堆了许多的衣服，我在西边一间干活。开始，我也不知道什么事

情，只顾自己干活。下午 17 时左右，我偶尔回头看见一个女的和老板娘在大门口讲话，也不知道在讲什么。那个老板娘的父亲坐在她们讲话的柱子西边的椅子上用剪刀剪线头。我也不知道她们在讲什么，没有看见和那个女的一起来的人。就过了一两分钟的时间，我听见那个女的在喊："脚断了，脚断了。"我就走了过去。我看见那个女的倒在地上，她倒在门口里面一点，老板娘的父亲站在她的边上，我看见老板娘倒在楼梯口的衣服堆上，有一个男的站在老板娘的边上。我看见的时候他们都没有动手了。有的东西也记不起来了，以前也讲过了。

问：你还有什么要补充的吗？

答：没有了。

核对意见：以上笔录我看过，和我讲的一样。

核对人：韩文国

核对时间：2011 年 10 月 27 日

侦查人员签名：胡季伟

记录人员签名：袁明晓

出警经过

2011 年 4 月 17 日下午 16 时 15 分，接到指挥中心指令，称在高河区石河镇龙眠路 105 号有纠纷。我和民警田亚平立即出警，来到现场。经询问，为石河镇华丰制衣厂因布料买卖引起的纠纷。有一女子（马凤仙）坐在屋内茶几上，左小腿已明显骨折，纠纷经当场调解，并要求伤者至医院救治后到石河派出所进行处理。

石河派出所民警：高远　田亚平

2011 年 4 月 17 日

About the Editors

编者介绍

主编简介

《刑事辩护教程（理论篇）》《刑事辩护教程（实务篇）》
《刑事辩护教程（实训篇）》

田文昌

男，北京市京都律师事务所律师、创始合伙人、名誉主任；西北政法大学法学硕士毕业。1983 年至 1995 年在中国政法大学任教，曾任法律系副主任；1995 年离开教职，创立北京市京都律师事务所做专职律师。

现为中华全国律师协会刑事专业委员会顾问，兼任西北政法大学博士生导师、刑事辩护高级研究院名誉院长和中国政法大学、国家检察官学院等多所高校客座教授；曾获评北京市首届十佳律师，CCTV 2013 年度法治人物，2013 年《亚洲法律评论》全国十佳诉讼律师，香港卫视 2015 年全球华人影响力盛典“最具影响力华人大律师”，美国刑事辩护律师协会“终身荣誉会员”。被中央电视台《东方之子》《实话实说》《三百六十行》《面对面》《人物》等栏目先后进行了多次专访报道。

以擅长办理各类典型疑难诉讼案件而著称，并坚持不懈地从事理论研究和参与立法活动，为推动立法、司法改革和律师制度的建设而不断探索，以各种形式提出关于国家法治建设、法学理论研究、法律实务研究及法学教育改革的理论观点和探索性建议。

多年来，曾出版《刑罚目的论》（专著）、《律师与法治》（专著）、《中国大律师辩护词精选——田文昌专辑》（一、二、三辑，专著）、《与法治同行》（个人论文选集）、《田文昌谈律师》（专著）、《刑事辩护学》（主编）、《〈中华人民共和国刑事诉讼法〉再修改律师建议稿与论证》（主编）、《律师制度》（主编）、《刑事辩护的中国经验》（合著）、《刑事诉讼：控辩审三人谈》（合著）、《新控辩审三人谈》（合著）等著作，发表论文达数百万字。

副主编简介

《刑事辩护教程（理论篇）》《刑事辩护教程（实务篇）》

门金玲

女，中国社会科学院大学副教授、刑事辩护研究中心执行主任；北京市京都律师事务所律师，兼任西北政法大学刑事辩护高级研究院副院长；北京大学诉讼法学博士毕业，主要研究方向为刑事诉讼法学、证据法学、刑事辩护和法律诊所教育。

独著《侦审关系研究》（中国社会科学出版社 2011 年版），主编《刑事辩护实务操作指南——尚权刑辩经验与风险提示》（法律出版社 2011 年版）、《刑事辩护操作指引》（法律出版社 2015 年版），第二主编《刑事辩护：策略、技术与案例》（法律出版社 2017 年版），第一主编《刑事辩护：策略、技术与案例（二）——经济犯罪辩护特辑》（法律出版社 2020 年版）。参著、参编著作、教材十余部。

为公检法司律培训、讲座及研讨疑难案件累计近百场，代理刑事案件累计近百件，有着深厚的刑事诉讼法学、证据法学理论功底和丰富的辩护实践经验。

副主编简介

《刑事辩护教程（实训篇）》

刘仁琦

男，内蒙古自治区呼伦贝尔人，西北政法大学刑事法学院教授，法学博士；研究方向为刑事诉讼法学。现任西北政法大学刑事法学院副院长、刑事法律科学研究中心副主任，刑事辩护高级研究院副院长。兼任中国法学教育研究会模拟法庭专业委员会副主任，国家检察官学院陕西分院兼职教师。主持完成、在研国家社科基金项目两项，纵向、横向课题近 20 项；曾在西安市雁塔区法院刑庭、雁塔区检察院公诉部挂职。在《法律科学》《法学》《当代法学》等核心期刊发表论文二十余篇，出版合著著作 2 部，参编教材 5 部。

撰稿人简介

（按姓氏音序排列）

蔡 华

男，广东啸风律师事务所主任，广东省律师协会常务理事，中华全国律师协会刑事专业委员会委员，西北政法大学刑事辩护高级研究院副院长，华南师范大学律师学院兼职教授。

曾获 2001 年首届全国律师电视辩论大赛优秀辩手、2011 年广东省公诉人与律师控辩大赛最佳辩手、2008 年深圳首届十佳刑事辩护律师（第一名）、2017 年度中国律师行业最受关注人物、2018 年改革开放 40 年深圳市律师协会 30 年十佳专业律师。

承办过刘汉、刘维组织领导黑社会性质组织案，湖南临武城管致瓜农死亡案，福建缪新华故意杀人再审无罪案，深圳“太空迷航”爆炸重大责任事故案，深圳“光明滑坡”重大责任事故案，可卡因（1.7吨）走私、运输、贩卖毒品案等。

傅庆涛

男，北京市京都律师事务所刑事诉讼部顾问；西北政法大学法学硕士；任北京市文化娱乐法学会合规与风险管理法律专业委员会委员。原山东省首批员额法官、中级人民法院高级法官，对各类经济犯罪、职务犯罪、刑事涉财产执行案件有丰富的办理经验和深入的研究。

从事司法工作近二十年，期间有论文、案例数十篇公开发表或获奖。撰写的《承运过程中承运人将承运货物暗中调包的行为如何定性》收录于最高人民法院《刑事审判参考》第89集，被定为第807号指导性案例；担任《刑法适用常见问题释疑》（青岛出版社2015年版）的撰稿人、编委；担任《刑事案件常见罪名认定证据规范》（人民法院出版社2020年版）的撰稿人。

高文龙

男，北京市尚权律师事务所副主任、合伙人。中国政法大学校外实务导师，中国社会科学院研究生院法学系硕士研究生实践导师，安徽大学刑事辩护中心兼职研究员。获得中国法学会案例法学研究会与中国政法大学刑事辩护研究中心联合颁发的“2017年度刑事辩护杰出成就奖”，担任中国政法大学和北京市尚权律师事务所联合举办的“蒙冤者援助计划”项目负责人，担任在刑事辩护业界颇有影响力的《尚权刑事辩护指引》（内部发行）修订负责人。承办过环保大V寻衅滋事案、缪新华故意杀人案等再审无罪案件。

韩　哲

男，北京大学刑法学博士，北京市世航律师事务所律师、主任。中国刑法学研究会理事，中华全国律师协会刑事专业委员会委员，北京市律师协会职务犯罪预防与辩护专业委员会副主任。专著《刑事判决合理性研究》（中国人民公安大学出版社出版 2008 年版），主编《金融犯罪辩护丛书（6 册）》（中国金融出版社 2018 年版）、《矿业犯罪司法适用与判例》（中国大地出版社 2009 年版）、《公务犯罪研究综述》（法律出版社出版 2005 年版）等，发表论文 60 余篇。

曾代理太平人寿保险公司原纪委书记张某职务犯罪案件（涉案 5 亿余元）、青海某公司非法采矿案（涉案 37.4 亿余元）、上海善林金融周某某非法集资案（涉案 736 亿余元）等重大案件。

柳　波

男，北京市京都律师事务所律师、高级合伙人；中国政法大学刑法学硕士；中国政法大学语言与证据研究中心研究员、刑事司法研究中心研究员、西北政法大学硕士研究生实务导师、中国预防青少年犯罪研究会第七届理事会理事、北京市律师协会刑事实务研究会副主任。

专注于职务犯罪、经济犯罪、金融犯罪类刑事案件的辩护，以及刑事风控与合规、刑民交叉业务；办理过国家能源局煤炭司原副司长魏某某被控巨额受贿和巨额财产不明案、原济南军区原副参谋长张某某被控贪污和受贿案、河南梁某某被控合同诈骗 2 亿余元无罪案、山东刘某某被控受贿和滥用职权无罪案，北京朱某某涉嫌诈骗 1900 余万被不起诉案、杨某某被控欺诈发行债券和擅自发行债券罪检察院撤销起诉案、全国手机走私第一大案——珠海黄某某被控走私普通货物案（涉案金额 78 亿余元）、广东许某某被控组织领导黑社会组织等罪案等在内的刑事案件百余起。

发表法学论文数十篇，著有《证据的脸谱：刑事辩护证据要点实录》《程序正义的细节：刑事辩护程序难题应对技巧与策略》等专业书籍多部。曾得到中央电视台、北京电视台、《人民日报》《法治日报》《方圆律政》等媒体的采访和报道。

刘 均

男，山东照岳律师事务所律师、党支部书记。中华全国律师协会首届青年律师领军人才。现任西北政法大学刑事辩护高级研究院研究员，中华全国律师协会海商海事专业委员会委员，山东省律师协会常务理事、刑事法律风险防范专业委员会主任，青岛市律师协会副会长、扫黑除恶业务指导委员会主任。

于2019年荣获“‘1+1’中国法律援助志愿者行动杰出贡献者”、2021年荣获“建党百年《中国法律年鉴》年鉴人物优秀专业律师”、2021年荣获“中国律界公益先锋人物”、2019年荣获“齐鲁先锋”、2019年荣获“山东省律师行业先锋”、2012年荣获“山东省优秀律师”、2019年荣获“山东省律师行业社会公益奖”、2021年荣获“山东省优秀仲裁员”、2019年荣获“青岛市工人先锋”等。

刘立杰

男，北京市京都律师事务所律师、合伙人，曾任京都律师事务所业务管理部主管；中国政法大学刑法学博士；曾任教育部全国青少年普法网专家库成员，中国社会科学院大学法学院实务导师。2007年进入首都某中级人民法院工作，具有基层人民法院、中级人民法院、高级人民法院和最高人民法院（四级两审及死刑复核）工作经历，2017年辞去公职加入京都所。

参与办理各类案件超过1000件。其中，办理的多起重大、疑难、复杂案件被中央电视台、北京电视台、财新网、腾讯网、搜狐网等媒体关注报道。现为中国运载火箭技术研究院、国网英大投资管理有限公司等单位常年法律顾问。

出版专业著作多部，在《人民法院报》《人民司法》《中国法律评论》《刑事审判参考》《中国法院2017年度案例》《中国审判案例要览》及香港特别行政区《文汇报》《大公报》等发表专业文章五十余万字。

梁雅丽

女，北京市京都律师事务所律师、高级合伙人、京都刑事辩护研究中心主任；获西北政法大学学士学位；苏州大学法律硕士学位；兼任西北政法大学刑事辩护高级研究院副院长、高级研究员，西北政法大学硕士研究生实务导师，北京外国语大学法学院硕士研究生导师，中国刑法学研究会第三届理事会常务理事，中国法学会法律文书学研究会理事，北京市法学会电子商务法治研究会理事，北京市律师协会第十一届商事犯罪预防与辩护专业委员会委员，北京市律师协会第十一届惩戒委委员。

律师执业近三十年，专注于刑事辩护，擅长刑事和民商事交叉领域以及刑事和行政交叉领域业务，并致力于研究企业风险的法律防控，先后为多家大型企业、政府部门、事业单位及外商投资企业提供了出色的法律顾问服务，其代理的山东招远麦当劳故意杀人案，E 租宝系列非法吸收公众存款，集资诈骗案，ACN 外汇按金交易平台实际控制人被控诈骗案，“保险行业首例”北京曾某被控利用未公开信息交易案，辽宁丹东某上市公司财务高管被控欺诈发行股票违规披露信息案，上海某资产管理（上海）有限公司涉嫌操纵股票价格案，广东深圳某上市公司董事长被控挪用资金背信损害上市公司利益案，宝塔集团高管被控票据诈骗违规出具金融票证案，黑龙江农垦某供热有限公司法定代表人被控骗取贷款挪用公款案，内蒙古某矿业股份有限公司高管被控重大责任事故案，广东深圳某集团有限公司董事长被控虚开发票案等诸多案件被媒体广泛报道。

独著《非法经营罪的辩护之道》，第二主编《贪污贿赂罪 · 无罪判例规则与辩护攻略》《故意伤害罪 · 无罪判例规则与辩护攻略》《扰乱市场秩序罪 · 无罪判例规则与辩护攻略》，主编《企业环境合规蓝皮书（2021）》，参编《企业刑事合规实务指引》《新刑事诉讼法热点问题及辩护应对策略》。

多次得到人民网、法治网、《检察日报》《民主与法制》《法制晚报》《法律与生活》《新京报》等全国权威媒体采访与报道，并获得“年度刑辩律师”“年度优秀律师”“公益普法奖”“商事法治建设年度典范人物”“LEGALBAND 中国刑事合规律师 15 强”“21 世纪金牌律师”“2022 钱伯斯大中华区争议解决领域领

先律师 ”“品牌影响力 · 践行社会责任典范律师” 等多项荣誉和称号，被誉为京都“刑辩八杰”之一。

毛立新

男，北京市尚权律师事务所主任，兼任中国政法大学、安徽大学兼职教授，西北政法大学刑事辩护高级研究院副院长，中国法学会案例法学研究会常务理事，中国刑事诉讼法学研究会理事，北京市律师协会刑法专业委员会副主任。

先后毕业于安徽大学、中国人民公安大学，获法学学士学位、诉讼法学硕士学位、刑事诉讼法学博士学位。曾任职于安徽省公安厅、北京师范大学刑事法律科学研究院，两次荣立个人二等功；专著《侦查法治研究》（中国人民公安大学出版社 2008 年版)，发表学术论文六十余篇。

先后办理过安徽滁州赵世金合同诈骗再审无罪案、北京律师张某被控敲诈勒索无罪案、刘汉涉黑案、福建莆田许金龙等四人故意杀人再审无罪案、福建宁德缪新华等故意杀人再审无罪案、河南许昌曹红彬故意伤害再审无罪案、海南黄鸿发涉黑案、深圳贺建奎“基因编辑案”等。主编《胜辩——尚权无罪辩护案例选析》（中国法制出版社 2017 年版）。

聂素芳

女，北京市京都律师事务所律师、合伙人；西北政法大学刑事辩护高级研究院研究员、刑辩技能培训项目导师，北京市犯罪学研究会会员；曾多年供职于某大型国有企业，积累了丰富的企业管理和企业法律风险防控经验。2008 年加入北京市京都律师事务所后，开始专职从事律师工作，并主要致力于各类刑事案件的辩护和研究，尤其擅长诈骗类犯罪、职务犯罪、涉税犯罪案件的辩护。曾参与编写《刑事律师执业权益保障指南》，多次在清华大学、中国社会科学院大学进行专题授课，并多次受邀担任中国政法大学模拟法庭大赛评委嘉宾。执业十余年来，承办了大量刑事诉讼案件，并为多家企业提供了刑事风险防控专项法律服务，其中包括北京盘古氏公司骗贷案、山西省原副省长妻子郝某珍受贿案、魏某生贪污案、马某亮受贿案、民生银行航天桥支行行长合同诈骗案、多起涉案金额超 10 亿元的特大虚开增值税专用发票案件及多起公安部挂牌督办的涉黑案件等备受社会关注的案件。以严谨的工作态度、优秀的专业素养、丰富的实务经验，最大限度地维护当事人的合法权益，通过准确把握辩护方向、选取辩护角度、充分有效沟通，很多案件取得了无罪、不起诉、免予处罚、缓刑或变更罪名、大幅减少刑期等良好的辩护效果。

牛支元

男，北京市京都律师事务所律师、高级合伙人；毕业于北京钢铁学院，工学学士；毕业于南开大学，经济学硕士；毕业于山西大学（高等教育自学考试），法学专业；1993 年以全省第一的成绩获律师资格；2004 年获法律职业资格；曾任某市团市委副书记、市委办公厅副主任、区委副书记、某省政府法制办副主任、《政府法制》编委会常务副主任、某大型集团副总、某公司董事长、上市公司独立董事。律师执业十几年来，专注于刑事辩护、企业并购、行政诉讼。曾代理国家能源局副局长王某某受贿案、中国人保总裁王某某家族系列案、某省首富杨某某非法吸收公众存款案、公安局局长李某某滥用职权案（全省监委 1 号案件）等。

彭吉岳

男，北京市京都律师事务所律师、高级合伙人；硕士研究生学历，法学学士，管理学硕士；最高人民检察院控告申诉检察专家咨询库特聘专家律师，《法治日报》首批律师专家库律师，西北政法大学刑事辩护高级研究院研究员。曾担任世界 500 强跨国公司企业高管，在德国、西班牙、马来西亚等国工作近十年。

彭吉岳律师曾办理 2016 年度轰动社会的“雷洋案”，原铁道部装备局、北京市铁路局局长杨某职务犯罪案，北京市公安局某分局原副局长田某受贿案，湖南省政协原副主席、某地级市市委书记童某玩忽职守案，中国“第一例被裁定破产”的包商银行行长王某违法发放贷款案，哈佛博士、某上市公司董事长夏某背信损害上市公司利益案等，还曾为 360 公司、百度公司、富力地产公司等企业高管辩护过，部分案件曾被 CCTV 有关频道、财新网等媒体报道。

多次受邀到中国人民大学、中国政法大学等高校发表演讲，出版过专著《辩护的力量》。

孙广智

男，北京市京都律师事务所律师、合伙人；西北政法大学刑事辩护高级研究院研究员；从事刑事法律服务工作十余年，主要工作方向为针对经济犯罪案件、职务犯罪案件、“涉黑”案件的刑事辩护，为众多企业和企业家提供有关刑事法律方面的合规咨询、诉讼代理等刑事法律服务，在执业过程中积累了丰富的刑事法律工作经验及工作业绩，形成了成熟、完善的辩护经验和辩护心得，并屡次取得良好的辩护效果和社会效果，最大限度地维护了当事人的合法权益；曾参与代理原重庆市公安局副局长文强受贿等案、葛兰素史克商业贿赂案、“E 租宝”案、盘古氏投资有限公司系列案、康得新复合材料集团股份有限公司高管涉证券犯罪案件等职务犯罪、经济犯罪案件。

常年受邀前往北京大学、中国人民大学、中国政法大学、北京师范大学、首都医科大学等各大高校，为高校学子讲授刑事辩护技巧，剖析热点法律事件，指导、点评北京市、全国模拟法庭比赛工作。

汤建彬

男，北京市京都律师事务所律师、高级合伙人；北京市律师协会刑事诉讼法专业委员会委员，北京市犯罪学研究会会员，中国药物滥用防治协会会员，中国刑法学研究会会员，《法治日报》律师专家库成员；受美国国务院邀请作为“IV-LP”项目参访者，荣获《法制晚报》“2017 年度公益普法奖”。

擅长死刑复核、毒品犯罪、食品药品犯罪、环境犯罪、刑事申诉等重大复杂疑难案件的辩护，承办案件先后入选 2018 年度最高人民法院八大毒品犯罪典型案例及 2019 年度最高人民法院十大毒品犯罪典型案例。

汪少鹏

男，湖北立丰律师事务所发起创始人、首席合伙人，立丰（海口）律师事务所总顾问，一级律师。中国刑事诉讼法学研究会理事、刑事辩护专业委员会委员，西北政法大学刑事辩护高级研究院副院长、兼职教授，中南财经政法大学刑事辩护研究院副院长、兼职教授。曾荣获“首届湖北省十佳律师”、西北政法大学“首届杰出校友”等荣誉称号。先后在国内重要法学刊物发表数十篇法学理论与实务文章。辩护了众多有重大影响、疑难复杂的各类刑事案件，最具代表性的是成功辩护了轰动国内外的湖北巴东“邓玉娇故意伤害罪”一案。

翁小平

男，北京市京都律师事务所律师、合伙人；刑法学博士；西北政法大学刑事辩护高级研究院培训导师，中国社会科学院大学法学院实务导师，北京城市学院兼职教师，北京企业法律风险防控研究会会员，中国法学会会员；曾长期担任中华全国律师协会刑事专业委员会顾问田文昌律师助理，参与了大量重大、复杂经济犯罪、职务犯罪、走私犯罪等案件的辩护工作，取得了良好的辩护效果；对涉及互联网信息安全、数据安全、互联网金融、刑民交叉等问题有深入了解和研究，在企业法律风险防范以及合规领域亦有大量的研究和实务经验。

王馨仝

女，北京市京都律师事务所律师、合伙人；任北京市律师协会涉外法律服务研究会秘书长；专注于涉外刑事辩护、互联网犯罪、白领犯罪及企业合规等业务领域。曾在英国伦敦国际刑事、国际商事大律师事务所，黎巴嫩特别刑事法庭，塞拉利昂特别刑事法院，前南斯拉夫国际刑事法庭工作。在英国、法国、德国等国家完成国际刑法、国际商事诉讼与仲裁等方面的培训。曾代理石家庄卓达集团非法吸收公众存款案件、某民营医院涉嫌诈骗社保基金案件、某上市公司侵犯公民个人信息案件等具有重大社会影响力的案件，均取得了良好辩护效果。

译著《说服法庭——讼辩高手进阶指南》（法律出版社）。该书是英国畅销讼辩技巧书籍《魔鬼辩护人》的中文编译版，译者在编译本书的过程中加入了自己的执业感悟，能为提升律师讼辩技能提供有效的帮助和指引。

万学伟

男，北京市京都律师事务所律师、合伙人；任北京市律师协会刑事诉讼法专业委员会委员，多家仲裁机构仲裁员；常设中国建设工程法律论坛成员，中国中小企业法治人才库律师组成员；曾被评为北京市律师行业优秀共产党员，曾任北京市西城区律师行业党员代表大会代表、北京市西城区宣联委副主任等职；曾就职于法治日报社，后从事律师行业，深耕刑事辩护业务十余年，期间办理了大量重大有影响的刑事案件，很多案件得到无罪、不起诉、轻判的良好结果，受到当事人的一致好评；多篇文章在《光明日报》《瞭望东方周刊》《中国律师》等媒体发表。合著有《建设工程施工企业及从业人员刑事法律责任及风险防范》《施工企业合规风险识别与管理》。

夏　俊

女，北京市京都律师事务所律师、合伙人；法律硕士；现任北京市律师协会刑事实务研究会秘书长，西北政法大学刑事辩护高级研究院研究员，北京邮电大学研究生校外实践导师，《法治日报》律师专家库成员，中国法学会会员，曾获2015—2018年度北京市朝阳区“优秀律师”荣誉称号。

曾在检察院等政法机关工作多年，律师执业十余年来，专注于刑事辩护业务，承办过大量刑事诉讼案件，具有丰富的司法实务经验和律师执业经验，擅长“经济犯罪”“职务犯罪”以及刑民交叉类案件的辩护与代理，曾承办过多起具有一定社会影响的疑难复杂案件，其中包括银监会主席助理系列受贿案件、恒丰银行董事长系列贪污案件、天津某科技公司涉案金额数百亿非法吸收公众存款案件等等，其承办的案件有多起获得了“不批捕”“不起诉”“缓刑”“二审发回重审或改判”等良好辩护效果，深受委托人的信任和认可。

曾多次接受《法治日报》《北京晚报》、财新网等媒体的采访，担任过《法制晚报》法律大课堂的主讲嘉宾，并多次受邀前往中国政法大学、北京师范大学等高校担任模拟法庭大赛的评委嘉宾。撰写的法律文章多次在《律师文摘》《京都律师》等杂志上刊登转载。曾出版过专著《侵犯财产类犯罪辩护流程与办案技巧》。

徐 莹

女，北京市京都律师事务所律师、高级合伙人；本科毕业于中国政法大学，后在北京大学攻读硕士研究生；中国社会科学院大学法学院实务导师，西北政法大学刑事辩护高级研究院校外导师，西北政法大学刑事辩护技能培训项目导师。北京市犯罪学会理事，中国刑法学研究会会员，北京市律师协会刑事诉讼法专业委员会秘书长，北京市朝阳区律师协会第三届会员代表大会代表，北京市朝阳区律师协会第三届惩戒委员会副秘书长，北京市朝阳区律师协会刑事业务研究会委员，《法治日报》律师专家库成员，入选首批北京市涉案企业合规第三方监督评估机制专业人员。美国国务院“国际访问者领导项目”（IVLP）成员，全国律师协会青年律师领军人才培训对象，2019 年被评为全国律师行业“庆祝新中国成立 70 周年工作先进个人”。

2005 年加入北京市京都律师事务所，担任田文昌律师助理十年，曾协助整理张军、姜伟、田文昌著《新控辩审三人谈》，田文昌、陈瑞华著《刑事辩护的中国经验》。与田文昌律师共同办理或个人独立承办大量具有社会影响力的重大疑难刑事案件。包括：内蒙古自治区兴某集团非法采矿案；肖某组织、领导、参加黑社会性质组织、非法采矿、盗窃罪等案；中国海洋石油总公司原副总经理、党组成员吴某某被控受贿罪案；江西省委原书记苏某妻子于某某被控受贿、利用影响力受贿罪案；辽宁省委原委员、国网辽宁省电力有限公司原总经理、党组副书记燕某某被控受贿罪、巨额财产来源不明罪案；吉林“最美最狠拆迁女市长”韩某某被控受贿罪案；北京红黄蓝儿童教育科技发展有限公司虐待被看护人案等。2020 年，担任被害人代理人的案件“网络爬虫非法抓取电子书”侵犯著作权罪案，该案例同时入选“2020 年度北京法院发布的‘知识产权司法保护的十大典型案例’”和“2020 年度北京市检察机关知识产权保护典型案例”之一。

印　波

男，北京师范大学刑事法律科学研究院副教授、博士生导师，北京市京都律师事务所律师；英国阿伯丁大学法学博士；任中国行为法学会理事、中国行为法学会新闻舆论监督专业委员会副会长、中国行为法学会法律风险防控委员会常务理事、中国银行法学研究会理事、中国廉政法制研究会理事和中国伦理学会法律伦理专业委员会秘书长。在《中国法学》、*International and Comparative Law Quarterly*、*Social & Legal Studies* 等期刊公开发表论文百余篇，出版著作 5 部，曾获得高铭暄刑事法学青年教师优秀科研成果奖专著类一等奖。专业领域主要为刑事辩护，擅长重大、复杂、疑难案件，取得撤案、不起诉、改判轻罪的效果。办理过大量企业刑事合规业务，为多家企业提供商业模式合规策划与风险控制法律服务。

杨大民

男，北京市京都律师事务所律师、高级合伙人；毕业于中国政法大学，1998 年开始从事律师职业。中国刑法学会会员、中国法学会案例法学研究会理事、中国廉政法制研究会理事、西北政法大学硕士研究生实务导师。被最高人民检察院《方圆律政》杂志评选为“中国十大精英律师”。

执业二十余年，先后代理辩护过原铁道部装备部主任、北京铁路局局长杨某受贿案、重庆市公安局缉毒总队副总队长罗某故意杀人案、福建省某知名律师诈骗无罪案、云南省投资集团董事长保某受贿案、贵州省铜仁市委常委玉屏县委书记王某某受贿案、河北省张家口市副市长李某受贿案、山西省大同市副市长王某某受贿案、河北省涿鹿县委书记高某受贿案、河北省张北县人民法院院长夏某受贿案等国内有重大影响的刑事案件。承办的案件入选“2011 年中国十大影响性诉讼”和最高人民法院发布的指导性案例。

长期担任《京都律师》杂志主编。著有律政实录《明星维权：我让宋祖德败诉》、诗集《时光牧马》；编有《田文昌谈律师》《京都记忆》《写给郑渊洁的 66 封信》和《父亲的草原母亲的河——白银库伦回忆文集》。

杨照东

男，北京市京都律师事务所律师、高级合伙人；中国政法大学经济法学硕士；中华全国律师协会刑事专业委员会委员，曾任黑龙江省高级人民法院刑二庭法官，曾担任黑龙江省律师协会刑事业务委员会主任、黑龙江省政府法律专家委员会委员、哈尔滨市人大法律顾问。

在职务犯罪和经济犯罪领域有深入的研究并取得了显著的业绩，执业以来先后担任过中国大陆前首富黄光裕内幕交易案、浙江亿万富姐吴英集资诈骗案、山东原恒丰银行董事长蔡国华贪污受贿案、哈尔滨焦英霞集资诈骗案、浙江袁柏仁非法吸收公众存款案、山东新立克集团改制中的贪污案、北方工业总公司黑龙江分公司总经理王某某信用证诈骗案、重庆市保税区主任刘某某受贿案、黑龙江省政府秘书长何某某受贿案、黑龙江省森工总局党组书记姜某某受贿案等国内重大刑事案件的辩护律师。

接受过国内外百余家媒体的采访及做客各类法制节目，被媒体誉为“大要案专家”。曾代表中华全国律师协会前往捷克参加国际人权对话。2009 年荣获“中国律政年度十大精英律师刑事辩护奖”、2010 年荣获“北京市百名优秀刑辩律师奖”、2013 年荣获“《亚洲法律评论》年度全国十佳诉讼律师”、2020 年荣获“界面金榜优秀律师”等荣誉。

臧德胜

男，北京市京都律师事务所律师；法学博士；从事司法实务工作二十余年，办理各类刑事案件两千余件，其中十余件被《刑事审判参考》《人民司法》等刊物收录为指导案例。出版著作《有效辩护三步法：法官视角的成功辩护之道》《法官如此裁判：刑事审判要点解析（刑法总则卷）》《法官如何思考：刑事审判思维与方法》等，发表学术论文、案例分析四十余篇，开设个人微信公众号“刑事胜谈”。兼任中国法学会案例法学研究会理事，中国政法大学、中央民族大学、对外经济贸易大学等高校硕士研究生实务导师。在办理刑事案件方面，有着深厚的法理分析功底和实践经验。

张启明

男，北京市京都律师事务所律师、高级合伙人；曾就职于某直辖市检察院，曾获得“市十佳公诉人”“市优秀公诉人”等称号。从事刑事法律工作17年，主要业务范围为刑事案件辩护、代理和企业刑事法律风险防控。曾办理“老鼠仓”案、强迫职工劳动案以及多件在全国有重大影响的中央、省级督办的职务犯罪案件和金融犯罪案件，所承办的多个案件被作出不批准逮捕、撤销案件、不起诉或者从轻、减轻处罚的结果。多年从事互联网金融、大数据、区块链法律风险防控研究。所代理的诸多案件曾被中央电视台、北京电视台、《法治日报》、凤凰网、腾讯网等多家媒体报道。曾为中国农业银行、中信银行、华夏银行等授课，著有《金融犯罪专业化公诉工作样本》一书，在各类期刊发表学术论文数十篇。

张小峰

男，北京市京都律师事务所律师、合伙人；毕业于西北政法大学；曾在山东某检察院任职，从事公诉和反贪的侦查工作。2007年加入北京市京都律师事务所，隶属刑事部，主要从事刑事辩护工作。近些年专注对诈骗类案件和职务犯罪案件的办理与研究，成功办理的代表性案件有河北冯某、广东成某涉嫌诈骗被判无罪案件，某矿务局原董事长涉嫌受贿、贪污案，银监会主席助理涉嫌受贿案，重庆某区人大副主任王某涉嫌受贿案及重庆某区政协主席张某涉嫌受贿案等。

曾被评为“北京市优秀律师党员”，多次被评为“北京市朝阳区优秀律师党员”。代表性著作有《危害税收征管类犯罪辩护流程与办案技巧》。

朱勇辉

男，北京市京都律师事务所主任、律师、高级合伙人；毕业于湖南大学，学士学位；曾就职于北京市某大型国有企业、中共中央某部。律师执业二十年来专注于刑事辩护，擅长办理企业家涉刑案件，其代理的三九企业集团董事长赵某某滥用职权等诸多案件被媒体广泛报道，被《方圆律政》杂志誉为京都“刑辩八杰”之一。曾参与《刑事诉讼控：辩审三人谈》《新刑事诉讼法热点问题及辩护应对策略》《律师制度》等出版物的编辑撰写；兼任北京大学法学院法律硕士刑法中心兼职导师，“北大刑辩讲堂”授课律师，中国社会科学院大学法学院“律师实务”任课教师，中国政法大学语言与证据研究中心研究员和西北政法大学刑事辩护高级研究院副院长、高级研究员、法律硕士教育学院刑事辩护方向研究生实务导师。

朱娅琳

女，北京市京都律师事务所律师、合伙人；西北政法大学刑事辩护高级研究院研究员，中国法学会会员。自 2004 年起任职于中国企业家协会，从事法律服务工作。2008 年入职北京市京都律师事务所，结合之前的工作经验一直致力于企业合规法律研究及经济犯罪、职务犯罪领域的刑事辩护工作。从业十数年来，积累了丰富的工作经验和扎实的法学理论功底，承办了“天津海关副关长受贿案”“国家财金司副司长受贿案”“刘某百亿元诈骗案”“曾某诈骗案”“肖某受贿案”等国内具有影响的重大刑事案件，得到当事人及相关办案人员的认可。近年来更是投身于法律公益服务事业，并关注和研究未成年人刑事犯罪，以期通过自己的专业知识为未成年人提供更多的法律帮助。